未名社科菁华·人类学

本土异域间

On the Edge of the Indigenous and Foreign Lands

人类学研究中的自我、文化与他者

Self, Culture and the Other in Anthropological Researches

赵旭东 著

北京大学出版社
PEKING UNIVERSITY PRESS

图书在版编目(CIP)数据

本土异域间/赵旭东著.—北京:北京大学出版社,2011.9
(未名社科菁华·人类学)
ISBN 978-7-301-19494-2

Ⅰ.①本… Ⅱ.①赵… Ⅲ.①社会人类学-研究 Ⅳ.①C912.4

中国版本图书馆 CIP 数据核字(2011)第 187071 号

书　　　名：	本土异域间:人类学研究中的自我、文化与他者
著作责任者：	赵旭东　著
责 任 编 辑：	诸葛蔚东
标 准 书 号：	ISBN 978-7-301-19494-2/C·0703
出 版 发 行：	北京大学出版社
地　　　址：	北京市海淀区成府路 205 号　100871
网　　　址：	http://www.pup.cn
电　　　话：	邮购部 62752015　发行部 62750672　编辑部 62753121
	出版部 62754962
电 子 邮 箱：	ss@pup.pku.edu.cn
印　　刷　者：	三河市富华印装厂
经　　销　者：	新华书店
	965 毫米×1300 毫米　16 开本　22.5 印张　368 千字
	2011 年 9 月第 1 版　2011 年 9 月第 1 次印刷
定　　　价：	45.00 元

未经许可,不得以任何方式复制或抄袭本书之部分或全部内容。
版权所有,侵权必究
举报电话:010-62752024　电子邮箱:fd@pup.pku.edu.cn

目 录

自序 …………………………………………………………… (1)

第一编　心理与社会

弗洛伊德的人格三结构理论评析 …………………………… (3)
中国人的社会取向自我 ……………………………………… (10)
心理与行为的社会基础
　　——认知与文化的视角 ………………………………… (22)

第二编　反思本土文化建构

想象中的社区 ………………………………………………… (37)
神话的文化解释及其争论 …………………………………… (44)
我怀疑,因为我存在
　　——评黄著《知识与行动》 …………………………… (57)
本土心理学的启蒙观:开展本土研究的一些教训 ………… (66)
超越本土化
　　——反思中国本土文化建构 …………………………… (83)

第三编　从问题中国到理解中国

历史中的社区与社区中的历史
　　——读《社区的历程:溪村汉人家族的个案研究》 …… (111)
乡村成为问题与成为问题的中国乡村研究
　　——围绕"晏阳初模式"的知识社会学反思 ………… (127)
从"问题中国"到"理解中国"
　　——作为西方他者的中国乡村研究及其创造性转化 ……… (143)

· 1 ·

第四编　否定的逻辑

中心的消解：一个华北乡村庙会中的平权与等级 ……………（163）
否定的逻辑
　　——华北村落庙会中平权与等级的社会认知基础 ………（182）

第五编　文化的表达

文化不是4745 …………………………………………………（201）
消费的文化解释 ………………………………………………（207）
有关上古巫文化的一个注解
　　——读费孝通教授《中国古代玉器和传统文化》有感 …（213）
在文化对立与文化自觉之间 …………………………………（225）
侈靡、奢华与支配
　　——围绕13世纪蒙古游牧帝国服饰偏好与政治风俗
　　　的札记 …………………………………………………（233）

第六编　本土异域间

人类学的时间与他者建构 ……………………………………（265）
马林诺斯基与费孝通：从异域迈向本土 ……………………（271）
远去与归来
　　——一种跨越乡土社会的田野民族志方法论 …………（305）
超越社会学既有传统
　　——对费孝通晚年社会学方法论思考的再思考 ………（319）
世界性·四海一家·天下大同 ………………………………（345）

后记 ……………………………………………………………（352）

自　　序

十年前,即2001年的隆冬,我曾经专门抽出时间,将自己之前一些年所撰写的文字编订成册,这些文章大多是从文化批评的视角而对那时中国社会科学本土化问题讨论的思考,因此将书命名为《反思本土文化建构》,转过年春天交由北京大学出版社出版,到了2003年的夏天,该书得以付梓出版。但由于当时印数的限制,不久在市面上就已不见此书销售了。这样过了八年,去年寒假,北大社的诸葛编辑再次相约,嘱我来专门修订此书,并建议将我一些新近发表的文章加入其中,并改用另外一个书名,算是此书的修订版,但实际是一本新书了。

对此提议,我一方面认为,这着实是一个很好的机会,借此可以使我有机会重新去面对已经搁置一段时间的旧作,做些搜集和整理;另外一方面,针对我这些年研究兴趣的变化,旧的名字确实已经没有存在的必要,因为,至少自2002年以来,我在此类问题上的思考虽然一直也没有停止过,但审视的视角则更多地转向到从人类学的他者关怀中去寻找一些新的对于这一问题的解释空间,而不是单单限定在心理学或者社会学的视角上去。与此同时,我自己行走的脚步,也渐渐地从本土的中国,走向了一些带有异域情趣的地方。

在这些异方的土地上不断行走的过程中,我有机会更加深入地理解了人类学中"文化"这个概念的真实含义。也正是因由这样一种新的理解,对于我而言,文化就不仅是一种要去反思的对象,它更可能是我们融入其中,并获得一种自我与他者表达的一种途径。只有在这个意义上,文化才变得不仅触手可及,而且更为扑朔迷离,无法轻易地抓握,并借此可以超越于作为客观存在的物质层面之上,由此而成为真正可以把每一个分散开来的个体都凝聚在一起的一份力量。而且,更为重要的一点是,文化既然是由人所发展出来的,其自然也无法脱离开人自身的认知与行为的特性。如果离开这一点而去空谈文化,文化就真正成为了后现代文化论者所谓的碎片化的文化了,但实际却又并非如此。

今天,人的自主行动能力已经为许多当代的社会理论家们所关注,并由此而对传统社会理论在这方面的缺失进行了一定的修补,而社会建构论、建构实在论、文化研究以及话语分析的新主张,也逐渐在变得更加广为人知。这些都可以说是我在写作本书各个章节文字时真实存在并发生实际影响的理论和思考的大背景,如果离开了这些理论视角的启示,以及那些想象中的对话者,我的这些书写,也将变得毫无意义可言了。

　　显而易见,在面对今天日益频繁的文化接触中,我们已经不仅是要去做反思本土文化建构这样的事情,更要去做,而且更为重要的,是尚需通过身体与思想的游走,而从"你中有我,我中有你"的相互融通之中,获得一种真正意义上的文化自觉,而不是借助各种的话语叙事方式,而有意无意地把自己有着这种或那种偏见认识的自我的文化包装起来,以此来形成跟其他文化之间的对立乃至对抗。这种做法在过去,显然已经成为许多地方性的社会冲突以及更大范围的文明对抗的真正根源。基于这样的一种见识,我们每个人似乎都极为有必要走出自己给自己设定的文化牢笼,在一个更为广阔的空间里表达自己所理解的文化,并能够设身处地地从他者的视角再去深度领会自身所处的文化其存在的意义。而这种相互性的理解,只有是在一种跨越社会与文化边界的行走以及跨文化的阅读中才能够真正能够获得,否则,也只能是变成羞怯地紧紧包裹住自己躯壳的那种让人生厌的孤芳自赏和自我保护了。

　　也恰恰是在上述这样的一种观念的驱使之下,才使我能够有机会留落下这些文字,雪泥鸿爪,本也不足为重,至于这些文字于我本人之外的意义,也只能由别人去加以评述和鞭挞,对我个人而言,这些都只能算是自己学术思考的人生中的一个小小的片段性的记录而已。

赵旭东
2011 年 7 月 29 日写于群舍

第一编

心理与社会

弗洛伊德的人格三结构理论评析*

一

　　精神分析学派的创始人西格蒙德·弗洛伊德曾以发现人的无意识而名声大震。他的理论发展的早期曾致力于被压抑的潜意识及梦的研究，随着其研究内容的拓广，以及他矢志不渝的观察、研究，他开始把精神分析的方法应用到人文科学的各个领域中去。可以说，弗洛伊德的"人格三结构"理论的提出是他精神分析理论成熟的一个标志。弗洛伊德依据其早期对癔病的研究，而把意识分成三个水平，即无意识（被压抑的欲望）、前意识（可回忆起来的无意识）及意识三个水平。到了20世纪20年代早期，他又对此分法进行了非实质性的修改，即把人格分成本我、自我和超我这三部分。这就是所谓的"人格的三结构"理论。当然，弗洛伊德所说的这三个结构并不是人格的专门"结构"，而应当理解为假设的过程。弗洛伊德也坚持认为，由于神经解剖学的发展还不足以在中枢神经系统中确定这些结构，所以应把这些结构看作是假设结构。① 而人格的三结构与意识的各个水平之间的相互关系可见下图。② 从图上我们可以看到所有的本我都是无意识的，而自我和超我二者一起构成了经验中的无意识、前意识与意识状态。虽然说无意识的主要的部分是构成了本我冲动，但是，在三个人格结构当中都有无意识的存在。这种人格三分法曾使弗氏解释了许多人格上众说纷纭的问题。弗洛伊德本人对此划分也是很满意的。他曾说过，他一生的目标就是要推论出或猜测出精神装置的构造是怎样的，究竟是什么力量在其中相互作用和制约。③

---

* 原载《河北师范大学学报（社会科学版）》，1992年第2期，第86—90页。
① 有兴趣的读者可参阅 Feist, J. (1985) 所编写的 Theories of personality, CBS College Publishing，第21—29页的有关内容。
② 人格结构与意识水平关系图，引自 Wolman, B., 1968, The unconscious mind: The meaning of Freudian psgchologg Englewood Cliffs, N. J: Prentice_Hall。
③ 霍尔，C. S.等：《弗洛伊德心理学入门》，商务印书馆1985年版，第9页。

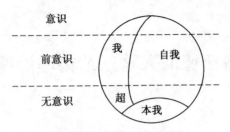

人格结构与意识水平关系图

对于弗洛伊德的精神分析及其对人格的三分法,历来就褒贬不一。有人认为:"他在人格理论领域中的开拓性工作打开了对人及其行为思考的一种新途径。"①而心理学史研究的权威人物波林说:"因为精神分析太富于主观色彩,以致在超我、自我和伊底的概念中包藏有'幽灵'的嫌疑。布吕克如果泉下有知,他在1845年与赫尔姆霍茨几个人签定的使生理学保持物理主义的盟约,竟在一百年以后导致了这样一种信念,认为在每个人的头脑中都有三个作战的幽灵,就不免大吃一惊。"②毋庸置疑,这"三个作战的幽灵"即是指弗洛伊德人格理论中的"本我"、"自我"和"超我"。

当然,偏听偏信权威可能会使我们的头脑僵化。对于弗洛伊德的理论一味地赞扬,如某些西方学者把它与达尔文、马克思、爱因斯坦相提并论;或是像某些抱着完全抛弃的态度,把它斥之为玄学、性泛滥的鼓动者;或动辄扣上唯心主义或宿命论的标签而置之不理,这都是不正确的。重要的是对弗氏理论本身进行研究、分析,从中吸收合理的精华为我所用,剔除其糟粕为我所借鉴。

二

对于弗洛伊德的精神分析学说,弗洛姆曾说过:"确实,他和他的绝大多数的门徒,对社会的发展抱着一种非常天真的解释,而且,他把心理学应用到社会问题上,多数是牵强的解释,但是,由于他注意到了个人情绪

---

① Houston, P.J., Bee, H., & Rimm, C.D., 1983, Invitation to psychology, Zrd Academic Press Inc, 第491页。

② 波林·E.G., 1950,《实验心理学史》(高觉敷译),商务印书馆1981年版,第823页。

与精神的错乱,从而他把我们带到了火山顶,让我看到了沸腾的喷火口。"①弗洛姆所指的"火山喷火口"就是弗洛伊德所发现的人的无意识,更进一步说就是人的本我。弗洛伊德的精神分析说与哥白尼的日心说、达尔文的进化论一样,使得人类的心灵遭受到第三次打击,否认了人是纯理性的动物的一贯主张,使得人的非理性(无意识)自我更加突出出来而为人所认识,"但是,弗洛伊德受其文化精神的影响太深了,以致他也不能超出文化精神所设置的某些障碍。正是这些障碍限制了他对病人的了解;也正是这些障碍限制了他对正常人以及社会生活中的非理性现象的了解"②。弗洛姆作为一个新精神分析者,他的批评是公正的。弗洛伊德的理论是构筑在病例的基础上的。这些病例在弗氏看来是可信的。然而,弗洛伊德滥用人的无意识,并把人的行为归结为性驱力(即力比多),最后又由此构想出三个互相分离但又联系着的幽灵,就不免要使人惊讶了。弗洛伊德的目的无非是想以无意识来阐述人性的本质。但由于他的许多概念的非科学性及不甚严密,致使他的理论所遭到的心理学家的反对为最多,就连荣格、阿德勒这样的登堂入室的弟子都与其分道扬镳。然而,即使这样,仍不可否认他的以无意识理论为基础的动力心理学的建立无疑是一场革命,奥兹本在《弗洛伊德和马克思》一书主张一种心理学的科学之建立乃是弗洛伊德的伟大的劳绩,而这事实却为那些把科学限制在非人的地域并把人类心理生活的园地认为是不可侵犯的人们所深深地愤慨。

对于任何一种理论,全盘抛弃或全盘吸收都是不合辩证法的。我们对于弗洛伊德的人格理论,也必须持一种批判吸收的态度。世许,他的许多概念听来令人震惊,但也绝不是凭空捏造,而是建立在认真、细致的观察和思索的基础上的,所以不应当把他的理论视为洪水猛兽,一概否定。本文仅从三个方面对弗氏的人格理论加以评析。

(一) 强调了人格的封闭性,忽视了人格形成的社会性

弗氏晚年在《自我和本我》一书中,把人格分成本我、自我和超我三部分。这是一种构想,是把人格看成了一个封闭的系统,这个系统内部靠力比多来调节三者之间的关系。自我无非是与外界打交道,使本我经过

---

① 弗洛姆·E.:《逃避自由》(陈学明译),工人出版社1987年版,第21页。
② 同上书,第22页。

乔装打扮后来适应外界环境,但外界对于人格三部分的影响却很少。人格这三部分有赖于人的生物本能,具有先天性,任何文化背景的人都逃脱不了性的左右。人的行为完全受体内的力比多控制。无疑这是一种生物决定论。"弗洛伊德否认人的本性的这一社会性和历史制约性。他把人的基本动力置于人的本能范围内,断言人的全部行动在于追求快乐或渴望满足机体的需要(生的本能),以及追求破坏、侵略。这种意向起初指向周围世界,但由于社会的禁止乃转而指向个人本身(死的本能)。"①

弗洛伊德强调人格的封闭性并不是偶然的,他受布吕克的机械唯物主义的影响,在解释心理现象上总想找到每一种心理现象的物质基础,在医疗实践中他发现了人们许多被压抑的欲望都与性有关,并受沙可的影响而确定了"性"为心理现象的物质基础,而力比多则是心理活动的能量源泉。

当然,我们认为决定社会历史发展的决定因素在于社会的生产力,具体说就是社会的经济水平。而人作为社会发展的一分子,也是受此规律制约的。当然社会经济水平并不是决定人格形成的唯一决定因素。在有些过于强调人格形成的社会经济决定因素时,恩格斯就说过:"这有一部分是马克思和我应当负责的。我们在反驳我们的论敌时,常常不得不强调他们所否认的主要原则,并且不是始终都有时间、地点和机会来给其他参与交互作用的因素以应有的重视。"②马克思主义者并不是否认而恰恰相反承认决定社会进步的还有其他并非次要的因素。但是有的人又一味地强调这些"其他"的因素,走向了极端。弗洛伊德就是其中之一。

(二) 机械唯物主义与唯心主义的两面人物

弗洛伊德曾是生理学家布吕克的门生。布吕克的机械唯物论认为:"有机体内除一般物理化学的力在起作用外无其他的力。"③弗洛伊德被这些观点所感染。在弗洛伊德的年代里,正如弗洛姆所说:"毕希纳在《力和物质》一书中自称发现没有无物质的力,也没有无力的物质,这个信条在弗洛伊德的时代是广泛流传的。"④这种时代精神也必然影响着弗

---

① 〔苏〕姆·格·雅罗舍夫斯基、勒·伊·安齐费娃:《外国心理学的发展和现状》,人民教育出版社1981年版,第487页。
② 《马克思恩格斯选集》第4卷,第477页。
③ E.G.波林:《实验心理学史》(高觉敷译),商务印书馆1981年版,第823页。
④ 转引自《高觉敷心理学文选》,江苏教育出版社1986年版,第235页。

洛伊德,影响着他寻找精神病因的物质基础。弗洛姆在同书中又说道:"弗洛伊德的目的在于了解人的激情。……弗洛伊德如何解决这个问题呢?那时关于内分泌对于精神的影响所知甚少,生理与心理相关的现象有一种是人们所熟悉的,那就是性。如果我们认为性是一切驱力的根源,那么心理上的要求就可以满足,精神力量的生理基础也可以被发现了。"①显然,布吕克、毕希纳等人的唯物主义思想使弗洛伊德时常满足于心理现象的物质解释,即性的解释。但弗洛伊德并未把这种机械唯物主义贯彻到底。后来,他修改了自己的观点。在《精神分析引论》一书中他曾明显地暴露出唯心主义的倾向:"你们常将机体的机能和失调建立在解剖学的基础上,用物理化学的观点加以说明,用生物学的观点作进一层的解释,而从来不稍稍注意于精神方面的生活,不知道精神生活是复杂的有机体最后发展的结晶。"②高觉敷先生曾就此说道:"这个调子与其说是反映洛克的唯物主义的精神,不如说是反映莱布尼兹唯心主义的精神;与其说是继承了布吕克的物理学传统,不如说是继承了布伦塔诺意动心理学的传统。"③当然,任何机械的而不是辩证的唯物主义都会倒向唯心主义的怀抱④,弗洛伊德也难逃这一规律。

(三)人格的心理决定论批判

弗洛伊德力主人性恶。人生下来就本能地具有仇杀、死的本能。反映在人格问题上他力主心理决定论。他认为精神病人得病是有深层原因的,而且这些病因是被人自身决定了的。他说:"在变态时有一缺裂之处,在常态时却也许有一连锁。我们若投一结晶体于地,此结晶体即破裂,但是何处破裂不是乱碰机会的;是依裂纹而分成碎片的,而裂纹的界限虽不可见,却都随结晶体的结构而定。精神病就是这种分裂的结构。狂人本为古代人所畏惧,我们对于狂人也不能不有此种畏惧。他们脱离外界的实在,但正由于这个原因,他们乃知道内心的实在较为清楚,能告诉我们许多无法可知的事实。"⑤(着重号为本文作者所加)这段论述与两千多年

---

① 转引自《高觉敷心理学文选》,江苏教育出版社1986年版,第237页。
② 弗洛伊德:《精神分析引论》(高觉敷译),商务印书馆1986年版。
③ 转引自《高觉敷心理学文选》,江苏教育出版社1986年版,第236页。
④ 参见《马克思恩格斯全集》第22卷,人民出版社1965年版,第346—348页;《列宁全集》第2卷,人民出版社1960年版,第353页。
⑤ 弗洛伊德:《精神分析引论新编》,商务印书馆1989年版,第45—46页。

前亚里士多德的观点很相似。亚里士多德认为,人的心理现象就像雕塑家的雕像一样,雕像已完全被决定在大理石的纹路中了,这种决定论的观点又在两千多年后的弗洛伊德身上得到了体现。他把人的东西自然化,把心理的东西生物学化,把社会的东西心理学化,其结果,必然是使其从生物决定论到精神决定论,最后步入唯心主义的阵营。

三

弗洛伊德从人追求本能快感的满足而得出生物决定论,从人向外发泄侵略、破坏等而遭到社会的阻拦得出人的死的本能,这些无视社会因素,一味强调人的生物本能的观点是一种彻头彻尾的生物决定论。

在人格理论上,弗洛伊德提出了"人格三结构"理论,注意到了人格的多层次性,克服了传统人格理论中的一味强调理性的人的观点,对于人们更深入地了解人的心理本质无疑是起了一个推动作用;弗洛伊德关于人的无意识心理理论的首次提出,不仅在医学界,心理学界引起了波动,而且他的精神分析还被应用到社会科学的各个领域。这也不能不引起理论界的关注。

当然,对于他的机械的生物——精神决定论,臆想当中把人格分为三部分,都是其哲学引申的错误所在。正如前面所述,弗洛伊德也并没有从头至尾坚持他的唯物观,鲁利亚教授总结说:"弗洛伊德学说在不同阶段有不同的形式。最初,就像唯心主义体系常常发生的一样,弗洛伊德学说发现了一系列的具体事实,描述了情绪的冲突,向无意识的排挤等现象以后,获得了某些重要的心理病理的规律。但是不久弗洛伊德的立场的错误就导致了他到这种地步,就是发现的被他有意地或任意地和不科学地加以收集和解释,于是心理分析学变成了一个完整的形而上学的体系。在这个体系里起主要作用的首先是以作为性本能形式出现的、假设的'生存本能'和'死亡本能'来解释所有自然和社会里的毁灭性倾向。"①鲁利亚的总结是比较客观的。弗氏从事实的观察中提出了精神分析的方法,进而提出了抽象的人格三分理论;他从一个心理动力学的唯物论者滑向了唯心主义和神秘主义的阵营,走了一条一般唯心主义者共同走过的老路。但是,他的理论是以一定临床治疗为依据,并以大量的观察,治疗材

---

① J. B. 弗尔斯特:《神经症患者:他的内外世界》,科学出版社1959年版,第Ⅶ—Ⅷ页。

料为基础而提出的,总的来说是可信的。弗洛伊德的致命之处就在于他把无意识心理现象一般化,想把无意识心理当成解开人类心理全部奥秘的金钥匙,但他没有成功,也不可能成功。这也正是荣格、阿德勒和后来的新精神分析学派强调文化和社会因素的原因所在。

  本文从弗氏人格理论的封闭性、唯物与唯心的两面性、生物决定论等方面对弗氏的人格三结构理论着重从哲学的角度进行了评论和分析。当然对于一个历史人物我们应当持辩证的观点,既不能因为他的理论的片面性而抹杀他的全部科学成就,也不能因为他的科学成就而否认他的理论上的某些错误。

中国人的社会取向自我*

问题的提出

自从美国的心理学先驱 William James 将自我划分为作为主观的我（I）及作为客观的我（Me）之后，心理学对于自我的研究就一直是一个非常活跃的领域。但这些研究大多是由西方人用西方的被试做出来的，因而所得的结论也是带有浓厚的西方文化的色彩。许多人也认识到有关自我的研究结果特别适合于美国白人，特别是中产阶层人的性格特征。而特别适切于中国人自己的自我形态的研究更多的是人类学家的比较研究，而不是心理学家的研究。

我国台湾学者余安邦和杨国枢曾对中国人的成就动机（achievement movitation）有过深入的本土化的研究，并由此建构了适合用来解释中国人自己的成就动机的理论框架。他们所得到的一个重要结论便是：Mcclelland 等人（1953）的研究所认同的成就动机"深富西方白人社会（尤其是欧美白人中产阶层）的文化价值与色彩"。他们把这种成就动机称之为个我取向成就动机（individual-oriented achievement），而把中国人的成就动机称之为社会取向成就动机（social-oriented achievement）。这里，我们的一个疑问便是：为什么会有这样一种在中国人身上表现得极为突出的社会取向的成就动机呢？造成这样的一种形式的成就动机，它背后的深层原因又是什么呢？这些都是上述二位学者未能给予明确回答的问题。我的观点认为是社会取向自我（social-oriented self）决定了中国人的社会取向的成就动机；而社会取向自我是一种中国人特有的自我形态。

---

* 原载《社会心理研究》1994 年第 3 期,第 11—18 页。

文化与自我:个我取向自我

文化,作为一种历史的沉淀物在潜移默化地影响着现代人的行为。这种影响很早就被 Carl Jung(1936)发现并称之为集体无意识(collective unconscious);而 Alfred Adler(1935)虽然未能明确地指出文化对自我的影响,但是他却看到了文化对于我们自身的行为方式的影响,并且认为每一个个体都发展出一种使他的思想和行为保持内在一致和相对于他人为独特的生活风格(stgle of life),这样的一种生活风格明显的是因社会文化因素影响而形成的。而现代社会的心理学家,文化人类学家对于文化与自我的关系问题的研究不论在广度和深度上都有了长足的发展(Marsella,Devos,& Hsu,1985;Gergen,1968;Triands,1989;Geersz,1975;Holland,& Qlinn,1987;Lykes,1985;Sampson,1985;1988;1989;Shweder & Levine,1984;Smith,1985;Meisz,Rothbaum,& Blackburn,1984;White & Kirkpatrick,1985;Markus & Kitayama,1991)。

越来越多的心理学和人类学的研究结果表明:文化影响自我的形态。大体归纳起来,存在有两种文化,一种是以个人主义(individualism)为特色的西方文化。一种是以集体主义(collectivism)为特色的东方文化(Triandis,1989;Sampson,1988;Hsu,1981)。学者们进一步指出在西方个人主义文化氛围下所形成的自我是一种相互独立的、自我充盈的(self-contained)和自律的(automous)自我,这种自我所表现出来的是:(1) 由一个独特的内在属性(如,特质、能力、动机和价值观)的完形(confirguation)组成,(2) 而行为主要就是这些属性所表现出来的一种结果(Geertz,1975;Sampson,1988;1989;Shweder & Levine,1984);而东方集体主义文化氛围下所形成的自我是在与他人的关系中所形成的自我,有人(Markus,& Kitayama,1991)称之为相互依赖的自我(interdependent self)。而中国文化传统下所形成的自我更多的是属于后者而不是前者(Hsu,1981)。

为了比较的方便,我们先来看一看西方文化下的自我形态。总的来说,西方文化中的那种极端个人主义的倾向,把人塑造成了相互独立的个体,而每一个体的生活目标就是要去发现以及表现属于自己特性(Johnson,1985;Marsella et al,1985;Miller,1988;Shweder & Bourne,1984)。为了达成这样的一种寻求独立的文化目标,西方人实际上是参照自己内在的思想、情感以及活动的目录表(repertoire)而不是参照他人的思想、情感以及活动的目录表来规范自己的行为并赋予这种行为以意义的。我们这里可以引用 Geertz(1975)的一段话来说明在此种文化影响之下的自我形态是怎样的。Geertz 认为西方文化把人看作是"一个封闭的,独特的,在动机和认知上或多或少是整合在一起的整体,是觉知,情绪,判断和行动的动力中心,这些方面相互组织起来就构成了一个卓然的整体,这样的一个整体既与其他这样的整体相对立又与社会和自然的背景相对立"。从这段话中,我们已清楚地看到了西方人的那种以自我为中心,并把自我与社会以及自我与自然对立起来的那种自我形态。我们可以把这种独立于他人,社会和自然的自我形态称之为个我取向的自我(individual-oriented self)。

Markus 和 Kitayma(1991)曾用图 1 的模式来代表西方文化背景下所形成的自我形态。其中,图中最大的圆圈代表一个人的自我,小的圆圈代表社会中的各种各样的其他人(others)。圆圈中的数目不等的 × 代表自我或他人的各个方面。有的时候大圆圈与小圆圈之间会相交,在相交处用一个 × 来代表,这表明自我与他人处在某种关系之中。在自我这个圆圈内却不在两个圆相交处的 × 代表自我所知觉到的不依赖于他人的某个方面。在图 1 中,我们所看到的是这样的一幅画面:自我与他(她)人之间是相互独立的(圆圈与圆圈之间没有相交),甚至个人与自己的父母之间也是相互独立的,二者之间绝不存在谁依靠谁的问题。而且,代表自我的这个圆圈以一条实线把自己与外界区分开来,别人是不会随便闯入进来的。这样的一种形态正是代表了西方文化的那种特别看重作为个体的独特性和整体性的倾向(Johnson,1985;Sampson,1985,1988,1989;Waterman,1981)。

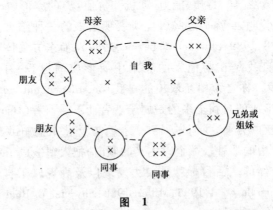

图 1

西方人的这种以自我为中心的文化特色在他们的日常生活中是随处

可见的(Hsu,1981)。从美国人传统民宅的建筑上,我们便能窥见一斑。美国人的传统民宅建筑没有高墙深院。他们的房屋周围只用矮树或低矮的木栅栏把自己的宅院与外界分割开来,外面的人可以直接看到宅院的全貌。但是,他们的屋内却没有外面那样的开放,父母与孩子是分开来住的,每个房间都有自己的门。父母进入到孩子的房间去或是孩子到父母的房间去都要敲门,得到允许后方可进入。我们可以把这些看作是西方人的那种从古希腊文化时期就有的崇尚自我权力的不容侵犯性的观念在日常生活中的投射。西方人的文化追求的是自我满足,自我愉悦。就拿养宠物来说,西方人养狗(特别是宠物狗)的目的是为了摆脱寂寞,愉悦身心,绝没有中国人自始至终的那种纯功利性的看家护院的目的。现代中国人时髦养宠物狗,这是学着西方人的样子去做,但却不是我们文化中固有的东西,是舶来品。

另外,我们可以从 Maslow(1962)有关人的需求层次的模式观看到西方人的那种追求自我实现(self-actualization)的风尚(见图2)。

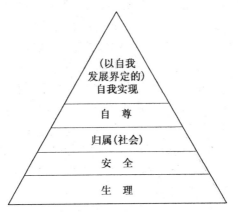

图2 Maslow 的需求层次

资料取自:Nevis,1987,p.233。

也许有人会说,从图2中来看,其中归属和爱的那一层需求不就说明西方人有社会取向的自我存在吗?要弄清楚这一问题,让我们先来看一看 Maslow(1970)所提出的实现这些需求的先决条件是什么。Maslow(1970)认为满足这些需求的先决条件包括"自由地进行交谈,自由地做自己想要做又不有碍于他人的事情,自由地表现自己,自由地去调查和寻求信息,在群体当中,自由地保护自己,自由地捍卫正义,公平和诚实"。

这段话说得很明白,一旦离开西方文化中的那种对个人自由的执著追求,这样的一种需求层次的模式是毫无意义可言的。正如 R. M. Ryckman (1985)所说的:"没有这些自由,连对这些需求的基本满足都是不可能的"。因而上面的那样一种需求层次的模式完全是一种西方文化中的个我取向自我的一种投射,所以说离开文化背景来谈人的需求层次的问题是会有失偏颇的。

文化与自我:社会取向自我

基于上述的认识,我们有必要详细地研究一下在东方文化(特别是中国传统文化)的影响下,人的自我形态究竟是个什么样子。许多人的研究(Kondo,1982;Devos,1985;Hsu,1985;Miller,1988;Shweder & Bourne,1984)都表明东方人的自我形态与西方人的自我形态是对立的。西方人的自我是相互独立的,以自我为中心的,自律的;而东方人在集体主义的文化氛围下所形成的自我是彼此相互依赖的,以社会为中心的,他律的(Markus & Kitayama,1991)。与图1相对应,东方人(尤其是中国人)的自我形态可以用图3来表示。从图3中我们看到的是一种与个我取向自我有着明显差异的自我形态,我们称之为社会取向自我(social-oriensed self)。这样的一种模式可以用来恰当地解释中国人特有的生活方式。在图3中,自我这一大圆圈与其他的圆圈之间都是相互交叉的,这表明了自我与他人之间是处在一种相互关联,相互依赖之中。与图1比较起来,我们中国人所知觉到的不依赖于他人的属性就少得很多,我们更多的是依赖父母,依赖兄弟姐妹,依赖朋友和同事。我们平时的俗语中常说:"在家靠父母,出外靠朋友",其中一个"靠"字就概括了中国人人际关系的实质。因而中国人极讲"人情与面子"(Hu,1944;Hwang,1987)。我们为某一个陌生人办事总是想到是看在某某人或某某关系人的面子上,或是同乡,或是邻居,或是父母辈的朋友的后代,诸如此类的人情关系使我们的自我陷入到各种各样的关系网中,一旦我们为某人做了此人托付给我们的事情,别人就会欠了我们的人情,我们也会预期欠了我们人情的人是会给我们以回报的。这也许就是中国人特有的行为模式。我国台湾心理学家黄光国(1988)曾对此问题有过深入的研究。他所提出的中国人人情关系法则揭示了中国人人际互动的本质。总体而言,中国人惯常于相互依赖,这种人际关系上的相互依赖既有其积极的一面,那就是互帮互助,集思广益,中国俗语中"三个臭皮匠,顶上一个诸葛亮","一根筷子易折断,一把筷子折不断",大体说的就是这种相互帮助,相互依赖的人际关系;但这也有其消极的一面,那就是相互推卸责任,造成无端的内耗,俗语:"一个和尚担水吃,两个和尚抬水吃,三个和尚没水吃。"正反映的是这种人际关系的消极方面。

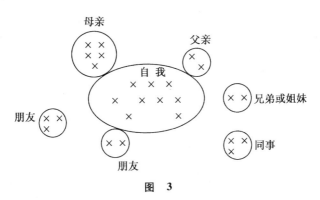

图 3

中国人是处在各种各样的关系中的,这样一种关系网的确立影响了中国人自我形态的养成。父母的养育之恩要求做子女的要终生予以回报,这是一种亲情关系,是中国人的人与人之间关系最亲密的一层关系;为了能够在社会上站稳脚跟,我们还要与许多其他的人打交道,我们要为朋友办事,反过来朋友们也会为我们帮忙;我们要为邻居们,朋友们以及同事们的婚丧嫁娶随份子,忙前忙后,因为我们知道以后当我们处在这样的情境下邻居们也会帮助我们。这样的关系网的建立是与我们的年龄同步发展起来的。从小的时候起,我们中的每一个就进入到社会的交往中去,我们随父母参加各种社交活动,学会了待人接物的礼节。我们年纪很小的时候就已领悟到家对于自己是最重要的,一旦离开了家,自己就会感到害怕。因而,我们学会了先考虑到家人的利益,然后想到的是社会上与自己有关系的人,再之后想到的是社会上与我们无关系的人,这样的一种社会关系网中的"差序格局"(Fei,1948;Hsu,1953,Nakamura,1964)在我们差不多懂事起就已明了在心,并由此而形成了一种人际互动的图式(schema)。我们的自我也随之转向了以社会为中心而不是以个我为中心。

现在我们再回过头来看图3。图3中的自我是以一条虚线把自我与他人分割开来。这表明社会取向自我时刻都在准备着与他人建立起关系,有了这种关系,我们才会感受到自身的安全和社会的和谐。在我们传统的民宅建筑上多少也能够反映出这样的一种形态(Hst,1981)。中国人传统的民宅建筑是四合院式的。院门面南而开,四周有高墙把自家与外界分割开来,外面所看到的只是民宅的房顶。走进院门,有面墙将外面人的视线挡住,以防在院门敞开的时候,过路人直视院内的事情。院内正房是面南而居中的,左右为厢房,正房为长辈们住,东西厢房为成家的儿孙们居住。孩子一般都住在父母的房内,一般都没有自己的房间。孩子们自打懂事起就要听父母讲授家规,孩子若有言行触犯家规之处就会受到责罚。孩子们因此逐渐学会了从家庭规范的角度来考虑问题而不是从一己之见来考虑问题;在这期间,父母也会教孩一些做人的道理,目的是让孩子尽早地适应社会。孩子在这样的一种四合院式的民宅中学到了长幼有序,天地人伦的规矩,直到孩子们长大成人有了自己的四合院,再把从父辈承继下来的规矩传给自己的后代,如此周而复始。

那么,不难想象,这样的一种崇尚社会规范,伦理道德,家庭规矩的文化传统塑造出来的自我一定是以社会取向为核心的自我形态。而这样的一种自我形态,其需求的层次也一定是不同于 Maslow(1962)所提出的个我取向的需求层次的模式。那么,中国人的社会取向自我的需求层次的模式又是什么样的呢? Edwin C. Nevis(1987)曾对中国文化背景下企业的管理方式进行了文化比较方面的研究,并提出了适合于中国人的需求层次的模式(见图4)。我们这里先不必去管此模式是否能够完全代表中国人的需求层次,但这确确实实反映了中国人的社会取向自我所可能表现出来的需求层次。

图4 中国人的需求层次

资料取自:Nevis,1987,p.234。

不仅仅是中国人有着社会取向的自我形态,其他属东方文化范围内(特别是日本)的国家也有相似的研究结果。对日本人的自我的研究结果表明,在日本社会中,自我与他人之间是关联着的(connectedness)(Kondo,1982);在日本人的有关自我的体验中,许多人都报告说人与人之间有着一种相互依赖的感受(Sampson,1988);而 Lebra(1976)对日本人的自我的研究也得到类似的结果。

至此,我们似乎应当得出结论说,中国人乃至东方人的自我是一种社会取向的自我形态;而恰恰是这样一种自我形态决定了中国人独具特色的至少是不同于西方人的生活方式;同时也决定了中国人的那种社会取向的成就动机。

结　　论

在我们下结论之前,需要回答的一个问题就是为什么会形成中国人的这样一种自我形态? 许多人都试图从中国传统的一元论哲学中寻找答案(Bond,1986;Philips,1976;Roland,1988,Sass,1988)。这种一元论哲学的一种核心观点即是认为天人合一。天人合一的观点认为人是自然的一部分,并坚持认为自我与他人,主体与客体之间的关系是非常紧密的;Galtung(1981)也认为,在许多非西方的文化中都坚持有基本要素的不可再分性的观点,这其中包括自我与他人,个人与情境之间的不可分性;而Moore(1967)和 Northrop(1964)在对中国文化传统的深入研究之后也认为,在中国传统文化中有着一种把问题或情境的组成部分整合成和使之和谐地成为一个整体的倾向。因而,作为社会一部分的人,如果把他从一个较大的社会整体中分离出来,这个人就不能被称之为完整的人,而我们对这样一个并不完整的人的理解也一定是会失于偏颇的(Phillips,1976;Shweder,1984)。这样的一种人与社会的相互影响的观点与西方文化中的天人对立,心身对立的观点是非常的不同。这也许就是为什么会有以上两种自我形态的原因所在。由此我们也多少可以窥视到文化影响自我的真实性和方向性。

通过我们的研究表明西方的个人主义的文化传统塑造的是一种个我取向的自我形态。这样的一种形态强调的是自我的相互独立性,自我中心,自律和自我实现;而东方集体主义文化(特别是中国和日本)所塑造的是一种社会取向的自我形态。这样的一种形态强调的是自我的相互依赖性,社会中心,他律和以服务社会为目的的自我实现。我们无意指出究竟是那一种自我形态是好的,那一种自我形态是不好的,因为这样的问题的答案如果离开了文化的传统是毫无意义可言的。我们需要明确指出的是,中国人,因其文化背景上的差异,生活方式上的差异,有着不同于西方人的自我形态,而这样的一种自我形态也决定了中国人有着不同于西方人的那种个我取向的成就动机。

参考文献

1. 余安邦,杨国枢:《社会取向成就动机与个我取向成就动机:概念分析与实证研究》,《"中央研究院"民族学研究所集刊》,64,1987年:第51—98页。

2. 余安邦,杨国枢:《成就动机本土化的省思》,载杨中芳、高尚仁合编:《中国人·中国心(人格与社会篇)》,远流出版公司1991年版,第201页。

3. 余安邦:《影响成就动机的家庭社会化因素之探讨》,《"中央研究院"民族学研究所集刊》,71,1991年,第87—132页。

4. 黄光国:《中国人的权力游戏》,巨流图书公司1988年版。

5. Adler, 1935, The structure of neurosis. *Internat. J. indiv. Psychol.* 1. No. 2, pp. 3—12.

6. Bond, M. H., 1986, *The psychology of the chinese people*. New York: Oxford University Press.

7. Devos, G. A., 1985, Dimensions of the self in Japanese culture. In A. Marella, G. Devos, & F. L. K. Hsu (Eds) *Culture and self* (pp. 149—184), London: Tavistosck.

8. Epstein, S, 1980, The self-concept: A review and the proposal of an integrated theory of personality. In E. Staub (Ed) *Personality: Basic issues and current research*, Englewood Cliffs, NJ: Prentice-Hall.

9. Fei, Hsiao-tung, 1948, *Peasant Life in China*. London: Routledge & Kegan.

10. Galtung, J, 1981, Structure, Culture, and intellectual style: An essay comparing Saxonic, Teutonic, Gallic and Nipponic approaches, *Social Science Information*, 20, pp. 817—856.

11. Geertz, C, 1975, On the nature of anthropological understanding, *American Scientist*, 63, pp. 47—53.

12. Gergen, K. J., 1968, Personal consistency and the presentation of self. In C. Gordon & K. J. Gergen (Eds), *The self in social interaction: classic and contemporary perspectives* (Vol, I, pp. 299—308). New York: Wiley.

13. Holland, D, & Quinn, N., 1987, *Cultural models in Language and thought*.

Cambridge, England: Cambridge University Press.

14. Hsu, F. L. K., 1953, *Americans and Chinese: Two ways of life*. New York: Henry Schuman.

15. Hsu, F. L. K., 1981, *American and Chinese: Passage to Differences*. Honolulu: University of Hawaii Press.

16. Hsu, F. L. K., 1985, *The Self in Cross-Cultural Perspective*. In A. J. Marsella; C. De. Vos & F. L. K. Hsu (Eds) *Culture and Self* (pp. 24—55), London: Tavistock.

17. Hu, Hsien Chin, 1944, The Chinese Concept of 'Face', *American Anthropology*, 46: pp. 45—64.

18. Hwang, Kwang-Kuo, 1987, Face and Favor: the Chinese Power Game. *American Journal of Sociolgy*. Vol, 92, pp. 944—974.

19. James, W., 1890, *Principle of Psychology*, New York: Holt.

20. Johnson, F., 1985, *The Western Concept of Self*. In A. Marsella; G. Devos; & F. L. K. Hsu (Eds) *Culture and self*. London: Tavistock.

21. Jung, D. G, 1936, The concept of the collective unconscious. In H. Read et al (Eds) The collected works of C. G. Jung, Vol, 9, part 1. *The Archetypes and the Collective Unconscious*, Princeton, N. J.: princeton university press, 1959, pp. 42—53.

22. Kondo, D., 1982, *Work, Family and the Self: A Cultural Analysis of Japaness Family Enterprise*. Unpublished doctoral dissertation. Harvard university.

23. Lebra, T. S., 1976, *Japanese Patterns of Behavior*. Honolulu: University of Hawaii press.

24. Lykes, M. B., 1985, Gender and Individualistic V. S. Collectivist Bases Fornotions About the Self. In A. J. Stewart & M. B. Lykes (Eds) *Gender and Personality: Current Perspectives on Theory and Rresearch*, pp. 260—295, Durham, NC: Duke University press.

25. Markus, H. R. & Kitayama, S., 1991, Culture and the self: Implications for Coguition, Emotion. and Motivation. *Psychological Review*, Vol, 98, No, 2. pp. 224—253.

26. Marsella, A, Devos, G, & Hsu, F. L. K., 1985, *Culture and Self*. London: Tavistock.

27. Maslow, A. H., 1962, *Toward a Psychology of Being*. New York: Van Nostrand.

28. Maslow, A. H., 1970, *Motivation and personality* (2nd ed). New York: Harper & Row.

29. Mcclelland, D. C., Atkinson, J. W., Clark. R. W. & Lowell, R. L., 1953, *The Achievement Motive*. N. Y: Appleton-Century-Crofts.

30. Miller, J. G, 1988, Bridging the Content-structure dichotomg: Culture and the iself. In M. H. Bond (Ed) *The Cross-cultural Challenge to Socia Psychology*, pp. 266—281, Beverly Hills, CA: Sage.

31. Moore, C. A. , 1967, Introduction: The humanistic Chinese mind. In the Chinese mand: Essentials of Chinese Philosophy and Culture, pp. 1—10, Honolulu: University of Hwaii Press.

32. Nakamura, H. , 1964, *Ways of Thinking of Eastern Peaples: India, China, Japan*, revised English translation, ed by P. P. Wiener. Honolulu: East West Center.

33. Nevis, E. C. , 1987, *Cultural Assumptions and Productivity: the United States an China*. In Edgar H. Schein (Ed) The art of manging Human Resource.

34. Northrop, F. S. C, 1946, *The Meeting of East and West*. New York: Macmillan.

35. Philips, D. C. , 1976, *Holistic thought in Social Science*. Stanford, CA: Stanford University Press.

36. Roland, A. , 1988, *In search of self in India and Japan: Toward a cross-cultural psychology*. Princeton, NJ: Princeton University Press.

37. Ryckman, R. M. , 1985, *Theories of Personality*, Brobo cole publishing Company Pacific Grvove California.

38. Sampson, E. E. , 1985, The Decentralization of Identity: Toward a Revised Concept of Personal and Social order, *American Psychologist*, 40. pp. 1203—1211.

39. Sampson, E. E. , 1989, The debate on individualism: Indigenous Psychologies of the individual and their role in personal so cietal funcriom bing. *Americam Psychologvist*. re, 43, pp. 1—22.

40. Sampson, E. E. , 1989, The Challenge of Social Change for Psychology: Globalization and Psychologyis theory of the Person. *American Psychologisr*. 44, pp. 914—921.

41. Sass, L. A. , 1988, The Self and Its Vicissitudes: An "Archaeological" Study of the Psychoanalystic Avantgared. *Social Research*, 55, pp. 551—607.

42. Shweder, R. A. , 1984, Preview: A colloguy of culture therists. In R. A. Shweder & R. A. Levine (Eds) *Culture theory: Essays on mind, self and emotion*, pp. 1—24, Cambridge, England: Cambridge Universiry Press.

43. Shweder, R. A. & Bourne, E. J. , 1984, Does the concept of the person vary cross-culturallg? In R. A. Shweder & R. A. Tevine (Eds) *Culture theory: Essays on mind, self, and emotion*, pp. 158—199, Cambridge, England: Cambridge University Press.

44. Shweder, R. A. & Levine, R. A. , 1984, *Culture theory: Essays on mind, self, and emotion*. Cambridge, England: Cambridge University Press.

45. Smith, R. J. , 1935, A Pattern of Japanese Society: In Society or Knowledgement of Interdependence? *Journal of Japanse Studies*, 11, pp. 29—45.

46. Triands, H. C. , 1989, The Self and Social Behavior in Differing Cultural Contexts. Psychological Review, 96, pp. 506—520.

47. Waterman, A. S. , 1981, Individualism and interdependence. *American Psychologist*, 6, pp. 762—773.

48. Weisz, J. R. , Rothbaum, F. M. , Blackburn, T. C. , 1984, Standing Out and Standing in: The Psychology of Control in America and Japan American Psychologist, 39, pp. 955—969.

49. White, G. M. , & Kirkpatrick, J. (Eds), 1985, *Person Self, and Experience: Exploxing Pacific Ethnopsychologies*. Los Angeles: University of California Press.

心理与行为的社会基础*

——认知与文化的视角

笔者在读硕士研究生期间有幸成为陈泽川教授门下的弟子,研习西方心理学史。今天我似乎离心理学越来越远,从心理学转到社会学,最后又转到人类学。与此同时,我也从对于西方心理学史上著名学者思想脉络的历史研究转向到了对于中国乡村社会法律实践与纠纷解决的研究。这样的学术发展轨迹尽管有着七转八转的改变,但是我想,作为一个完整的个人,我自己所受的心理学基本训练并没有完全丢失殆尽,有时还觉得自己似乎不断回归到心理学上来。这样的回归跟我的英伦之旅是密不可分的。

2002年冬至2004年春,作为王宽诚奖学金的获得者,我在伦敦经济学院人类学系进行学术访问。那里(一个有着世界级声誉的人类学系)竟然看起来是由心理学一统天下。在那里,名为"认知人类学"的新学科借用了心理学最新的认知研究的成果来解释社会与文化中的一些看起来让人扑朔迷离的现象。因而我很快便重新启动了自己头脑中所隐藏的之前随陈先生所学习到的心理学知识,积极地参与到有关认知人类学的各种学习和研讨中。这样,从那些不是那么陌生的词汇中,我再一次向心理学回归了。

一 心理的文化观

心理学讨论个体的心理与行为,它通过对个体心理与行为的因果关系的研究试图去发现更为深邃的、具有普遍性的人类行为规律。从西方心理学的发展脉络来看,这样一种追求从来就没有停止过。从弗洛伊德到马斯洛,再到罗杰斯;从冯特到斯金纳,再到西蒙,普遍主义的心理解释

---

* 原载《社会心理研究》2008年第1期,第1—8页。本文特为陈泽川教授八十华诞而作。

一直是贯穿于西方心理学的发展始终。在中国,作为心理学史方面的专家,高觉敷、唐钺、李伯黍、沈德灿、陈泽川等前辈都是20世纪80年代以后介绍和引进西方主流心理学思想的核心人物。从他们所译述的文字中,人们可以大略了解西方主流心理学整体性的脉络和发展走向。从中人们可以看出,即使是今天,普遍主义依旧是西方心理学的主流声音。

但是西方心理学的这一特点并不意味着不存在反对的声音。反对的声音一方面来自于心理学本身;另一方面则是来自于与心理学关系较为密切的其他社会科学学科(比如笔者相对比较熟悉的社会学和人类学)。来自心理学自身的反对声音一般是那些有着社会心理学或文化心理学背景的学者,这样一种抵抗西方主流心理学的解释框架的形成肇始于一批20世纪60年代后期从美国学成归来的心理学者,其中当以台湾大学心理系教授杨国枢先生最为卓著。杨国枢先生1969年从美国伊利诺大学心理系毕业,之前曾在台湾大学心理系专攻实验心理学,后来他的旨趣开始转向到社会与人格心理学。在用西方的人格量表测量中国人的人格时,杨国枢先生深感西方化语境的量表着实难以用来测量中国人的心理与行为。由此,杨国枢先生便开始在台湾学界倡导社会科学研究的中国化。通过杨国枢等人的努力,心理学开始逐渐从社会学与人类学的地方性关怀中寻求方法上的本土契合性。这种做法基本的支持理念无外乎是一种文化相对论。

文化相对论强调的是文化的多样性存在,承认这些文化自身存在的合理性。从这个意义上来看,人类的社会与文化就不再是具有普适性的,而是各自之间存在差异。因此,人们便不可以生硬地将一种文化中的概念翻译成另外一种文化中的对应概念。比如,社会心理学曾经长期研究成就动机的问题,并发展出相应的成就动机量表作为测试的工具。对于在美国社会中发展出来的这一测量量表,一般研究者往往都是稍加修订之后便成为用以测量中国人成就动机的工具,然后拿去跟美国社会中所测量的成就动机的指标加以比照。最后,人们发现中国人的成就动机测量指标似乎总也达不到美国社会中的那种马斯洛所谓的自我实现的成就动机,也就是说中国人在成就动机这项指标上总是比美国人矮了半截,总也达不到量表所设计好的以马斯洛理想化的需求层次理论为基础的成就动机。

这里,最为重要的问题不是人们与美国人的成就动机出现了差异,而是人们缘何矮了半截?那么问题究竟出在哪里?显然是出在量表上,因为这就像把看起来在美国很适用的一把尺子到了中国就失灵了,要测量的可能根本就不是实际要测量的东西。在这一点上,杨国枢先生领导的研究小组意欲向西方人说"不"。因为在杨国枢等人看来,那样的结论纯粹是对在中国社会生活的人的心理和行为没有实现本土契合性的理解。因为在中国社会里,以服务于社会关系为取向的成就动机似乎来得要比追求自我实现的动机更加强烈。在传统价值观里,人们往往会把衣锦还乡、光宗耀祖、报效祖国等社会他者的关怀作为终极的价值追求,而不是以自我实现为核心的作为独立个体的自我追求。在这里,可以说美国人的价值观与众人的价值观出现了分歧。因而,人们的人生道路也就会有所不同。

中国的父母多以养育孩子作为人生最大的幸福。在平民社会里,多子多福从来就没有受到排斥。如果以此作为祝贺的说辞,一般不会有人觉得这样做会有什么不妥。而且中国人往往以能够"把孩子哺育成人,将来有出息"作为人生最大的追求,在孩子的教育上舍得花费极大的本钱。在西方社会,公民教育基本上是由政府来安排;而在中国,很多时候因为有了父母的这种强烈的期望而成了家庭的一项重要支出。很多父母辛辛苦苦积攒了很多钱,但是一般只要子女提出教育上有更高的需求,父母拿自己积攒的钱去资助子女未来的教育并不认为是有什么不合常理的事情,恰恰父母因为无钱供养子女上学反倒会受到社会的怜悯和帮助。许多父母以能够尽量满足孩子教育在经济上的需求为乐事,甚至有些孩子的父母就曾经比较坦率地说过,"人们挣了这么多钱,不给孩子花给谁花呢?"在这样的观念驱使之下,人们不会再有他人之外的更加抽象的自己跟自己的较量(也就是西方心理学家所界定的成就动机)。而人们的文化中的最高理想不是实现最后对于自我的随心所欲的超越,而是试图不断地回归到现实社会中间去,用自己的努力和成就强化社会的联系。当然,这种观念正在发生改变。随着个人权利意识的增长,人们顾及他人的社会关怀渐渐让位于个人自我实现的追求,在这种追求中,美国化的价值观在逐渐引领着新的一代的成长。但是这样的价值观念绝对不可能成为普通民众的价值观,而只能是维持在一种引领时尚的少数人的水平上。

对于这样的文化差异,很多学者更加乐于用"个体主义"这个字眼来代表美国乃至整个西方文化,而用"集体主义"来代表中国乃至整个东方文化。但是,自萨义德(Edward Said)1978年出版《东方学》之后,这种依据地理空间的两分法就已经受到了人们的质疑,失去了其基本的话语合法性的基础。在萨义德那里,文化对立的想象被看成是西方人对于异文化的一种话语宰制,由此而强化了西方文化的优势地位以及西方以外文化的低等与劣势。在这里,人们必须要看到的是,作为人,其所应该具有的一些似乎是普遍性的东西,这些东西在既往的文化相对主义者的眼中似乎是一钱不值的。文化相对主义者看待中国文化绝对不会怀疑,任何一个中国社会与文化中的个体,他在成长起来之后满脑子都应该是中国文化的东西,就像一个硕大的染缸,谁在里面浸泡一下,似乎都会浸泡出一种特有的文化,未来也不会因为其他文化的影响而被清洗得干干净净或者换上一种崭新的文化,但后来的研究发现,实际上也并非如此。

二　文化心理学与认知人类学

如果说20世纪中叶以来是文化与人格研究占据主流,并由此而把心理学与人类学结合在一起的话,那么自20世纪80年代以来,伴随着认知心理学的兴起,文化心理学便开始成为人们讨论的主题,人类学的文化与人格的研究范式也开始转变到了认知人类学的研究范式,心理学与人类学再一次有了一种紧密的结合,心理学重新被文化的解释所接受。而与此同时,个体的心理与整体的社会与文化之间又一次紧密地联系在了一起。社会与文化是以表征的形式进入到人们的认知系统中去的,表征成为勾连心理、社会与文化的物质性基础(之所以称其为物质性的,就是因为表征类似于生物学的基因一样是真实的在个体的心理与社会和文化之间发生作用的最小的、不可分解的单元)。

人们的语言、象征符号、动作、故事、图片、映象乃至各种形式的人造物品都必然要经过大脑进行认知加工,这些都属于是某种的表征。而在人们大脑之外存在的表征被法国认知人类学家司博波(Dan Sperber)称之为公共表征;而进入到个体的大脑之中为大脑加以认知加工的表征被称之为个体的心理表征。

在这里,值得注意的是,如果是这样的话,社会与文化就不再是被构想成为固定不变的规则和价值观并由外而内地印刻到每一个个体身上,而是由外而内以及由内而外的双向循环过程,即从社会与文化中存在的公共表征进入到人们大脑中之后成为每个个体都会进行认知加工的心理表征,并且表征的形式也会因个体而发生变异,并在经过了这些加工之后转变成为了与原来进入大脑的公共表征所不一样的新的公共表征,这样的从公共表征到心理表征再到公共表征的循环每时每刻都在发生着。因此,社会与文化并非是凝固不变的,而是变动不居的。

比如,当谈到爱斯基摩人的传统时,似乎很多人都乐于将他们的所谓传统加以凝固化,带着刻板印象去想象这个民族,但是实际上今天他们的生活已经发生了改变。固定的房屋、带有发动机的雪橇、电视、电话和煤气炉灶都已进入到陵兰岛海域的爱斯基摩土著的生活中去,这些所谓现代化的物品作为表征被这些当地的土著所选择并进行加工从而演变成他们的社会与文化的公共表征中的一部分,然后再去影响他们的生活。日本放送大学人类学系教授本多俊和先生曾提到,伴随着这些新的物品的引入,那里的人的生活也在发生着巨大的变化,由于狩猎生活受到了国家的限制,同时加拿大政府拿出钱来对于这些打猎受到限制的爱斯基摩人进行补贴,从而使得许多人不用再做些什么就可以过上比较富裕的生活。但是接下来的问题就是社会中很多人(特别是女性)的肥胖的问题。在这个社会里,大约有60%的人有过度肥胖的问题,这些都属于是这个社会里新生出来的社会问题。① 但人们依旧可以说,这是爱斯基摩人的社会与文化,因为这个社会里有些核心的东西并没有发生什么改变。爱斯基摩人依旧过着他们喜欢的生活,捕猎海豹,生吃海豹肉,相信灵魂不灭的观念等等。

由此文化的变动性及人们在接受文化观念时的转化能力再一次受到研究者的注意。心理学家赵志裕等人用"文化启动"(culture priming)这一概念来替代原有的在文化与人格范式下的文化概念。他们在强调文化自身的核心特征的同时,也更加强调这种文化观念的知识论含义,也就是文化是一种知识,它既可以为那一个文化里面的人所享有,也可以为了解和熟悉这一文化的人所享有。比如,如果在美国看到成龙的功夫片,人们无法不和中国文化联系在一起;而在北京的街头看到星巴克的标志,人们也无法不把它与西方文化联系在一起。显然,这样的思考模式已经超越了把文化看成是相互对立,相互之间缺少交流和融通的可能性的文化相对论的心理学的解释,真正把动态的心理活动放置在了动态的文化背景之中。

---

① 2008年3月在中国农业大学社会学系"乡土社会研究讲座"发表的演讲,上文所述是依据本多的演讲所作的记录。

三　心理的社会基础

与此同时,更为重要的是,从认知人类学的研究,人们可以清楚地知道,作为个体的心理,它绝对不是独立于社会与文化之外的,而是与之相互紧密地联系在一起的。人们完全可以借助个体心理之外的公共表征之间的转化形式来推断个体的心理过程。在此意义上,人们的思维不仅仅是存在于头脑中的,而且还是分布在了一个外在于个体的社会与文化的安排上的。换言之,由社会与文化的安排人们可以领悟到作为个体的人其心理的基础究竟是怎样的。

在这个意义上,对于人而言,世上的万物就不是自然存在的东西而是有着跟个体紧密联系的存在物,有这些存在物人们才可能有类比性的对于人的心理的理解。在我曾做过田野研究的河北赵县,其县城有一座很著名的禅寺,名为赵州禅寺,其著名就是因为历史上出了许多有名的大禅师,这些大禅师不是劝慰学禅的人向自我的心里去问究竟,而是鼓励由一个人日常生活的周围万物中去寻求一种对于人生的理解。比如有个学佛的人来向禅师说:"万法归一,一归何处"?禅师就不假思索地回答说"青州布衫重七斤"。接着这个人又问"如何是佛祖西来意"?回答又是"庭前柏树子"。这个学佛的人问的两个问题实际上都是佛学的很根本的问题,但是大禅师的回答却是四两拨千斤,看起来和主题毫无关系,真的是有些不着边际。但是,如果对于认知人类学的理论有所了解的人就必然会清楚,这样的回答实际是触及到了知识在社会中的分布的问题。

从一定意义上看,人们的大脑是空洞的。它除了能对信息进行加工之外,其自身并不能产生出任何知识来。大脑只是一个强有力的转化器,可以将各种外在信息转化出来成为新的信息。一句话,人不是借助自身来理解自身,而是借助外部世界的存在来理解自身。人们可以用月亮的圆满来表示婚姻的圆满,用一盏灯来表示一个家庭的人丁兴旺,还可以用五种颜色的泥土来代表一个国家的统一和稳固。凡此种种的社会与文化的安排,似乎都在向人们昭示作为个体的心理其社会的基础,也就是个体的心理是借助于对社会物品的象征化来得以实现的。由此可以推断,一个心理适应有问题的个体,其社会的适应状况也一定是不很理想的。

实际上,在这里更加重要的问题是,在人们的社会之中散布着人们个体的思维。比如人们的各种的器械反映出来的就是人的思考的结果,也就是人们的思考被物化了。汽车的方向盘为什么会设计成为圆形而非是方形或者椭圆形的？从旋转方向上着眼，实际上方形和椭圆形都能够用来旋转，只要有中间的轴心存在就可以了，但是人们的汽车工程师依旧是乐于将其设计成为圆形而非其他的形状，原因似乎就是圆形的东西在社会中是旋转的最典型的代表，最容易为大多数人所接受的表征。如果不把旋转的东西设计成为圆形的，人们就会出现认知上的偏差，进而可能会带来一些极为危险的后果。

还有人们社会中的民俗，不仅是其经过多少年都不会改变的坚韧性，而且更为重要的是它对于所谓理性知识的排斥。一般在汉人社会的结婚仪式上都会有枣、花生和栗子这三样东西，其意味着"早生贵子"，取的是上述三样东西的谐音。尽管现代的理性知识已经不断地在告诉人们，生男生女是一个概率性的事件，绝不是由外部的某些物品可以简单地来加以左右的，但是人们的民众依旧是乐于用这三样东西来表达生育儿子的愿望，尽管在一些特殊的年代，由于国家力量的干涉而一度中断，但是一旦这种干涉松弛下来之后，这种民俗的恢复就是迅速且普遍的，我曾经称这种状况为"民俗的易感染性"。也就是相比理性知识而言，民俗的类比性的知识传统具有更强烈的易感染性。

换言之，相比抽象的理性知识而言，用具体的事物来作比喻必须更加具有一种感染力。人们容易接受，而这种容易接受并非是个体自身的心理能力，而是人们经常使用的这三样东西以及其语音上的相关性都在影响着人们在一种抽象的生育观念与实际的物品之间建立起强有力的联系。一旦人们别出心裁，不照此行事，就会有社会的谴责来制约人们的这种别出心裁，从而使这种民俗成为人们的生活习惯。在这里，枣、花生和栗子这三样东西肯定是人们社会中最具有代表性的可以和生育联系在一起的食品了。在分类上，它们都属于是可吃的而非不可吃的，是容易生长的而非难于生长的，是可以长久保存的而非容易腐烂的，是每年都可以生长的而非隔几年才能够生长的，是静态的植物而非动态的动物，是小巧的且可以安放在角落里或者篮子里的而非笨重得无法投放在隐蔽的地方或者用器物装起来便可以送出去的东西。所有这些特征都决定了在枣、花生和栗子这三样东西身上可以体现出来的对于两个来自不同姓氏的本来没有任何关系的新人的祝福，容易获得和转让。至少在这样的社会中，每一个生活在这样的社会中的人，男女双方都应该是极为熟悉这三样东西的，尽管他们对于这三样东西跟生育之间真的是否有什么联系也并非清楚,或者根本就是不相信的。但是也不会有意地加以抗拒和排斥,因为这终究是一种社会加以认可的安排。

四 心理的文化基础

由于20世纪80年代以后认知心理学的开展,社会学与人类学对于文化的理解开始注意到文化的动态方面。也就是说,文化不是风俗习惯的汇总,也不是价值观由外而内的对于个人的印刻,而是一种体现在过程中的实践及借助表征的表达。

个体的心理活动如何与文化的表达之间建立联系?这既是心理学家关注的问题,也是社会学家和人类学家现在特别关注的问题。认知心理学家的研究已经提示人们,个体是具有能动性的,这种能动性既可以使人们走向正确也可以使人们发生错误,而所有这些活动都体现在人们作为个体的认知加工的过程中。但是,需要再一次指出的是,可以说大脑本身是空洞的,没有任何外部信息的大脑的认知加工是无论如何也无法想象的。因为人们无法让大脑凭空产生意识,并由这些意识而产生各种观念。这种意识和观念的产生可以凭借的是由外部公共表征在内部加以转化出来的心理表征,实验心理学家所使用的刺激材料便是有意地引导被试去转化这些外部的表征。这种大脑的空洞性显然是被有着强烈自我意识的宗教体验所把握,在这方面表现最为突出的依旧是禅宗,所以在这里可以继续列举禅宗的例子。

禅宗延续佛教的核心理念,也就是强调一个"空"字。尽管对于这样一个"空"字可以有多种理解,不过在笔者看来,这实际是指人们意识的空洞,人们没有可能在自我意识的不断追问中找到禅宗所关怀的生活的意义,所以赵州禅师见到谁来问道,不管是执著于概念的,还是不执著于概念,以及对这两者举棋不定的,都一概回答三个字:"吃茶去。"为什么会有这样的回答呢?实际上,我们可以说,一千二百多年前的赵州禅师就已经明白了,在人们的头脑中凭借概念本身是无法获得实际的生活意义的,需要问道者到外部去寻找,也就是要去亲身实践。吃茶是一种实践,棒喝是一种实践,通过喝茶、通过棒喝,人们才能够在头脑中产生出整体性的对于外部世界存在的万物背后可能的对于生活的启示的心领神会。用认知人类学的语言来说,就是在外部的公共表征和内部的心理表征之间有了一种关联性。这也许不是准确的觉知,而是似乎如此、大略如此、宛若如此,总之是有着相关性的。

比如洁净的观念,很多的文化里都存在有这样的观念,并落实到具体的行为规则的制定上。刚出生的小孩子肯定无所谓干净与肮脏,教化的过程可以使其获得一种某个文化里独有的洁净观念。但是洁净的观念是存在有文化的差异性的,并随着一个人生长的环境的转变,干净与否的观念也有所差异。在基督教里以洗浴来体现洁净的观念,受洗者和非受洗者成为两个完全不同的群体;而在印度的种姓制度中,人生下来的种姓决定了其自身的干净程度。婆罗门作为最洁净的代表,其在社会身份上远远高于其他的种姓;而生来就属于不可接触的种姓,其一出生便具有了一种所谓肮脏的名号,为许多群体所鄙视。

此外,在笔者调查过的河北赵县的李村,桌子上有些土,电视屏幕上有些土,只要擦掉就可以了,人们并不把它们归为肮脏的一类。反倒是如果一个人为人处世不讲究礼数,缺乏基本的道德,这样的人却可能是被别人称为"脏人"。这里的肮脏与洁净是跟人的道德密切地联系在一起的。所有这些例子,一方面证明了洁净与肮脏观念的文化差异性;但是,另外一方面也在暗示着某种共同性,这种共同性就是不是由观念而到观念的推演出什么是肮脏或者什么是洁净,而一定会借助于个体之外的存在物与此个体之间的关联性来对此进行表达的。

水是一种物,在基督教的受洗仪式中,它便转化成为了一种可以使人的肮脏得到去除的表征;血液也是一种物,但是在印度文化中,它就是一种甄别一个人的肮脏与洁净的物质表征;还有在李村,人作为整体成为了某种类别的表征,"脏人"是不能够与其建立亲密关系的,"脏人"成了一类人的表征,并可以在人们之间进行传递,脏人的名声就不再是属于一个村落而是沿着村落交往范围的扩大而不断地得到延展或者扩散。

在这里,对于人的界定成为一个文化里最为重要的社会分类的基础。人与人交往的对象不是部分的肢体或者片面的心理感觉。从格式塔心理学的原理中,我们可以清楚地知道,任何人都有对于他者进行整体认知的心理能力,这种能力决定了一个人如何被看成是一类人。身体某个部位有残疾的人,人们不是说某某人腿断了或者耳朵听不见了,而是把这样的人归成为类别,总体上可能被称为"残疾人",具体可能是被称为"瘸子"或者"聋哑人"。这些都是把人看成了一种整体而不是部分,这些概念的创造一定是由社会来创造并由文化来装扮的。社会有一种能力就是把超出正常的人加以重新界定,这种界定会影响到人们怎样去看自身,正向的界定可能会使一个人错误地认识到自己的能力倾向,反过来负面的界定又使一个人负面的局部特征被放大到对整个人的认知。在中国文化中,曾经创造出来过无数的有关以人的局部来表征整体的有关人的分类的范畴,这些范畴体现在民间崇拜的偶像中,体现在民间故事的传承中,还体现在国家的宣传中。借助这样的分类范畴,文化才得以表达,社会才得以控制。

五 结 语

今天,就像社会学与人类学不能忽视个体的心理一样,心理学也一定会注意到个体融入于其中的社会与文化,并归根到底会受到一个社会与文化的影响。人终究不是独立于社会之外的独立的个体,即便是在个体主义发达的西方,个体依旧是牢固地嵌入到他自身所处的社会与文化之中去的。毋庸置疑,即便个体主义在美国极为盛行,但是美国社会依旧是由家庭所组成。尽管是以核心家庭为社会连带性的单位,但是亲属关系依旧是密切而且同样有着跟中国差不多的亲属群体相互之间的依赖性。文化与人格学派发展出来的文化对立的比较模式显然忽视了这样一种各种文化之间内在的共同性,并且无法摆脱作为处于优势地位的西方文化对于异文化的东方学的想象。

不过,忽视社会与文化因素的既有心理学研究范式显然没有注意到人们大脑自身的这种空洞性。所有的理解和认识都必须依赖于有外部的公共表征所转化出来的心理表征。认知加工所加工的是具体的心理表征的材料,而这些表征显然是存在于人作为个体所存在的社会与文化之中的。显然,在心理学中,没有一个实验心理学家不是在使用语言、符号、象征、故事、数字等公共表征的材料,这些材料不是无意义的,而是依据特定的社会与文化才具有了特定的含义。我们可能乐于抛弃以西方文化为中心的文化比较,但是我们肯定不会抛弃基于本土意识的个体在现实的社会与文化中的那种想象。

显然,本土心理学使人们有可能将目光投射到地方性的社会结构与文化表达上去,但是既有的本土心理学研究范式仅仅执著于对本土概念(如面子、人情和关系)的分析;而无法真正地将这些概念回置到事件实际发生的场景中去作过程的考察,尽管已经开始有许多的本土心理学的新的范式研究者开始越来越多地受到社会学和人类学方法的启示,越来越多地关注到了像情、欲、心等等的本土概念与社会与文化的过程之间的关联性,但是他们的这种新范式依旧是从一个以概念为中心的这样一种视角去切分一个社会与文化,无法让人们真正地体会到一个本土的心理概念如何体现在人们的生活与实践之中,以及地方性的思维模式如何可以容纳这样的概念,新的本土心理学的研究范式基本上试图以分析取代描述,以其他人的观察代替自己的观察,并以他人的观察来印证自己观察的正确性。所有这些可能都是因为新出现的一些研究范式背后可能会犯有循环论证的方法论错误。

确实,我们需要像最初倡导社会科学本土化的学者那样回归到社会与文化的脉络中去寻找心理差异的起源,尽管这些学者并没有真切地注意到大脑离开外部的社会与文化的空洞性,但是已经隐约感受到以一种社会与文化中所发现的、解释那种社会与文化中的心理与行为的概念并不能轻而易举就能够迁移到对另外一种社会与文化的心理与文化的解释中去。这样的思路肯定是可取的。但是在对理性的比较中,这种思路却重复了人类学的文化与人格研究范式中过度强调文化对立的错误。因为文化是变动着的,是伴随着社会的变动而发生着改变的,尽管这种改变并非是与社会同步。

如果我们注意到了大脑自身的空洞性,我们就必须要把解释人们作为个体的心理与行为的角度调整到人的大脑以外的社会与文化上去。对于脑科学家而言,这种作为也许并非必要;因为他们所关注的恰恰就是大脑借助外面的信息进行加工时的脑机制。但是对于社会心理学家、社会学家及人类学家(或者如早期的美国心理学家托尔曼所谓的研究克分子行为的学者)而言,我们无法透过观察脑功能呈现的技术来窥测大脑自身受到外部不同刺激所产生的变化,进而推测可能的行为反应,那么只能够在社会与文化的层面上,也就是在社会与文化表征的层面上去留意这些表征之间跟个体的认知之间的关联。比如在许多中国人的民众信仰中,凡是历史上伟大的人物都具有神一般的保护力量,因此都会被奉若神明。被誉为人民大救星的毛泽东在其过世差不多二十年之后,我们就已经看到各种形式的毛泽东的画像和照片被悬挂在出租汽车司机的车窗前、乡村庙会的神殿中以及一些庙宇的侧殿中。尽管谁也不会否认毛泽东的画像在哪里都是同一个人。但是对于不同情境下借用毛泽东的表征的民众而言,意义却有着完全不同的意义。对此笔者曾经有过专门的论述,在此无须赘言。

在这里,我们特别乐于强调的是,不仅大脑具有一定的意义空洞性,甚至作为个体的心理如果隔绝于特定的社会与文化,它也具有同样的意义空洞性。我们需要为这种心理的空洞性找寻某种物质基础。如果是这样,用大脑的生理反应来解释背后可能的心理机制就没有什么意义可言。意义一定是存在于人人可以认知和加工并获得某种理解的表征当中,表征构成了个体心理的物质基础,同时这也是社会学、人类学进行社会与文化解释的物质基础。

在西方心理学史中,个体受到刺激然后产生反应的行为主义研究范式显然忽略了个体之间反应的差异性。认知心理学在将人的大脑认知这一中介变量引入到刺激—反应模式中来时同样无法关注到社会与文化的影响力量。而认知人类学家司伯博(Dan Sperber)所强调的表征既可以被看成是外部的社会与文化意义上的公共表征,也可以是内化成为人们认知一部分的心理表征的看法。这让人们看到了一种新的解释个体、社会与文化三之间关系的范式出现的可能性。

在这里,个体行为之间的差异可以依据人们对于同一表征的不同的认知加工所转化出来的不同的公共表征的差异而得到解释。意义存在于外部社会与文化中的多种表征之中,但是这些表征自身并没有意义,必须为作为个体的人所认知。这就是基本的个体、社会与文化之间的相互依赖关系以及由此而产生的意义谱系的物质基础。

参 考 文 献

1. 方文:《群体资格:社会认同事件的新路径》,《中国农业大学学报(社会科学版)》2008年第1期,第89—108页。

2. 杨国枢:《人们为什么要建立中国人的本土心理学?》,杨国枢主编:《本土心理学的开展》,桂冠图书公司1993年版,第6—88页。

3. 杨宜音、张曙光:《理想社区的社会表征:北京市居民的社区观念研究》,《中国农业大学学报(社会科学版)》2008年第1期,第109—123页。

4. 余安邦:《情、欲与文化》,"中央研究院"民族学研究所2003年版。

5. 赵旭东:《权力与公正——乡土社会的纠纷解决与权威多元》,天津古籍出版社2003年版。

6. 赵旭东:《表征与文化解释的观念》,《社会理论学报》2005年第2期,第229—276页。

7. 赵旭东:《民俗的易感染性》,《民俗研究》2005年第2期,第5—28页。

8. 赵旭东:《否定的逻辑——华北村落庙会中平权与等级的社会认知基础》,《开放时代》2008 年第 4 期。

9. Chiu, C. & Hong, Y. , 2006, *Social Psychology of Culture*, New York: Psychology Press.

10. McClelland, D. C. , 1961, *The Achieving Society*, New York: Free Press.

11. Sperber, D. , 1996, *Explaining Culture: A Naturalistic Approach*, Oxford: Blackwell Publishers Ltd.

12. Said, E. W. , 1978, *Orientalism*, London: Penguin Books.

第二编

反思本土文化建构

想象中的社区*

本尼迪克特·安德森(Benedict Anderson)是康乃尔大学的著名教授,以国际研究为特长。曾发表诸多论文和专著,比如像1972年出版的《革命时期的加瓦》,1990年出版的《权力:在印度尼西亚探求政治文化》都是他的代表作。不过真正引起跨学科注意的还是他在1983年初版,在1991年又重订再版的《想象社区——对民族主义的起源与扩散的思考》这本书。这本书的出版和再版引起了人类学、社会学、政治学等学科学者的广泛注意。因为它震撼了学者们的心灵,使他们不得不对自己曾经研究过的领域或准备研究的领域加以深刻的反思。我们为什么爱一个民族而恨另一个民族,为什么我们会对祖国有那么深厚的情感,这难道是与生俱来的吗?还是一种文化的发明?这些激动人心的问题被安德森明确地提出来并给予了一种解答,这种解答刺激了诸多学者的真正反省。

实际上,在现代国家形态的建构过程中,在我们时代的政治生活中最具有合法性的价值观念就要属民族观念了。在一般人的心目中,民族概念本身并没有什么可以从学理上加以思考的。正是这种对民族概念本身的麻木,才出现了安德森所说的在这个领域里没有理论和思想的大家。这或许是安德森研究这一问题的出发点。他已经明确地感受到所谓民族性(nationality),或者各种各样的其他名称,如民族和民族主义等都是某种特殊文化的产物。要理解它们我们便要回到历史中去,看一看它们的含义究竟是怎样通过时间而发生改变的,以及看一看为什么它们在今天还具有这样深厚的情感上的合法性(emotional legitimacy)。

安德森认为,在18世纪末,这些文化的产物是许多不连续的历史动力混合后的自然凝结。而这一旦被创造出来,便成了"标准的元件"(modular),能够加以移植,从不同的自我意识等级移植到社会的广大领域。而安德森最想要详加阐述的便是,为什么这种特殊的文化产物会引

---

* 原载《读书》1999年第11期,第44—45页。

起这样深刻的社会变动。

安德森首先从人类学的视角对"民族"下了一个这样的定义：它是一种想象出来的政治社区——并被想象成既是内在受限制的，周时也是拥有独立主权的。之所以是想象出来的，这是因为，甚至对于最小的民族的成员来说，他们从来就不认识大多数他们自己的成员，从来也没有遇到过那些人，或者说甚至从来都没有听说过他们，然而，极为奇怪的是，在每一个人的心目中却都活着一个他们是共同一体的印象(the image of their communion)。

对民族主义深有研究的英国社会人类学家吉尔纳(Ernest Gellner)曾断言："民族主义并非是唤醒民族的自我意识：它是要发明并不存在的民族。"安德森则认为，这一论点的不足是在于吉尔纳急于要表明民族主义是在错误呈现下的虚构，他把"发明"融入到了"捏造"和"谎言"之中，而不是"想象"和"创造"之中。在这种方式中他隐含了"真正的"社区是存在的，并且能够与民族有益地加以并置。但是安德森恰是反对这一点，他果敢地说所有大于面对面接触的初级村庄的社区(甚至于包括这些)都是想象出来的。区分社会并非是依赖于它们的"虚假与真实"，而是靠它们从中被想象出来的那种方式。比如，加瓦人的村民总会知道他们是与他们从未见到过的人有着联系，但对这些联系的想象是特殊性的，像无限的可扩展的亲属和顾客的网络一样。直到最近，在加瓦人的语言中还没有意指抽象"社会"的语汇。我们今天可以把法国 ancien regime 中的贵族看做是一个阶级，但这只是非常晚近才以这种方式被想象出来的。

之所以说，所想象出来的民族是"被限定的"是因为，即使是他们中最大的民族(也许要包括十几亿的人口)也都要有一个边界。被想象成是有"主权的"，那是因为这一概念的产生是在启蒙运动和大革命摧毁了神授等级王国的合法性的年代里产生的。每个民族都有一个自己的边界，在这个边界之内，人民应当是自由的，作为民族代表的国家也应当是有对这一区域有管辖的主权的。最后，之所以被想象成是一个"社区"，这是因为，忽略掉每一个民族内部的实际的不平等和剥削，民族内部的关系总是被构想成一种和睦共处的同志式的关系。

正是上述三点的结合使得在过去的两个世纪的年代里，数以百万的人情愿为这一有限的想象物抛头颅洒热血成为可能。当然，这些人的死亡使我们立刻都要面对安德森向我们所提出的这样一个极为尖锐的问题：是什么使得这样一种历史的想象物造成了如此巨大的牺牲？要想有答案,只有重新思考民族主义的文化基础。

18世纪的欧洲不仅标明的是民族主义的开始,同时也是宗教形式的思维(religious modes of thought)的终结。这可以从下属两种相关的文化体系的演变中反映出来,这两种欧洲的文化体系即是指宗教社区(religious community)和王国(dynastic realm)。对于这两种体系来说,在其鼎盛时期,它们的地位都是无须怀疑的,是至高无上的,这一点非常类似于今天的民族性的观念在人们心目中的地位。因而,研究是什么给予了这些文化体系以自明的正确性以及它们关键性的组成成分是什么,或许是极为有借鉴和启发意义的。

像汉字一样,阿拉伯文字作为一种符号创造了一种社区。这种由神圣的语言连接起来的经典社区有一点是与根据现代民族所想象出来的社区有所不同的。一个关键性的不同就是,旧的社区对于他们的语言有着一种独特的神圣性的信任,因此,才会有对伙伴的信任。

这种宗教上想象出来的社区的权威与至高无上,在中世纪晚期之后便逐渐消失了。对于这种消失的原因可有多种,安德森强调了下面的两点:首先是对非西方世界的探险,这主要是使西方人在非西方的领土上扩展了文化和地理的视野,这必然会导致对人类生活诸多可能形式的观念上的改变。其次就是作为神圣语言本身的逐渐降格。布洛克(Maurice Block)在《封建社会》(Feudal Society)一书中曾注意到"拉丁语不仅仅是一种教学用的语言,而且也是唯一的一门被教授的语言"。但是,到了16世纪,这些情况却发生了实质性的改变。这一改变的一个根本原因是因为印刷工业资本主义的兴起。费博里和马丁(Febvre & Martin)的估计认为,在1500年以前,有77%的图书还是用拉丁文来印刷的(这无疑意味着有23%已经用本土的语言来印刷了)。1501年在巴黎印刷的八十八本书中仅有八本是用法文来印刷的,到了1575年之后大部分的书籍就都是以法文印刷的。总之拉丁语的霸权逐渐消失殆尽了。差不多到了1640年之后,用拉丁文印刷的书籍便越来越少了,而用当地的语言印刷的书籍则越来越多,印刷业不再是一种国际化的产业。简言之,拉丁语的衰落为一个较大的过程提供了一个范例,在这个过程中,通过旧的神圣的语言所整合起来的神圣社区逐渐地被瓦解和分割掉了。

现在我们转到对王国的讨论。安德森在书中提醒我们必须要记住的是,在欧洲,那些旧的君主国的扩张靠的并不仅仅是战争,而且还要靠婚姻的政治,这种方式与今天的运作方式是大不相同的。复杂的纳妾制度对于王国的整合和团结是极为重要的。晚到1914年,王朝国家构成了世界政治体系主要成员,但应该注意的是许多曾达到过高贵民族的王国后来都逐渐衰落了。

只是孤立地认为想象出来的民族社区成长起来并进而取代了宗教社区和王国,这是一种短视。在神圣社区、语言和宗教的衰落之后,在对世界的理解方式上也发生了根本性的改变,这超越了所有其他的因素而使得"思考"民族成为可能。安德森接下来以时间观念的演变来进一步说明民族主义在现代社会出现的可能。现代钟表的记时方法导致了本雅明(Benjamin)意义上的时间的虚空,这种时间的虚空对于想象出来的民族社区的产生又具有十分重要的意义。这只要看18世纪欧洲的最先出现的两种想象形式,即小说和报纸便可看出端倪。这两种形式提供了"再次呈现"(re-presenting)那种想象出来的社区的民族的途径。

先看旧式流行小说的结构,安德森叙述了这样一个简单的小说情节:A有一位妻子B和一位情妇C,C后来又有了一位情人D。这些片段以时间顺序有如下的排列:

时间Ⅰ:A与B争吵,C与D做爱;时间Ⅱ:A打电话给C,B去购物,D赌博;时间Ⅲ:D在一酒吧喝酒,A在家与B进餐,C做了一个噩梦。

要注意的是,在这一序列中,A与D从未相见,确实,只要C的把戏玩得精妙,那么他们这两个情敌就相互都不会意识到各自的存在。这里的问题就是究竟是什么把A和D实际地连接在一起了?这里含有两个现代的概念:第一个是说他们都是被嵌入到社会当中的。这些社会都是社会学意义上的实实在在的实体,社会的成员(A和D)可以擦肩而过从无必要相识,但还是通过某种方式联结在一起。第二,是A和D都嵌入在无所不知的读者的头脑当中。只有他们像上帝一样观看着A打电话给C,B去购物以及D在同时赌博。所有的这些活动都是在同一时刻的钟点下完成的,但是对行动者来说,大多数情况下是意识不到相互的存在,这表明了在由作者所具有的读者的头脑中所变幻出来的这一想象世界的小说性。

一个社会有机体通过同质的刻度时间在运行着,可以说,这样一种虚空的时间观念是民族观念的精确类比,这也被想象成为一种沿着历史进程前进的稳固的共同体。一个美国人从不会遇见甚至知道众多美国人中的一小部分人的名字,他们或许并没有在某一时刻那些人在干什么的观念,但他们却有完全的信心相信另外那些人的稳定的、匿名的以及同时发生的活动。

　　作为现代文化工业一部分的报纸究竟在我们想象出来的社区中扮演着什么样的角色呢？报纸上的本不关联的事件为什么可以并置在一起呢？它们之间的联结究竟是什么？显然它们中的大多数都是独立发生的，行动者相互之间根本就不认识也不知道其他的人现在在干什么。这种选裁和并置的武断表明了它们之间的联系是被想象出来的。这种联系有两个间接相关的来源。第一个联系就是对应的年历。作为最重要的象征标志的报头的日期提供了一种带有根本性的联结，这种联结就是虚空的时间，即一直走着的同质的钟表。在这一时间中，"世界"在坚定地向前迈步。第二个想象出来的联系的来源就是作为书籍的一种形式的报纸与市场之间的联结。在一种相当特殊的意义上来说，书籍可以说是第一种现代形式大批量生产的工业化的商品。对于像棉纱、砖和糖这类早期的工业产品来说，这些商品都是通过数学的量来加以计算的，一磅糖仅仅是一种量，是一种方便的重量单位但并不是客体本身。而书籍则是一种独特的，自足的客体，可以精确地进行大批量的再生产。一磅糖紧跟着就是两磅糖，但是每一本书都有它卓然飘逸的自足性。而报纸也不过是书籍的另类的形式，这种大批量生产的商品使得人们可以把报纸当成虚构小说一样进行最精确的同时消费（想象性的消费），看报纸要有一定的时间，这便有晨报和晚报之分，并且要只看今天的新报纸而不看昨天的过期的旧报纸（这与糖形成对照，吃糖并没有时间的限制；它可能会变坏，但并不会过期）。对于这种大众仪式的意义（黑格尔曾观察认为报纸为现代人提供了一种晨祷的替代品）本身是两难的。因为它本身显然是私性的，是头脑中的事情；但是对于每一个读者来说，又都明确地知道它所操弄的仪式是数以万计的其他人所同时也在扮演的事情，对于他们的存在他是坚信不疑的，但对于他们的认同却没有什么认识。进一步说，这种仪式通过年历在日复一日地重复，从未间断过。读者在明晰地知道别的人也在同自己消费一模一样的报纸之后，便更坚定了那种想象出来的世界是根基于日常生活的世界当中的，这一点从报纸上是清晰可见的。

　　在安德森看来，想象的民族的产生是与三个古老的文化概念在人们心目中的公理性支配地位的丧失密切相关的：第一个就是某种共同的书写语言提供了达到本体论真实的可能的便利，精确地说是因为它就是那种真实的一部分。正是这种观念才使得基督教徒、伊斯兰教的信奉者等的跨大陆的团结成为可能。第二点就是相信社会是由一个处于中心并高高在上的君主所统辖的,君主是与其他的人相分离开的,是由宇宙的天意所支配的。第三点就是时间的观念,在这种观念中,宇宙观和历史是不能够相互区分的,世界和人的起源实质上是同一的。综合起来看,这些观念将人的生活牢固地建构在事物本质之上,并给予日常生活的存在以一定的意义。而这三点的衰落又是与西方资本主义的兴起紧密相连的。

首先,资本主义对使用当地的语言来印刷书籍起到了推波助澜的革命性的作用,它提供了三个动力,其中有两个是直接对民族意识的出现发生了作用。第一点,也是最不重要的一点就是拉丁语本身的改变。现在的拉丁文追求的是在写法上越来越像意大利文,因而也就逐渐地从教会和日常生活当中脱离出去。照这种方式它便要求一种与中世纪时代的教堂式的拉丁语极不相同的神秘特性。过去的拉丁语并不神秘是因为它的对象或风格,但也仅仅是因为它作为教本的地位。第二点就是宗教改革的影响,宗教改革同时对印刷资本主义(print-capitalism)的成功颇具贡献。马丁·路德成为第一位以他个人的名字销售他的"新书"的作家。第三点是通过有权势的、占据核心统治地位的君主在地理上的对一种地方语言在行政上的扩展。值得引起注意的是在中世纪西欧,拉丁语普遍盛行的时代,在政治制度上并没有这种普遍性。因此,在西方的皇帝倒台之后,西欧政治的分裂就意味着没有哪种主权可以让拉丁语成为一个国家之唯一的语言,因此拉丁语的宗教权威从来就没有一种真正的政治上的权威。

印刷语言在建构民族意识上主要有三种独特的方式:首先是它创造了说共同国语的统一的交换和交往的领域。说不同地方话的人发现他们之间很难交流,只有借助印刷和纸才能达到理解,逐渐地在他们特殊的语言领地的这些人是属于一个团体的,读者群通过印刷品而达成联系,形成最初级的民族想象的社区。其次,印刷资本主义给予了一种新的对语言的固定,这种语言是在长期的古老民族观念建构的过程中起着积极作用的。第三点是印刷资本主义创造了一种不同于旧式的行政语言的有力量的语言形式。

总之,在对于根本上存在有差异的人类的语言给予资本主义和印刷技术的结合之后便有了产生一种新型想象社区的可能,这是现代民族的基本形态。很明显的是,在今天几乎所有自我构想的民族,包括民族国家在内都有自己"民族的印刷语言",其中有许多民族是用这种共同的语言,但也有其他的民族中的很少一部分的人使用民族语言来交流和写作。

在《想象出来的社区》第一版中，安德森写到人们常常可以看到新的国家的"民族建构"(nation-building)中，存在一种真心实意的、普遍的民族主义的狂热情绪，通过大众传媒、教育系统和行政制约来灌输一种系统化的甚至是马基雅维里式的民族主义的意识形态。接下来的假定就认为，在亚洲和非洲的殖民世界中的官方的民族主义是直接依赖于十九世纪欧洲的王国的模型来加以塑造。但安德森在以后的思考中改变了这一观点，并认为上述的观点是草率的和漂在上面的，正确的是要找寻殖民政府的想象物。人口统计、地图和博物馆这三种制度虽然在十九世纪中叶以前就被发明出来了，但在改头换面成为殖民性质的东西之后而进入到机器再生产的时代。这三种制度合在一起深深影响了殖民国家想象它的领土的方式。安德森以东亚的殖民过程来说明了他的论点。

首先来看人口统计。最近，社会学家查尔斯·赫斯曼(Charles Hirschman)在对马来西亚的英国殖民时期的人口统计的分析得出两条原则，一条是，随着殖民时期的延长，人口统计的概念就变得更可看见和极为种族化，相反作为人口统计分类的一项重要指标的宗教认同则逐渐消失了；第二条原则就是，总体上来说，大的种族的范畴被保留下来甚至在独立之后被集中起来，但到现在又被分成马来亚人、中国人、印第安人以及其他四类。通过殖民国家的分类所想象的这些认同在殖民政府侵入之后很快得到了具体化。另外，人们还注意到，人口统计的制作者对于包罗万象和清晰富有热情。人口统计的假象就是每一个人都在里面，每一个人都有且仅有一个极为清晰的位置。与人口统计一样，西式的地图根基于一种整体的分类。另外一项重要功能是画出民族共同体的边界，而这种边界的轮廓又反过来帮助人们把一个民族想象出来。在博物馆里，特别是民族的博物馆里，那种器物的展示实际上对一种民族社区的想象更具有直观的意义。各种器物武断地按照一定的秩序排列在一起，并暗示这就是历史。

安德森的这部著作之所以引起关注，是因为在他的书中，通过他的历史叙述颠覆了一个人们曾经信以为真的公理。这个公理的逻辑就是一个群体形构一个民族，一个民族形构一个国家，一个国家拥有自己的主权，在这一主权的庇护下形成一个民族社区，一个和睦相处的共同体。但安德森反复地告诫我们：这个社区是被一个时代想象出来的，这种虚构的想象在真实地支配着我们的行动和思维。

神话的文化解释及其争论

我在下面的文字中将以介绍美国文化人类学的健将之一、芝加哥大学的马歇尔·萨林斯(Marshall Sahlins)的著作为主要线索,来展开我的主题讨论。这是一份读书笔记式的文字,是在阅读了亚当·库尔伯(Adam Kuper)所写的《文化》一书后的读后感。在"文化"这一概念既时髦又被用滥了的今天,我们或许应该还其一个清白。从其源头上看这场文化论战的深层的学理意涵,从而再来重新检视我们自己诸多的文化论著,由此你会发现这些论调要么就是陈词滥调,要么就是无病呻吟,天马行空,不着边际。

石器时代的经济学

在美国,文化相对论在1950—1960年代是占据上风的。珠利安·斯迪伍德(Julian Steward)和利斯理·怀特(Leslie White)分别在密西根和哥伦比亚大学建立起了文化的进化理论的中心。萨林斯属于这一派中较为年轻的一辈,据他所言,他是俄罗斯人的后裔,其父辈就已移民美国。他本人1954年在密西根大学得到人类学博士学位。

怀特和斯迪伍德是美国式的进化理论的鼻祖。但他们两者之间亦有鲜明的差异。怀特更为接近摩尔根和泰勒的传统,他认为,从长远的角度来讲,人类的文明已经是进化完成了。越发达的社会,其社会组织亦复杂。并且可以从一个社会的能量消费的水平来衡量一个社会文化发达的程度。而斯迪伍德对于怀特所谓的传统的非线性进化模式深表怀疑。他更强调在一个持续的文化区域中对一种特殊的进化过程加以研究。所谓的一个持续的文化区域是指有着共同的起源并经受着相近的生态条件影响的社会。

---

* 原载《民俗研究》2001年第1期,第157—169页。

萨林斯试图在他的这两位前辈的争论中寻求一种辩证。也就是说在怀特普遍进化的观点与斯迪伍德的更加强调当地适应过程的多线进化观之间寻找出一套合理的文化解释出来。应该指出的是,这两种的进化观并非是针锋相对的。所有的物种在自然选择的过程中,都要对当地的生存压力做出适当的反应,只有经历一个极为久远的过程,复杂而又智力的物种才会涌现出来。

萨林斯早年曾在斐济社会中从事实地的田野考察(1954—1955)。这是太平上的一个小岛。通过对田野资料的分析,他的一个早年的结论是认为一种生活方式往往都对应着一种生活的环境。在环太平洋的岛屿上,许多人类学家作了比较性质的田野研究。这些研究主要展示的是从平权到等级制国家的演进过程。这类的政治进化的分析大多是基于对两类的经济制度类型的分析,其一是以亲属间互惠的交换为基础,另一种便是指受统治者剥削的制度。这就转到了萨林斯在《石器时代的经济学》(*Stone Age Economics*)一书中所探讨的一些核心问题,也就是萨林斯认为实际存在有两种类型的社会,每一种又有其特征性的经济组织。在邦或部落社会中,生产活动是由家庭群体来完成的,家庭同时也是消费的单位。这种生产组织中并不存在有什么剥削,当然也就无所谓阶级了,从他们无为而治的文化诉求中去观察,他们是生活在一个丰腴的世界中,但由外来者看来,实际上他们并不丰腴。与此相对照的是发达社会的经济形式,这里存在有高度的分化和飞速发展的生产力,人同人之间的关系是一小部分的群体占有一大部分人的劳动所得。

这样的观点是经由新马克思主义的匈牙利学者卡尔·博兰宜(Karl Polanyi)而影响到萨林斯的,在20世纪五十年代萨林斯曾经聆听过博兰宜在哥伦比亚大学的演讲。博兰宜坚决否认说在前资本主义社会中为着生存而进行的斗争是通过市场的原则而组织起来的。因为那里的行动者根本就不是商人,那里核心的制度亦非像今天的有限责任公司的制度,那里也不存在衡量和比较各种价值的市场,而且更没有任何一个人秉持有聚财的观念。前资本主义社会的经济活动是融入到家庭生活中去的,并受亲属关系团结的伦理所支配。尽管也与邻里之间有些交换,但大多数的物品还是在家庭中生产和消费的。只有一小部分的物品专门是为了交换而生产。并且有些纯粹是仪式性的物品,它只是在固定的两个人或两个群体之间定期的交换。另外在这样的社会中存在有小的首领,它会偶尔收到别人馈赠的财宝,因而也会聚集一定的财富,但是在经历了一个固定的时期之后,它亦要将这些财富以宴席的形式还给馈赠者。这里的每一种交换的形式所表达的都是社会群体内部和社会群体之间的互助性。

萨林斯进一步认为,前资本主义的经济过程尚可以在尚存的所谓"石器时代的社会"中看得到。比如在昆·布须曼人(Kung Bushman)中就有这样的一种"原初的丰腴社会"的存在。在这样一个类似马克思所说的"原始社会主义"的社会中,人们依水草而居,完全依赖自然的赐予。但有趣的是,在这类的社会中,我们可以看到家庭的生产方式往往会随着首领制度的发展而逐渐受到瓦解。当一个人成为了首领之后,逐渐地有了超过他们生存需求的生产更多物品的需求。开始的时候,首领通过大家都属于一个大家庭的意识形态来从每一个平民身上剥削财物,到最后这些首领们甚至是拒绝有亲属关系存在这一码事,由此阶级的制度代替了亲属制度的社会组织形式,而家庭式的生产方式也让位于商品经济的生产方式。

文化的结构与实践理念

萨林斯是20世纪五六十年代对传统的进化论提出挑战最有影响力的一个人,并被誉之为美国新进化论的新星。但是到了20世纪六十年代晚期,萨林斯突然就抛弃了他业已坚守二十几年的进化论观点而转向了法国的结构主义。在客居法国两年(1967—1969)之后,他的理论关注点从亲马克思主义的进化论转向了文化决定论。如果说《石器时代的经济学》算作是他的新进化论观的里程碑式的著作,那么在1976年出版的《文化与实践理论》(Culture and Practical Reason)一书则是他的结构主义转向的宣言书。

这样的书名很明显地影射着欧洲哲学史上的物质主义与理念论以及普遍主义与文化相对论之间的对立,这也是美国人类学界中文化论者与进化论者之间的争论。所谓的物质主义是指把文化当成是一套的工具,即是对于自然的理性掠夺的技术,因而也可以说是一种技术决定论。而理念论者对文化的看法与进化论物质主义大异其趣。美国人类学中的理念论者把文化看成是塑造行动和有意义事件的一套表述。萨林斯亦把法国的结构主义一派的观点纳入到理念论的范畴中来,因为这一结构主义核心的观点就是认为,意义是文化客体的本质属性,恰如象征是人类的专有属性一样。

正如萨林斯在《文化与实践理念》一书的导论中开宗明义所指出的，写作此书的初衷是源于对马克思所提出的历史与文化的物质主义的概念，是否直接地可以应用到部落社会的理解上去。早期的马克思把文化看成是对自然界的作用，晚期的马克思则是将文化当成是一种意义来看待，因而是一种人与人之间关系的表达，即意识形态。遗憾的是，马克思并没有看到后来人类学领域的理论发展，因而才有后来萨林斯对其文化观的彻底批判。

马克思一派的学者以为文化应该是属于部落社会的，但萨林斯否认了这种带有强烈西方中心主义观念的理论假设，坚持认为作为象征性秩序的文化无处不在。当然，不可否认，在部落社会与现代社会之间肯定存在有一些实质性的差异，但这些差异决非是表现在技术和社会组织的层面上。根本的差异是他们在对自己的理解上使用着根本不同的术语。每一种类型的社会都有自己的一套象征符号。亲属制度是部落社会的一套符号，而国家宗教中的象征恰是酋长制社会的特征。而到了西方的社会中，经济成了一套象征性生产，换言之，西方社会的经济体系亦未脱离开象征的决定论，而且这种经济的象征论是在结构上决定了的。

面对西方的经济体系，我们一般不会将其与一种象征体系联系在一起，我们一般都会想当然地认为，他们是因为需要的原因才去生产的，因而是持一种实用主义的观点。但萨林斯却明确地指出，这些西方人的需要一样是文化的建构，是一种为了符号的目的而进行的生产。与马克思所认为商品拜物教的观念相反，萨林斯认为社会关系是由商品而制造出来的。部落社会的人，其生产生活均在家里，因而必然要依从于家庭的价值观念，所以对于西方来说，重要的是金钱，而对于西方以外的人来说，第一重要的是亲属制度。因而原始社会与文明社会最大的分别并非在生产方式的不同上，核心的区别是在于两种类型社会象征体系的特征性取向上。

如果不是物质的力量，那么究竟是什么带来了社会的变迁呢？萨林斯相信这里纯粹是一种文化的结构在起作用。在萨林斯早期作品中，有很大的篇幅都在论及从首领制向有国家社会转变动力的问题。这是从进化论的马克思和恩格斯还有早期的摩尔根那里而来的问题。这里的核心观点是认为，社会变迁的驱动力完全是由于技术的变迁或说生产力的提高。博厄斯和罗威对此大不以为然，因为从地方上搜集到的田野资料无以证明这样一种带有普遍性的国家演进的模式存在。能够清晰看到的是存在于各种各样社会风俗及社会制度中的结构变迁,通过文化的接触以及文化的侵略,而不是通过内部的发展,历史的转型才有可能出现。

关于社会变迁的问题,人类学中的结构主义谈得较为清晰,利奇的研究所要说明的是在一个相对稳定的制度体系中,一种思维概念的图式(a schema of categories of thought)或说意识形态不会有什么根本的改变,只是从一种图式转换到另一种图式而已,这在他所深入研究的上缅甸高原掸人社会的政治制度中已得到了明显的验证。而莱维—斯特劳斯亦提出存在有"冷"和"热"的两种类型的社会,而变迁就是指在这两种类型社会之间的结构变迁。前者是一个历史不断重复的社会,而后者则是永远处于变动中的社会。莱维—斯特劳斯并非否认部落社会的人民没有历史,而是认为他们对于历史将信将疑甚至生来厌恶。在历史观上,"热"的社会有着与部落社会所不同的态度,他们不仅仅是承认有历史的存在,而且还对历史产生了一种崇拜,并将自己的历史加以内在化而成为一种指导行为的道德原则。① 在结构主义者的眼中,冷的社会无所谓变迁,每一件的事情都是以前曾经出现过的事情,因而没有新生事物之可能。然而在西方社会中,崇尚一种求新求异的变化,并在把事物排成等级顺序的前提下来理解这种变化,美国人的崇拜是,后来的总比先前的更为先进、更为文明。

《文化与实践理念》一书的写作为萨林斯进一步探讨从首领制向国家制转变提供了概念分析的框架,并试图以结构主义的视角来解释历史。在结构主义者莱维—斯特劳斯的眼中,神话就是哲学式思维的一种形式。神话表达了宇宙观的话语,说明了可能有人类生活背后的基本逻辑规则的存在。它们是同期存在的,而并非是所谓人类与制度起源的分析线索。与结构论者所不同的还有美国文化论的一派观点,就是将神话以及其他的描述当成是一个当代社区有关过去历史知识的来源。博厄斯实际上就曾经试图以此种观点来重构美国西北海岸的人民的地方史。这样的观点是最不为结构主义和功能主义所认可的研究路径,在莱维—斯特劳斯和利奇的眼中,要想从所谓神话中"蒸馏"出历史来,那简直是异想天开的事情,并且坚信学者所精心撰写的历史最终亦不过是虚构的神话而已。

博厄斯的历史观得到复兴实际上跟非洲口述史的研究的兴起有着密

---

① Claude Levi-strauss, "Race and History", in Leo Kuper, ed, 1975, *Race, Science and Society*. London: George Allen & Unwin, pp.95—134.

切的关联。这里的先驱的研究者当推人类学者简·宛斯纳(Jan Vansina),其对结构主义的挑战是,当地人所保留下来的所谓传统,实际上是一种集体记忆(collective memory)的产物,并且这种传统所指涉的是以前曾经亲眼目睹过的事实。他将历史传说故事与起源的神话对立起来分析,这些历史上的传说故事并非是一种真实发生的事情,而是一种宇宙观上的反思。①

对于神话的价值尽管众说纷纭,但近乎所有的人类学家都认为这些神话至少能够反映出讲述这些神话故事的人的一些情况。不管神话是服务于一种当下的社会功能,还是隐藏着一种文化背后的逻辑规则,神话都是人类学家视野中不可或缺的一部分。萨林斯试图将过去传统的神话研究扩展一步,进而说明一种文化变迁的模式。也就是要说明作为当地人宇宙观的神话是如何在新的时空下被改造而进入到人们的生活当中去的。因而,萨林斯笃信宇宙观神话的最终形式便是表现于当下的生活事件。② 在这一点上,萨林斯甚至说得更为极端,他认为神话在当地人的生活中具有预测的能力,由此当地人靠神话来引领自己的行为。因而就像格尔兹所说的那样,作为象征体系的神话具有宗教一样的对行为的规范作用③,萨林斯也认为神话是一种宗教宇宙观的浓缩形式,因而便有了宗教或文化的两种形式。神话不仅在解释变迁,而且也在对其施加影响力。它既是对过去历史的说明,同时也是未来行动的指导原则。神话的文化意义由此而昭然若揭,通过活着的人的不断重复的"神话实践"(mythopraxis),神跟人之间的谱系关系得到一次又一次的强化,因而它不仅是一种哲学的话语,而且也是一种历史的哲学,人们以此为蓝本实现着自己未来的梦想。

库克船长与西方神话

在这样的信念的指导下,萨林斯深入地对于玻利尼西亚人在与欧洲文化接触的早期的神话实践进行了深入细致的个案研究。他曾经要编纂三卷本的著作,名为《垂死之神,抑或文化之岛桑威治的历史》(*The Dying*

---

① Jan Vansina, 1985, *Oral Tradition as History*, London: Nairobi.
② Marshall Sahlins, 1985, *Islands of History*, Chicago: The University of Chicago Press, p.58.
③ 格尔兹:《作为文化体系的宗教》,载格尔兹著:《文化的解释》,上海人民出版社1999年版,第101—147页。

God , Or the History of the Sandwich Islands as Culture）。已经出版的就是那本名为《历史之岛》的著作。这本著作随之在西方思想界引起了极大的轰动。在这本书中，萨林斯不厌其烦地讲述着发生在太平洋夏威夷岛上的一个历史事件，也可以说是一个历史的神话。这是西方殖民海外所出现的文化接触问题中的一个案例，即库克船长（Captain Cook）事件。

库克船长造访夏威夷岛是在 1778—1779 年之间，随后他便死在那里，并由此而引发当地社会的革命性的变迁。简单的历史过程就是，库克初来夏威夷之时曾被当地的土人奉为本土神罗诺（Lono）的化身，但在后来的一次因为船断了桅杆而重返岸上时，他竟然出乎意料地被当地人刺杀了，当地人抬着库克船长的尸首交换给英国人时，他们的解释极为简单而又不可思议，他们相信第二次回来的库克船长是当地的罗诺神的年度仪式性的死亡，因而杀了他。

虽然在库克船长死后，有许多关于此一事件的原始资料出版，但"库克被当地土人奉为罗诺神"这一表述终究成为了一种历史的解释而非是一个历史的事实。因为对于这一观点存在有各种不同的意见，不过大多数的人还是接受了上述表述的可信性。大多数的历史学家相信库克是被当地人当成是罗诺神的化身来看待。历史学家大体的解释就是在夏威夷岛上有一位大家信奉的神名为罗诺，罗诺神每年都要离开夏威夷到卡哈基（Kahiki）去，这个季节就是当地人的马卡西基季（makahiki season），罗诺神也就被喻之为马卡西基神了。当库克船长每次在这个季节来到夏威夷人中间时，当地的土人便以为他是罗诺神的重返故里。

历史的文献基本上可以证实上述的描述。库克船长抵达夏威夷岛是在 1778 年的年度性的马卡西基节（makahiki festival）之季。当他 1779 年元月在克亚拉克考湾（Kealakekua Bay）登陆之时，他确实是受到了当地人对待罗诺神一般的礼遇。土人的巫师与他手挽着手同行，在当地人的心目中，这便是罗诺神的化身。在岸上由当地人热情地供给完他们给养之后，库克一行才扬帆启程。但不幸的是，当他的帆船桅杆断裂，不得已必须要返回休整。此时原来的印象仍未磨灭，但当地的夏威夷土人已经开始怀疑这些外来人返航的动机。此时偷盗现象时有发生，并且变得越来越普遍，结果造成船上的利器丢失严重。库克船长依照自己的惯例做法，将土人酋长扣为人质，期待失窃的东西能够失而复得。这样的西方人的做法令土人更加的狐疑，他们窃窃私语道，如果库克船长真是罗诺神的话，他便不会这样对待他们的酋长。这种狐疑积聚而成为愤怒的情绪，库克先是开了两枪,不过最终他还是被当地的土人杀死了。当地人后来以对待高贵的酋长一样的方式来处理库克船长的遗骸。英国人后来重新聚集起来,意图为库克船长复仇。经过一个星期左右的时间双方才平静下来。库克船长的一部分遗骸被交还给了船上的英国人,英国人在为库克船长行毕海葬之后方才扬帆而去。①

萨林斯亦是在这样的历史事实的前提下来重新思考人类学的意义的。最吸引萨林斯注意的是,当库克船长1778年初刚到夏威夷岛时,正赶上当地人为罗诺神献祭的时节,此时的英国海员被当地人看成为是各种的神。但随后夏威夷人便消除了这种的念头,这其中的原因主要是因为英国的船员行为不检点,与夏威夷妇女极尽淫欲之能事,并和她们共进餐饮。不过惟有库克船长一人洁身自好,不耽于酒色之中,故一直被当地人奉为罗诺神。之所以奉为罗诺神而非其他的神,原因恰恰是因为他的船帆令当地人想起为罗诺神高举的旗帜,再有就是帆船恰恰是在罗诺神主庙的附近登陆,不过在这些因素中,最为核心的便是他及其属下来到夏威夷的时候,恰恰是罗诺神年度性巡访,并为马卡西基庆典(the Makahiki ceremonies)剪彩的时节,并通过当地巫师对库克船长的厚爱,而更加把他神化为罗诺神。

马卡西基是夏威夷土人的新年节庆,是在黄昏普勒阿得斯神(Pleiades)出现时开始。这另一方面也标示了天气和潮水涨落的变化季节,另外也是第一季水果收获的季节。此时庆祝的罗诺神是和平与丰产之神,这些都是当地人土生土长出来的愿望。而这一年的余下的月份便是要由"库神"(ku)来掌管了。他象征着统治的首领,代表着战争以及用人来做献祭。当罗诺神从卡哈奇(Kahiki 或许是 Tahiti)这个地方返回,罗诺巫师迎请出罗诺神像之后,庙宇中为"库神"施以的仪式暂时搁置,而由向罗诺神顶礼膜拜来加以替代,并伴随有一种禁忌,包括战争的禁忌。罗诺神要沿岛顺时针绕行一周,行程二十三天,并由巫师引领,人们以牺牲奉祭,以农神节来加以庆贺。马卡西基节结束之时,国王要出来会见,相互模拟争斗的场面。数日之后,罗诺神历经一种仪式性的死亡(a rutual death)之后,以一专门盛有食物的独木舟而再次远航,等待着下一年的返航。

库克船长是在1778年11月底离开夏威夷的茂伊岛(Maui),并沿顺

---

① Adam Kuper, 1999, *Culture: The Anthropologists' Account*. Cambridge: Havard University Press, pp.179—180.

时针的方向在夏威夷群岛周围航行,并在1779年1月17日在克亚拉克考湾登陆。时间上的巧合以及库克的航行历程强化了夏威夷土人的信念,这便是库克船长就是罗诺神的化身。库克在夏威夷附近的航行的时间大体上正是关闭库神庙的时间,而且库克船长又是差不多在罗诺神登陆和远航的神庙的地点上岸,而且库克船长也确实许诺说要在下一年返回到这里来。而这一切又跟仪式性的时间表相差无几!

萨林斯精辟地指出,库克的悲剧也引申出了一种神话学的脚本(a mythological script)。罗诺和库为劲敌,罗诺的到来意味着是一种侵略,是对王权的一种挑战。所有的夏威夷王朝都是由入侵的酋长所建立起来。罗诺对王权的挑战是通过仪式来化解的,即相互模拟式的争斗,随后打败的罗诺远航而去。但在库克的个案中出现了节外生枝的情形,即他又返回了克亚拉克考湾。

批评与回应

萨林斯对库克船长的解释曾经受到了美国另一位人类学家甘纳斯·奥博耶斯克尔(Gananath Obeyesekere)的强烈反对,并由此而引发了一场历史学家和人类学家之间的争论。每个人都引述库克船长的航海日记、历史档案以及传教士的游记材料来证明自己观点的正确无误。萨林斯坚信,夏威夷土著是依据神话,也就是他们的罗诺神的造访,并依据这样的理念来行动。奥博耶斯克尔则认为,当地人对于库克船长及其船队的突然来到大为恼火,因为他们玷污了神的纯洁。当地人起而杀死了库克船长也是一种理性的自卫行为,是对强盗和杀手的理性反应。

克利福·格尔兹(Clifford Geertz)亦参加了这场争论,在他看来,萨林斯和奥博耶斯克尔之间的争论恰恰反映了人类学研究中的最为核心的,观点上也是最为不一致的争论。这就是如何"认识""他者"?其可能性和途径如何?①

奥博耶斯克尔认为,只有本土人才能够认识本土人。这实际上成为了现代美国文化论战的核心议题。在萨林斯所讲述的故事中,库克船长作为一位启蒙的人物面对的是受神话驱使的夏威夷土人。而奥博耶斯克尔则坚持,是英国船队的水手冒犯了当地人的神话。这些水手们以一种

---

① Clifford Geertz, 1995, "Cultuer War", *New York Review of Books*, November 30.

种族优越感来看待当地人所信奉的神话。抛开历史的事实,把萨林斯的表述转换成为一种结构化的论题,结果就是西方人相对于土著人是神,库克船长一行的人也相信他们具有神一样的地位,这难道不是一种西方人的虚构吗?

因而,奥博耶斯克尔所要据理力争的是,英国的水手们只不过是一种启蒙神话模型中的囚徒,在这里是理性的欧洲人战胜了迷信的本土人。因而说到底库克船长的故事便是"一个征服的神话、一个帝国主义的神话以及文明的神话"①,但要知道夏威夷土著又并非是受这一神话所驱使的。当水手们对于当地的土人表现出非礼的挑衅性行为之时,他们理智地起而赶走了这些西方人。

这里的争论,最为核心的议题是库克船长是否被当地的夏威夷人当作是他们心目中的罗诺神?更确切地说,被称之为罗诺的库克船长的深切含义又是什么呢?

奥博耶斯克尔以为,库克是被当作当地的酋长而受到欢迎,并且把库克船长一行看成是当地国王所陷入的一场战争的同盟国来看待的。为他做的一系列的仪式也表明,当地人把他看成是酋长的化身。因为一般酋长都会被赋予神的名字,并将其称之为罗诺。而后来他之所以受到杀害只是因为世俗的原因,那就是他的船队上出现了偷盗行为之后,这构成了对于当地头人的一种威胁,故起而杀之。其死后,又被尊为神,他是被神化以后来服务于国王的意图。

萨林斯和奥博耶斯克尔之间最大的分歧之处是在于,库克船长是在什么时间被神话的。这也是许多研究玻利尼西亚人历史的学者所感兴趣的问题。这里隐含着有关人类理性问题的讨论:把死去的库克变成为一位"阿库神"(akua)就一定要比把活着的库克尊为神更加的理性吗?

即使说萨林斯在阅读有关库克船长的一些片段史料上是正确无误的,但是他也得承认存在有大量的意识形态上的冲突。并由政治的旨趣所显露出来,受他所说的经验理性(empirical reason)所引导。因而他会谨小慎微地阐述他的中心论点:

> 库克是一位神的活体表现,但不是你们习俗上的马卡西基神,他自己也不是。因此这就是夏威夷人经验理性的证据,同时也表现了

---

① Gananath Obeyesekere, 1992, *The Apotheosis of Captain Cook: European Mythmaking in the Pacific*. Princeton, N.J.: Princeton University Press, p.3.

这一本土理性的易变性,由此而把库克重新塑造成他们自己概念中的可理解的形式。①

这样的观点实际上是可以与奥博耶斯克尔的主张相互融洽的。因为奥博耶斯克尔认为夏威夷人是为一种理性所引导,这种理性很接近于萨林斯所说的"经验理性"。但他们对于事件的意义的解释上仍然存有差异。奥博耶斯克尔认识到了在这些历史过程中的神话和仪式的力量。

萨林斯对于夏威夷神话的独特性认识并非直接了当。有时他会说"不同的文化,不同的历史性",而在另外的时候他又坚持说罗诺的神话是泛太平洋传说的一个变种,或者说是弗雷泽(Frazer)式的国王死亡神话的一种翻版,由此而证实了神圣王权的无处不在。他还相信所有的君主统治的国家都是由部落酋长制发展而来。因而神话的反思归根结底还是对于某种普遍性过程的一种地方性的解释,这一解释是外在的行动者所无法把握的。因而萨林斯核心的主张是要建立起一种对人的命题,那就是人对于作用于他们的事物有所思考的,而且这种思考不是有赖于外在的概念或知识体系,而是仅仅局限于他们自己的概念或知识体系。

詹森·弗里德曼(Jonathan Friedman)批评萨林斯是一位文化决定论者,萨林斯的回答略带嘲讽的意味:"我真的像弗里德曼所想的那样是以莱维—斯特劳斯的面目而重新赋予利斯里·怀特(Leslie White)以肉身吗?"英国的人类学家亚当·库尔伯(Adam Kuper)对这一萨林斯的反问给了了肯定的回答,并站在弗里德曼的立场上评述说,萨林斯是在把社会的过程瓦解而变成为一种文化的过程。因而他进一步引述弗里德曼对萨林斯的批评,以此来表明自己对萨林斯理论的态度②:

> 如果我们把神话实践看成是人类生活中的宇宙观的实现的话,结果"社会结构便是宇宙秩序的人化了的形式"[引自《历史的岛屿》第58页],即是一种文本与操作之间的关系,那么我想,稳妥一点来说这一概念与简单的文化决定论是等同的……这一问题也可以径直表述为:有没有一些社会,其成员是远离原始的神话而行动的呢?一般的观点都认为仪式行动是凭借着一种神话的图式而形成的一种行动组织。但在仪式之外尚有更为丰富的社会生活的存在。神话实践

---

① Sahlins, How "Natives" think: About Capfain Cook, for Example, Chicago: University of Chicago Press, p. 61.

② Adam Kuper, 1999, Culture: The Anthropologists' Account, p. 198.

表现出来的是仪式的大写,就如社会活动的整体性一样。换言之,各种神话的诗意般的社会活动上都是文字化了的文本。①

对这样的批评,萨林斯的反应是极为强烈的,他指责弗里德曼误解了他的原意,并说弗里德曼的批评是站在于庸俗的马克思主义的立场上面。不过平心而论,弗里德曼的批评还是有其一定的道理的。萨林斯确实是有把社会的关系和经济的过程还原为文化符码之嫌。以文化为立论的出发点已经成为萨林斯写作风格的整体情调。至少他不会否认他自己所主张的如下观点:人们试图赋予事件以意义,而这样的做法又以他们自己的知识本身为限度,换言之是在他们自己的知识体系中寻求事件的意义。这样的看法显然是无法避开被人指责为是一种文化决定论了。

在《历史的岛屿》一书中,萨林斯写道,他的目标就是"要用人类学的文化体验去摧毁历史的概念"。② 在他看来文字记载的历史无法把握文化的意义,而结构主义又无法解决历史的问题,最后一般的社会理论则是错误地将观念与行动、文化与社会结构以及结构与事件之间做了二元对立的划分。但是,正如库克尔伯所言,萨林斯对于文化的绝对理念主义的概念也不适于完成此一伟大的思想革命,因为没有一个有价值的理论能够无视客观的经济利益和物质的影响力,也不能够无视约束社会选择的社会关系、权力的组织以及人们以枪杆子把一种新的思维方式强加给没有枪杆子的人们身上的能力。也不会有历史学家能够承受得起这样的重负,那就是忽视激发起行动的观念。一句话,文化并不提供每一件事情的脚本,但是并非所有的理念都是马后炮。因而,若对萨林斯的学术生涯略做小结的话,这样的概括不失一种公平:

> 早期的萨林斯追求的是把美国的人类学拉向右侧,其借助的就是引入一种源自马克思的理论启迪。成熟的萨林斯则试图要利用莱维—斯特劳斯来修补马克思模式的不足。从另外的角度上来说,萨林斯学术生涯的前半部分接受的是反对文化决定论的论争。而在巴黎他接受并发展了反对辩证唯物主义的论争。也许在这些论争方面他都属于右派。在任何的情况下,最好是把他理解成是一位主角,他处在支配着美国人类学巨大争论的核心人物的位置上,并处在进化

---

① Jonathan Friedman, 1989,"Review of Sahlins, *Islands of History*", in *Critique of Anthropology*, 8(3): 20.
② Marshall Sahlins, 1985, *Islands of History*, p. xvii.

论的物质主义与文化相对论这一划分的中间位置。他将马克思和莱维—斯特劳斯放在了美国这一特殊争论之两端的核心代言人。他们当然使这一争论变得生机勃勃,即使在翻译的过程中,他们二者都丢失了一些东西。①

萨林斯对于夏威夷人神话实践的解释在今天的法国的人类学家中又变得流行起来。这或许是一种怀旧的情绪的流露,是对在法国曾经风靡一时的法国结构主义和马克思主义人类学的一种怀旧。他们希望从萨林斯身上找寻到自己过去的辉煌,但是应该清醒的是神话虽然能长距离地旅行,但是在这一旅行的过程中也在发生着转型。

---

① Adam Kuper, 1999, *Culture: The Anthropologists' Account*, p.200.

我怀疑,因为我存在[*]

——评黄著《知识与行动》

在我的手头,有一本黄光国教授新出版的大作,名为《知识与行动——中华文化传统的社会心理诠释》。我用了很长时间读这本书,开始总也弄不明黄先生写作的最初动机是什么,但读得久了,我似乎有些明白了,黄教授所做的诠释,绝非漫无目的的、杂乱无序的漫谈,而是深层次的自我反省,他在为自己关怀的问题寻找一种解答。这种解答就是他所说的用结构主义的方法对中国的传统文化有一个全新的再认识,从而找出中国文化中的深层结构。

一

从某种意义上说,西方哲学的很大一部分是所谓的知识论(epistemology)的研究。知识论研究的是作为认识主体的人,即他所以形成知识的根据或本体是什么。

在西方哲学传统中,从古希腊的唯名论(nominalism)和实在论(realism)之争,到笛卡儿(Descartes,1596—1650)的身心二元论的知识观,康德(Immanuel Kant,1724—1804)的对认识理性所做的实践理性(practical reason)和理论理性(theoretical reason)的分野,再到后来支持着科学心理学发展近五十余年的逻辑实证论的兴起,其中的轨迹是极为鲜明的:一代一代的西方大哲,其思想的核心都或多或少与知识论有关,西方哲人以一种东方哲人少有的理论理性追求着知识之所以成为知识的条件。这样一条主线是任何一个读过西方哲学史教科书的人都十分明了的。

可以说,支持科学心理学成立的哲学基础首要的便是逻辑实证论。当然,逻辑实证论内部观点相互并不完全一致,而且各家观点亦在不断变

---

[*] 原载杨国枢主编:《中国人的人际心态》,台北二桂冠图书公司1996年版,第343—353页。

化之中。但总的说来,逻辑实证论者大都认为:"只有能够拿到经验世界来加以检验的概念,才有认知价值,才能成为科学研究的对象;凡是不能拿到经验世界来检验的形而上学概念,都应排除在科学研究的范围之外。"这样一种强调客观可验证性的哲学观与本世纪前叶产生于美国本土的操作主义(operationalism)不谋而合(Bridgeman,1927)。心理学也未摆脱掉这种客观主义哲学的影响,自陷于强调心理学研究客观化的泥潭中不能自拔。随着美国心理学日益成为世界心理学的主流,以强调客观性、排除一切形而上学的心理学观念的所谓的科学心理学逐渐臻于成熟,这样一种科学心理学,其实质是什么呢？黄先生归结为是研究者主体性的丧失。这是一种非常精确而又令人警醒的概括,它无疑是在向埋首于实证研究的心理学家敲响了警钟。这在向主张实证第一的心理学家们警告：你们在做不知为什么而做的事情,你们与机器别无二致！其实作为欧陆现象学之父的胡塞尔(Edmund Hussel,1859—1938)很早便在《欧洲科学的危机与超越现象学》一书中指出："从笛卡儿提出其主客二元论,树立'理性主义'的传统之后,欧洲人在'主体性优位'的前提下,认为外在世界是可以度量化的客体,认识主体可以用客观的数量方法来加以描述,结果便导致了一种客观主义。这种客观主义使欧洲的思想步入了实证主义的时代,欧洲文明因此获得了辉煌的发展,但同时也使欧洲文化陷入了空前的危机……主体性优位保证了客观主义的运作,但在客观主义的高度发展之下,'人'自身反倒被异化为客体,其主体性反而消失不见了。"

但人恰恰并非机器,当人一旦具有了觉醒意识,他们便会怀疑自己曾经信奉的理论,最后直致抛弃这种理论。近代科学实在论(scientific realism)的兴起,便是深受逻辑实证论影响的一批科学家的自我意识的觉醒之明证。"科学实在论主张真理符合说,认为：科学研究是一种寻求真理的过程。科学活动的目的,便是要建构出一套理论来向人们诉说关于实在世界的真实故事。"从这样的主张里,我们不难看出,科学实在论给予科学家们更多的探索空间,他们可以自由自在地、无拘无束地为自己的问题寻求自己的解答。这显示了科学研究者主体性的回归。可以说,这是科学研究者自我意识的觉醒,他们在自己的探索中第一次看到了自我。

二

科学实在论解决了研究者主体性丧失的问题,但作为心理学本土化运动的倡导者之一的黄先生并未就此驻足不前,他个人的人文兴趣迫使他去思考作为"研究对象"的主体性存在与否的问题。他直截了当地指出:"采用'科学实在论'的研究取向,由'古典时期'的知识型转变成为'现代时期'的知识型,虽然能够消除'研究者'主体性丧失的危机,不过却不能解决'研究对象'主体性丧失的问题。"

所谓"古典"与"现代"的知识型概念是源于傅柯的"知识考据学"(Foucault,1973)。傅柯关心的是"知识和理论是在什么样的基础上建构出来的"这样的问题。所谓知识型在傅柯看来是指:"在一特定时期中,使知识论图型,科学以及可能的形式系统联结在一起的总关系。它不是一种知识形式,也不是一种贯穿于各种不同的科学之间,显示出议题、精神、或者时代之统一性的所谓'理念'。它是我们在'论述规则'的层次上分析某一时期之科学时,所能发现之关系的总和。"(Foucault,1972)

以笛卡儿的理性论为基础的知识论是古典时期知识型的代表。在笛卡儿的时代,人们相信上帝是万物的创造者,人虽与上帝有某种程度的相似性,但人并不一定能够理解上帝所做的一切。总而言之一句话:"人是无法超越于上帝的。人所能做的唯一一件事就是通过清晰而明确的思想,来阐明世界的秩序而已"。(Hooykaas,1972/1991)而科学所能做的唯一一件事就是"忠实地描述现存的秩序,而不是创造世界……他所建构的不过是一种按照自然秩序所设计出来的符号秩序而已;真正使语言具有意义的是自然秩序本身,而不是作为研究主体的个人……'人'是描述'客体'的主体;但是他在描述'客体'时,作为描述者的'他',却是隐藏不见的。"因而总的来看,古典时期的知识型,其主要的特征便是人文精神的衰弱。

现代时期的知识型意在重建新的人文精神。用黄教授的话来说便是"人的纪元","到了现代时典,'人'发现:他认识的对象不只包括一切客体,而且包括他自身,以及自身的认识过程。他和认识对象之间的关系,不是'主体'和'客体'对立的关系,而是'互为主体性'(inter-subjectivity)的关系,'人文科学'也因此而成为可能。"人文科学所关心的主要内容是人所使用的语言,语言是人创造世界的工具。而语言却又是最具文化特色的东西。文化、社会和语言的不同,形塑了不同的人的世界。"人类直觉经验所认识到的,并不是'世界本身',而是一个由'语义场'所构成的世界……在这样的一个'语义场'里,人们的生活、思想和说话都是按照一定的经济、语言、或心理法则而进行的……他不仅能利用这些法则的交互作用,获得一种'认识并说清'这些法则的权力,而且在认识这些法则的局限性之后,他更能够使用语言、创造语言,来改变他的生活世界。"而这正是黄教授此书所关注的焦点,"是我们为什么要发展本土社会科学的最重要理由。"我们要深入到我们本土的社会文化中去,搞清楚人们生活和交往的结构或功能法则,以一种学者的反省意识,披露出这法则的"局限性和可变性",并将这些学者的研究成果应用到本土社会的"语文场"中流通,"为本土社会中的人所用,解决本土社会中的问题,甚至改变本土社会中人们的世界观,丰富本土社会的文化生活。"(页45)这无疑是黄教授在宣布自己的本土化运动的立场,这种立场从哲学的意义上说是主客体统一的。作为主体的人文研究者所面对的是同样具有主体意识的大众群体。研究者暂时将这一群体称作是一客体,从而进行研究,然后又将此一暂存的客体还原为主体的存在,让自己的研究成果在一群主体的存在中不断地流通,从而改变和丰富着这群人的主体性的生活,这便是强调主客体统一的研究者实际的作为。而这也是人文社会科学本土化运动所必然经历的过程。这样一个互为主观性的过程,使人文学者的研究中突显出力主逻辑实证论学者的研究所极为缺乏的研究者的主体性和被研究者的主体性,这双重的主体性在现代时期的知识型中得到了完满的体现。

三

在《知识与行动》这部著作中,黄教授不厌其烦地叙述了中国心理学界,特别是台湾地区心理学界中作为研究者主体性和作为被研究者的主体性不断丧失的例证。我想,黄教授这样用心于此的目的恐怕是要唤醒学者们的批判意识。这种意识在我们的文化传统中本来就很少,而在现代以崇尚科学为第一标准的人文社会科学的学者身上体现得就更少了。请看现在正统的心理学界,认知心理学几乎就等同于心理学本身。计算机成了心理学研究者当然要用的工具。接着是一连串"精密"的实验设计,接着找些大学生被试按动计算机的键盘,经过一定的统计计算(现成的计算机程序),并对计算的结果给予某种表面上说得过去的解释,一切就算是大功告成。作为主体的研究者并不去想研究的问题之于人的心理之间有何联系和意义,自然也不会去过问被研究者当时的情感和思维,他们关心的只是计算机屏幕上所显示的数字和代码。那么丰富的人的心理世界被化约为有限的几个数字和代码上,这便是认知心理学研究中被研究者的主体性的丧失。有世界声誉的台湾地区心理学家曾志朗先生在给"中国本土心理学新纪元研讨会"论文集的序言中不无自责地写道:许多心理学"研究者宁可藏身实验中去观测一个又一个的小现象,很少人愿意去面对隐含在社会文化的实际运作中之心智活动。大家总是认为从简单的现象着手,再来研究由小现象合成的复杂现象,目的在于见微知著。但假如格式塔学派的宣言——整体并不等于局部的总和——是值得考虑的话,则我们想从局部去探知整体的做法就相当值得商榷。"就连认知心理学首创时期的几位大家也对认知心理学的发展抱失望的态度。如 Newell(1973)便撰文自问:"心理学将会成为什么样子?我们是不是已经发展出一套足以掌握人类复杂性的'人之科学'?"Neisser 曾是认知心理学奠基者之一,但在其后来的著作中(Neisser,1976)就怀疑认知心理学这个领域其整体方向是否真的有开创性,而是认为认知心理学应作"比较现实的转向",即他后来所主张的"生态学的取向"取代讯息处理取向,希望心理学家要到"自然的脉络"(natural context)中去研究认知,而不仅仅是为了实验的要求,把自己囿于实验室里(Neisser,1984)。

　　就连以本土之文化社会心理研究为己任的本土心理学的研究,亦未能够走出这种研究者和被研究者双重主体性丧失的误区。黄教授在此书中对台湾的八十几项所谓的本土化研究结果给予了如下的评价:

　　　　"然而,这八十几项研究里,许多仍然是'素朴实证主义'下的产品,许多人在做研究的时候,不是从'问题意识'出发,而是从'实证主义的世界观'出发,以为本土心理学研究就是要'真切'及'全面'地去'描述中国人的心理与行为',因此采用笛卡儿式'由部分到整全'的归纳研究途径,将中国人的'心理与行为'切割成一个个的小研究领域,每一个领域各自凭空'创造'出一个'理论模式',企图将许多复杂的'心理/文化'现象简化成'两组对立的同质体',然后发展测量工具,进行施测。收集了一大堆统计数字,结果仍然是'显然是就便处理'。这种作法很明显地违反了'完形心理学'的基本原则:'部分的总和不等于整全'。其研究发现也难免支离破碎,令人难以理解。这样的本土化研究,跟以前的非本土化研究又有什么两样呢?"

研究者的主体性和被研究者的主体性的双向丧失,这便是我们从事社会及行为科学研究的学者以自然科学为自己的研究典范所导致的必然结果。我们拿西方人的理论作为我们自己的理论,拿西方人的方法作为我们自己的方法,全然不管这些理论和方法背后的文化意含,盲目的效仿,致使研究者对自己的研究对象——拥有独立的自我意识的人——不去做设身处地的观察和思考,而是以现成的工具,在研究对象的身上操弄一番,不管被研究者当时的思想和感受,收集一些所谓客观的数据,然后用微机处理一通,接着便下结论说某两个变量相关显著,请问这样的研究积累多了,能够对复杂的心理活动的理解增益多少呢?这便是黄教授试图对客观的实证研究加以抛弃而寻求"主观研究途径"的原因所在。当然对于本土社会科学科学的研究,"多重研究典范的研究取向"是黄光国教授此书所极力倡导的。但对于此一点,黄教授并未做太多的阐扬,而仅是以 Habermas(1968)的三种认知旨趣为基础,提出了社会科学的三种研究途径,即经验性与分析性的研究途径、历史性与诠释性的研究途径和批判取向的研究途径,但并未做是非曲直方面的判断。

四

当我们把旧的评判标准打破之后,我们将建立何种新的判准来重新估价社会科学的研究成果呢?黄教授提出了三点判准,其一是问题意识,其二是原创性,其三是内在可理解性。这三者实际上是相互关联的。没有问题意识的研究又何谓原创性呢?具有问题意识的原创性研究,其内在可理解性也是无疑的。

问题意识源于何处?我想关键的是研究者本身应具备反省意识,这种反省意识其核心是批判性的。这种批判的对象可以是研究者本人,亦可以是要研究的对象,还可以是研究者曾经做过的研究,研究者在不断的批判中寻求新的、更为有意义的问题。要如此做,便不能盲目地照搬西方的理论,应在接受之前先有一个理性的批判,用自己的价值标准,选择西方理论中与自己所关怀的问题关系密切的部分给以批判性的借鉴。

另外,我觉得黄教授在这里所提到的三点判准中,原创性的问题却是值得社会科学研究者予以深思的。从一定的意义上说,原创性是统摄其他两方面判准的关键之所在。何以如此说呢?

在人的本性里,对其深信不疑的东西一般是不会怀疑的。人之所以有怀疑的产生,主要是因为在这个世界上能让人永久不产生怀疑的东西几乎就不存在。中世纪的人有谁不相信上帝是存在的呢?而在今天,就连小学生也会摆着头说:"不,上帝并不真的存在。"因而,怀疑性是人性中最根本的东西,摆脱思考上的束缚正是这种怀疑性的具体体现。人也正是因为有了这种怀疑性,才使自己清醒地意识到自己存在的价值。人是在不断的怀疑中肯定了自我的存在。因而我们可以说:我怀疑,因为我存在。怀疑使人产生知识,而这种知识促成了原创性思想的形成。

但是,原创性的产生并非一定有赖于知识的累加,在这一点上黄教授并未摆脱西方进化知识论的桎梏,以知识的多寡谈论原创性的有无。他这样写道:"学术创造必须以深厚的知识为基础,其创造物也必须经得起时间的考验,不能随兴所至,说创就创,甚至是无中生有,凭空瞎创……社会科学工作者在从事学术创作的时候,必须先熟悉西方社会科学中重要的各家理论和研究方法,有志于从事本土社会科学研究者更要了解自己的文化传统……形成一种'支援意识'(subsidary awareness),再根据自己的问题意识,从他在本土社会的生活经验中找出他想解决的关键性问题,成为他'焦中意识'(focal awareness)中苦思竭虑的焦点。"在这里黄教授借用哲学家 Michael Polanyi(1964)的概念来说明原创性有无的问题。似乎有了支援意识和集中意识,个人的原创性就会产生。但问题可能并不这么简单。能说我们现在的学者没有足够的支援意识和集中意识吗?但为什么极少有原创性的理论出现呢?

我想这除了跟我们的民族性有关以外,还跟学者清醒的批判反省意识紧密相关。当然此问题并非一两句话能够说得明白,暂留在这里,不去管它。

总之,要有原创性思想的产生,必要的知识储备是必须的,但却不一定是决定性的。我个人以为决定原创性思想产生的可能,是怀疑的精神以及批判的反省意识,而非单纯的知识累加。不知黄教授是否同意?

五

黄教授在夏威夷苦干一年,才完成了这部近三十万言的大作。著者的雄心是要从结构论者的立场上对中华文化传统给予一个全新的解释。著者对儒、道、法、兵等家的观点都有所论释。我读后的整体感受是著者最为关心的问题是想让研究者的主体得以全面的彰显。他在《自序》中这样写道:"……社会科学在华人社会中为什么进展不易,(这)一定要回到西方科学哲学的发展史里,追本溯源,找出他们在从事社会科学研究的时候,是如何思考问题,如何建构理论,如何在从事研究的生涯中,彰显出研究者自身的主体性。在他看来:"'主体性的追寻'是'社会科学本土化'运动中最重要的核心问题。"

黄教授以自身的人文倾向倡导研究者主体性的彰显,呼唤研究者的问题意识、原创性和内在可理解性。这一切都在打破一个科学的迷信,那便是认为有放诸四海而皆准的理论的存在,把人性中的怀疑精神还给人自身,让人们对一切可怀疑的东西都给予怀疑。而社会科学就是在这种怀疑中不断发展的,心理学也不例外。这便是《知识与行动》一书给予我们的最重要的启示。

参 考 文 献

1. 黄光国:《知识与行动——中华文化传统的社会心理诠释》,心理出版社 1995 年版。

2. Idgman, P. W., 1927, *The logic of modern physics*. New York: Macmillan.

3. Foucault, M., 1972, *The archaeology of knowledge*. Translated by S. Smith. New York: Harper Colophen. (王德威(译):《知识的考掘》。麦田出版公司。)

4. Foucault, M., 1973, *The order of things: The archaeology of the human sciences*. New York: Vintage/Random House.

5. Habermas, J., 1968, *Knowledge and human interests*. Boston: Beacon Press.

6. Hooykaas, R., 1972/1991, *Religion and the rise of modern science*. Grand Rapids. MI: Eerdmans.

7. Husserl, E., 1936/1992, *The crisis of European sciences and transcendental phenomenology: An introduction to phenomenological philosophy*. Translated by D. Carr. Evanston, Ill.: Northwestern University Press. (张庆熊(译):《欧洲科学危机和超越现象学》。桂冠图书公司。)

8. Neisser, U. , 1976, *Cognition and reality.* San Francisco, CA: W. H. Freeman.

9. Neisser, U. , 1984, Toward an ecologically oriented cognitive science. In T. M. Schlecter & M. P. Toglia (Eds.), *New directions in cognitive science.* Norwood. N. J. : Ablex.

10. Newell, A. , 1973, You can't play 20 guestions with nature and win. In W. G. Chase (Ed.), *Visual information processing.* New York: Academic Press.

11. Polanyi, M. , 1964, *Personal knowledge.* New York: Harper Torch Books.

本土心理学的启蒙观:
开展本土研究的一些教训*

引　言

美国芝加哥大学人类学系的马歇尔·萨林斯(Marshall Sahlins)教授,在参加北京大学社会学人类学研究所主办的"文化自觉与跨文化交流学术研讨会"上,宣读了他最近写就的一篇文章。从文章的题目"什么是人类学的启蒙? 20 世纪的一些教训"中,我们大略可以看出,他要讲的是有关西方人类学的殖民遭遇之后的反思的问题。① 他虽然是在讲述人类学的种种问题,但实际上对其他任何一门西方本土的学问向外的扩张之后所遭遇的困境,都有思考上的借鉴意义。因而我的这篇文章亦是受到萨林斯教授的论点启发,而对心理学这门纯粹西方的学问在中国的遭遇的反省。

萨林斯开宗明义提出,他这篇论文是对西方人类学,但同时也是对西方思想的批判。从一定意义上来说,西方的人类学是在与殖民地的人民接触后发展起来的。这一门学问的出现是与殖民地时代的资本主义的世界性的统治分不开的。而在这种扩张式的资本主义背后还有一种西方的启蒙思想的支持。我这里有必要引述萨林斯对康德(Immanuel Kant)式的西方启蒙思想的梳理:

> 敢于求知! 在我们这个时代中,什么是人类学需要从中解放自身的思想束缚呢? 无疑,这些思想束缚即为我们从历史上继承下来的观念,包括性别主义、实证主义、遗传论、效用主义等西方民间传统给出的许多其他对人类状况进行普遍主义理解的教条。我并不想讨论这里提到的所有问题,而只是涉及到文明化理论。康德利用这一点而对其著名的问题"何为启蒙"作出了反应。对于康德而言,这个

---

* 原载《社会理论学报》(香港),春季卷,1999 年第 1 期,第 53—80 页。

① Marshall Sahlins, "What is Anthropological Enlightenment? Some Lessons of The Twentieth Century," (unpublished paper, 1998).

问题实为:我们如何能通过逐步使用理性而避免愚昧?对我们来说,问题也变得十分类似:关于理性和愚昧的启蒙论理念,正是我们尚且需要逃避的教条。

现代人类学似乎还在与十八世纪的哲学家们所喜欢的启蒙问题作斗争。不过,它的斗争对象已经转变成了一种与欧洲扩张和文明的布道(mission civilisatrice)类似的那样一种狭隘的自我意识。确实,"文明"是西方哲学家们所发明出来的词汇,它当然指涉的是西方哲学家们自己的社会。在孔多塞看来,他们所要引以为荣的精确性,在十九世纪变成了一种阶梯式系列的阶段性,在这一系列阶段性中,都有一个适应于各种各样非西方人的阶段。两个世纪以来的帝国主义(这在最近获得了全球性的胜利),本意确实并非要减少被启蒙出来的西方与其他地方之间的对立。相反,与旧的哲学支配一样,在西方支配的觉醒过程中所展露出来的"现代化"与"发展"之意识形态变成了基本的前提。甚至左派对"依附"和资本主义"霸权"的批评,同样是对本土人类历史上的能力和他们文化的生命力持怀疑态度的观点。在众多西方支配的叙述中,非西方土著人是作为一种新的、没有历史的人民而出现的。这意味着,他们自己的代理人消失了,随之他们的文化也消失了,接着欧洲人闯进了人文的原野之中。①

本土心理学的核心主张是要以中国人自己来研究自己的人民,以期获得一种理解自己人民的本土化的理论和方法。②但要达到这样的目的,在世界性的西方文化霸权并未消失的今天,作为本土的研究者如何能够摆脱现代世界体系的中心文化霸权的支配呢?另一方面,当我们回过头来通过"文化的觉醒"而看重自己的人民的历史的时候,这种历史究竟是谁的历史呢?而且从知识社会学的视角来看,以本土的研究者来研究本土的人民,如何能够避免权力与知识的支配关系所导致的认知方式上和意识形态上的偏见,从而获得一种真正的对本土人民的心理活动富有解释力的理论呢?对这些问题的回答,也许是对本土心理学的启蒙所带

---

① Marshall Sahlins, "What is Anthropological Enlightenment? Some Lessons of The Twentieth Century," (unpublished paper, 1998).
② 杨国枢:《我们为什么要建立中国人的本土心理学?》,载于杨国枢主编:《本土心理学的开展》,桂冠图书公司1993年版,第6—88页。

来的一些教训的补偿。

理性化、世界体系与心理学的传入

西方的学术是在"启蒙"、"愚昧"、"理性"这样的资本主义意识形态话语的伪装之下向非西方的国家传播。作为西方"理性机械论的哲学"①传统而凝结下来的西方本土学术之一的心理学，恰好是伴随着西方资本主义的世界性扩张，而逐渐渗透到中国的学术界，成为一门完全是被引进来的学科。这正如作为中国第一代学习西方心理学的高觉敷，曾经回忆他在1918年到1923年这一段时间之内所读的心理学的书全都是以英文写就的著作：

> 那时，我所接触的是沃特、斯托特和麦独孤（William McDougall）的心理学。我读了斯托特的《心理学手册》，麦独孤的《社会心理学引论》和闵斯特堡（Hugo Munsterberg）的《普通心理学与应用心理学》。我对麦独孤的本能、情绪、情操、性格的心理学尤加注意……我那时几乎成了麦独孤唯心论心理学的宣传员。②

对国家民族主义有独特思考的本尼迪克特·安德森（Benedict Anderson）③曾经认为，在18世纪末，一些文化的产物是许多不连续的历史动力混合后的自然凝结。而这一旦被创造出来，便成了"标准的原件"（modular），能够加以移植，从不同的自我意识等级移植到社会的广大领域。如果由此而打一个类比的话，我们是否可以说，西方心理学作为西方文化的"标准原件"之一而在20世纪初被移植到了中国。

上述一段回忆已经佐证了心理学最初传入中国的情形。如果硬要说心理学是中国古已有之，当然也并没有什么坏处，但是真正西方学科意义上的心理学在中国的发展也只不过一百年的历史，并且这门学科的发展完全是与西方近代科学一起被引入到中国的教育体系中来的，确切地说是在辛亥革命（1911年）之后，心理学才作为一门学科纳入到国家教育体

---

① Richard Olson, 1993, *The Emergence of the Social Sciences*, New York: Twayne Publishers, pp. 1642—1792.
② 高觉敷：《高觉敷心理学文选》，江苏教育出版社1986年版，第1页。
③ Benedict Anderson, *Imagined Communities: Reflections on the Origin and Spread of Nationalism*, London: Verso, 1991.

制中来。① 当时中国整个思想界的主流精神,就是西方的科学和民主制度是可以拯救中国社会的,而要掌握西方的科学和民主制度的精髓必要通过改造旧学以图建立起西方学科化的新学。而心理学作为西方启蒙思想的一个副产品,必然会为中国的思想和教育界所接受。因而,也可以说是与西方的文化扩张一起而传入到中国并在这块土地上得以发展的。

正如沃尔夫(Eric Wolf)在其著作《欧洲与没有历史的人民》所明确指出的,当西方资本主义的文明向外扩张的时候,是将作为边陲的第三世界的本土人民看成是没有历史的人民。② 至少可以说,西方的心理学在向中国本土学术侵入时,中国人的文化和历史是不重要的。

心理学以及其他的西方本土世界的学术,恰好在这样的西方殖民心态的背景下,在中国的学术体系中生下根来。正如强调世界体系观点的社会学家华勒斯坦(Immanuel Wallerstein)所明确指出的,殖民主义的根本目的并非在于"殖民"本身,其核心的目的是要建构一个最终是有利于西方支配的"中心—边陲"的依附关系以及"世界体系的资本主义"。③ 台湾的社会学者在探讨中国社会科学中国化时不无悲观地说道:

> 就整个学术的世界体系来看,经过这一百多年来的西化,亚非边陲社会的学术要完全摆脱中心社会的学术典范的阴影,那是绝不可能的。况且,中心学术典范早已深烙在边陲社会的学术体系之内,而且也成其学术传统的一部分了。再者,西方中心学术体系不但具有生机控制的强势,而且经过几个世纪的塑造,也成为一个牢不可破的学术典范堡垒,它继续成为世界学术体系的中心,将是可以预期的。在此颓势之下,边陲社会的学术要本土化的确是相当困难的,如何突破、超越西方中心学术已有的典范,自然是一个根本的问题。④

西方心理学在中国的遭遇恰是符合这样的学科发展模式。在中国所发展出来的西方特别是美国的心理学,成为了中国心理学的学术界起支配作用的话语体系。如果套用沃尔夫的论辩模式的话,那就是中国人是

---

① 中国心理学会常务理事会:《中国心理学六十年的回顾与展望——纪念中国心理学会成立六十周年》,《中国心理学报》1982年第2期,第127—138页。

② Eric Wolf, 1982, *Europe and the People without History*, Berkeley: California University Press.

③ Immanuel Wallerstein, *The Modern World System*, New York: Academic Press, 1974.

④ 叶启政:《边陲性与学术发展:再论科学中国化》,载于李亦园、杨国枢、文崇一编著:《本土心理学的开展》,桂冠图书公司1985年版,第221—262页。

与西方人有着共同心理特征的人民,而这个民族本身是否有历史并非重要。

现代性、民族主义与心理学的本土化

殖民主义思潮之后的"民族复兴运动"是心理学本土化研究的大时代背景。这种本土化以一种自我觉醒的态度来思考舶来的西方心理学。这种思考往往是由受过西方心理学学术体系严格训练的中国本土的知识分子来承担的。他们试图通过排斥西方的分析概念、研究框架以及研究方法的姿态,来抵制西方的学术霸权;并从本土社会中寻求研究资本,建构所谓本土的心理学理论。

但与整个近代第三世界本土国家的民族主义取向一致,他们试图以想象中的中国的传统文化为理论建构的基础,从本土的文本文化中和本土受试者的身上挖掘出所谓可以和西方抗衡的本土心理学理论,从一定意义上说他们担负着本土心理学启蒙的角色。这种启蒙往往试图通过对地域与文化上的整体性的想象,来形成一种可以抵制外在影响的共同体。这种共同体的形成过程也恰恰是由国家所带动的民族主义或简称国家民族主义形成的轨迹。

与民族主义复兴同时兴起的心理学本土化运动实际上亦是扮演这种通过本土的研究,来强化一种共同的民族心理的角色。这种思路与早期强调国民性研究的中国的思想家是一脉相承的,比如像林语堂所写的《吾国与吾民》,辜鸿铭的《中国人的精神》等。但他们实际上并非真正的本土研究者,而只是对儒家经典谙熟在胸,又对西方文化霸权对中国的欺压怀有不满的一批人。他们对中国人的性格特征的总结多是依据儒家经典而非实际的观察。比如当一位伦敦大学的汉学家解释中国人没有宗教是因为中国人是蒙古人种,其黏液质头脑不善辩之故。① 辜鸿铭对此大为不满,以儒者的思维辩驳说:

> 实质上,中国人之所以没有对于宗教的需要,是因为他们拥有一套儒家的哲学和伦理体系,是这种人类社会与文明的综合体儒学取代了宗教。人们说儒学不是宗教,的确,儒学不是欧洲人所指的那种

---

① 辜鸿铭:《中国人的精神》(黄兴涛、宋小庆译),海南出版社1996年版,第40页。

宗教。但是,我认为儒学的伟大之处也就在于此。儒学不是宗教却能取代宗教,使人们不再需要宗教。①

辜鸿铭的反驳有一点是正确的,那就是中国人的宗教不是西方人所指的意义上的宗教。但辜鸿铭错误地认为中国人是以儒学代宗教的。如果我们能够参与乡村社会的宗教活动,就会看到在民间存在一种极为中国式的民间宗教,它是不为官方所认可的,但却是民间大众所信仰的宗教。这种宗教或许没有西方宗教意义上的教堂、经典以及上帝的概念。也就是所说的中国宗教并非是制度化的宗教,而是一种扩散式的宗教。辜鸿铭对中国宗教的概括只是述及大传统的一面而没有看到真正反映中国普通百姓生活的民间宗教的那一方面。

另外,同情本土化心理学研究的学者更强调这样的研究路径,即是以西方的理论和问题为研究框架,但要用中国的实际材料来研究有关中国人的心理特征。比如章志光就曾明确指出:

> 我认为,研究中国人的社会心理有两条主要途径,一条是径直研究中国人的人格特征,或中国人特有的社会倾向及其变迁,二是研究中国人的心理活动过程(包括认知、情感及意志)及其形成,发展的特有规律。②

这样两条研究路径实际上也是中国大陆研究中国人心理与行为惯用的研究范式,实际上本无挑剔之处。但我在这里更感兴趣的问题是,我们通过上述的两条研究途径会得出一些中国人样本的心理特征,但是这些特征真是中国人共同所具有的心理特征吗?虽然有的学者可能会应用统计学的"信度"和"效度"甚至更高等的统计学概念来告诉我说,这种"由一推十"的做法是值得相信的。但我还是要从另外一个角度来反问,难道这不是一种通过所谓实证的研究在帮助国家建构一种想象中华民族的共同心理特征吗?这中间民族主义的情结是否存在呢?在我们最初探讨中国人社会心理学研究本土化的问题时,下面这样的思路或许是所有倡导本土化研究的共同思路:

> ……社会心理学者能够一改过去那种依赖欧美学者的心态,痛

---

① 辜鸿铭:《中国人的精神》(黄兴涛、宋小庆译),海南出版社1996年版,第41页。
② 章志光:《中国人社会心理的研究现状与刍议》,载于李庆善主编:《中国人社会心理研究论集,1992》,时代文化出版公司1993年版。

下决心"断乳"于欧美心理学,那么,他们在国际舞台上就不再是一个"二等公民",就会发挥出无可替代的作用……当前,愈益多的国际和民族的学者已经认识到,国家和民族的独立,不仅是政治和经济上的独立,而且还有不可缺少的精神上的和学术上独立……一个社会心理学者在外国学者面前总是缺乏信心,对外国的社会心理学迷信、盲从、照抄照搬,一旦离开"洋教条"便不知所措,我们可以想象他在有关国家政治和经济的独立问题上会有怎样的民族自觉!①

或许我们不应该抛开历史的背景来谈论一个学科发展与民族主义的关系这样的问题。在80年代中期,中国大陆的经济改革带动了经济与社会制度的变迁。这种变迁背后更深层的动力是来自于国家所倡导的国家富强的现代化建设目标,这种目标的实现又是与民族主义的宣扬分不开的。这从台湾学者的思考中可以多少看出,国家现代化与民族主义主张之间的互为因果的关系,因为在那个时期,作为"东亚四小龙"之一的台湾亦处在经济与社会的巨变之中。学者们这时大多在宣扬现代化需要有民族主义的支持这样的观念。杨国枢曾写下了这样一段发人深省的话:

> 民族主义不仅可以成为现代化的动力,而且也可以成为现代化的目的。国家的独立、自主及尊严,是民族主义所追求的目标,而想达到这一境界,现代化似乎是最明显的手段或途径,因为已独立、能自主、有尊严的国家,大都是现代化程度较高的国家,在通常的情况下,现代化可以改革政治、扫除文盲、增加财富、提高文化,加强传播、促进安定,而这些进步都有助于增强国力,以达到民族主义的目的。②

但是在对现代化主张之下的民族主义有了深入反思的今天,或者更具体地说,是从政治与学术的关系上来看,若以上述的思路来研究中国人的现代性与传统性这类的问题时,又如何能够避免我们具体的研究结果,实际上成为了国家现代化主张之下的民族主义的政治策略的工具呢?这正像西方学者对中国的研究在观点上的改变最终只是对华政策上的改变,而并非真正的研究范式的改变。③

---

① 李庆善:《社会心理学中国化必然性之思考》,载于李庆善主编:《中国人社会心理研究论集,1992》,时代文化出版公司1993年版,第51—52页。
② 杨国枢:《开放的多元社会》,东大图书股份有限公司1985年版,第77页。
③ 王铭铭著:《文化格局与人的表述》,天津人民出版社1997年版。

这种把民族主义看成是现代化前提的主张,实际上希望的是一种以国家为主导的现代化。如果从这样的逻辑出发,那么与东亚经济同步发展的学界的本土化思潮便明显地与政治上的民族主义联系在了一起。而这与杨国枢在最近所提出的心理学本土化要避开"学术研究泛政治化"的提法可能会有些脱节了。① 这种学术与政治的联系往往并不是个人的意愿所能够避免的。当我们在倡导一种学术的观点的时候,我们实际上也是在支持一种霸权。

安德森给我们的警示颠覆了一个人们曾经信以为真的公理。这个公理的逻辑就是一个群体形构一个民族,一个民族形构一个国家,一个国家拥有自己的主权,在这一主权的庇护下形成一个民族社区,一个和睦相处的共同体。但安德森反复告诫我们:这个社区是被一个时代想象出来的,这种虚构的想象在真实地支配着我们的行动和思维。②

西方心理学在中国的传播史实际上已经说明了这样的问题。当然,"本土化"或者"中国化"这样的提法不仅是在最近,甚至在心理学刚刚传入中国之时便已有之,并试图以中国人的理解来填充西方心理学理论的框架。这背后的政治意识形态虽一时难于理清,但与民国时期的国粹派的政治主张是遥相辉映的。

在1949年以后,中华人民共和国的心理学发展史更能说明这种学术与政治的相互关系。最初是排斥美国的心理学,而转向一种向前苏联老大哥学习的心理学,并认为这才是中国本土心理学应该坚持的目标和方向。而有这种认识的背后的政治恰恰是当时整个中国政治倒向前苏联。后来到了"文革"前后,干脆将心理学确定为"伪科学"而加以摒弃。中国在改革开放时期对心理学的恢复又转过来向欧美的心理学学习,但同时又强调"中国特色"的心理学③,并逐渐接受台湾本土化的学术思潮的浸

---

① 杨国枢对这一点是这样表述的:"中国人之本土心理学的探讨,是一种纯学术性的研究活动,尽量不要与政治上的主义、目的与运动混为一谈,以防在泛政治化的影响下使本土化的学术研究沦为政治的附庸,以免使学者失去其学术上的自发性与创造力。"(杨国枢:《我们为什么要建立中国人的本土心理学?》,第35页)。

② Benedict Anderson, *Imagined Communities*: *Reflections on the Origin and Spread of Nationalism*, London: Verso, 1991.

③ 见中国心理学会常务理事会:《中国心理学六十年的回顾与展望》,及潘菽:《总结六十年经验,开创我国心理学的新发展阶段——中国心理学会第三次代表会议暨纪念建会六十周年学术会议开幕词》,《中国心理学报》1982年第2期,第139—142页。

染而强调中国心理学的本土化和本国特色。① 而80年代以后中国内地的改革这一社会现象本身也成为了许多心理学研究者感兴趣的领域,并被认为是一个中国独有的现象来加以研究②,而这些又都是与国家政治上的"中国特色"这样的一种政治话语体系互为影响的。

从这种对学术人的政治立场的简略分析,使我们至少可以看出,心理学本土化的学者最初所提出的要从一个文化本身当中去理解那里的人民的构想便不复存在了。在这里只有一种学术为政治决策寻找依据的一种政治化的心理学。并试图以此来积累新的文化资本③,从而建构一种新的文化霸权(hegemony)。④ 本土心理学的启蒙实际上成为了一种新的文化资本的争夺,而这种争夺所借助的是一种对政治的袒护。

从另一个方面来说,西方学术的强迫式的变迁就像殖民地宗主国对殖民地人民的强迫统治一样,会变成一种学术上的民族复兴运动。这样的转变模式在英国社会人类学家莫里斯·布洛克(Maurice Bloch)对马达加斯加割礼(circumcision)仪式的变迁研究中得以清晰地表现出来。在布洛克著名的《从祝福到暴力》这本著作中,他详细地描述了马达加斯加岛屿上马瑞那人(the Merina)割礼习俗的社会变迁的过程。⑤ 一般来说,马瑞那人的男孩子在一到两岁之间要实施生殖器的切割仪式。这种仪式近二百年来一直保存着,但其社会的象征意义已经发生了深刻的变迁:

> 在传统的部落社区时代,割礼的象征十分突出祖先对其后代的保佑和祝福,强调祖先与后世的社会连续性和家族社会的一体化。在马达加斯加王国扩张时代,割礼被改造成一种"皇家的仪式",强调国家传统的延续性和礼仪的繁美色彩。在殖民主义时代,为了表示"一致对外"和本土社会的力量,割礼仪式被改造成具有暴力色彩的军事性操演。⑥

---

① 沈德灿:《社会心理学本土化研究的几个问题》,载于李庆善主编:《中国人社会心理研究论集,1992》,时代文化出版公司1993年版,第1—5页。
② 沙莲香:《二次战后美国社会心理学的发展与我国社会心理学建设》,《社会学研究》1982年第6期。
③ Pierre Bourdieu, 1997, *Outline of A Theory of Practice*, London: Cambridge University Press.
④ Antonio Gramsci, 1979, *Letters From Prison*, London: Quartet.
⑤ Maurice Bloch, 1986, *From Blessing to Violence: History and Ideology in the Circumcision Ritual of the Merina of Madagascar*, London: Cambridge University Press.
⑥ 王铭铭:《想象的异邦——社会与文化人类学散论》,上海人民出版社1998年版,第203—204页。

这种符号性的抵抗实际上隐含着一种民族主义的情绪往往也会通过社会性象征仪式表现出来。比如清末甲午战争的失败,使中国人的集体性的民族意识得到强化,这集中地表现在东南沿海地区大规模盛大的超度仪式中。这种超度仪式表面上是超度因得病而死的人,但就研究者的研究来看,真实的目的是要超度甲午战争中丧生的孤魂,并要赶走外来的魔鬼。①

在这里我无意要把民间的民族主义的情绪硬与学术上的本土化和中国化拉上关系。但我们不能忽视的是,开展本土心理学的研究,其背后更深层的象征意义或许是一种民族主义的表现形式。无论如何我们从倡导本土化的学者的表述中可以看到一种对外来理论和方法的一概排斥。这种排斥多少含有民间仪式中的"驱鬼"的味道在其中。

另外,由对西方学术的世界体系支配的觉醒所产生的抵制,最终转变成了一种对可能是虚构的中国人的共同的传统文化的维护,并以此重新建构起知识与权力的支配关系。

知识、权力与颠倒的东方学

萨伊德(Edward W. Said)在其《东方学》一书中对"文化霸权"的分析,是以"西方支配"的概念为核心的,即把这种支配认作是全球文化过程的动力。② 但正如王铭铭依据葛兰西(Antonio Gramsci)③对文化霸权的理解所明确指出的,文化霸权的形成是一个由"被动者"到"主动者"的辩证过程而完成的。④

依据这样的分析,本土心理学者在知识上的"觉醒"可能恰是西方霸权主义的动力。因为这种觉醒表面上是要以本土的资源来作心理学理论建构的基石,但实际上还是要借助西方的研究方法来获得一种可以和标准的西方理论相媲美的本土化的理论,最终还是要被纳入到世界体系所

---

① 王铭铭:《想象的异邦——社会与文化人类学散论》,上海人民出版社 1998 年版,第 204 页。
② Edward W Said, *Orientalism*, 1978, Lundon and New York: Penguin.
③ Gramsci, *Letters From Prison*.
④ 王铭铭:《想象的异邦——社会与文化人类学散论》,上海人民出版社 1998 年版,第 203—204 页。

带来的全球化的知识体系中去。① 正如政治上,民族—国家(nation-state)并非是中国乃至亚洲自己本土的国家发展模式,但中国和亚洲的民族解放运动往往将民族—国家的建设列为自己国家模式发展的目标。在这里,西方的政治霸权被强调民族自觉权的本土的政治精英所驱动。

这样的思考逻辑使我们在反观本土心理学的研究的时候,就不能够不从知识社会学的视角来重新看待本土心理学者的终极关怀的可能性的问题。本土心理学者往往声称要用本土的心理学资料和本土的心理学概念,来审视本土的心理学问题,以一种"本土性契合"来达到一种对本文化人民的真正理解,这正如杨国枢所说:

> 特定社会或国家的特定社会,文化、历史、哲学及其成员的遗传因素,一方面影响或决定当地心理学者(被研究者)的心理与行为,同时又影响或决定当地心理学者(研究者)的问题、理论与方法。也就是经由这样一套共同的因素的机制,才可保证当地心理学者所研究的问题、所建构的理论、所采用的方法,能够高度适合当地民众的需要。由于受到同一组文化性与生物性因素的影响,研究者的研究活动及知识体系与被研究者的心理及行为之间,便易于形成一种契合状态。这样一种当地之研究者的思想观念与当地之被研究者的心理行为之间的密切配合、贴合、接合或契合,可以称为"本土性契合"。②

这样的理解在单单把人看成是一个个孤立的人的情况下是可以成立的。但是当我们将人放回到一个有着制度、有着权力等级以及有着分工的现代社会中,这样的逻辑在理解上或许就有些问题了。萨伊德在指出西方的东方学最大的问题是在于"文化帝国主义"的文化地理想象的同时,亦明确指出了对于本土的东方学来说,最大的危险是在于意识形态上的"颠倒的东方论"。这里

> 所谓"颠倒的东方论"指的是为了抵制"文化帝国主义"而提出的本土文化论,它强调本土文化的"民族主义色彩",迫使本土化研

---

① 周晓虹:《本土化和全球化:社会心理学的现代双翼》,《社会学研究》1994 年第 6 期,第 13—21 页。
② 杨国枢:《我们为什么要建立中国人的本土心理学?》,载于杨国枢主编:《本土心理学的开展》,桂冠图书公司 1993 年版,第 24 页。

究成为民族冲突的工具。①

因而本土的研究者以一种民族主义的关怀从事本土的研究,不自觉地就会使自己的研究成为国家民族主义政策实施的推力。

从本土的研究者与本土的被研究者之间是否存在一种可以真正达成理解的契合,还是应当从本土研究者的学术人的身份中寻求答案。反思社会学的大量研究已经使我们看出,由于社会制度上的安排,研究者的身份与被研究者的身份之间存在着极大的理解上的偏差。这种偏差往往是不能实现本土契合的原因。一个社会或者说一个民族因为有一种共同的文化或者是生物学上的遗传,这个社会或民族的人民之间就会有共同的心理特征,这种说法忽略的是社会制度所规定的人与人之间的等级身份的差别。作为本土的研究者往往会抱怨西方社会的研究者对"异文化"的所知甚少,因而在用西方理论来解释本土人民的生活时,有隔靴搔痒甚至有误解的可能。但要知道由于本土研究者实际上是生活在他的本土社会之中的,他除了是一位研究者之外,实际上更是一位生活在他自己的社会中的一个人。他对社会地位和社会声望,至少说对基本生活需要的追求,都离不开与他要研究的本土人民之间的互动。因而,从一定意义上说,处在一定社会位置上的研究者"其国内社会位置所可能导致的偏见有可能比国际文化所导致的偏见还要严重得多"。②

这种学术人的偏见,即学术人自己对于本土文化中的固有偏见特别表现在二三十年代在中国农村从事乡村建设的一批本土的研究者身上。在他们的眼里,农民是"愚昧"和"落后"的表征。因而在一般人的眼里,农村成了一个需要"改造"的地方,并把"封建"、"传统"、"家族主义"和"宿命论"作为农村社会的象征和标签,紧紧地印刻在农民身上,这种改造又是以使农民的所谓"传统性格"转变成为具有现代意识特征的"现代性格"为最终目标的。

在中国"五四"时期倡导新文化运动的人看来,中国农村是处在未开化的状态,一切在城市所进行过的变革都要想办法推广到农村去,乡村成了"政治改革和模式推广的场所"。③ 比如,二三十年代在华北农村所推

---

① 王铭铭:《本土人类学:超越文化局限的实验》,载于潘乃谷,王铭铭主编:《田野工作与文化自觉(上)》,群言出版社1998年版,第207页。
② 同上书,第209页。
③ 王斯福:《农民抑或公民?——中国社会人类学研究的一个问题》,载于王铭铭,王斯福主编:《乡土社会的秩序、公正与权威》,中国政法大学出版社1997年版,第1—19页。

行的"平民教育促进运动"便是在这样的一种观念支持下进行的,这次运动的领袖人物晏阳初就坚信农民有"愚昧"、"贫穷"、"体弱"以及"缺乏公共精神"四大疾患①,贫民教育的目的就是在这四个方面对农民的精神进行"洗礼"。②

因而本土的研究者要能够真正实现"本土性契合",是应当在不断的反思中去理解自己与他人的权力支配关系。并对支配性的权力支配关系加以解构,在这种解构中作出真正符合本土人民的心理学观点和应有的价值判断。

文化并置中的本土心理学

来自西方本土的反思人类学所提出的"文化并置"(juxtaposition of cultures)的思考路径或许对本土心理学在中国的开展有一定的启发意义。所谓文化并置实际上是指将"异域文化"(other cultures)与"本土文化"(native culture)放置在一起,相互关照,"使原来处于文化格局被动地位的非西方文化成为反思西方支配性文化观念的批评探针"。③

本土心理学一直在强调本土文化的受殖民主义压迫的一面,这在萨林斯看来完全是一种西方的经济逻辑的直接后果。如果从经济上来看,这种学术上的支配与被支配的文化格局是可以说得通的,但抛开这种功利主义的思考逻辑,从文化以及价值体系的视角来探讨这样的问题,或许有一种新的解答。对这一问题,王铭铭曾做过详细的梳理④,本文的讨论是以他的前期研究为基础而展开讨论的。

社会学、人类学乃至心理学一直在探讨西方的经济人的概念是否可

---

① 这是30年代中国乡村改良主义所归纳出来的中国农村的四大特征,不同的改良主义者对此有不同的称谓,如"定县平教会"称之为"贫"、"愚"、"弱"、"散";"邹平乡村建设学院"则将四点化约为一点,即是中国农村之落后与混乱乃是由于"固有的礼教精华之衰退"。孙冶方,《为什么要批评乡村改良主义工作》,载于《"中国农村"论文选(上)》,薛暮桥、冯合法主编,人民出版社1983年版,244—251。

② 从一定意义上,"农村"和"农民"已经成为一个一般人乃至学者观念中的边缘地带,而被排挤出他们的视野,在他们的话语叙述体系中,农民还是一个要被国家经济精英乃至权力精英改造的地方。John King Fairbank and Albert Feurwerker, eds., 1986, *The Cambridge History of China*, vol. 13, Cambridge: Cambridge University Press.

③ 王铭铭:《文化格局与人的表述》,天津人民出版社1997年版,第170页。

④ 王铭铭:《文化格局与人的表述》;《本土人类学:超越文化局限的实验》及《想象的异邦——社会与文化人类学散论》。

以直接运用到非西方的社会。如果说东西方经济活动有所不同,那么这种不同究竟是本质上的还只是形式上的?在东亚四小龙经济腾飞之后,学术界有关韦伯(Max Weber)所提出的新教伦理的问题的争论①,恰是这种东西方二分法的反映。但除了萨林斯之外,很少有人对西方是理性的,而东方是非理性的这样的基本的假设提出质疑,"似乎'他们西方'永远是理性的王国,而'他们之外的我们'则有一些'两难的问题'"。②

萨林斯坚信并非单纯的是理性的化身,他们也是受符号象征主义所驱使而行动的。换言之,美国人的生产和消费取决于美国文化的符号结构。过去的研究者往往从功利主义的实际理由(practical reason)出发来考虑生产和消费的问题,而恰恰忽略了在这种实际理由背后所深藏着的文化内核。比如,牛排是美国最贵的肉,这绝不是因为供不应求,而恰恰相反,牛排的供应量大大超过其食用的量。这是因为,在美国,牛肉可以唤起一种性的象征,代表男人的气概。因而才会使其身价倍增。而在美国较便宜的肉,也绝非是供大于求,而只是在文化上,这些便宜的肉被认为是不好的肉。因而在社会中就会因食用昂贵与便宜的肉而将人分成不同的等级。在这里,作为可以与不可以食用的肉构成了社会的图腾体系。

萨林斯另外向我们讲述的有关库克船长的故事实际上更能够表现在文化并置中的文化的融合与变迁。③ 萨林斯依据他在夏威夷土著的田野资料写成的《历史的隐喻与虚幻的现实》一书中,详细叙述了欧洲人与当地的土著相互接触而带动了当地的文化变迁的过程。他是通过对库克船长与当地人的互动过程的描述来表达他的理解的。这里我们有必要引述王铭铭对库克船长的故事的转述:

> 库克到来的偶然时间选择和环岛航行的方式,与马卡西基人所进行的"罗诺"神灵节日游行仪式正好发生了巧合,而库克就被误认为是他们的神灵"罗诺"。上岸以后,库克被护卫陪同走进庙宇中,并被仿造成马卡西基人所想象的"罗诺",并把一头猪供奉在他面前。他被按照罗诺的样子浑身涂油,并被与统治社会的首长有关系

---

① 金耀基:《儒家伦理与经济发展:韦伯学说的重构》,载于李亦园、杨国枢、文崇一编著:《现代化与中国化论集》,桂冠图书公司1985年版,第29—56页。
② 王铭铭:《文化格局与人的表述》,天津人民出版社1997年版。
③ Marshall Sahlins, 1981, *Historical Metaphors and Mythical Realities: Structure in the Early History of the Sandwich Islands Kingdom*, The University of Michigan Press.

的祭司喂食。就像人们期待"罗诺"神灵去做的那样,库克在仪式结束时张帆续航。可是,他出乎预料地返回到岸上,因为他的一条船折断了桅杆。

这次他受到了完全不同的接待,紧张的气氛环绕着他,使他突然陷入了突发的暴力行为之中。在暴力冲突中,他被一伙受雇佣的夏威夷人杀死了。然而,夏威夷人把这一事实上的死亡当作是"罗诺"神的年度仪式性死亡,他们将"罗诺"的尸骸还给英国人并问他们罗诺神来年是否再能返回。在马卡西基人的仪式期间,库克尸骸的部分将在随后而来的罗诺神巡游仪式中再度出现,此时这些余骸被认为载有库克的"马那"神灵,而库克终于被理解为某个先祖首长。

显然,在上述第一次戏剧场面中,一次历史性的事件被吸引到一个周期性宗教神化机构中,这种吸引并不是很完整,因为库克出乎意料地被杀没有被解释。实际上,这引起人们对夏威夷人社会结构是否能够维持其本身产生怀疑。

库克到来的故事,也正好与政治继承的宗教神话结构相吻合:在夏威夷人看来,首长是来自外部世界的篡权者,而他们通过娶被弃的当地妇女为妻并生育孩子而被本土人民所归化。夏威夷人就是从这些方面来看待库克的来临的。作为神或首长,库克和其他英国船员按首长和平民的区别而得到区别对待。前者被期待拥有特权、荣誉和贵重财宝;后者奉献礼物以期寻得庇护,平民妇女尤其寻求与船员发生性交关系,以期通过生育子女,来利用外来者的一些威力。

可是库克的船员水手们,把妇女的性诱惑解释为商业交换关系,赠给他们贵重的礼物,而她们的丈夫鼓励她们去接受这些礼品。妇女们也来与水手们分享饮食,因此败坏了夏威夷社会中对于"男女共食"的严格禁忌。

通过与来访的白人进行这种模式的交易,整个夏威夷人的仪式、政治、以及社会结构被相当戏剧性地改变了:建立在与欧洲人不同利益基础上的一种阶级结构在首长和平民之间发展起来,取代了男人之于女人,首长之于平民,以及神灵之于首长这样一种等级制度。

同时,欧洲人自己的观念和看法也改变了。通过贸易的逐步非神圣化,通过与妇人共同进餐所导致的无意玷污,一度被当成神灵的英国船员变成了夏威夷人中的男人,尽管他们是一奇怪的种类。①

在现时代,我们不能忽略西方文化在中国文化中的并置。我们在看我们自己的生活时已经不可能看到所谓纯粹的中国人的生活。这种生活是一种东西方文化相互交融之后的结果。我们一样也看不到纯粹的"中国人的精神",看到的是东西方人的观念交融之后的样式。在这种文化并置的社会中,西方人如何看待我们,而我们又是如何看待他们以及相互的影响的过程,或许是最值得本土心理学者所引以为注意的。

结　　论

本土心理学往往以一种启蒙的心态并以一种民族主义的情绪来应对西方文化霸权的心理学理论。本土心理学提出的以本土的研究者来研究自己本土的人民,以期获得一种可以用来解释本土人民的心理与行为的"本土性契合"的理论。但以为这样的路径就能够真正地没有偏见地对本土人民的心理和行为有一种"价值无涉"的解释可能只是一种研究者自己的幻想,如果作为学术人的研究者对于自己的研究实践没有一种反思的意识,不能够真正意识到社会位置对自己研究视角的局限,往往就可能会使本土的研究者站在特定的立场上对本土的人民的生活实践产生偏差性的认识。这是本土的研究者以前所未曾清楚地意识到的。

对西方文化霸权所导致的学术殖民主义的反抗,反映在学术界最终可能并非是一种所谓学术本身的范式转换,而更可能是国家政策的转变,学术在无意识地支持了国家的民族主义的建构,通过貌似科学、客观、切合实际的研究来建构一种文化整体的想象。从一定意义上说,本土心理学的开展是在从民族共同心理特征上来帮助国家建构一种民族国家的共同意识,这种意识实际上是学者的想象,并将这种想象强加到每一个属于民族国家疆域之内的公民身上。

对东西方武断的二分法将我们的视野局限在以西方的支配性的分析概念来理解文化的差异,而不是在一种文化并置的相互交融中来理解各自的差异。所有对西方人刻板的理解实际上本身就是受到西方的思维方式所局限。西方人是理性的,但他们也要依靠符号来思考和行动;东方人

---

① 王铭铭:《文化格局与人的表述》,天津人民出版社1997年版,第175—176页。

是非理性的,但他们也会在与人交往上精打细算。从一定意义上,每个社会都有它自己的一套象征体系,对这套象征体系的深层结构的分析或许是本土的研究者所应当特别注意的。同时本土的研究者不应当仅仅充当民族主义的启蒙者的角色,他还应当对自己的社会位置有一种不断反思的精神,从而使自己的结论不至于犯下以偏概全的错误。

  康德的启蒙观念启示给我们的是自由而公开地运用理性,以使我们摆脱不成熟的自身状态。保持一种勇敢地运用理智来对我们自身的行为加以反省的心态,即使在今天也还是极为有意义的,因而我们应该在重复康德的名言的同时赋予其一种新的内涵:

> 启蒙运动就是人类脱离自己所加之于自己的不成熟状态。不成熟状态就是不经别人的引导,就对运用自己的理智无能为力。当其原因不在于缺乏理智,而在于不经别人的引导就缺乏勇气与决心去加以运用时,那么这种不成熟状态就是自己所加之于自己的了。Sapere aude! 要有勇气运用你自己的理智! 这就是启蒙运动的口号。①

  本土心理学仍需要有这样一种启蒙观,它告诉我们西方乃至异域的理论和方法在中国可能是行不通的,我们本土的研究者要敢于向我们本土的人民探究本土的心理事实,以期运用抽象产生出我们的本土心理学理论。但是,如果我们承认启蒙是一个连续不断的启蒙与再启蒙的过程的话,我们便要保持对本土心理学的批判和再批判的警醒和勇气。恰如社会科学研究者强调自身的反省能力一样,我们应该时时保持对我们熟悉的观点和理论的反省和再启蒙的心态。

---

① 康德:《历史理性批判文集》,商务印书馆1990年版,第22页。

超越本土化[*]

——反思中国本土文化建构

本文是针对近代以来特别是 20 世纪 80 年代以后,部分社会科学学者所提出的本土化研究取向所做的回顾与反思。倡导中国社会科学本土化的学者,怀着对西方社会科学理路的质疑,对自身的学术实践感到的忧郁和苦闷,极力主张从本土的社会文化脉络里寻求对本土社会及本土人的理解。[①] 这种思考范式的转换所带来的一个无法解决的理论问题就是,如何操作性地来界定本土人或者说中国人的特质?

实际上,由"族性"引申出来的"中国人"这一概念,更可能是由近代民族—国家的建设而衍生出来的概念,并直接为本土化研究者转借来对处在中国社会文化情境下的人们的心理和行为加以分析。这样做的结果可能是强化了一种中国文化一体的"想象的共同体"的思维定势。[②] 此一思考路径一旦建立起来,一个很可能的误导就是无法深入地看到在"中国"文化内部的流动性、多样性和复杂性;另外的一个误导是可能完全混淆了中国与中国以外的国家和地区在文化上的交往过程,以及在文化结构上,中国对外来文化的吸收和重新创造的能力。而处在与西方接触地带的本土学者,由于其目的在于用本土文化建构来抵御西方文化霸权,因而就可能会忽视对自身学术实践的批评,而归根结底,"本土化运动"这

---

[*] 原载《社会学研究》2001 年第 6 期,第 56—72 页。

[①] 林南:《社会学中国化的下一步》,《社会学研究》1986 年第 1 期;杨中芳:《试谈大陆社会心理学研究的发展方向》,《社会学研究》1987 年第 4 期;杨中芳:《由中国"社会心理学"迈向"中国社会心理学"——试图澄清有关"本土化"的几个误解》,《社会学研究》1991 年第 1 期;杨国枢:《我们为什么要建立中国人的本土心理学?》,载于杨国枢主编:《本土心理学的开展》,桂冠图书公司 1993 年版;杨国枢主编:《本土心理学研究:本土心理学方法论》,桂冠图书公司 1997 年版;周晓虹:《本土化和全球化:社会心理学的现代双翼》,《社会学研究》1994 年第 6 期;杨中芳和彭泗清:《中国人人际信任的概念化:一个人际关系的观点》,《社会学研究》1999 年第 2 期;赵旭东:《评〈本土心理学研究:本土心理学方法论〉》,《香港社会科学学报》2000 年第 18 期,冬季。

[②] Anderson, Benedict, 1991, *Imaged Communities: Reflections on the Origin and Spread of Nationalism*, London: Verso.

样的学术实践本身,也不过是强化西方学术霸权的一种翻版。

本文最后要指出的是,所有这些问题都是近代中国本土帝国宇宙观衰落之后,国家出于自我防御机制而强制推行的本土主义的结果,外来的冲击强化了一种本土自守的意识形态,与这种历史上的文化应对策略相伴而生的本土化运动,恰好可以说是这类防御机制的再生。

中国消失观:本土学者的苦闷和忧郁

在西方学者的观念中,总有一种笛卡儿式的东方与西方对立的二元论思考模式,这构成了现代西方哲学乃至社会科学的基础。① 这种思维方式想当然地认为,不是西方征服东方,便是东方新的崛起和复兴。正如费孝通所指出的,这是一种"二元一体"的思考模式在作怪,在西方人的眼中,东西方之间存在着一条明显的界限,强大的本土是在西方,而东方不过是"被打败和遥远的'异邦'",并且他们相信东方的文化潜在地是对西方科学体系的一种挑战。② 这里西方人的思维定势便是:西方的强盛意味着东方的衰落和消失,而东方对西方的启蒙则意味着西方的没落。③

与这样一种"西方没落"的论调相呼应的,便是以同样的逻辑来看待我们中国自己的本位文化或本土的中国人。西方人的末世论情调的万花筒在中国的语境中得到了复制,本土学者借助西方看待世界发展的概念体系,来重新诠释所谓中国的传统文化。在早期一批强调中国本位文化建设的学者眼中,中国的文化和中国人已经在这个世界上消失了,成了"没有了中国"的局面,因而本土学者的任务就是拯救本土的学术。④

这是一种本土学者的自我苦闷和忧郁,在这种苦闷和忧郁的背后却是西方人的"西方的没落"观念的东方转换。在他们极为敏感的本土情结中虚构出了一种历史的凝固状态。似乎今天的中国社会和中国人,突然从有文化变成了没有文化,从有生活变成了没有生活,从有自我变成了

---

① Hacking, Ian, 1999, *The Social Construction of What*? Cambridge: Harvard University Press, p.208.

② 费孝通:《人文价值再思考》,载乔健、李沛良、马戎主编:《社会科学的应用与中国现代化》,北京大学出版社1999年版,第8—9页。

③ Clarke, J. J., 1997, *Oriental Enlightenment: The Encounter Between Asian and Western Thought*, London: Routledge; 斯宾格勒:《西方的没落》,商务印书馆1995年版。

④ 何炳松:《中国本位的文化建设宣言》,载刘寅生、房鑫亮编:《何炳松文集》第2卷,商务印书馆1997年版,第403页。

没有自我。西方人在向世界其他地方扩张的时候,把与他们相异的文化都变成了没有历史的文化,人民也就成了没有历史的人民。① 中国的本土学者在应对这种西方文化,或曰西学东渐之后,以与西方人建构文化的方式一样的途径来建构自己本土的文化观。他们声称自己的文化日渐式微,在世界的历史轨迹中消失殆尽。在近来倡导社会科学本土化学者的论述中,这种本土学者的苦闷和忧郁心态再一次彰显出来。他们凭着自身对西方社会科学理论的熟悉,声称他们所熟悉的理论在中国的土地上是缺乏解释力的,或者干脆说在西方的社会科学理论中无法找寻到中国人的自我。杨国枢和文崇一这样写道:

> 在日常生活中,我们是中国人;在从事研究工作时,我们却变成了西方人。我们有意无意地抑制自己中国式的思想观念与哲学取向,使其难以表现在研究的历程之中,而只是不加批评地接受与承袭西方的问题、理论及方法。在这种情形下,我们充其量只能亦步亦趋,以赶上国外的学术潮流为能事。在研究的数量上,我们既无法与西方相比;在研究的性质上,也未能与众不同。时至今日,在世界的社会及行为科学,直落得是多我们不为多,少我们不为少。②

这是由于想到一种主体文化可能会衰落而引发的心理焦虑,以为当中国文化与外来的文化相接触后,中国的文化行将灭亡。或者如上述本土化论者因强调西方的理论和方法在中国的文化中缺乏解释力而产生的认知上的冲突一样。但这样的一种心态终究不过是对西方末世论调的一种东方模仿,并转而将西方人的悲观情绪投射到本土的文化中来,满眼看到的都是本土文化日趋衰落的景象。如果追溯历史的话,这种表面上的本土化实际上是西方化了的本土学者的苦闷和忧郁。

本土学者在文化接触上的这种苦闷和忧郁,投射到学术上就是一种由对自身文化的敏感而产生的自我保护的机制,在这种保护当中寻求自己学术实践的安全感。这样一种本土主义的心理防卫机制,在一个长时段的历史脉络中或许更容易看得出来。拿修长城来说,秦朝修筑长城,其

---

① Wolf, Eric, 1982, *Europe and the People Without History*, Berkeley: California University Press.
② 杨国枢和文崇一:《序言》,载杨国枢、文崇一主编:《社会及行为科学研究的中国化》,"中央研究院"民族学研究所1982年版,第i—ii页。

功用在于将边关以外的游牧生活与关内的农耕生活区隔开来①,而明代以后的重修长城,或许就是要将外来的"倭寇"拒之于国门之外。恰如鲁迅所指出的那样,从那个时代起,中国人变得有些神经过敏了,见到洋东西,大凡都会"拒绝、退缩、逃避、抖成一团,又必想一篇道理来掩饰"②。

如果借用心理学者荣格(Cad Jung)的语词来叙述的话,鲁迅这里勾画的历史变迁是一种"集体无意识"的变迁③,也可以说是从一种自我膨胀的帝国心态,向日益萎缩的民族—国家的心态的演变。由这种演变所派生出来的是一种于民族主义基础之上的对本土传统的重新建构。在对本土学者的这种政治本体论加以剖析之前,从宇宙观的历史变迁中审视一下这种心态的变迁轨迹是极为有益的。

宇宙观转型:本土的防卫机制

对中国的历史文献略加翻检,我们就会发觉,在被称为"中国文化"的母题中,中国文人对于世界的看法,或者说宇宙观,形成了其特有的对"中国文明的自我意象",这种意象一般有两个方面的含义:其一,中国是世界文明的中心,因而才有所谓"中华"的称谓;其次,中国的文化优越于其他文化,这不仅表现为行为方式、道德、国家与社会的组织,甚至还包括技术和艺术方面的成就。④ 这种帝国文人的世界观反映到中国与外邦的交往上,便认为外邦与中国本土应该是一种恩惠与臣服的关系,依据这样的关系,中国文人的心目中便建构起来了一种"天朝模型的世界观"。殷海光在其《中国文化的展望》一书中开篇就谈这种中华帝国的"天朝模型的世界观",指出了这种世界观深层的含义是一种"自足的系统"。在此一系统里,不仅"人理建构"⑤优于一切,而且实际的物质生活也不假他人。因而可以说,在1861年以前,中国与外国之间并没有实质性的外交。如果有,也都是秉持"天朝君临四方"的态度来"怀柔远人"。中外之间相

---

① 苏秉琦:《中国文明起源新探》,三联书店1999年版,第167页。
② 鲁迅:《鲁迅全集》(第1卷),人民出版社1981年版,第198页。
③ Jung, Carl G., 1959, "The Concept of the Collective Unconscious." In *Collected Works*, Vol. 9, Part I. Princeton University Press (Originally Published in English, 1936).
④ Wright, Arthur F., 1963, "On the Use of Generalization in the Study of Chinese History". in Louis Gottschalk (ed.), *Generalization in the Writing of History*, Chicago: The University of Chicago Press, p. 39.
⑤ "人理建构"特指法律、伦理、社会结构和政治制度等。

互也有贸易上的来往,但高高在上的"上国",大多会视那些行为为"微不足道的商贾小民细事",因而从来也不会把这类事情置于核心价值的地位上。①

"普天之下莫非王土"的帝国心态是支配着天朝观念的宇宙观基础。近代西方工业资本主义的世界体系对这种宇宙观的冲击使其表面上日益衰落,但从社会结构本身的角度来看,这种外来文化的浪激恰恰又使这种宇宙观更加强固,甚至牢不可摧。

史学家一般以为自明朝以后,随着西方世界体系的扩张,中国原有的有关世界体系的帝国观念日渐衰落。表面上看来这种衰落是伴随着经济"自足的系统"的瓦解而产生的,沿海私人海上贸易的扩展和繁荣,使帝国原有的朝贡体系逐渐衰落,进而使得明代的产业结构和社会风气为之大变,民间对财富积累的取向亦有所变化,恰如史家所总结的,是"从传统的好殖田转到竞趋于工商"②。天朝帝国经济的"自足的系统"由此而遭到瓦解。

不过,在对泉州的历史人类学考察中,王铭铭对上述的观点提出了质疑。他指出,这种明朝时期的"竞趋于工商"的社会状况,恰恰强化了一种"好殖田"的本土主义心态,因而到了明代,中国已经从"帝国朝廷对于其天下的较为松散的统治形态"一跃变成了"国家强制统治社会"的模式。③ 这是近代以来国家通过本土主义意识形态的建构来强化的一种帝国宇宙观,它体现出一种心理防御机制的强化,由此带来了国家对社会控制的加强。

明代海上交通史中常常提到的"海禁政策"就反映了明朝帝国观念衰落后这种防卫机制的加强。蒙元时期,向外开放乃至扩张的风气极为强劲。但到了朱明政权统治时期,便开始将与海外的贸易局限在"朝贡体系"的范围之内,对于沿海地区私人海外贸易一概加以禁止。中间虽然有海禁政策的弱化,如永乐至宣德年间、正统至正德年间,以及隆庆至崇祯年间的开放海禁的政策,但总体是在压制民间与海外的贸易。④ 压制的目的极为明显,那就是保护日渐萎缩的帝国体系的安全,由此来强化一种

---

① 殷海光:《中国文化的展望》,中国和平出版社1988年版,第2页。
② 傅衣凌:《明清社会经济变迁论》,人民出版社1989年版,第146页。
③ 王铭铭:《逝去的繁荣——一座老城的历史人类学考察》,浙江人民出版社1999年版,第94页。
④ 张维华:《明代海外贸易简论》,学习生活出版社1955年版。

本土主义的自足体系。

在天朝的宇宙观中,中心与四邻是中心施以支配、四邻按年度进贡的关系。中心的威严是绝对不可以冒犯的。一旦这道心理的防线受到挑战之后,自卑与自大的心态便会同时出现。

对这样一种"中国中心"观的坚守,确实影响了中国现代化或者说进入世界资本主义的进程①,但问题的关键或许并不在这一点,而在于中国人的世界体系与西方的世界体系发生了接触,西方人来到了中国,他们眼中的世界与中国本土社会中的世界观有了冲突。这是对中国人原有的"天下之中"宇宙观的挑战。

在西方人眼中,这些"他者"所固守的在他们看来是落伍的宇宙观,近乎有些顽愚不化。② 因而,明清以来的外国来华人士所要做的一项带有实质性的任务就是寻求改变中国,当然凭借的手段也许是多种多样的,可以是改变中国的技术,可以是改变中国的医学,甚或是改变中国的政体。③ 采取的态度可以是温和的,那就是尊重中国的价值观和宇宙观;也可以采取暴力,那就是用船坚炮利来震撼中国自成一体的宇宙观。

如果对历史采取一种粗线条的描画,或者草率地采纳一般中国史家的看法,我们或许会说,"中国中心"的一统的宇宙观,在不断地经历着这种外来力量的改变之后被瓦解了。但如果能够从国家职能的转变中来重新思考这种帝国的宇宙观,就不难看出,历史借助本土主义的实践而强化了固有的帝国宇宙观。结果使得国家的监控和防御能力得到了比明代以前任何朝代都更突飞猛进的发展。

英国社会学家吉登斯在对欧洲的国家形态的历史变迁的考察中,指出了一种与传统欧洲国家不同的具有"能反思性监控的国家体系"④,这

---

① 罗荣渠:《现代化新论——世界与中国的现代化进程》,北京大学出版社1993年版,第261—271页。

② 法国驻华公使施阿兰(A. Gerad)在甲午战争之前就曾写道:"在1894年4月这一时期,中国确实处于一种酣睡的状态中。它用并不继续存在的强大和威力的幻想来欺骗自己,事实上,它剩下的只是为数众多的人口,辽阔的疆土,沉重的负担,以及一个虚无缥缈的假设——假设它仍然是中心帝国,是世界的中心,而且像个麻风病人一样,极力避免同外国接触。当我能够更仔细地开始观察中国,并同总理衙门大臣们初次会谈以后,我惊讶地发现这个满汉帝国竟是如此蒙昧无知,傲慢无礼和与世隔绝,还粗暴地标出:'不要摸我'的警告"(施阿兰:《使华记:1893—1897》(袁传璋、郑永惠译),商务印书馆1989年版,第12页)。

③ 斯潘塞:《改变中国》(曹德骏等译),三联书店1990年版。

④ Giddens, Anthony, 1987, *The Nation-State and Violence*, Berkeley and Los Angeles: University of California Press, p. 80.

种具有现代意义的国家形态,通过对国家主权和领土边界的强调,强化了国家对人民的监控机制,由此国家行政得到不断的强化。王铭铭(1999)就认为,明代的海禁政策从一个侧面恰恰反映了具有传统社会意义的中华帝国与具有绝对主义国家意味的中华晚期帝国的分界,这里的分界点就是明朝。可以用两点来说明这种国家形态的转型,首先这是从具有世界帝国倾向的元朝转向了日益看重领土和边界的明朝;其次是出现了对帝国行政体系和社会控制的强化。① 明朝禁止沿海居民出海贩卖,并极力维护朝贡体系的贡舶贸易制度,其根本目的是要"禁海卖、抑奸商,使利权在上"②,从而实现行政上对国家的监控。这也从另一方面说明,明朝以前伴随着"中国中心"的宇宙观或世界观而有的那种相对自由开明的中外交流已经见不到了,留下的只是对外来文化的戒备和监控,由此而在文化的集体无意识中积淀下了本土主义的情结。

实际上,从自尊心的角度来看,中国人在经历了以中国为中心的世界体系的帝国时代之后,不得不承认中国是一个以民族建构起来的民族—国家,它有自己的领土边界以及对领土的主权。由此才会有"中华民族"以及"中国传统文化"这类划定文化边界的概念出现,以此来建构一种对中华民族的认同。③ 恰如科多里所指出的,民族认同是民族主义者的一种虚构,而非其必然的衍生物。④ 在这里值得进一步提醒的是,中国语境中的社会科学本土化的概念,也恰是在这样的民族主义的思考路径中派生出来的,而且是在中国中心的宇宙观萎缩成为想象的民族—国家共同体之后的一种民族主义的创造,如果溯本清源的话,可以说是明代以来的本土主义的张扬。

族性建构:民族主义的政治本体论

民族主义的产生与"族性"(ethnicity)这一观念紧密地联系在一起。它强调不管文化如何变迁,种族认同是会保持下来的。如果从政治本体

---

① 王铭铭:《逝去的繁荣——一座老城的历史人类学考察》,浙江人民出版社1999年版,第98页。
② 陈文石:《明清政治社会史论》(上册),学生书局1991年版,第119页。
③ 沈松侨:《我以我血荐轩辕——皇帝神话与晚清的国族建构》,《台湾社会研究季刊》1997年第28期。
④ Kedourie, Elie, 1993, *Nationalism*, Oxford: Blackwell, p.141.

论的视角来看,与民族主义有着千丝万缕联系的本土化运动,往往都会把文化假定为是第一重要的,本土化的语境中最常出现的语词便是文化以及与文化概念相关联的内容。而且,本土的学者往往通过重写历史来重塑一种民族的精神,通过讲述民族的故事来强化一种民族一体的神话。他们喜欢谈论一个民族起源的神话和传说以及这个民族的习俗、传统和语言等。而这些又即刻被加入到民族概念之中并用来建构这个民族的族性,最终由"族性"转变为"国民性"。

今天看来,民族主义观念的兴起,从一定意义上标示了一种西方社会的转型,这种转型伴随着资本主义的扩张而散布到西方世界以外的地方。这种转型的真正含义应当是指从一种宪政政治转向一种意识形态的政治。① 宪政政治强调的是一个社会中的全体公民对于公共社会生活的关注,通过政治制度来确保国家内外的安全,通过立法以及司法来保障国家的利益大于一切。相反,意识形态的政治关注的是国家与社会中的每一个人都要过得比以往的时代好,这是与西方启蒙以及进化的观念紧密地联系在一起的,它最先出现在法国大革命时期。而民族主义作为一种意识形态也是在这个时代产生出来的,并且是伴随着欧洲个体主义的出现而出现,这种个体主义的核心理念是强调人生而平等,每个人都有追求自由和愉悦的权利,因而获得愉悦和避免痛苦便是启蒙时代的欧洲人对于人在社会中生存的意义的一般看法。

随着欧洲个体主义的出现而诞生的民族主义,使文化成为客体和一种受到敬拜的东西,文化成为了权力的奴仆。② 通过不断的历史建构,加上小心地设计和制造,原本是一种生活方式的文化转变成了现代意义上的"传统的发明"③。这样的表述至少可以使我们明了两个问题,其一便是今天的民族主义往往会通过一种意识形态的激发来强化人们对一种文化的认同;其次,民族主义的建构与一定社会中的主流文化的逻辑紧密地结合在一起。倡导本土化理念的学者难以摆脱的困境在于,从本体论角度上说,他难以清楚地意识到自己学术实践背后的政治本体论意义。实际上,这种学术实践的结果,恰恰是在强化民族—国家的叙事逻辑,由此

---

① Kedourie, Elie, 1993, *Nationalism*, Oxford: Blackwell, p. XIII.
② Kapferer, Bruce, 1988, *Legends of People Myths of State*, Washington: Smithsonian Institution Press, p. 209.
③ Hobsbawm, Eric & Terence Ranger(eds.), 1983, *The Invention of Tradition*, Cambridge: Cambridge University Press.

而发明出一套让本土的人民强行接受的民族认同。

似是而非:本土文化建设与国民性

对于"中国人是什么""中国文化是什么"这样的问题,中华帝国时期的本土学者很少述及。正像东方学完全是一种西方的发明一样①,有关中国人性格的描述,多多少少都跟西方传教士和汉学家对于中国人的观感有直接的联系。这种来自西方人的观感,转而成为了中国近代本土学者审视自己族性或国民性的出发点。但却很少有人对于上述问题的意识形态背景作深入的反思,对于中国人的性格和中国文化传统的问题,本土学者少则千言,多则上万言,洋洋洒洒,似乎每一个学科都试图给予解答。但值得提醒的是,在这些论述的背后更可能是一个政治观的问题。正如一位中国历史研究者所洞察的那样,诸多"例举中国文化特性"的研究,更多的是一种"随意性",因而"破绽百出",最后对于中国文化的了解多停留在"似是而非的阶段上。②

这种观感已经能够说明问题了。19世纪以来,对于"中国人文化"的理解,一直受来华传教士的话语支配。初来中土的西方人或许真的被中国"迷住了",由此而将这种着迷状态中的想象,揉进对中国本土的认识中③,并在西方世界中构建出一套有关中国人的典型性格和文化。

令人惊奇的是,这种想象出来的典型性格和文化,又被本土的学者重新诠释而进入到本土化的语境中。本土学者由此借西方人的表述方式来探讨自身的文化问题,并"通过类似于欧洲的想象来营造中华民族国家的历史认同"④。因而,本土化的逻辑往往是把中国文化的因素加之于个体的心理和行为上去。但是这里的"中国文化"等同于新儒家对文化的注

---

① Said, Edward W., 1978, *Orientalism*, London: Penguin Books, p.1.
② 丁伟志:《中国文化的近世境遇》,《燕京学报》第1期,北京大学出版社1995年版,第42页。
③ 史景迁(Jonathan Spence)的考察说明了这一点:"但中国四百年来对于西方所具有的却是一种复杂的魅力……存在于中国魅力背后的第二个因素是关于中国的抽象观念,这种观念在16世纪和17世纪似乎触及了欧洲文化想象中的某些因素。在此,我们面临这样一个文化矛盾:四百年来,欧洲人关于中国的真实知识中总掺杂着想象,二者总是混在一起,以致我们确实无法轻易地将它们区分开。"(史景迁:《文化类同与文化利用》,廖世奇、彭小樵译,北京大学出版社1997年版,第15—16页。
④ 王铭铭:《逝去的繁荣——一座老城的历史人类学考察》,浙江人民出版社1999年版,第5页。

解,即是建立在儒家观念体系下的新的注经学版本。由此来挽救本土儒家所想象出来的"中国人文内在的危机",并将这种危机归咎于中国语境中的"权威的失落",而要达成中国传统的"创造性的转化",新的儒家权威的建构是最为急需的。① 这样的研究范式最终导致关注本土文化建构的学者,更多的是在儒家伦理的研究路径上运筹帷幄,并由此得出"儒家的社会建构在一定程度上就是中国社会的建构"这样略显武断的结论。② 应该说这样的结论是超越了时空的叙事逻辑而达成的一种表述,其背后隐含着极为强烈的知识与权力的支配关系。这里,儒家的社会建构观的研究,并没有脱离开以前本土化学者所恪守的儒家伦理的研究范式,以为中国文化是在一种儒家伦理的规则下展开的。不论是对中国人"面子"的研究还是对中国人"关系"的研究,其叙事都是在儒家伦理的范式下展开,并天真地以为中国文化的因子便是儒家的思想,而从来不是把对观念和行为的分析放在中国人生活时空的流动脉络中去考察。我敢肯定地说,这种对国民性的建构,采取的是一种"东拉西扯的时间叙事",即把历史上本来没有什么逻辑或必然的时空联系的东西硬拉扯在一起,形成一种对主观抽离出来的文化特质的证明。在林语堂对中国人的素描中,我们多少可以看出这种东拉西扯的叙事方法。他所做的就是将诸多不同的类比或隐喻贴到一个实际中不存在的中国人的脸上,比如在谈到中国人的心灵时,他会毫不客气地把一些所谓的女人气质安插到全部中国人的头上。③

如果可因风格的问题而原谅文学家的话,那么对于本土社会科学学者的东拉西扯,就不知从何处找到原谅的借口了。本土学者的此类学术实践或许唤醒了一种对本土文化的意识,但由此而引发的一种后效就是,本土的人民转而开始喜欢用"民族文化传统"、"民俗"等字眼来称谓他们自己的"文化"。由此给人造成的印象是,好像千百年来,这个文化一直在沉睡着,今天方才警醒过来! 因而,现在的新几内亚人就会对人类学家

---

① 这样的观点在林毓生如下的文字中表述得极为明白:"我们的'人文'实在是处于极严重的危机之中……那就是'权威的失落'"(林毓生:《中国传统的创造性转化》,三联书店1988年版,第6页)。

② 翟学伟:《儒家的社会建构:中国社会研究视角与方法论的探讨》,《社会理论学报》(香港)1999年第1期,第69页。

③ 林语堂:《吾国与吾民》,中国戏剧出版社1990年版。

说:"若非我们有'风俗',那我们跟白人还有什么两样"①。饶有兴味的是,好像本土的文化因为这种觉醒才有了其存在的价值,但殊不知被本土学者大加赞许的文化传统,可能只是西方人眼中的对中国文化想象的"再本土化",恰如喜欢将"草裙舞"和"性"加之于夏威夷人的民族性上的做法一样,这种虚构的联系,实际可能反映出来的仅仅是到夏威夷传教的美国加尔文教派的传教士"对性的强迫观念",但结果却使得现在的夏威夷人只有恪守这样的西方人的印象来重塑自身,并让自己具有了一种与"性"紧密相关的国民性。②

在这种东拉西扯的叙事风格中,时空坐落下的人与人之间的差异被消解了,留下的只是一些对人的抽象的文化标签。我们可以把中国人贴上"静的文明"而把西方人贴上"动的文明"的标签;或者说中国人是集体主义取向的,而西方人是个体主义取向的。在这里,时间的维度消失了,在浪漫派的文学家以及标榜以客观描述为己任的社会科学工作者的笔下,"这些特性简直好像是中国文化禀赋所有的天生丽质,与身俱存,无增无减,无生无灭"③。

回顾西方人类学的发展脉络,或许对于我们理解上述叙事逻辑在中国的流通很有裨益。正如持反思立场的人类学家费边所指出的那样,人类学依据隐含有距离、差异和对立这类的意图来建构它的异文化的时候,这实际上也是在建构西方社会有序的空间和时间,而不是以"理解异文化"为其公开的使命。④ 从另外的意义上来说,这也是一种西方人的"甜蜜的悲哀"⑤。这种悲哀在于,西方人类学的初衷是要理解异文化,而实际上展示的不过是他们依照自己本土社会的宇宙观而对世界的理解,并通过西方对东方的文化霸权,将这种西方人的东方观转运到东方的本土语境中,成为东方文化的一个组成部分。萨义德至少有一点是说对了:"东方学并非是一种有关东方的空洞的西方幻想,而是一种在理论和实践

---

① Sahlins, Marshall, 2000, "Goodbye to Tristes Tropes: Ethnography in the Context of Modern World History." In Marshall Sahlins, *Culture in Practice: Selected Essays*, New York: Zone Books, p. 474.
② Ibid., p.475.
③ 杜亚泉:《静的文明与动的文明》,《东方杂志》1916 年第 13 卷,第 10 号。
④ 赵旭东:《人类学的时间与他者建构》,《读书》2001 年第 7 期。
⑤ Sahlins, Marshall, 1996, "The Sadness of Sweetness: The Native Anthropology of Western Cosmology", *Current Anthropology*, No.3, pp.395—428.

上的有创造性的实体"①。

时间建构:拉开文化的距离

依照费边的洞见,西方人类学一直是在建构它自己的客体,这些客体即是野蛮人、原始人以及西方以外的异文化。在时间观念上,启蒙思想与中世纪的基督教有着实质性的区别。在中世纪的时间观念中,含有"拯救"意味的时间,是带有包容性和吸纳式的。异文化、异教徒或是不信教者(而非野蛮人或者原始人)都被看成是要受到拯救的上帝的选民。随之而来的对时间的自然化,则是把时间的关系看成是排斥性的和直线延展性的。这时所谓的"野蛮人"或"原始人",则被想象成是没有文明的原始文化的产物。由此对自然史的认识就从包容和吸纳,转向了拉开距离和分离。在进化论者的时间观里,野蛮人之所以有意义,是因为他们是生活在另类的时间里。②

吉尔纳曾尖锐地指出,人类学最初研究部落社会,那是在于将他们看成是一种计时器(time-machine)。③ 在这一点上,本土学者的做法恰恰是忽略了自己本土文化与西方文化的同时性存在,更加忽略了相互的接触与沟通。这些研究意在建立所谓西方线性时间与原始的循环时间之间的对立,或者在现代的以时间为中心与古代的没有时间性之间形成反差。当这样的观念大行其道之时,时间上的相对论者的民族志便会大量地涌现出来。

以文化相对论为基础的国民性研究,很容易转变成为非相对论者的目的,比如转变成为国家防御、政治宣传以及对其自身社会的控制。正如米德在为一本书所写的"导言"中所指出的那样,她们的国民性研究,很大程度上是出于政治的意图,是希望通过对一个文化下的人的行为的预期,来促进各个联盟国人民之间的交往,形成一种新的国际间的秩序。④ 因而,我们想对国民性研究的学者发出的质问是,这种学术与政治混合在

---

① Said, Edward W., 1983, "Traveling Theory." In *The World the Text and the Critic*, Cambridge: Harvard University Press, p.6.
② Fabian, Johannes, 1983, *Time and the Other: How Anthropology Makes its Object*, New York: Columbia University Press, pp.111—112.
③ Gellner, Ernest, 1964, *Thought and Change*, Chicago: University of Chicago Press.
④ Mead, Margaret & Rhoda Metreaux (eds.), 1953, *The Study of Culture at a Distance*, University of Chicago Press.

一起的东西,如何能够达成一种真正的本土理解和理论建构?

更具实质意味的是,本土学者恰恰是接受了西方意义的国民性研究的叙述框架和解释体系,且从未对于这一框架和体系背后的政治本体论给予过真正的反思。在中国倡导本土化学者的眼中,文化的建构无非是国民性的建构,但是他们根本无法意识到这种建构的结果在一定意义上是强化了一种民族—国家的叙事,由此而带来对本土人的行为和思想的操纵和控制。本土学者由忧郁和苦闷的心态所衍生出来的对本土文化的强调,一样借助的是把中国本土的文化与西方的文化在时间上拉开距离的手段。在一份有关中国经理与西方经理在消费方式上的文化差异的研究报告中,报告人通过对量表的统计分析得出如下的文化对消费行为影响的结论:

> 经控制年龄及收入的影响后,根据变异数分析结果,文化对消费行为的影响方向,在六个研究假设中,印证了五个。西人经理较喜欢入时服饰、上馆子,及户外康乐。华人经理较喜欢看电视。西人经理与华人经理对时款家具的喜好相若。未能印证的研究假设是旅游。华人经理与西人经理的旅游喜好相若。也许近年香港人一般旅游风气方盛,影响所及,华人经理的旅游喜好亦颇高。①

在这里,引起我们兴趣的是写作者的叙事风格。写作者所一再要说明的是中国人与西方人的行为差异在于文化的差异,而且确信这种差异是真实地存在着的。在这里,人成了文化制作出来的木偶,在其牵引下刻板地行动,相互没有文化的接触和主体性的沟通,由此而给读者造成一种文化上的距离感。

这种文化上的距离既是一个空间的问题,也是一个时间的问题。人类学曾经做过的是,通过文化与文化之间的差异来建构自己的客体,即异文化。使用的是各种各样在时间上拉开文化与文化之间的距离的方法,全然不顾及其在相互交往上的共时存在这一事实。本土化学者也有类似的作为,它通过分类法强调一种独立的本土文化的存在,并以此来建构自己要研究的客体或对象。这是在模仿文化相对论者的做法,通过在国民性之间拉开差距最终在文化上拉开距离。支撑这样一种工作完成的内在

---

① 李金汉:《个人价值观念与消费行为:华人经理及西人经理的比较研究》,载杨国枢和文崇一主编:《社会及行为科学研究的中国化》,"中央研究院"民族学研究所1982年版,第451—453页。

逻辑,在梁漱溟的极具代表性的论述中实现了。他所刻意强调的是,中国人与西方人根本就是两条道路上的人,一句话,中国人"无论走好久,也不会走到那西方人所达到的地点上去"①!

通过文化的分类以及道路分歧的类比,在东西方文化沟通的语境中,文化之间被拉开了距离。这类叙事给人们留下的印象似乎是,我们东方人与作为他者的西方人是"老死不相往来"地分离开来的。在这里,文化分类的核心工作就是,通过一种国民性的话语霸权来取代不同文化存在的同时代性。文化交流的历史在这里变得失语。梁漱溟这位本土文化的智者似乎更想说的是,在西方忙于资本主义的时候,我们中国人无动于衷地在原地踏步。但是,当我们回溯历史的时候,我们会看到,我们的人民在西方人走上资本主义之旅的起点上与他们赛跑,不论在西方还是在东方,这都是新旧世界遭遇的一种展现。② 但我们的本土学者偏要通过一种在时间上拉开距离的叙事,将作为东方的中国与作为西方的欧美之间拉开时间上的距离,好像在娓娓道来一个存在着时间落差的文明与野蛮的二元对立的神话。在叙述中国近代之所以落后的原因时,历史学者蒋廷黻这样写道:

> ……到了19世纪,我民族何以遇着空前的难关呢?第一是我们的科学不及人。人与人的竞争,民族与民族的竞争,最足以决胜负的,莫过于知识的高低。科学的知识与非科学的知识的比赛,好像汽车与洋车的比赛。在嘉庆道光年间,西洋的科学基础已经打好了,而我们的祖先还在那里作八股文,讲阴阳五行。第二,西洋已于18世纪中年起始用机器生财打仗,而我们的工业、农业、运输、军事仍然保存唐宋以来的模样。第三,西洋在中古的政治局面很像中国的春秋时代,文艺复兴以后的局面很像我们的战国时代。在列强争雄的生活中,西洋人养成了热烈的爱国心,深刻的民族观念。我们则死守着家族观念和家乡观念。所以在19世纪初年,西洋的国家虽小,然团结有如铁石之固;我们的国家虽大,然如一盘散沙,毫无力量。总而言之,到了19世纪,西方的世界已经具备了所谓近代文化,而东方的

---

① 梁漱溟:《东西文化及其哲学》,载《梁漱溟全集》(第1卷),山东人民出版社1989/1921年版,第392页。

② Mazumdar, Sucheta, 1998, *Sugar and Society in China*, Cambridge: Harvard University Press, p.408.

世界则仍滞留于中古,我们是落伍了!①

今天看来,这样的时间与文明之间关系的划分不能不令我们惊讶,西方的东方学者对于东方的时间想象,一股脑地被本土的学者拿来当成是批判自身社会的武器,通过这样的批判而将一种西方现代性的理念灌输到本土的社会。因而,在这里应该注意的是冠以"后殖民主义"的西方的东方主义对东方的新关怀。最近在詹明信(Fredric Jameson)的一篇名为"处于跨国资本主义时代中的第三世界文学"的文章中,这位西方后现代主义的巨匠,重构了作为第一世界的西方和作为西方"他者"的第三世界的东方的世界区隔状态。在这里,西方世界是以焦虑和恐惧的复杂心态展示自身的,并希望借助东方理念的启蒙而带来对西方本土社会的批评,由此来缓解作为第一世界的西方所面临的社会危机。②

这类的表述根本还是在强化一种结构意义上的东方与西方的对立以及个人与社会的对立,不过展示的方式已经转变成了破碎的精神分裂式的对东方的赞赏,由此来抵制西方理论的物化,从一定意义上说这也是在重构黑格尔有关主奴辩证关系的论述③,即主人是西方的"第一世界",而奴隶则是"第三世界"的东方。

理论的旅行:知识与权力

从文化交流与接触的视角来看待本土化,那么本土化不过是文化接触过程中的一个阶段。如果将学术的交流过程也看成是一种文化接触的过程,那么理论的传播就是一种旅行。④ 外来的理论在旅行到一个异域土人的生活空间中之后,会被当地人的思维方式和生活习惯所吸纳和改造,转而成为一种新的当地人文化的一分子,这种新的文化的形式已经不同于此之前的本土文化,但是文化的结构还保持其固有的运作逻辑。

返回到近代中国,我们可以看到,"五四"运动带动了欧洲马克思主

---

① 蒋廷黻:《中国近代史大纲》,东方出版社1996年版,第2页。
② 詹明信:《晚期资本主义的文化逻辑:詹明信批评理论文选》,张旭东编:北京:三联书店1997年版,第519页。
③ 黑格尔:《精神现象学》(上卷)(贺麟、王玖兴译),商务印书馆1979年版,第127—129页。
④ Said, Edward W., 1983, "Traveling Theory." In *The World the Text and the Critic*, Cambridge: Harvard University Press, p.226.

义理论在中国的全面传播,这种传播主要是从知识分子开始的。马克思主义在中国的语境中变成了对传统或说封建主义的彻底否定以及对西方现代性的全面追求。对这种现代性的追求又是以斯大林对摩尔根的三阶段论(原始、野蛮和文明社会)的修改为基础的,在斯大林的眼中社会发展循序渐进的五个阶段依次是:原始共产主义、奴隶社会、封建社会、资本主义和社会主义。这种观念被完全接受下来,并成为知识界和大众日常生活知识的核心内容。①

知识的旅行在经过了时空转换之后,就会变成一种新的运作样式。因而,在欧洲特定时空下所产生的马克思的理论,经历了在中国的时空转换的本土旅行之后,成为中国国家现代性追求的主导意识形态。由此,现代性的话语体系开始逐步建立起来,在这里,核心的一个建设步骤是将中国的历史划分为马克思意义上的从原始社会到共产主义社会这样的进化阶梯。这种摩尔根式的社会形态的划分所忽略的一个重要事实就是:在中国的民族—国家范围内,被标定为处于原始社会形态的、边缘的、与现代性所要求的生活方式不同的族群,实际上是同主张现代性的西方乃至我们自己的族群是同时并存的。

这种进化阶梯式的社会理论,随着本土学者的本土理解之后所衍生出来的一种叙事话语就是将中国的乡村划定为是落后的,需要通过现代化而加以改造,而乡村原有的生活方式、节庆、民间信仰,都被现代性的科学理性标定为有"封建迷信"之嫌。② 而在"现代化"的总目标下,一些学者则试图从学术的逻辑上,推演出一套改造人的观念的途径。在中国社会学恢复以后,"扶贫开发"这样的先入为主的帝国观念影响着社会学的研究旨趣,由此一大批关于中国社会的小康指标体系、现代化程度的衡量标准陆续以学术成果的形式转化为改造乡村社会的指导政策,这样的后果便是,农民本来平和的生活,再一次被纳入到国家整体的社会工程的规划和改造中去。

中国近代的历史与"革命"这个字眼有着千丝万缕的联系,这种革命,在哲学上以理性化为至上的追求,在经济学上以现代化为启动的要

---

① Yang, Mayfair, 1996, "Tradition, Travelling Theory, Anthropology and the Discourse of Modernity in China." In Henrietta L. Moore (ed.), *The Future of Anthropological Knowledge*, London: Routledge, p. 96.
② 王铭铭:《社区的历程》,天津人民出版社 1996 年版;赵旭东:《历史中的社区与社区中的历史》,《民俗研究》1997 年第 3 期。

素,从而带动整个国家的民众投入到国家一体的建设中来。这一现实结果又可以说与 1930 年代的平民教育运动有着直接的瓜葛,至少可以说,那一运动是使中国知识分子改造社会的理想得以实现的一个开端。

在进一步探讨中国语境下的社会科学本土化的发展历程之前,我们有必要看一下西方社会科学对异文化研究的政治经济学背景。在抛开对异文化怀有好奇心的动力心理学的解释之后,我们如果能够从政治与经济的角度来重新看待西方社会科学知识的生产方式,就不难发现,在任何一门学科的背后,都包含了一种福柯意义上的权力和知识的支配关系①,而这种权力是借助研究经费这样的经济形式得以施展的。

最近,古迪(Jack Goody)追溯了英国人类学的发展历程,并特意分析了各大基金会对英国社会人类学知识面貌产生影响的各个方面。古迪认为,英国社会人类学之所以有今天的繁荣,与洛克菲勒基金会有着不可分割的关系。社会人类学的大师马林诺夫斯基、拉德克里夫—布朗、埃文思—普里查德等都与这个基金会有着密切的来往。从一定意义上说,英国社会人类学的知识是通过这个基金会而得以不断地再生产出来的。② 简言之,学者的研究会受到给他提供资金的基金会和财团的限制,这就使学术的自主性成为一个虚构的假想。在此政治经济背景下,本土社会知识的生产便可能只是基金会或财团偏好的一种反映。

中国 1930 年代的社会学是赋予中国社会学以性格的年代。也一直是被倡导本土化理念的学者称为产生了中国社会学研究经典的时代。但是,这些所谓带有本土意味的研究,所谓对于中国社会性质的了解,其背后可能是反映了西方的东方学者想要对我们的社会和人民加以了解的偏好。进而言之,是西方带有霸权意味的基金会将 1930 年代的中国本土的社会科学家逼向了中国农村,并试图通过对中国农民固有性格的改造,来改变中国的现状。历史学者对 1930 年代支撑中国本土社会科学研究的美国基金会的历史文献加以分析,多少可以印证这一点。③

以中国的北京调查以及与李景汉合作完成的定县调查而闻名于西方汉学界的甘博(Sidney Gamble)的个人学术史就足以反映这一点。他既

---

① Foucault, Michel, 1972, *The Archaeology of Knowledge and the Discourse on Language*, New York: Pantheon.
② Goody, Jack, 1995, *The Expansive Moment*, Cambridge: Cambridge University Press.
③ 江勇振:《现代化、美国基金会与 1930 年代的社会科学》,载于《中国现代化论集》,"中央研究院"近代史研究所 1991 年版。

是资助者也是研究者,他可以凭自己的好恶来评定中国本土学者的研究计划,也可以心血来潮地将给中国学者的聘约单方面地撕毁。比如,甘博在知道了李景汉辞去哥伦比亚大学中文系的教职,携瑞士籍的新婚妻子回国履约之后,便对李景汉的"家室之累"大为不满,打电报给当时的中文系主任博晨光(Lucius Poter)要求单方面取消给李景汉的聘约。当然,结局还是甘博在博晨光的劝说下履行了聘约,否则中国社会学史上的《定县社会概况调查》①真不知是个什么样子!

从一定意义上来说,西方的东方主义会通过西方主流的社会研究模式来影响基金会的研究课题的取向,由此而进一步影响本土学者的研究课题。一旦有越出这种支配关系的本土学者,一意孤行的学者,从美国的基金会里拿到资助基金的机会也就不可能了,他们的研究成果也就在国际的学术市场上不闻一名。

最值得注意的或许是20世纪30年代燕京大学的李安宅,他没有听从美国基金会的安排去研究中国的乡村,而跑到了中国边陲的西藏从事实地的调查。但是,这样的研究旨趣受到了美国基金会的干涉。当时派驻中国的洛克菲勒基金会的中国官员巴尔福(Marshall Balfour)就认为,李安宅的研究是属于人文科学的性质,因而就不应该支用属于社会科学范围的"中国计划"的钱。② 面对这样的本土学者的境遇,再来看我们1930年代的本土社会科学,那么,江勇振对当时赞助"中国计划"的洛克菲勒基金会的负责人甘恩(Selskar Gunn)的做法的历史概括,在今天看来是有一定意义的:

> 从某个方面看来,他[指甘恩]用威迫利诱的方式把中国社会科学家导向乡村建设的做法,多多少少反映了帝国主义式的傲慢;因为那等于说他比中国人自己还清楚要怎样做才对中国有益。然而,也就正因为他是那么深切地确信乡村建设的重要性,他才会迫使参加他的"中国计划"的中国社会科学家把他们的知识和中国的农村结合在一起。③

本土的学者在经由西方化而本土化的过程中,学术的世界体系中的

---

① 李景汉编:《定县社会概况调查》,中华平民教育促进会1932年版。
② 江勇振:《现代化、美国基金会与1930年代的社会科学》,载于《中国现代化论集》,"中央研究院"近代史研究所1991年版,第236页。
③ 同上书,第237页。

中心与边缘的结构模式,通过赞助本土研究的西方基金会而得到了复制或者说再生产。从一定意义上说,有意摆脱西方霸权的本土学者所倡导的本土化,实际上不过是西方的东方学学者所关心问题的翻版,不过是通过本土化理念的掩饰达到在本土语境中顺畅流通的目的,最终也只能蜕变成为在西方的"我"与"非我"二元对立架构下的东方学学者的世界知识体系的一部分。

接触地带:本土学者与本土人

在中国的语境中谈论社会科学本土化的时候,隐含的一种宇宙观便是"化外为内",也可以解释为展现了一种从"生"到"熟"的结构性转换。① 在中国人与西方人接触之始,中国人心目中的西方人是"鬼"。他们游荡于中国的沿海及内地,当他们的一技之长被用于中国人的生活实践,如帮助皇帝精确测定日食的时间以及修订历法等时,他们又会借助帝国皇帝的感召力而变成中国的神。当他们接二连三地滋惹是非时,在人们眼中又会重新变成鬼。这种对于外来文化的基本思维结构,在两则从山东日照市郊所搜集到的民间故事中很清晰地表现出来:

[故事一]不知那朝那代了,外国来到咱中国,送了一个大西瓜。西瓜有多么大呢?有一间屋那么大。人家说啦:"看你中国会不会吃这个西瓜,要是会吃,俺年年进贡,岁岁称臣。要是不会吃,那没什么好说的,俺就发兵打仗。"那谁知道怎么吃,这么大个西瓜?!满朝文武犯了愁。后来,有一个聪明的大臣想出个法子,得使火烧着吃。架上柴禾,点上火,烧!烧熟了,使刀割开。割开一看,里边儿都是毒蜂,都叫火烧煞了。要是不拿火烧,一割开,毒蜂子就把中国人都蜇煞了。拿火烧着吃,没事了。

[故事二]咱中国原来没有地瓜,地瓜是从外国传进来的,是外国人送的。外国人送这个地瓜,他没安好心肠,地瓜有毒啊,他想把中国人药煞,他好来占中国。后来,有一个聪明人,想出了一个法儿,地瓜煮熟了,就着辣椒子吃。辣椒子能解毒,就把地瓜的毒性给解了。所以咱现在吃地瓜,都要吃辣椒子。外国人,他没安好心肠,亏

---

① Levi-Strauss, Claude, 1979, *The Raw and the Cooked*, New York: Octagon Books.

着那个人有心眼。①

在这两则民间故事中,一个是说最初外来的被当地人看做是有毒的东西,经过"火"这样的媒介而转化为当地人能吃的没有毒的熟的东西;另一个故事是说有一个聪明人想出了一个"化有毒为无毒"的办法,使生的变成熟的。

当然,本土文化在吸收外来文化上的非凡的能力,在萨林斯有关夏威夷群岛早期与西方文化接触的研究中已经体现得淋漓尽致。② 不过这里需要进一步问的问题就是,在完成这类的"本土化"过程中,是谁在起着转化的定向作用? 也就是由生到熟的转化中,谁是点火者?

首先,应该想到的或许就是那些本土的学者。对于上述的"化"的过程,我们不妨称之为本土人的本土化,这样的本土化是以自己的文化结构来吸纳外来的东西,并强化了原来就一直在实践着的本土人的文化结构。因而在我们把其中的一个故事中的"聪明人"想象成是我们的本土学者之后,对于倡导本土化学者的实际的逻辑便可以心领神会了。本土化取向的心理学家常以这样的表述来展示自己对西方理论和方法的理解:

> "化"字本义是指由一个"原本"状态到另一个"终极"状态的过程……"中国化"是指由"非中国"状态变成为"中国"状态的过程。中国社会心理学的"本土化"自然是指将中国社会心理学由"非本土"变为"本土"状态的过程……③

这不能不说是一种对上述本土人的本土化实践理性的复制。但是这种复制与本土人的思考逻辑在起始点上出现了分野。本土人的思考逻辑是以自己的结构去化解外来的东西,并使自身的实践得以连续。但是作为"聪明人"的本土学者试图将外来的东西隔离开来,并由此来"寻找中国人在中国文化、历史、社会环境浸淫之后的心理及行为表现方法及方式",这样的本土化途径无异于是说一个与世隔绝的孤零零的中国本位文化的存在。

不言而喻,作为本土学者的知识分子的理论资源还是来自于西方的

---

① 赵丙祥:《文化接触与殖民遭遇》,北京大学 2000 年博士论文,第 69、89 页。
② Sahlins, Marshall, 1981, *Historical Metaphors and Mythical Realities*: *Structure in the Early History of the Sandwich Islands Kingdom*, The University of Chicago Press; Sahlins, Marshall, 1985.
③ 杨中芳:《由中国"社会心理学"迈向"中国社会心理学"——试图澄清有关"本土化"的几个误解》,《社会学研究》1991 年第 1 期,第 34 页。

实证论传统,借助一种理论的旅行,而将西方的理论转变成对中国传统的塑造或者说发明。这往往是处于与西方接触地带的本土学者所惯常的实践逻辑。

提到"接触地带"(contact zones)的概念,我们必然会提到德里克(Arif Dirlik)"中国历史与东方主义问题"这篇文章①,正是在这篇文章中,首次以"接触地带"这一概念来分析东方社会的东方主义或者说"颠倒的东方学"②。这一概念所要描述的是欧洲人与欧洲人眼中的"他者"遭遇时所带来的文化接触的问题。当现代性在作为文化霸权中心的欧洲产生之后,会受到欧洲以外的他者的挑战,这种受到挑战的现代性又转而进入到欧洲的主流话语中。接触地带展示的既是一种统治关系,同时也是一种与本土社会的疏离状态,接触地带的知识分子最初是以跟西方的东方学者的接触为开始,以批判自己的本土社会为终结,由此而重塑一种民族文化一体的"民族—国家"观念。但这些处于接触地带的知识分子所没有意识到的问题是,他们对民族—国家或者对于什么是中国人的国民性的建构或者批判,都是在西方东方主义者的东方人的观念下展开的,换言之,当我们被处于接触地带的本土学者蛊惑说这是中国本土的问题,那是中国本土的概念的时候,实际上这些都是被西方的东方主义者包装以后重新贩卖给了本土学者,再由作为本土文化中的精英人物通过知识与权力的支配关系而灌输给本土的人民。因而,西方人对中国传统的认识以及中国人对于自我的认识都不过是发明出来的传统而已,"是亚洲人与欧洲人接触的产物而非先决条件,这与其说产生于接触时亚洲人的自我认知,毋宁说产生于东方主义者对亚洲的认识"③。

本土化概念的核心问题是其忽视了一个文化自身接受、同化甚至影响外来文化的潜力。不过在强调本土文化对外来文化的接受能力上,应该注意的是一种西方的东方学者所提出来的"中国中心观"的新的东方主义霸权的抬头。柯文的《在中国发现历史》一书集中地反映了这种看法,他想提醒西方研究中国的历史学家们说,中国的近代史自18世纪以

---

① 德里克:《中国历史与东方主义问题》,载罗钢、刘象愚主编:《后殖民主义文化理论》,中国社会科学出版社1999年版。
② 王铭铭:《本土人类学:超越文化局限的实验》,载潘乃谷、王铭铭主编:《田野工作与文化自觉》,群言出版社1998年版,第174—225页。
③ 德里克:《中国历史与东方主义问题》,载罗钢、刘象愚主编:《后殖民主义文化理论》,中国社会科学出版社1999年版,第80—81页。

来有其自身的结构和趋向,虽然西方在不断地冲击中国,但中国依然还是中国!① 这样的观念表面看来是对西方的东方学的知识霸权的反抗,但实际上也还只是一种以西方的东方学的视角来为中国的文化说话,由此来强化一种处于接触地带的本土知识分子所发明出来的一套有关中国人及中国社会的本土化理念的建构。

结语:社会工程与自我学术实践的反省

可以说,本土化的政治本体论是一种本土学者对自身主体性位置丧失的悲伤情绪,这是依循由西方社会科学所建构的空间上的"东方"和"西方"与时间上的"这里"和"那里"的思考框架所必然投射出来的一种情绪。因而,这种情绪实际上还是建基在西方的认识论基础之上。在这样的情绪氛围中,本土学者从最初对西方的舶来理论的拒斥,一跃转变成了以恢复民族传统为核心的一种新的传统发明。这种发明是通过对本土文化的建构而获得的,由此而使作为本土精英的知识分子重新获得了一种对本土社会和本土人民的文化霸权。有这类情怀的本土学者,也只会制造出看似本土化实际上是西化的知识体系。生产这类知识体系的核心做法就是给中国的材料贴上西方社会科学的标签,由此而获得一种"阿Q"式的精神满足感。潘光旦在50年前一篇谈论中国社会学流弊的文章中对这种本土学术的空洞感进行了批判,他虽然在谈经济史观问题,但对中国社会科学中标有"中国某某学史"的研究都是一样有警示作用的:

> 西洋近百年来流行一种历史哲学叫做经济史观,或唯物史观,于是摭拾牙慧的人就想,我们中国不也有历史吗?不也有经济现象么?中国人不是一样要吃饭,一样的以食为天么?经济史观如果适用于西洋,当然也适用于中国,于是只要把食货志一类的史料组织一下,选择一部分,再套上一些现成的公式的理论,一部不知从何处读起的二十四史不就有了一个纲领可以提挈而起了么?这种摭拾牙慧的人根本没有想到,这样一个史观,即就史料已经相当整理过的西洋社会而言,也许还不一定必适用,至少只能做一偏的适用,如今搬到社

---

① 柯文:《在中国发现历史——中国中心观在美国的兴起》(林同奇译),商务印书馆1989年版,第173—174页。

史料未经整理的中国,岂不是于偏蔽之上,又加上一个空疏的毛病?①

处在与西方知识界接触最密集地带的本土知识分子,借助本土人化解外来文化的实践逻辑,将西方的分析理论用所谓本土的概念加以重新包装,而倾销到本土的人民当中,由此而强化一种本土人的生活同质化的虚假意识,最终使本土人认同一个似是而非的民族传统。但殊不知,这个传统不过是与本土人的生活相疏离的、坐在摇椅上的本土学者空想出来的,或者借助注解本土圣人的权威文本而创造发明出来的。本土化的后果就像现代化的后果一样,实际上还是一种西方化。本土学者的论述中虽然掺杂进了许多本土的概念,但实际上却是在诉说着一个西方时空下的"民族寓言",恰如胡适在评价曹禺的带有本土启蒙意义的戏剧《雷雨》时所讽刺的那样,剧中的人物,形象虽是中国人的形象,但却没有一个是真正的中国人,当然里面的事件也就更不是中国的事件了。② 这种本土化的逻辑背后,实际上隐藏的是西方东方学的逻辑,即西方人想象中的东方人社会生活的本土转述。因而这样的本土化,说到底不过是在复制西方观念中的东西方二元一体的思维方式。③ 因而在今天,作为本土学者除了有一种对自己或他人社会的敏锐的批评精神之外,更应该增添一种对自己学术实践的清醒的批判意识。布迪厄在与哈克的对话中将此说得很明白:

> 真正批判性的思想首先应该批判这种思想本身的经济及社会基础(多半未被意识到)……真正批判性思想也常常反对那些借批判之名以行保守之实的人,也反对那些由于无法(特别是无才)获得与保守主义相关的职位而采取批判立场的人。④

在今天,这样的批判精神或许要比本土学者对本土文化的批评更显得缺乏。因为处在接触地带的本土学者,对本土文化的批评,根本无法摆脱西方的新的话语霸权。在詹明信的三个世界划分的所谓后现代的文化

---

① 潘光旦:《谈中国的社会学》,载潘乃谷和潘乃和选编:《潘光旦选集》(第3卷),光明日报出版社1999年版,第182页。
② 胡适:《胡适的日记》(下卷),中华书局1985年版,第534页。
③ 王铭铭:《想象的异邦——社会与文化人类学散论》,上海人民出版社1998年版,第339页。
④ 布迪厄和哈克:《自由交流》(桂裕芬译),三联书店1996年版,第72页。

抵抗中,我们还是看到了这种加了新的包装的西方中心观。在詹明信眼中,处于第三世界的东方的"民族寓言"可以成为反抗第一世界的西方社会的物化的工具,这种黑格尔式的主奴关系隐喻的引申,不仅抹平了东方世界内部的文化差异,同时也再一次强化了西方固有二元对立的认识论传统,我们的本土学者在极为乐观地引入这种新包装起来的西方本土的宇宙观,并试图将其本土化的时候,实际上是再一次强化了西方认识论在东方的支配关系。

如果说中国本土学者1930年代所提出的社会科学中国化是一个秉承时代精神的真问题的话(无意识的),那么今天在社会科学中一直倡导的本土化或许就转变成了以强化民族—国家建设为目的而建构一种新的权力支配的虚假问题(有意识的)。这种虚假也许会逐渐地转变成为一种民族主义社会科学想象的基础。① 另外也可以说,当时的知识分子所秉承的时代精神是寻求通过认识社会来改造社会,今天作为专家系统一员的知识分子的角色已经转变成为了国家建设的工程师,他们在为一个民族—国家的发展设计图纸,并以他们的文化资本来调动社会的资源以实现这样的工程师般的设想。曾经是社会批评者的学者变成了国家建设的一分子,忧国忧民的意识丧失殆尽,有的只是利用既有的知识霸权而对社会发展的支配,并极力将自己的一套知识体系强加到日常生活的规则上去,由此而实现对个体自我反思能力的监控。②

在今天,意识形态已经转变成了社会工程的整体规划。此时,知识分子的角色从批判社会转而成为建构社会。由此人被看成是一架不完美的机器,社会则成了一个实验场,因为它能够提供对社会的工程师有意义的数据,并通过这些数据的获得,借助统计的方法来重新安排和设计社会的资源和配置。③

这是一个"乌托邦式的社会工程"的时代,这样的一种社会工程的目标在于要依据确定的计划和蓝图来重新模塑社会的整体。在波普尔看来,这种社会工程是在自己毁了自己,因为欲求的整体变迁越大,无法预料到的影响就会越大,使得整体的设计者总要做拆东墙补西墙,临时拼凑

---

① 赵旭东:《本土心理学的启蒙观:开展本土研究的一些教训》,《社会理论学报》(香港)1999年第1期。

② 吉登斯:《现代性与自我认同——现代晚期的自我与社会》(赵旭东、方文译),三联书店1998年版,第34—35页。

③ Molnar, Thomas, 1994, *The Decline of the Intellectual*, Transaction Publishers, p.213.

的事情。① 一次又一次的失败使得社会的设计者或者说工程师越来越信奉不仅要改造社会,而且还要改造人。或者说是要求社会的转型和人的改变。恰如曼海姆所总结的那样,这是将人的冲动组织起来纳入到一种社会工程师所期望的社会发展的整体过程的方向上去。②

由上面的反省不难看出,今天我们生活的空间和时间都不再是自自然然的东西,它们实际上是经由权力的意识形态所建构出来的。反观我们本土学术的发展史,我不得不说在我们的社会科学发展历程上,曾经有过一个内部殖民意识形态大行其道的时期。这种意识形态以知识的有无为依据,将中国的社会分化成为"有文化的城市"和"无文化的乡村"这样两个部分。而城市精英以及知识分子秉持帝国心态,把乡村和农民看做是要被现代知识征服的蕃地,由此而带动了整个社会改造工程的全面启动。

最后应该重申,我们的调查并非充足,而是不够。够的是数量,不够的是深度。这种深度含有两个层次,一是我们或许需要有更长时间和更持久的耐心来理解中国社会中普通人的生活实际;二是我们应该保持清醒的自我批判意识,即在批判主流话语的同时也应该批判自我学术实践。在今天应该牢记在心的是:对于我们研究和分析的对象,他们自身也有权利来对我们的书写、伦理和政治进行质询③!

在倡导社会科学本土化的呼声日渐高涨的今天,有必要警醒的是:本土化往往是在文化接触中实现的,离开文化的交流来谈本土化,结果只会带来一种对本土文化理解上的偏颇。或许我们今天更需要的是:告别本土学者的苦闷和忧郁!

---

① Popper, Karl, 1957, *The Poverty of Historicism*, London: Routledge and Kagan Paul, pp. 67—70.
② Mannheim, Karl, 1997/1936, "Ideology and Utopia." *Collected Works*, Vol, 1, London: Routledge & Kegan Paul.
③ Rosaldo, Renato, 1989, *Culture and Truth*: *The Remaking of Social Analysis*, Boston: Beacon Press, p. 21.

第三编

从问题中国到理解中国

历史中的社区与社区中的历史*

——读《社区的历程:溪村汉人家族的个案研究》

时常看到一些新近有关中国农村或村落的研究,但总觉得大多像是生物学家在采集各类的动植物标本,采集之后再用文学将这些标本以所谓科学的逻辑分门别类地安排有序供喜好猎奇的人把玩。而王铭铭博士的新著《社区的历程:溪村汉人家族的个案研究》却是让我耳目一新,大开眼界。我的感受恰如伦敦城市大学社会人类学系的王斯福(Stephan Feuchtwang)教授在写给此书的序言中所说的那样:"江村的研究已成为模式,溪村也可以被作为模式对待。"①这里所说的江村当然是指中国社会人类学的奠基者费孝通教授早年(1936年)在他的老家吴江县开弦弓村所做的社会人类学的田野调查,费孝通教授的调查现在看来有两点是特别突出的:其一便是严格的动能论解释框架;其二便是他的英国老师马林诺夫斯基所说的《江村经济》一书代表的是人类学从研究无文字的部落社会转向研究象中国这样一个有着几千年历史和文化的文明古国的一个"里程碑"。② 对于费孝通的《江村经济》一书的反思与评论文字已经很多,费孝通教授③自己最近也对此有过历史性的反思并在反思中对于过去学者的评说给予了回应,因而在这里我并不想过多地谈论《江村经济》一书所引起的讨论,而是想把笔墨更多地放在王铭铭博士的《社区的历程:溪村汉人家族的个案研究》一书为什么会被王斯福教授说成是与费孝通教授的江村研究的模式不同的一种模式的讨论上。

---

* 原载《民俗研究》1997年第3期,第89—98页。
① 见王铭铭:《社区的历程:溪村汉人家族的个案研究》,天津人民出版社1997年版,第3页。
② 见费孝通:《江村经济》(英文版),1939年版,马林诺夫斯基在"序言"中开篇就写到:"我敢预言费孝通博士的《中国农民生活》一书会被算作是人类学田野工作与理论发展上的里程碑"(第 xix 页)。
③ 费孝通:《重读〈江村经济·序言〉》,《北京大学学报(哲学社会科学版)》1996年第4期,第4—18页。

范式的转换

王斯福教授把王铭铭博士在这本书中所使用的研究方法看成是一种把历史学、人类学、社会学和民俗学综合起来加以运用的一种方法。不过,在我看来,最有意义的是作者使用了社会史的研究方法,通过这种方法的运用,一个社区的历史画面自然地展示出来,从这个社区的源头到现在还活着的社区生活之间连成了一条长河。这条长河并非独流,它有许多的支系与外部的世界勾连成网。这张网构成了一个社区的社会结构变迁的历史,有了这张网才会使我们有所观照并在观照中感悟到社区生活历史的那种厚重感。这是历史学家所常常会感悟到的,但王铭铭博士终究没有陷入历史学家的那种泥古的困境,而是以社会人类学家所特有的视角把社区的历史形构成一个有说服力的解释框架。

这样所形构的历史并非是以文物的方式留存下来的那种历史,即不是正统的历史学家眼中的那种历史,而是还存留于当地人的记忆当中支配着社区生活实践的那种历史。这种历史融化在社区生活的各个方面。比如在颇具象征意味的仪式庆典当中,历史上的神、祖先和活着的人同处在一个时空坐落之下,从而达到了"过去的历史与现时代社会生活的融合、家族组织与仪式象征体系的融合"。①

在王铭铭博士的这本著作当中,社区的概念是一个至关重要的概念,"社区"这个词的英文对照词是"community"。从中国学科史的角度来看,之所以"community"汉译成"社区"这两个字,这是要追溯到三十年代燕京大学社会学系吴文藻教授所领导的一批社会学者的活动那里去,这其中中包括费孝通教授在内。费孝通教授曾回忆说:"说到社会调查,其实'社区'这个词就是我们燕京大学的一些年轻人在未名湖畔的宿舍里想出来的。因为 Park 讲社会是人际关系的综合,"Society is not community"("社会不是社区。"),这就需要找个名称来表达"community"的意思。这个词实际是指在一个地方共同生活的人,这样就想出了用'社区'这个词来表达社会与社区的不同"。②

---

① 见王铭铭:《社区的历程:溪村汉人家族的个案研究》,天津人民出版社 1997 年版,第 4 页。

② 费孝通:《从人类学是一门交叉的学科谈起》,《人类学与民俗研究通讯》1996 年第 30—31 期,第 5—9 页。

吴文藻对"社区"这一概念有一个学术上的界定:"社区即指一地人民的实际生活而言,至少包括下列三个要素:(一)人民,(二)人民所居处的地域,(三)人民生活的方式,或是文化。"①王铭铭在他的书中直接运用了吴氏的这一"社区"定义,并转而把他所调查的福建泉州附近的溪村看成是一个"家族社区"。之所以这样称呼除了客观上有个较多人口的陈氏家族的存在之外,还"因为它的人民、居住和生活方式,全受家族制度的约定"。②更为详细的理由有三点:"首先,与中国东南区的其他家族一样,陈氏家族的血缘和婚姻关系是它的人民组成社群的原则,家族对群体与个人的关系有明确的界定,它支配着溪村人的义务与权力分配、权威意识、经济活动的空间、行为的范式和传统的继承。其次,家族发展所造成的房祧划分,在很大程度上决定了溪村人民的聚落形态和居住方式。最后,家族制度通过对传统的土地分配、产业所有权、生产实践、仪式行为和意识形态的制约,影响人民的生产、生活方式,造成了有地方特色的文化。"③

在上述的引文当中,作者之所以极为强调他所研究的社区是一个"宗族社区",另一层的含义恐怕是要说这样的一个社会是有其历史形成的背景的,因为家族的形成绝非是瞬间的事情。这样的视角实际上已使他的这项研究与三十年代以吴文藻所带领的一批社会学者对中国社会进行研究的方法大有不同。在三十年代曾为燕京大学社会学系的社会学者所不齿的历史学的方法又被王铭铭博士在九十年代作为一种"叙述架构"重新提出来并赋予了新的学理上的意涵。这样的一种思路实际上是紧随于社会人类学界对结构功能论的批评而来的。那种只重现在而不重过去的功能论的方法在利奇(Edmund Leach)④看来并不能够解释文化变迁的过程,而后来布洛克(Maurice Bloch)⑤对功能主义的批评更为具体而尖锐,他认为功能主义虽说能够解释社会的象征体系在社会结构当中的功用,但问题是在许多社会当中,社会结构是不断变化的,但是象征体系则会保持比较的稳定。这样的难题恰是功能主义的社会人类学的理论所不能够

---

① 吴文藻:《导言》,载王同惠、费孝通著:《花篮瑶社会组织》,江苏人民出版社1988年版,第5页。
② 见王铭铭:《社区的历程:溪社汉人家族的个案研究》,天津人民出版社1997年版,第6页。
③ 同上。
④ Edmund Leach, 1964, *Political Systems of Highland Burma*. Athlone.
⑤ Maurice Bloch, 1986, *From Blessing to Violence*. Cambridge University Press.

加以很好解决的。因而后来的汉学人类学家(sinological anthropologist)在运用马林诺夫斯基所开创的功能论方法来研究中国社会,面对许多与费孝通教授所研究过的开弦弓村形似而质异的中国村落时,功能论的以点带面的研究方法就显得在解释上有过于牵强之处了。

在汉学人类学界颇具声名但却英年早逝的英国著名的社会人类学家弗里德曼(Maurice Freedman)最早意识到这样一种状况并试图在自己的研究当中摆脱功能论在方法论上的局限,提出要开创"一个社会人类学的中国时代"。① 在弗里德曼看来要实现这样一个学术目标所要做的就是将中国的历史材料纳入到汉学人类学家的视野当中来,并要把思考的视角放宽到区域范围才能够对中国这个复杂的社会有所洞见。与弗里德曼同时代的施坚雅(G. William Skinner)也有类似的观点。在施坚雅所提出的市场体系的模式中,施坚雅认为位于村落之上的集镇才是分析农村社会结构的出发点。这就意味着中国农村社会生活的核心是在集镇社区上,村落并不重要。② 王铭铭曾专门撰文介绍过弗里德曼的宗族理论③,因而也可以说他的《社区的历程:溪村汉人家族的个案研究》一书中的历史方法多少是延续了弗里德曼等人的方法论套路。正如他自己所说:"受近年社会人类学发展的影响,我在这本 ethnography 里,尽量避免采用纯粹的共时性的(synchronic)社会解剖方法,力图采用历时的(diachronic)叙述架构解说问题。这样的 ethnography 可以称为一部'社区史'"。④ 实际上,这样的社区史的方法并非是等同于或以年代或以事件为线索的材料堆砌,而是有着很强的方法论预设。它是为要克服功能主义社会人类学的"共时性"叙述架构的不足而提出来的,目的是要从纵向的历时叙述架构当中来理解社区的变迁。并把这种社区的变迁看成是一个有着纵横交错的水系网络的历史长河。在这个历史长河中我们既能够看到中国通史当中大的历史事件影响的轨迹,同时也会看到当地社区生活方式、制度约束、价值观念等的演进路径。这样的一种"叙述架构"的改变,多少会

---

① Maurice Freedman, 1963, "A Chinese phase in Social anthropology", *British Journal of Sociology*, 14(1), pp.1—13.

② G. William Skinner, 1964, "Marketing and Social Structure in Rural China", Part I *Journal of Asian Studies*, 24(1), pp.3—43.

③ 王铭铭:《宗族、社会与国家——弗里德曼理论的再思考》,《中国社会科学季刊》(香港)1996年,秋季卷,总第十六期,第71—88页。

④ 见王铭铭:《社区的历程:溪社汉人家族的个案研究》,天津人民出版社1997年版,第8页。

使我们理解:社区的某些生活方式会从无到有,有些生活方式却从有到无,而另一些具有象征意义的符号则会经年累月地存留下来没有什么质的改变。因而这样的一种叙述架构自然要与纯粹功能论的叙述架构有所不同,因而也才会被王斯福教授称之为不同于江村的那种研究模式。但这两种模式之间绝非是没有什么沟通的,恰恰相反,正确的说法应当是,这种历史的方法是在原有的功能论方法之上的一种发展,也可以说是一种研究范式的转换。①

这里很难评判究竟是哪种方法更接近终极真理,或者应当说根本就没有什么终极的真理存在。方法的转变只能说是转变了一种叙事的方式,因而所选用的素材也会因之而发生改变。因而也可以说是一种研究态度的改变,这种改变的核心当是要回应福科(Foucault)所说的从"古典时期"的"知识型"向"现代时期"的"知识型"的过渡。② 因为采取历史取向的研究策略的学者可以运用各种层次的历史材料来编织一个关于社区变迁的故事,由此而彰显出研究者的主体性来,而不至于像信奉有客观真实的社会事实存在的学者那样克制自己的想象力来尽量满足自己调查材料的理性化的客观。恰如王铭铭自己所说:"我力图通过调查研究收集比较具体的素材,使这些素材组成一个尽可能反映现实的体系,帮助我叙述一个我认为有意义的故事,让这个故事说明社会理解里的重要问题"。③ 当然历史取向的社会人类学家虽然避免了研究者主体性受压抑的危险,但却并不能够保证被研究者的主体性不受压抑。④ 因而,从这样的一种方法论转向上来看,王铭铭的这本著作或许是一个有益的尝试,而且这种尝试的功夫并非是表现在哲学意义的思辨上,而是落实在 ethnography 的写作上。这样的写作方式,虽然主题还与传统的社会人类学并无实质上差异,但叙述的方式以及由此延伸出来的意义却大不一样了。

家族的历史

吴文藻先生在对"社区"这个概念加以界定的时候把社区中的人放

---

① Thomas Kuhn, 1970, *The Structure of Scientific Revolutions*, The University of Chicago Press.
② Miohel Foucault, 1972, *The Archaeology of Knowledge*, New York: Harper Colophen.
③ 见王铭铭:《社区的历程:溪村汉人家族的个案研究》,天津人民出版社 1997 年版,第 16 页。黑体是本文作者为了强调而后加上去的,以下同此。
④ 赵旭东:《我怀疑,因为我存在——评黄著〈知识与行动〉》,载杨国枢主编:《中国人的人际心态》(《本土心理学研究》,第五期),桂冠图书有限公司 1996 年版,第 343—353 页。

在首位,这一点的正确性或许是无可置疑的。一个时空坐落离开了生活于其中的人也就不被称之为社区了。同时人生活在一个地方,时间久了就会有人口的增长或缩减,这样的变迁的过程就构成了人口发展的历史,针对王铭铭的这本书来说就应当是指家族的发展历史。

从王铭铭的研究中我们可以看到所谓的"闽南经济文化区"中的家族的发展与聚落形态的形成是经历了一个从无到有的过程。通过对溪村家谱的仔细分析,作者分离出了下面几个家族聚落形成的历史时期:"(1)一世至五世的依附时期;(2)六世至七世的争取独立期;(3)八世至十世的聚落形成期;(4)十一世至十八世的聚落分化期。"①与这样的一些历史时期相同步的是陈氏家族成员为获得自己家族势力而进行的富有策略性的抗争,这在从依附于它族转向自己成为独立的家族社区的过程中表现得最为精彩。在溪村的历史上,教美陈氏家族是依附于作为叔辈的同美陈氏大家族而生活的,后来,"陈氏的族先首先取得同美陈氏大家族的同意,在该族所属的边沿地带划出若干块地,供教美陈民奠定族基。由于当时溪村所在地有某些异姓群体居住,教美陈氏向该地扩散,显然有利于作为'叔辈'的同美陈氏大家族的势力扩张。因此,协议轻易地达成了"。②

正像王铭铭在书中所指出的那样,有了地域上的聚落划分并不一定会形成家族村落,另外两个更为重要的条件就是要有对家族村落的认同感以及分房而居的家户之间形成制度化的合作。这两点直接导致了家族村落象征体系的形成,在溪村就是原本为道人的"法主公"成为了村里人共同敬拜的神灵并"立庙树碑",差不多同时家族村落的祖祠也建立了起来。同时一种家户的轮流主持祭祀仪式的轮祭合作制度也得以建立。

而家族村落形成的一个最大难题就是人口的繁衍与居住地域面积的压力之间的矛盾。溪村家族的形成过程也无法避开这一问题。解决的办法首先是房支的出现。随着房支的出现,家族对土地的需求便会增加,因为这是扩大家庭分化以后的必然结果。颇为有意思的是溪村陈氏家族成员获得土地的方式是借助了他们所敬拜的"法主公"的力量。这是从当地人所流传的一个有关"法主公"的传说中表现出来的。"据溪村的老一

---

① 见王铭铭:《社区的历程:溪社汉人家族的个案研究》,天津人民出版社1997年版,第31—32页。
② 同上书,第35页。

辈说,原来法主公所处的龙镇宫是面向蓝溪的,是一种镇邪的'王爷庙'。龙镇宫还划定了一条土地所有制的界限。宫后的土地(溪村良田集中处)是一片广阔的农田,十分肥沃,但是不属于陈氏家族,而是属于以一位名为'谢百万'的富翁为首的家族。陈氏家族的人拥有一块十分贫瘠的溪边地,大部分人成为'谢百万'的佃农,每年替'谢百万'耕作,缴纳大量的粮食作为田租。"①在这段叙述中我们可以看到家族利益上的冲突,但处于劣势的陈氏家族并非是靠斗争或是说靠武力来化解这中间的矛盾,而是借助了神力:)"有一位通灵的人(童乩)请到龙镇宫替村人向法主公求助。通过童乩的口头交流,法主公提出一个妙法。他说,溪村陈氏家族的人应该把龙镇宫的宫门倒转一个方向。使它面向村落的良田。因为原先的民间规定划定宫前土地属溪村人而宫后土地属'谢百万'并且前者比后者贫瘠。把宫门倒转一个方向,便可使农民的不平等划分彻底改观。同一天晚上,法主公显灵,把宫门打通面向良田。从此,'谢百万'的土地便归陈氏家族的族人共有"。②

这个故事的叙事结构虽说是有些理想化,但并非不合逻辑。这是对村落历史变迁的一种戏剧化。这种戏剧化反映了村神权威的确立与家族地位的获得之间相互影响的过程。正如王铭铭所明确指出的:"'龙镇宫'的传说基本上反映的是八世到十世之间溪村教美陈氏家族成为一个拥有族田和若干聚落的单姓村的过程。"③至此溪村的家族组织获得了成熟,家族的公田与族田也已获得稳固的确立。当然这随后由于家族人口的进一步膨胀而出现了外地移民以及亚房支的现象,这二者之间大多是连在一起的。离开溪村到外地落户就意味着出现了裂变分支的亚房支。而整个家族组织的发展过程到此才算是一个轮回,任何一个新的家族组织的发展壮大大体都要经历这样的一个历史过程。

家族的经纬

理解了村落社区的家族发展的历史或许对村落的生活方式或说他们的文化会有一个深刻的理解,至少王铭铭在溪村的这个个案调查及理论

---

① 见王铭铭:《社区的历程:溪社汉人家族的个案研究》,天津人民出版社1997年版,第37—38页。
② 同上书,第38页。
③ 同上。

架构说明了这一点。因为社会人类学的诸多主题都与家族的概念有着密切的联系。换言之,家族是家族社区发展的主线,是"经";而社区生活事件的各个方面是"纬"。经纬相连构成一个家族社区历史发展的脉络。王铭铭在《社区的历程:溪村汉人家族的个案研究》这本书的后面几章所讨论的问题中,诸如"婚姻地域与区域联系"、"时空的制度与实践"、"公私观念与道德理性"、"村政的'现代化'"、"在村落中塑造'公民'"、"乡村与政治运动"、"经济改革与变迁"、"族亲、人情与互助"、"家族社区传统的再造"、"仪式领袖与象征权威"等都可以算作溪村社会发展史的"纬线",因为它们都与家族这个贯彻全书始终的"经线"联系在一起。

婚姻关系在家族发展中"扮演不容低估的角色",它是家族与外界形成联系进而相互利用社会与自然资源的纽带。这种制度化的超村落的家族与家族之间交换婚姻的地域范围就是所谓的"通婚地域"。但家族之间的这种通婚关系并非是孤立的,所附带的还会有经济的和象征的关系存在,至少在溪村的情况是作为集市网络的所谓经济区域与作为"仪式—象征资源区域"或说祭祀区域都是与通婚区域是重叠的。这种人文地理学上的区域重叠关系提示我们村落作为一个独立的家族社区并非是封闭的,从某种意义上说它的开放性特征表现得更突出。顺便要提及的是,这样的一种开放性并没有为因研究华北农村而著名的经济史学家黄宗智①所特别给予强调,因为从华北的情况看来,村落虽然说可以看作是一个能够独立运作的整体,但这种村落对外的开放性也是同样存在的。②

婚姻关系所形成的通婚区域的概念实际上是一种空间的概念,而这种空间的概念又是与村落的时间观念搅混在一起的。而这种所谓的"乡土时间观念"绝不仅仅是纯粹自然意义上的时间观念,而是一种既具有象征意义又具有生活实践意义的一种观念。拿春、夏、秋、冬这种年度周期来说,在家族社区中除了有一年四季的农业经济生产活动与之相对应之外,还有年祭周期。祭祖周期和村落仪式周期等象征性体系与之相对应。这便构成了两个同心圆,在自然时间的周期性运作中,播种养猪、夏收屠宰、播种养猪、屠宰春收和屠宰冬收这样的生产的经济周期与墓祭、法主公诞辰普度、清明墓祭,庙宇朝圣、过年祭灶和观灯这样的象征性体系的

---

① Philip C. C. Huang, 1985, *The Peasant Economy and Social Change in North China*, Stanford: Stanford University Press.

② 章英华:《清末民初华北农村的村落组织和村际关系》,台北《"中央研究院"民族学研究所集刊》1991年第72期,第25—61页。

运作周期是同步调的。在这种同步调中,家族中的各个分立的家户都会被调动和联系起来,甚至通婚地域之内的家族也会被调动起来,相互形成一个由点(家族社区)到面(集镇体系)的联系网络。

家族的观念自然会引申出"公—私观念"的讨论。因为作为个人的农民相对于自己的家族便是私,而此时此刻作为公的家族,整体若相对于外村的人或家族整体便又是私了。对于这种实质是非常辨证的关系学术界历来有两种截然不同的观点。斯哥特(James Scott;)[1]是"道德经济"观的支持者,他把农民社区看作是在一种社区共同道德价值观念和制度支配之下行为的合作性的组织;而波普金(Samuel Popkin)[2]所代表的"理性农民"的观点则认为农民所主要关心的并非是社区的共同的道德价值观念,农民是很理性的,并在个人利益得失的方面表现得很精明也很理性(rational)。在王铭铭看来这种农民的道德与理性的争论"其重点在于乡土社会的'公经济'和'私经济'二者各自所占的比重有多大"[3]上,这样所形构的"公私级序"的分析框架至少在用来分析中国农民的道德与理性的经济运作时是有意义的。

费孝通在他的《乡土中国》一书中曾提出过"差序格局"这样的一个概念,这个概念的核心意旨便是"以'己'为中心,象石子一般投入水中,和别人所联系成的社会关系……是像水的波纹一般,一圈圈推出去,愈推愈远,也愈推愈薄。"[4]以"公私"之别来重新诠释费孝通四十年代所提出的这个"差序格局"的概念或许便会对王铭铭现在所提出的"公私级序"的概念有一个清晰的理解。可以说中国人在公与私的问题上的判断是非常辨证的,"己"是作出判断的参照点,亲疏远近都以到"己"这个中心点的距离来衡量。并且这个"己"是颇具有"伸缩能力"的:"己"可以是自己也可以是左右的街坊邻居,也可以是一个像《红楼梦》中所描述的贾府那样的大家庭。而王铭铭的"公私级序"也有类似的含义。首先公与私的观念是与家族制度的形成密切相连的。这样一种公私观念的划分并非是为当地的农民所清晰的意识到的,"而只是在实践的场合中表现出一定的

---

[1] Jsunes Scott, 1976, *The Moral Economy of the Peasant*, Yale University Press.
[2] Samuel Popkin, 1970, *The Rational Peasant*, Yale University Press.
[3] 见王铭铭:《社区的历程:溪村汉人家族的个案研究》,天津人民出版社 1997 年版,第 70 页。
[4] 费孝通:《乡土中国》,三联书店 1985 年版,第 25 页。

态度"①因而公私的观念只是学者们的一种抽象,在当地人的知识中公私的观念是隐蔽于农民的日常生活实践当中的。比如私田便是指"个人和家户的土地",而公田财是指"家族的公共农田"②。但当面对村外的田地时自己家族村落的公田又变成了私田,如此可以类推。

这样一种公私观念的相对状态并非能够简单地用道德或理性这样的字眼来评说,实际的情况可能是"'道德经济'与一定的'理性人'(rational man)或'经济人'(economic man)的观念是并存的。"③因而从某种意义上说中国的农村社会经济是道德与理性的一体两面,这或许是理解中国农民生活的最为关键的一点,如果不能够从这种"一体两面"入手来理解中国农民,那么我们对于农民性格的理解便会是片面和不着边际的。

《社区的历程:溪村汉人家族的个案研究》这本书所一再强调的村落与村落以外的联系,以及外部特别是国家权力对家族社区的渗透,使得我们能够不再把人类学家所调查的一个小小的社区看成是一个孤立的与外界没有沟通的所谓的世外桃源,正如王铭铭以前所写到的在村落这个小地方我们仍可以看到中国这个大社会的影子。④ 这样一种分析架构的理论基础除了有施坚雅的市场体系理论⑤之外,最重要的莫过于英国当代社会学家吉登斯的民族—国家(the nation state)理论了。⑥ 这一理论的核心观点是说,在传统国家(traditional state)里;国家对于村落社区的控制力比较弱小,而一旦进入到现代的民族—国家的时代,国家对基层社会的控制便极为严格。传统社会中的社会生活与文化的自治格局被打破。民族—国家通过行政力量的层层控制来监视村落社区的公共和私人生活。

这样的一种理论在溪村的社会发展史当中获得了印证。在王铭铭对从明清到今天为止的村政格局变迁的历史叙述当中,我们可以感受到吉登斯所说的那种国家行政力量对家族社区的渗透。在明清时期家族社区并非是受自上而下的法令来管理社会生活的,而多是由村里的"族贤"来

---

① 见王铭铭:《社区的历程:溪社汉人家族的个案研究》,天津人民出版社1997年版,第71页。

② 同上书,第71—72页。

③ 同上书,第73页。

④ 参阅王铭铭:《小地方与大社会:中国社会人类学的社区方法论》,《民俗研究》1996年第4期,第5—20页。

⑤ G. William Skinner, 1964, "Marketing and Social Structure in Rural China", Part I *Journal of Asian Studies*, 24(1), pp.3–43.

⑥ Anthony Giddens, 1985, *The Nation-State and Violence*, Polity Press.

订立适应本土社会的"乡约"来控制人们的日常生活,另外家族组织本身的控制力也是相当强的,而中央政府的控制力并没有下达到家族社区,甚至家族势力的壮大有时还会对本来就很微弱的中央权力予以进一步的消解。

就溪村来说民国时期的保甲制度的实施在村政制度的发展上有着非同寻常的意义。虽说保甲制度自宋朝以来便已有之,但真正作为国家行政制度化的延伸和强化则是在民国时期。这种保甲制瓦解了以家族社区为村政单位组织结构,一个明显的标志便是原来是单姓的家族社区融入了异姓并一起构成了保甲制村政单位的一员。正如王铭铭在书中所总结的:保甲法的实施,在一定意义上意味着明清时期以乡约为象征的伦理道德性村政向社会—经济控制的村政的转型。① 因而保甲就扮演了一个向上要对上一级的行政单位负责,向下要依照政府的法令来监督家族社区中人民的生活这样的双重角色。这可以从他们的日常主要的行政工作中反映出来,这些任务主要的有三种:(一)户籍登记;(二)税收;(三)当地警务。从国家与家族社区之间的关系来说,"户籍登记是一种社会信息的储存方式,其政治功能是控制人口移动和地方活动状态。税收是对地方经济资源的剥削,使之转移至中央,成为民族—国家的经济基础。当地的公共治安是为了进行地方活动的监督和对违法者的惩罚"②。

1949年以后,即所谓的"新式村政"时期,保甲制的名称虽然被当作所谓的"封建遗存"而被铲除,但实际的村政不但没有被削弱,反倒获得了进一步的加强。③ 总体来说,中国村政的变迁史大体经历了明清的乡族时期,民国的保甲时期以及解放后的行政村时期。在这三个时期中,家族社区的正式权力与非正式权力以及家族的组织都经历了重大的改变,虽然说"村政制度与地方权力分布的变化不是近代乡土社会变迁的唯一原因,但这一变化十分重要。原因在于正式的村政与权力的创立,使得政府在地方社会有直接的代理机构和人员,通过他们,政府可以把政策直接在乡土社会中贯彻'实施'④。王铭铭在书中把这种村政变迁的原因看作

---

① 见王铭铭:《社区的历程:溪社汉人家族的个案研究》,天津人民出版社1997年版,第89页。
② 同上。
③ Prasenjit Duara, 1988, *Culture, Power and the State*, Stanford University Press.
④ 见王铭铭:《社区的历程:溪社汉人家族的个案研究》,天津人民出版社1997年版,第93页。

是"西风东渐"的缘故,即西方现代文明对中国社会文化的冲击,这种冲击的结果便是使中国成为了一个新型的民族—国家。而这种新型的民族—国家不论是在其初创的民国时期还是在其全面发展的所谓"新式村政"时期都没有停止过"对基层社会的政权进行逐步改造,并试图通过新的基层政权对社会文化的变迁作出规划。"①

这种规划通过对社会和经济发展目标的直接干预,对乡村社会的生活方式的直接监视以及大力创建代表国家意识形态的教育体系以达到所谓"科学下乡"的目的来实现的。在这样的过程当中,农民被国家有意识地塑造所谓有"公民文化"(civic culture)的国家"公民"。而1949年以后的历次所谓的政治运动都试图对农民进行脱胎换骨式的改造,但农民抑或说农村社区真的发生了实质性的改变吗?至少《社区的历程:溪村汉人家族的个案研究》一书的作者对此是深表怀疑的,不然为什么会出现今天中国社会家族社区传统的复兴呢?在作者看来这种复兴说明了以一种国家的意识形态来替代传统乡村社会中神圣的力量(鬼、神、祖先)的做法是要把原来的地方性的认同转换为国家意义上的民族认同(national identity),而这在中国的农村社区中是极难实现的,原因是农民在心理上不信任也不适应这种转换。

家族社区的复兴

对家族社区复兴的思考应当说是一件非常有意义的事情。因为在经历了一种严酷的意识形态监控的那种频繁的政治运动的时代之后,中国出现了一个政治和经济上的改革开放的时代,而这样的一个时代的政治学上的最明显的标志便是意识形态监控的松解,而整个国家的工作重心也转移到以经济建设为中心的方面来。在这种大的政治氛围之下,农村社区出现了一种大规模的家族社区传统的复兴现象。对于此现象许多社会学者和人类学者都已经意识到,学术界对于这种复兴有两种主要的观点,一种是以肖凤霞(Siu,1989)②的观点为最具代表性。肖凤霞认为这种复兴并非是传统的真实复制。虽然现在娶媳妇需要彩礼,也会有类似传

---

① 参见王铭铭:《社区的历程:溪社汉人家族的个案研究》,天津人民出版社1997年版,第94页。

② Helen F Siu, 1989, *Agents and Victims in South China: Accomplices in Rural Revolution*, New Haven: Yale University Press.

统上的仪式过程,但已今非昔比,这中间所复兴的已不是传统上或说是"前革命"(Pre-revolutionary)时期的生活实践,因为前后的意义已发生了根本性的转变。

武雅士(Arthur Wolf,1996)[①]则完全同意生理心理学家[②]从动实验中所得出的"人是最有情感同时也是最有理性的动物"这样的推论[③],并试图以此为根据来解释为什么会有中国农村家族社区传统复兴现象。因而武雅士观点代表的另外的一种看法,他用新封建主义(new feudalism)这样的概念来指涉这种复兴现象,认为现代的中国农民之所以会对于传统习俗情有独钟,那是因为传统的中国文化的某些方面满足了人的情感上和理性上的需要。

武雅士这种解释多少为王铭铭田野资料所印证。从轮祭的仪式活动中我们看到了一种农民所构想的所谓"平权"的思想,试图以此来解决由某一户或一房支的农民来负担所有的仪式的那种人、财、物上的困难,这很像几个亲兄弟轮流照顾自己的父母一样,既体现出社会的公平,同时也尽了孝道。而所谓为村神的庆典所举办的宴会[④]又有着一种将本村与外界联系起来的功能。在给村神献祭的同时也将人际关系建立了起来,这便是俗语所说的"一请神,二请人"[⑤]的社会文化意涵。另外也不能够仅仅用"封建迷信"来抹杀掉各种村神在家族社区生活中的重要作用。武雅士[⑥]的经典研究已经指出中国民间社会当中对祖先、神、和鬼的信仰实际上所对应的是现实生活当中的族人(自己人),官员和异族人(外人)这三类交往的群体。虽说这种分析显得有些泛化,但多少反映了中国民间

[①] Arthur P. Wolf, 1996, "The New Feudalism": a problem for sinologists", in P. M Douvv & P Post (1996) (eds), *South China: Stat, Culture and Social Change during the 20th Century*, Proceedings of the Colloquium, Amsterdam, 22—24 May 1995, pp.77—84.

[②] Donald O Hebb & W. R. Thompson, 1954, "The Social Significance of animal Studies", pp.729—774, in G. Lindzey E. Aronson eds., *The Handbook of Social Psychology*, Reading, Mass, Addison-Wesley, Vol.2.

[③] 见王铭铭:《社区的历程:溪社汉人家族的个案研究》,天津人民出版社1997年版,第761页。

[④] 华北地区称之为"庙会",如赵县范庄村的"龙牌庙会"就是在每年的农历二月二日举办,届时方圆二三十里的人都会赶来参加,并设有"伙房",供一万多人免费进餐,景象蔚为壮观。

[⑤] 见王铭铭:《社区的历程:溪社汉人家族的个案研究》,天津人民出版社1997年版,第150页。

[⑥] Arthur Wolf, 1974, "Gods, ghosts and ancestors", pp.131—182, in A Wolf, ed, *Religino and Ritual in Chinese Society*, Standford University Press.

宗教的大略形式①,有意思的是人对神的各种交往仪式非常近似于实际生活中人与人的交往方式。在溪村的"法主公"庆典时会请到天神(道教神祇)、地方神(法主公等)和天将,这些神构成了一个地方性的神谱,这种"神谱象征一种等级:天神至高无上、地方神管理地方(村落和家族)、天将守护天神。更重要的是,这三等神灵代表一个民间象征中的'衙门'(政府)。天神是皇帝和侯,村神是地方官员,天将是'警察'……村庙成为一个象征的'国家'。汉人的仪式是民间交流的手段,它使凡人有可能与'皇帝'直接沟通。进一步说,神系所代表的'象征国家'(symbolic-state)是村民借以表述自己的问题和需要的工具。"②

这样的解释多少说明了武雅士所认为的现时期所谓的"新封建主义"的一些要素是有其社会功能的,而如果将这些要素从村落社区当中排除出去,人们将失去地域的认同感(identity),并会产生心理上的不适应。王铭铭的结论也与武雅士的观点有相似的一面。在书中他对正统意识形态中对村落传统的复兴所持的一般批评的态度给予了功能的批评,他写到:"我认为,看待乡土传统的复兴,不能急于从意识形态的角度加以批评,而应考察这些事物在社区文化体系中的作用,对其社会—文化意义有所了解,方可下结论……乡土的传统可以在新时期特定的状况下,被民间加以再改造,或恢复它们原来的意义,使之扮演新的角色。"③当地的人在重新"创造传统"(如修家谱,盖祖庙等)的同时实际上也是在为家族社区创造新的"地域认同",而农民对这种认同的获得实际上又是对改革开放以来生产经济活动的过于私人化所导致的社区"公"的生产经济活动的过于私人化所导致的社区"公"的生产经济活动的衰落的一种心理上的补偿。

小结:方法的再思考

通读《社区的历程:溪村汉人家族的个案研究》这本书的一个最大感受就是方法上的新意。死的历史资料不再是故纸一堆,而是通过作者的强有力的分析使之活灵活现,跃然纸上。这种所谓社会史的方法使得即

---

① 见王铭铭:《社区的历程:溪社汉人家族的个案研究》,天津人民出版社1997年版,第151页。
② 同上书,第152页。
③ 同上书,第153—154页。

时的社区生活有了立体感。

这样的一种立体感可能并非能够再现历史的原本,但却可以使历史的逻辑得以展示。它是一位社会人类学者的一个独特的视角,它不代表社会生活的全部,但却可以让人们想象历史上某个社区社会生活的宏观场面。因而可以说是一种研究者主体性的彰显。这也就是费孝通[1]教授经常说到的"进得去"又"出得来"的过程。所谓"进得去"应当是指研究者能够深入到社区的生活当中去理解文化,理解了之后又能够"出得来"。我想这里"出得来"的可操作性的含义应当是指研究者能够凭借想象力去"重构"当地人的生活。"重构"这个词是费孝通教授最近为反思马林诺夫斯基差不多六十年前写给他的成名之作英文版的《江村经济》序言而写的文章中着重提出来的。费孝通教授写到:"在实际田野作业里,要观察一个人从生到死一生的行为和思想是做不到的。所以实际研究工作是把不同个人的片段生活集合起来去重构这个完整的'一生',从零散的情境中,见到的具体镜头编辑成整体的人文世界"[2]这种"重构"便是要靠研究者的想象力(主体性)来完成,而想象的资料应当是功能论式的现实的记录还要有历史学的"死去的资料"的重新诠释。

这种研究者的主体性在《社区的历程:溪村汉人家族的个案研究》一书中是有所充分地表现的。在此之外,书的作者还隐隐约约地提出了被研究者的主体性彰显的问题。书的结尾处,作者写到:"我们不可避免地应该正视一个我们往往更愿意加以忽略的问题。这就是,如果对我们社会科学研究而言历史就是这种'客观的过程'的话,那么卷入历史过程本身的社区成员和对社区有各种影响的社会力量如何看待历史?他们采用同样的角度,或完全不同的观察?……我们研究的对象溪村人,远比我们要早开始写自己的历史。作为社区历史的创造者,他们的历史有远比我们多样的表述方式。……我们把这些无言和有言的历史全当成复原社区史的资料,而溪村人对这些资料的态度与我们不同。这些不同的历史可以与我们的衣、食、住、行无关,但是对溪村人而言没有它们生活便没有色彩。历史对我来说是历史,而对他们来说是有感情色彩的'纪念'(com-

---

[1] 费孝通:《人的研究在中国》,天津人民出版社1993年版,第15页。
[2] 费孝通:《重读〈江村经济·序言〉》,《北京大学学报(哲学社会科学版)》1996年第4期,第9页。

memoration),而'纪念'是他们的认同、自我定义,对社会的看法和行动的一部分。通过'纪念',他们同时也影射未来,并为未来作出努力。"①

从上述的这一大段引文当中,我们可以把作者归为那种"有良心的"社会科学研究者之列,因为,他在反思他所研究的对象时,是真正地把他们看成是与他同样具有想象力和丰富情感的人或人群,并试图从这些"当地人的观点"②来思考问题。他们有什么样的情感,他们怎么样看待与研究者思考的主题一样的问题,最终试图达成与被研究者的主体性之间的互为主体性(inter-subjectivity)。而这样的做法较之单单把被研究的对象看成是生产资料的机器的做法要道德和有良心的多。当然作者限于篇幅并没有在这一问题上做过多的展开,不过这样的问题是每一个下去做田野工作(field work)的人都会碰到的问题,在这里不想,换个地方还会冒出来的。

拉拉杂杂地写下这些我在读了王铭铭博士的新著之后的感受和零星的思考。总怕误读(misreading)了作者的原意,故而不厌其烦地引述他的原话,试图以此来"重构"对作者思想的真实,但写到这里又觉得自己的可笑,因为这样的"真实"是无法重构的,具体地说就是在作者写下他那著作中的每一个字的时候其所身处的情境是无法"重构"的。他当时的思考、他当时的情感、他当时的动作是任何他人所不能重构的。因而我也只能面对作者写下的这些文字来对作者的主体意愿作"二度的诠释"(re-interpretation),希望我的这种诠释能跟作者本人的主体性之间达成真正的"互为主体性",而不至因为文字的"业障",产生相互的误解。

---

① 见王铭铭:《社区的历程:溪社汉人家族的个案研究》,天津人民出版社1997年版,第175—176页。

② Clifford Geertz, 1983, *Local Knowledge: Fuxther Essays in Interpretive Anthropology*, Basic Books, Inc.

乡村成为问题与成为问题的中国乡村研究*

——围绕"晏阳初模式"的知识社会学反思

引言:以民为本

"乡村的问题"在中国也许是最核心的问题之一,许多有社会责任感的人士争相给出解答方案,并且许多方面的讨论最终都会被归结到乡村发展的问题上去。这样一种情形无疑是跟中国传统社会中以农为本的理念紧密地联系在一起的。在晚清解体之前,体现国家乡村关怀的"农政"向来都是国家行政的主体,同时也是国家行政得以维系的根本。农民的地位一直受到特别的强调,在士、农、工、商的职业序列中,农民仅次于官,至少在传统社会的国家意识形态意义上如此。甚至到了明末清初,也就是自明万历三十年(1602)至清康熙四十年(1701)这差不多一百年的时间里,还逐渐发展出了一种"良本"思想。在这里,"民"的核心依旧是指农民,"民本"的核心则是强调农民的权利。这样一种思想甚至在那之后逐渐成为中国社会的一种共识,并且,由于其不同于之前中国政治思想中所存在的用来服务于专制统治的以民为本的旧民本思想,而是一枝独秀地强调对皇权统治的批判以及在此基础上对一种以民为本的新政治文化的建构,因此也被后来的一些历史学者称为"新民本"思想。① 在此思潮的影响下,作为中国历史上"民"这个阶级主体的"小农"以及他们所居住的村庄,逐渐成为社会大众思考和观照的对象。

从乡村社会的传统治理而言,乡村秩序建构的核心理念从来都是强化礼教对人的教化作用,并不存在那种特意要改造农民成为新人的现代观念下的意识形态;其更多的在于感化和树立礼教的榜样,比如在清道光

---

* 原载《中国社会科学》2008 年第 3 期,第 110—117 页。本文部分内容曾在 2007 年 10 月 26 日至 28 日"第六届人类学高级论坛"(成都)上宣读。

① 关于这方面的研究,参见冯天瑜、谢贵安:《解构专制——明末清初"新民本"思想研究》,湖北人民出版社 2003 年版,第 1—3 页。

年间做过县令的包世臣在《齐民四术》"序言"中强调,要"明农以养之,贵礼以教之"。① 在包世臣看来,造成农民生活苦难的根本原因在于这种礼教的功能丧失,也就是他所谓的"为其上者,莫不以渔夺牟侵为务,则以不知稼穑之艰难,而各急子孙之计故也"。② 更有甚者,礼教不仅无法恢复,还被一种普遍性的社会心态所取代,这就是"近世人心趋末富,其权加本富之上"③,也可以说这是重农伦理向重商伦理的转变。社会的一切都以农业以外的收入,即"末富"为生活优劣的评判标准。这种情况在民国时代就直接表现为近代乡村工业对乡村社会的瓦解,如费孝通所说,是对乡土社会的"蛀蚀",也就是原本存在于乡土社会中的有营养的东西,都被新的资本主义的城市化及其生活形态一点一点地侵蚀干净了。④

在传统的中国社会,乡村尽管属于文野之别的"野"的范畴,却被树立为国家的根本,其余则为末端。那时的乡村绝不需要改造以满足城市精英的特殊审美意识,维持乡村自然的"野"和"朴"的状态是许多人怀旧时最乐于抒发的情绪主题之一。陶渊明的"采菊东篱下,悠然见南山"诗句可以说是传统社会中知识分子共同追逐的理想,在这种理想之下,"无为"曾经是这些知识分子或者士大夫最为认可的一种生活形态,并间接地影响到政治方面的无为思想。当然,社会秩序也有混乱的时候,不过多数不是人为造成的,而是自然灾害所导致的生活窘迫,进而引发了社会秩序混乱;还有的是因为某个时代的舍本求末,使本来安土重迁的乡民成为流民,造成社会恐慌;以及随之可能引发的群体性的农民起义,乃至帝国对这种起义的一次又一次的镇压。不过,人们最终会寻求原有秩序的恢复,这种秩序的重建是依赖礼教的力量来实现的。

因此,在帝制的传统中国,把乡村看成问题、进而要求改造农民,实现与城市生活的贯通,这样的事情根本就没有发生过,更奢谈什么实现了。从这个意义而言,在那样的社会中,乡村从来就构不成一个问题,根本的问题是如何恢复原有的、可能是建立在礼教基础之上的乡村社会秩序。

---

① 包世臣:《叙》,包世臣:《齐民四术》(潘竟翰点校),中华书局2001年版。
② 同上。
③ 同上。
④ 参见费孝通:《中国乡村社会结构与经济》,王铭铭主编:《中国人类学评论》第2辑,世界图书出版公司2007年版,第15—17页。

"晏阳初模式":乡村建设与民族改造

帝制时代的乡村,尽管或由于连年的干旱或由于其他天灾人祸而导致了乡村贫困,如饥饿、无家可归,不过,由于乡村自身的调节能力,这类贫困往往会转化成为地方性的赈济、互助以及慈善的对象。国家也会借助乡绅而发挥作用,其核心旨在恢复原有的乡村社会秩序,使"农"这个"本"能够切实地得到稳固。不论是谁都无心去做那种组织乡村、改造乡村以及教育农民的乡村建设运动。这种运动显然把中国乡村界定为一种"有问题的乡村",此种观念突出地体现在乡村建设派的思想和实践中。

在近代以来逐渐形成的乡村建设派的眼中,中国的乡村似乎真的出现了一种危机。不过,农民并不是最先意识到此危机的先行者,是那些跟乡村紧密相关的工商业者,最先意识到了这种危机的存在以及这种危机给他们的"买办贸易"所可能带来的巨大损失①,作家矛盾的小说,不论是《林家铺子》还是《春蚕》都跟这一主题有着密切的关联。

显然,在20世纪上半叶早期,乡村经济已经不再是封闭的自给自足的自然经济,而是与西方国家的殖民扩张紧密地联系在一起。这种经济最终以大量进口低廉价格的农产品而遭受重创,以损失最严重的1930年为例,这一年上海从国外进口洋米7138担,当时国产米的价格是10.67元一担,而洋米的价格只有9.75元一担,差价达到了0.92元。尽管在那个时代种粮农民连年丰收,但是"谷贱伤农","丰收反而成灾",农业经济近乎凋敝,祖祖辈辈依靠种植粮食的农民纷纷走向破产。②

而自晚清以来便有的"兴农"论者或许并不会注意到农业衰败的国际背景,而一再强调走"文字下乡"的道路,试图以此来挽救那些在他们看来是"目不识丁之愚氓"。③ 这样就将那个时代农业停滞不前的原因一下子归结到农民的素质和能力上了,并认为这些又是由中国传统的旧制度造成的。自维新运动以来的变革思潮都试图要在这一方面有所作为,新文化运动的鼓吹者刘师培甚至采取了一概否定的极端态度,在其1904年的一

---

① 梁漱溟对此曾有过明确的表述,参见梁漱溟:《梁漱溟全集》,山东人民出版社1992年版,第988—989页。感谢中国社会科学院林刚教授提醒我注意到了这一点。
② 参见郑庆平:《中国近代农业经济史概论》,中国人民大学出版社1987年版,第59页。
③ 参见汪敬虞主编:《中国近代经济史:1895—1927》(中册),人民出版社2000年版,第1228页。

篇文章中,他强调,中国的事情没有一样东西不该有人站出来去加以破坏的。① 在这样的氛围中,乡村自然也是难逃被改造的命运。那个时代最具平民改造意识的晏阳初博士深信中国社会的问题不在于经济,1934年10月他以《农村运动的使命及其实现的方法与步骤》为题在《民间》杂志发表文章,其中谈道:

> 有些人把农村运动,看作就是"农村经济"。固然,看到中国今日的农村,它的破产的情形,那样地悲惨,那样地可怕,谁忍说不应当赶快救济呢? 但是农村救济,不过是一时的紧急事情;虽说它的要求很迫切,但是没有什么远大悠久的意义。若竟把农村运动,全看作就是农村救济,这未免把农村运动的悠久性和根本性抹杀了。②

在1930年秋就已经坚信中国乡村的问题在于"愚、穷、弱、私"这四大疾病的晏阳初博士不大可能会有兴趣思考经济崩溃的社会与政治原因;另外,他自身的美国生活经验以及在法国华人劳工界开展识字教育的成功经验,使其更加坚信对人改造的重要性。此时的社会几乎就等于是由一个人群所构成的民族,社会的改造也就等同于民族的改造。在上引的同一篇文章里,晏阳初继续写道:

> 中国今日的生死问题,不是别的,是民族衰老,民族堕落,民族涣散,根本是"人"的问题;是构成中国的主人,害了几千年积累而成的、很复杂的病,而且病至垂危,有无起死回生的方药的问题。这个问题的严重性,比较任何问题都严重;它的根本性,也比任何问题还根本。我们认为这个问题不解决,对于其他问题的一切努力和奋斗,结果恐怕是白费力,白牺牲。③

这样一种民族危机论,显然不是晏阳初一人所为,而是那个时代精神的一种投射。用"晏阳初模式"这样一个概念来概述那个时代一批以挽救乡村破败命运为使命的知识分子的思维方式是比较贴切的,这些人都像晏阳初博士那样怀揣着一种基督徒般的拯救使命去想象中国乡村的未来。费孝通在1948年8月就曾撰文评论晏阳初当时发表的一篇名为《开

---

① 参见刘师培:《论激烈的好处》,《中国白话报》1904年第6期,转自周岩:《百年梦幻——近代中国知识分子的心灵历程》,国际文化出版公司1988年版,第58页。
② 晏阳初、赛珍珠著,宋恩荣编:《告语人民》,广西师范大学出版社2003年版,第32页。
③ 同上书,第33页。

发民力建设乡村》的文章,他批评了晏阳初单向度地把中国乡村问题的责任归咎于农民自身的"不是"上去的思维方式,认为晏阳初是以传教精神去了解教育的。在费孝通看来,这种"传教精神"就是先假定了自己的"是"去教育别人的"不是",接下来费孝通写道:

> 传教就是"以正克邪",被传的对象在没有皈依宗教之前,或者说没有弃邪归正之前,满身都是罪恶。所以晏先生先得认定了"愚贫弱私"的罪恶,然后可以着手"教育";以知识去愚,以生产去贫,以卫生去弱,以组织去私。①

具体而言,迎合那个时代民族改造浪潮的并且遵循晏阳初模式的知识分子们真切地希望,通过人种的改造来一劳永逸地解决这个农村人口占据绝大多数的国家诸多问题。而对于人的改造,最为文明也最行之有效的途径莫过于教育。因此,那个时代的知识分子多不否认教育改造人、进而改造整个民族的社会功用,并特别乐于把乡村看成教育最缺乏的地方,那个时代倡导优生学的潘光旦就曾说过:"中国农民之本质应不劣,患在尚无适当之教育以启迪之耳。"②

我们看待社会的观念会直接影响到我们改造社会的行为。因为观念在为我们的行为进行着一种合理化的解释,所以很多情况下,我们不会感觉到自己的行为有任何的不妥。就如同医生,特别是有西医背景的医生,他们一般不会在医治病人的过程中可能给患者身体或心灵上带来的痛苦而感觉到有任何良心上的内疚。因为在医生的观念里,治病救人是他的责任,个体的痛苦则是次要的事情;甚至很多时候是用更为神圣化的语汇"天职"来加以修饰。而且,进入医生眼帘的所有人都应该是病态的,并且渴望着他们的诊治。每一位从现代医学院训练出来的医生也许都不会排斥这样的信条,即只要能够使病人的病情发生改变进而产生疗效,患者的其他方面也许是可有可无的,道德只是医生的次一级的装饰品。福柯晚年孜孜不倦地为现代医生脑子里那些毫无情理可言的观念进行考据学的挖掘不是没有原因的。当把这样一套医生的思考逻辑应用于社会中之后,会引导着人们不知不觉地把社会看成一个活的有机体,并认为疾病会从这有机体的身上生发出来。有了这样的观念之后,诊治社会的医生也就应运而生了。在大的

---

① 费孝通:《评晏阳初〈开发民力建设乡村〉》,《费孝通文集》第5卷,群言出版社1999年版,第505页。
② 潘光旦:《潘光旦文集》第1卷,北京大学出版社1993年版,第279页。

有机体运行的理论基本确立之后,医生是不肯谈论什么理论的;西医更是缺少这种整体论的关怀,头疼医头是西医中司空见惯的医疗模式,这种模式通过一系列合法化的意识形态而成为现代医学的核心模式。

确实,社会的医生并没有比一般的医生高明许多。社会出现的各种问题被不断地重构成为社会整体普遍存在的问题,因此社会的疾病在每个人身上都可能会发生。虽然我们无法得出强有力的推论:医生的思维在影响着社会医生的思维,但是早期中国社会的改良主义者,特别是强调国民性改造的知识分子,他们大多曾经受到过西医的熏染并最终放弃了诊治病人的医生角色而成为了社会的批评家和社会医生;并往往都会借此阐发宏愿,要努力去拯救患上疾病的社会。在这方面孙中山如此,鲁迅也没有例外。借助民族性的反省和批判,每一个国民都被重新界定成"病人"。

作为近代乡村运动的旗手,晏阳初则是把目标瞄准了中国乡村社会。他认为,所有农民都患上了他凭借理性所诊断出来的"愚、穷、弱、私"这四大疾病,因此需要发动整个社会的力量对此加以诊治。这种思考乡村和描写乡村的模式在影响着中国近代以来民众看待乡村社会的眼光;可以说这是一种医生的眼光,是一种容不下一点病菌和疾患的眼光。它强调借助教育的途径对此类"疾病"加以诊治。在对1920年代开展的乡村建设运动的十年回顾中,晏阳初曾经说过这样一段话:

> 还有,中国的社会结构问题也就牵连到具体的"人"的问题。因了文化失调的高度而崩陷社会结构于纷崩,因了池湖积水的污浊和涸乱,而益萎竭了鱼的生命。中国人——尤其是大多数的农民——的衰老、腐朽、钝滞、麻木和种种的退化现象,更叫中国整个社会的问题,严重到不可收拾。①

当把一个社会界定为一个有问题的有机体时,特别是当有一批知识分子自信自己的目光优越于社会中其他人群的目光,并且拥有发表言论的特权时,这些知识分子也就转化成了诊治社会疾病的社会医生。今天我们经常使用"公共知识分子"这样的称谓来称呼他们,而在那时,就是指那些怀有忧国忧民之心的"文人"。这些知识分子大多肯花费极大的精力把自己的观念转变成为公共的言论,从而去说服国家以及社会的核

---

① 晏阳初、赛珍珠著,宋恩荣编:《告语人民》,第66页。

心力量去相信他们的判断,进而实现他们改造社会的目标。晏阳初无疑是这类知识分子的一个代表。

郝志东试图对关注中国乡村发展的知识分子加以分类,虽然这种分类的严密性还有待更加完整的资料检验,但不失为思考问题的出发点。①依据他的分类,晏阳初应该被归为批判型知识分子和有机型知识分子的相加;晏阳初一方面自认为代表着社会的良心,另外一方面并不与政府的主旨相违背,甚至不与全球话语中的资本主义集团的利益相违背。他一方面把农民想当然地诊断为是有着"愚、穷、弱、私"这四大疾患的群体,由此来彰显他的道德和良心,另外一方面他心安理得地接受美国洛克菲勒基金的资助去实现他的拯救农民的心愿。他也不与各种政治力量对立;可以见得,他受到各大军阀的欢迎,各大军阀普遍接受他的重建乡村秩序的理念和实践。②

我们不否认,晏阳初提出的"愚、穷、弱、私"这四种病症在某些农民身上有所显露,但绝不是在每个农民身上都会生发这类实质性的"疾患"。可是,这种界定却成为一种"话语"在影响着没有去过乡村、对乡村人的生活并不了解的城市人的思维;他们大多都会相信这样的界定,进而会支持对于乡村以及农民的进一步改造。即便是今天,延续这类思考的知识分子还是大有人在;他们或许是有过在乡村生活的经验,或许是访问过几户农民,或许是仅仅在乡下随便待几天,甚至还没弄清楚一些信息报告人在乡村里的身份及其口头报告的可信度,就匆匆赶回城市自己的家中,开始撰写有关中国乡村问题及其出路的调查报告了!

在这类写作的过程中,"界定"或者"下定义"是极为重要的一种写作和修辞的手段;这类作家们必须要标新立异地把自己所看到的和发现的问题书写出来,使这些问题成为公共问题。而这样做的结果很可能以偏概全。作为"沉默的大多数"的农民以及他们的生活在这些作家的书写中常常成为一种可界定的因而是被刻板化的对象。这些作家认为在乡村那里,人们的生活是散漫、混乱、缺乏凝聚力甚至是极度苦难的,并由此祈求国家以及外力的帮助来改变他们所描述的那些"不堪"的状况。

---

① 参见郝志东:《知识分子和农村发展:以山西省平州县为例》,黄宗智主编:《中国乡村研究》2007年第5辑,第135页。

② 关于这方面的讨论可参见赵旭东:《农民、公民与意识形态——由三十年代的平民教育所想到的》,《社会科学论坛》1999年第7—8期;郝志东:《知识分子和农村发展:以山西省平州县为例》,黄宗智主编:《中国乡村研究》第5辑,2007年,第135页。

当然,这一派系的学理思路也是极为清晰的,那就是强调在中国发展道路上的"中国特殊性";他们的问题意识也很明确,那就是针对乡村出现的问题,比如土地的问题、合作的问题以及金融的问题,等等,提出自己的解决办法,这种方法可以是干预式的介入,也可以是批判式的冷嘲热讽。总之他们都会共同关注乡村社会的改造和转化,特别是对人的改造。因此,整体而言,这一派的研究者是行动主义的:希望看到现实的变化,而不仅仅停留在理论争论上。

可以说,由此而养成的一种看待乡村的理念是实用主义加改良主义的,唯独不理会学理本身的争论,搁置所有的争论而直接去向他们所看到的"现实"中求得学问。他们基本上相信这样的说教,那就是,由于既有的西方理论无法应用于中国实际,因此就应该完全抛弃或者闲置它们,使得中国问题的特殊性更加合理化,并困守于中国问题本身;由此直接去描述中国的现实,并相信中国的问题便是中国特有的问题而非其他。① 但更应该清楚的是,这种描述预先把中国的情境界定为有问题的或者界定中国的乡村是有问题的。这种意识支配下的描述显然无法摆脱固有的偏见,这种偏见首先是观察者不肯看到乡村问题的历史连续性,进而不肯耐心地看待事情发生的过程,而仅仅是选取连续事件的某一个发展片段来代表整个事件,并将这些片段误读成整个社会。

如此发现的问题,就要想尽办法去解决;解决之道依旧是由外而内的,而不是乡村农民的自身愿望,当然这里或许有着农民的些许自愿。不过,问题是这类知识分子的改造人的想法如何能够和农民只求自身利益的补偿观念相互融合呢?

很多时候是各想各的问题。不论是早期的乡村建设运动,还是之后的新生活运动,甚至最近的新乡村建设,都无法真正从根本上解决农民自身的问题,正像一些社会调查指出的,农民并没有成为这些社会工程建设的主体,至少许多外来的干预力量都没有考虑到农民自身的需求和认知。② 更为严重的在于,农民的问题甚至还是外来者所想象出来的问题,

---

① 关于这一点,应星曾在对"华中乡土研究派"的村民自治研究的评论中有过讨论,参见应星:《评村民自治研究的新取向——以〈选举事件与村庄政治〉为例》,《社会学研究》2005 年第 1 期。同年,"华中乡土研究派"的核心人物吴毅等对应星的批评做出了有针对性的回应,参见吴毅等:《村治研究的路径与主体——兼答应星先生的批评》,《开放时代》2005 年第 4 期。

② 参见叶敬忠:《农民视角的新农村建设》,社会科学文献出版社 2006 年版,第 128—156 页。

那是在面对外来人的询问时所必须要回答的问题,而确实不是农民自身最为核心的问题。至于乡村社会的核心问题,或许是外来者永远都无法测得准的问题,因为即便农民自身有能力去表达,每个农民的最为核心的问题也不一定能统一起来。如果说有什么农民统一的、核心的问题,那可能也只是暂时的;随着时间和空间的转变,统一的意识和核心的问题会发生转变。从方法论的角度看,外来者的单向度观察,特别是带着先入为主观念的观察,在遮蔽着农民自身问题的表达,使农民失去了自我随意表达的话语权。

学院派:成为问题的中国乡村研究

难道在这个过程中就没有其他的探究中国乡村社会发展的道路吗?显然是有的,那就是社会学或者广义的社会人类学对于中国乡村的研究。它们对于中国乡村的研究兴趣最初肯定不在于中国农村的社会问题本身,而在于肇始于西方的社会科学理念本身,也就是西方学者在意识到了要把社会当成一个社会事实来加以研究以后所讨论的那套观念,比如社会结构、功能、规范、平衡、秩序、宗族、行动者、无国家社会等等,这些成为那些对中国乡村研究感兴趣的学院派学者的出发点。

在对中国早期乡村研究有极大影响的英国社会人类学家拉得克里夫—布朗(Radcliffe-Brown)那里,我们感受到了以社会问题为核心的一派与以社会结构的比较为核心的一派之间实质性的差异。在拉得克里夫—布朗的眼中,社会问题取向的那一派根本就够不上一门"科学",很多是就事论事的一种描述。

以社会结构比较为核心的那一派更加强调比较本身所含有的科学理念。在这派学者的眼里,社会问题取向一派就像在沙滩上采集贝壳一样,再多的五颜六色、形态各异的贝壳搜集都无法真正说明贝壳构成的共同性的结构特征,因此也就无法真正解释这些颜色杂陈、形态迥异的贝壳出现的原因。这个问题后来又被来自伦敦经济学院人类学系的利奇(Edmund Leach)在1980年代初重新提出来,成为拷问费孝通的一个问题,即一个乡村的研究能否代表整个中国乡村社会?在利奇看来,甚至是多个乡村的研究依旧无法具有代表性,这跟采集蝴蝶标本没有什么两样,并不能够对异彩纷呈现象背后的共同的社会结构特征有任何的贡献。费孝通的回答基本上是沿用了拉得克里夫—布朗的套路,认为可以用他后来的区域比较、进而是模式比较的办法来弥补村落研究的代表性的问题。①问题最终由于利奇在费孝通回答之前过世而没有了应答者;之后又随着费孝通的过世,更使这个难以回答的问题远离了新一辈学者的视野。但是,这绝不等于说这个问题已经不重要了,目前的情况是,面对正在发生深刻变革的中国乡村社会,多数学者已经是没有耐心来等待这个复杂的问题有了清楚的解决之后再去描述和观察中国乡村社会了。

这样一种状况可以近年来有关中国乡村社会的诸多村落研究的出版物为代表,其强调以田野工作和民族志为基础,不排斥直白的描述以及个案访谈,并在"质化研究"的名义下将这样一种方法例行化;从而缺乏了社会科学研究共同体共同认可的一项研究背后的"灵气":每一个村落的呈现都是既有框架的翻版,并无见诸研究者主体意识之下的社会科学概念的提升,更奢谈对乡村人类学自身学术积累的贡献了。尽管我们可以读到许多对中国乡村正在发生着的事情的描述,但是我们无法真正了解这些事情对于一门学科而言究竟意味着什么。至少拉得克里夫—布朗教授在1936年来华时所希望看到的通过中国村落的比较研究、进而形成对中国社会整体的认识,并没有得到清晰的显现。②

尽管费孝通没有彻底回答利奇提出来的问题,他还是做了极为认真的回应,以九十几岁的高龄去思考一个西方人类学者提出的尖刻问题,这不能不让我们深信,如此问题对于一位严肃的、而且是功成名就的人类学家而言是有多么重要。③ 同时,这种晚来的回应也让他有机会去重新思考,中国的乡村研究是否出现了危机和问题,以及是什么样的危机和问题。

在这一思考之前的学院派中国乡村研究,应该是无一例外地受到西方学术话语影响的一个领域。在这个领域中,我们看到的是不同于乡村建设学派的那种"中国乡村出现了问题"的问题意识,而是在一些既有的西方观念下进行着整体性的社会结构的描述。这些描述的前提同样是把中国乡村社会看成是各个部分相互关联的一个有机体,但是这一有机体

---

① 参见赵旭东:《历史·回应·反思——由"重读〈江村经济·序言〉"所想到的》,潘乃谷、王铭铭主编:《田野工作与文化自觉》(上),群言出版社1998年版。

② 参见拉得克里夫—布朗:《对于中国乡村生活社会学调查的建议》,吴文藻编译:《社会学界》第9卷,1936年。此文后来重新刊登在北京大学社会学人类学研究所编:《社区与功能——派克、布朗社会学文集及学记》,北京大学出版社2002年版。

③ 参见费孝通晚年有关这一问题的思考,费孝通:《论人类学与文化自觉》,华夏出版社2004年版。

不是病态的,而是在健康地运转着。这些描述者也不是担当着社会医生的角色而是担当着旁观者的角色,他们有耐心等待事情一件一件地慢慢发生,像是一位纪录片的摄影师,"客观"的描述便是目的;即便他们所描述的对象真的出现了什么问题,也由于这类"摄影师"坚守客观描记的学术原则,而不会动了感情去干预描记对象的行为与思想。

这样一种田野民族志的方法所要求的客观性准则,在马林诺夫斯基的成名作《西太平洋的航海者》中描述得再清楚不过了。自马林诺夫斯基之后,这种客观描述的方法已经成为人类学者的一种惯例,植根于每一位接受民族志方法的人类学家的民族志撰写中。不过,在1960年代马林诺夫斯基私人田野笔记被公开发表,由此我们看到了一位严苛的、以科学为理念的民族志工作者内心的脆弱性和复杂性,这与他作为一位有着科学理性的社会科学家的形象大相径庭。① 这些引发了1980年代美国人类学界民族志书写方法的大讨论,并导致了标示着后现代民族志宣言的《写文化》一书的出版;借此反省人类学家与当地人应该具有怎样的关系,此问题亦成为人类学界的一个极为重大的方法论甚至伦理问题。②

但是,争论归争论,田野民族志的方法依旧为社会人类学家们所坚守着,尽管有些人在试图做着变革,但是客观描述这一坚硬的内核不仅没有被撼动,甚至还有向其他学科传染和蔓延的趋势。许多非社会学与人类学的学科在研究中国乡村社会时也都开始有意地接纳社会人类学的民族志方法,并转化出来一个我们上文提及的"质化研究"这样的方法,实际这无非是传统民族志方法转换了一个新的名字而已。大部分接受这一方法的学者对这种方法自身所存在的问题似乎并没有任何的反思,而是采取"拿来主义"的态度,完全接纳了这种被想象成最为适合研究缺少文字传统的社会的人类学方法;甚至更多的时候还有意将民族志方法误读成为量化研究的对立面,即质化研究,并深信采纳了此种方法便是对量化研究方法局限的一种合理规避。

---

① 参见赵旭东:《马林诺夫斯基与费孝通:从异域迈向本土》,潘乃谷、马戎主编:《社区研究与社会发展》,天津人民出版社1996年版。
② 参见詹姆斯·克里福德、乔治·马库斯编:《写文化——民族志的诗学与政治学》(高丙中等译),商务印书馆2006年版。

走出学院派:问题与责任

如果说在中国还存在着一门学问,它的名字叫"社会人类学的乡村研究"的话,那么它自身必须承担起一种责任,这种责任就是要明白地道出今天的中国乡村究竟在发生着什么?这种正在发生的东西究竟对谁更为有益?这是以前的民族志工作者不去思考也不肯去思考的问题。如果说我们过去的社会问题论者的做法是过于主观化和一厢情愿的话,那么与之相对的社会人类学家们的乡村研究又可能是太过于自我封闭与孤芳自赏了:许多研究都还深陷在自己设定的问题框架内,而不能够直面正在发生着的社会生活本身。

另一方面,我们再没有像今天这样急迫地需要去思考这样的问题,即一个以"自己的人民"为研究对象的乡村人类学家该如何找到自己的位置。摆在我们面前的是一个两难的困境:从学术伦理而言,我们只有不去干涉我们所研究的对象,不把研究对象看成是不正常的或者是患有疾病的,才有可能得到我们认为客观的观察和描述;从社会道德而言,我们不可能不对和我们一样有着思维与情感的观察对象产生同情与帮助之心。比如,如何看待贫穷的问题,究竟是把我们眼中所看到的贫穷界定为一种实质性的贫穷,因此需要我们去干预和帮助呢?还是从这贫穷当中看到了我们自身的占有并对这种占有感到羞耻、进而重新调整我们的生活呢?

对于大多数人而言,选择从来都可能是困难的。如果仅仅是为了学术本身的目的,这种研究是没有问题的:只要能找到我们在办公室或者书房里设计出来的研究问题和假设的相关材料,那么对方究竟是怎样一种生存状况,与我们的研究似乎并不相干。这显然是不可取的一种做法;对于一个以"自己的人民"为研究对象的学者,这种做法更是不可取。但是,另外一种不以学术贡献为己任的社会问题学者想当然地以为乡村出了问题,所有他们看似"不合理"的现象都被说成是社会的病态而一股脑地加以批判,并以乌托邦的终极关怀来建构一种理想的社会模型,这也是不可取的。因为,社会变迁绝对不是按照这些社会改造论者的逻辑而展开的,即便在一定时期这个社会被这些人所强行改造,在另外一个时期,当这种改造的力量失去其合法性时,社会也会回复到其自身的发展轨道。对于实地研究者和自命怀有责任感的"公共知识分子"而言,最为重要的也许是如何找到一个契合点;在这个点上,乡村社会问题可以和乡村社会研究并接在一起,由此形成一个可以相互讨论的空间,而不是急于形成乡村改造与重建的实践纲领。很多时候,那些纲领可能都是以失败告终的。尽管许多学者批评中国传统文人说的多而做的少,但也许正是这种"清议"的传统,让我们的社会不仅保留了占社会绝大多数的农民的生活方式,同时又能够创造出来令人羡慕的维系这种生活的高雅文化。能够这样想,能够这样做,也许才算真正回到了中国问题的根本上去。

目前,随着城市化的发展,许多人开始担忧起乡村消失的问题。看到越来越多的乡村青壮年进入城市,老人和小孩留守在贫困的乡村里,他们就开始想象未来的乡村的消失。对于乡村,这些人带着预先的偏见,以为乡村正在变得失序,未来乡村可能会面临崩溃。他们忽略了一个更为重要的方面,那就是乡村作为一种文化与社会形态的自身转化能力。最近黄应贵对于台湾乡村看似即将崩解现象的研究为我们提供了一种另类思考,正像他所指出的,这样一种可能的乡村社会的崩解,实际只是一种社会形态在转化过程当中的一种过渡,而不是一般乡村问题学者所想象的那种乡村兴衰的问题。① 他对于台湾社会的观察让我们看到了事物发展的另一面,这一面并不是那么悲观。显然,黄应贵借用了萨林斯(Marshall D. Sahlins)的文化不会轻易转变的观念。萨林斯提醒我们,应该注意到本土社会自身转化外来势力的能力,文化并不是那种轻而易举就会消失的东西。② 这样的看法再一次回归人类学根本——对他者的关怀③,这种关怀不是先入为主地把他者看成是问题的发源地,也不仅仅将"我"与"他者"看成是研究者与被研究者的主客对立关系,而是要追溯到作为他者的本土社会自身的演化逻辑。这种逻辑在没有这种他者关怀的社会问题论者的眼中,可能就是一种非理性的逻辑,但是对于本土人自身而言却是再理性不过了,是一种"实践理性"。

随着时间的推移,过去人类学家曾经调查过的村落也将成为历史中的村落;寻访这些村落的现在状况已经成为当下中国乡村研究的一种主

---

① 参见黄应贵:《农村社会的崩解?当代台湾农村新发展的启示》,《中国农业大学学报》(社会科学版)2007年第2期。
② 关于萨林斯的讨论可参见赵旭东:《神话的文化解释及其争论》,《民俗研究》2001年第1期。
③ 参见王铭铭:《西方作为他者——论中国"西方学"的谱系与意义》,世界图书出版公司2007年版。

流范式①，在这种研究范式的引导之下，利奇向费孝通提出的村落代表性问题也许可以有一种新的解决途径。这种解决途径是将一个村落放置在一种自身演进的生命历程轨道上，由此我们能感受到一个可以微观把握的村落史。这样，所有发生过的事情之间的联系就不再是那种宏观历史学家凭借过于丰富的想象力而把不同时空下发生的同质性事件并接在一起的做法，那样一种并接，做出来的是一种任意性，却缺少了内在联系的实质性以及解释的关联性。

当然，对于回访者而言，回访是一件比较容易的事情；以最初研究的田野民族志为基础，所有的问题意识都可以借此描述而展开。但是要想真正看出一个村落的时代变化，却是一个怎样看待变化的复杂问题。这单单依靠结构功能论的缺少理论的客观描述是无法解决的，同时，这也不是历史学家的那种以过去解释现在的做法所能够完全理解的。1950年埃文斯—普理查德所做的"马雷特讲座"已经开启了一种要把人类学（以"当下"解释"当下"）和历史学（以"过去"解释"当下"）结合起来的努力，这也成为结构功能论之后英国人类学的普遍趋势。② 而在中国乡村研究中，这样一种田野民族志与历史学的结合至少不会早于1990年代。以王铭铭对于英美历史人类学传统的一系列介绍和评介为开端，他试图以此来超越以一个村落为基础的汉学人类学研究范式，并注意到了中国不是一个没有历史的国家，而是一个大小传统频繁交流、互动的文明。③

---

① 这方面当属庄孔韶教授的研究最为卓著。他不仅比较早地开展了对林耀华的《金翼》（庄孔韶、林余成译，北京：三联书店，1989年）研究的村落回访，而且有意识地将回访发展成一种研究中国乡村变迁的方法，关于这一点可以参见他的成名作《银翅》（三联书店2000年版）。另外，他还比较早地提出"乡村人类学"这一概念，鼓励一些人类学新人开展各种回访研究，并与其他人合著出版了《时空穿行——中国乡村人类学世纪回访》（庄孔韶等著，中国人民大学出版社2004年版）一书，可以说，此书的出版使回访研究在中国乡村人类学研究中成为一种范式的开端。另外，周大鸣教授对美国社会学家葛学溥（D. H. Kulp）1925年研究的广东潮州市的凤凰村进行了再研究，发表了《凤凰村的变迁》（社会科学文献出版社2006年版）一书。王铭铭教授亦在1990年代后期针对英国人类学家王斯福（Stephan Feuchtwang）1960年代中叶在台湾山街所做的民间宗教人类学研究进行了回访研究，并著有《山街的记忆》（上海文艺出版社1997年版），在他的鼓励下，其学生们走进云南，对于1940年代费孝通研究过的"禄村"、许烺光研究过的大理喜州的西镇、田汝康研究过的芒市都做了极为细密的人类学再研究，这些都成为中国乡村人类学回访研究范式的经验基础。从事回访研究的地点不仅如此；可以见得，回访研究已经成为一种研究趋势，这种趋势可以化解人类学缺少历史感或者宏观史学缺少地方感的那种缺憾。

② E. E. Evans-Pritchard, 1950, "Social Anthropology: Past and Present," *Man*, vol. 50, no. 5, pp. 126—129; 关于英国社会人类学民族志传统中的历史取向的总结可参见 Ioan M. Lewis, 1999, *Arguments with Ethnography: Comparative Approaches to History, Politics and Religion*, London: The Athlone Press, pp. 1—25.

③ 参见王铭铭：《溪村家族——社区史、仪式与地方政治》，贵州人民出版社2004年版。

这样的一种努力使我们看到了社会人类学就事论事的结构功能论传统在理解中国乡村社会时内在固有的理论缺乏。这种传统使许多不肯有更多理论思维的学者试图走直面现实社会的捷径,并以为客观的呈现便可以构建出一种理论,这想法显得过于天真。在阅读了那些自称是民族志的、实际上很多是啰嗦的村落描述之后,那种"食之无味、弃之可惜"的鸡肋般印象是怎么也无法挥之即去的,可这些作品都自称是在反映真实的乡村社会!

过程中的观察:构建中国乡村研究的地方历史感与责任感

乡村研究中的回访或者历史视角都在试图让我们看到事件发生的过程,也只有在这一过程当中,结构的约束及其转化形式才具有真正的现实意义。在历史缺乏的民族志中,我们确实无法真正感受到时间的变化,也就无法形成一种村落变化的过程感和历史感;相反,如果仅有历史事实,缺少民族志的关怀,一种时空结合的地方感也无法真正得到彰显。在这方面,过程和结构的结合将是我们理解中国乡村当下变革的两个共变量,缺少任何一个,理解都只能是片面的,而且找寻不到描述的意义所在,也找寻不到历史事实搜集的意义所在。

今天,中国的乡村似乎出现了问题,同时也正在悄然经历着一场可能会转变乡村社会性质的社会转型,这是长久以来就存在的社会问题论者的普遍共识。① 他们都是以一种医生的眼光来看待这个社会的,所以在他们的眼中社会自然就是病态的,正像任何人都潜在地有患上某种疾病的可能一样。另一方面,学院派的社会学家和人类学家在这个问题上又似乎过于远离社会本身,在他们的笔下无法真正体现出人与人的互动过程;凝固的时间成为当下,见不到活着的人,也见不到社会自身的变动过程。上述两种思路似乎都在有意抛弃时间这一维度,没有耐心看待事物本身的转化和演进,而这恰是两者都无法达成对中国乡村文化内在动力理解的根本原因所在。在这个意义上,回访研究把时间拉回民族志的描述框架中,历史人类学把文明演进史宏观与微观的互动过程揉进一个个孤立的村庄中,使这些村庄有了一种地方感,也有了一种文明感。

---

① 参见冯小双:《阅读和理解转型期中国乡村社会——"转型期乡村社会性质研究"学术研讨会综述》,《社会学研究》2002 年第 1 期。

同时,作为直面中国乡村社会变革的人类学家,也应该有一种理性的责任感,这种责任感不仅仅是个人的良心发现,更应该是学术共同体学术伦理的基本共识。我们现在并没有形成这样一种共识,对于乡村的贫困、污染、疾病、暴力以及人身伤害等等负面社会现象,如果不采取一种医生态度,那么我们又将做何反应? 在今天,学者还要沉默地从事着自己的客观记录吗? 显然这是不可以的,也是不可能的。随着社会共同体危机意识的增强,世界逐渐地因为发达的媒介等因素而一体化,在此所有人都可以感知到生存空间的压力,比如环境在全球范围内遭遇到的破坏,这些都需要我们切实地去做一点什么。

但是,我们却不知道该如何行动,至少对于人类学家而言,情况就是这样。对于那些认为乡村全部是问题的、带有某种政治倾向和企图心的学者和社会活动家,我们又无法与之保持认同。那么作为一位以冷静的客观描述为己任的人类学家或者社会学家,在面对受到伤害的农民或者受到污染的乡村时,该如何做出自己的反应呢? 干涉还是不干涉,这是摆在中国乡村研究工作者面前的一个难以解决的学术伦理问题。在1966年召开的美国人类学大会上,当一位会议成员大声喊出"大屠杀不是人类学家的专业兴趣所在"这样的话时,会场顿时哗然;许多人谴责这样的做法,学术共同体的道德伦理因此得到了体现和保持。[①] 在中国乡村研究中,这样振臂高呼的学术共同体伦理共识尚没有达成。所有的学术规范都来自学术之外,而不是从这一学术共同体自身当中营造出来,至少中国人类学的现状还是如此。

"为了学术而学术"的"小资情趣"显然已经不再适应这个时代。在越来越多的人自觉为权利而抗争的时候,在越来越多的人参与到了这种自我权利的能力建设中的时候,直面中国乡村社会的人类学家应该秉持怎样的立场和态度,是当今中国乡村研究遭遇到的最为重大的问题。尤其是,大部分学者是其所研究的这个国家人民的一部分,那么,他或她该如何去行动? 积极的参与观察和独立的理性思考,加上历史的过程视角和负责任的事件描述,并努力建构一个大家认可的基本的学术伦理规范;这些也许是当今中国乡村研究无法避开的策略性选择及未来的努力方向。

---

① John Gledhill, 2000, *Power and Its Disguises: Anthropological Perspectives on Politics*, London: Pluto Press, pp. 221—222.

从"问题中国"到"理解中国"*

——作为西方他者的中国乡村研究及其创造性转化

中国近三十年的乡村研究笼罩在了一种"问题解决"的思考范式之下而不能自拔,这样做的前提是把乡村笼统地界定为一个问题的乡村,这样的做法无疑沿袭20世纪30年代在中国展开的以晏阳初为代表的乡村建设运动的思维模式,以现代城市的眼光去向下看传统的乡村,并在乡村与城市的连线上寻找农村问题的解决路径。①

在这个意义上,农村的问题转变成了如何去接近城市的问题。与此同时,大规模的村民自治的展开迎合了城市对于公民权利追求的那种西方意义上的民主诉求,而与之相应的是,村落政治的研究寻求的是如何在本土资源的层次上为这种舶来的、想象中的民主政治在乡村这块土地上找到可持续生长的发展空间,乡村生活方式的描述成为"中国特殊论"的一种借口,过多的事件过程的分析强化了乡村成为一个有问题空间的社会记忆的强度。

所有这些对乡村的改造和问题意识,在我看来都是观察者带着强有力的外来者的观念和想象,从而把他们所关怀的乡村界定成为一个有问题的地方。但是,乡村之所以成为问题,也许根本的不是乡村自身的问题,而是一个东方文明在面对西方的现代性所体现出来的问题的一种折射。显然,这些并非专业的也不以理解和宽容为怀的中国乡村社会研究者,他们并没有将自己的事业扩展到更大范围的"文明的碰撞"上,而是目光向下只看到了"乡村问题"。在此意义上,跟早期中国乡村研究的路径类似,中国乡村在这些研究者的眼界之中成为了一种"西方的他者",这不再是"自己看自己"的一种生活实践,而是从"遥远的他者"的视角反过来把近距离的自己看成他者的一种颠倒的认识论。

---

* 原载《社会科学》2009年第2期,第53—63页。
① 赵旭东:《乡村成为问题与成为问题的中国乡村研究》,《中国社会科学》2008年第3期。

原子化与村落共同体

许多有志于中国乡村社会研究的学者更乐于将自己标榜成为一名脚踏实地展开田野调查、对于西方的理论不管不顾、直面当下乡村现实的乡土研究者,但是他们的问题意识很快就转变成为了如何借助调查来呈现当下乡村困苦的状况进而实现其改造乡村的目的。① "原子化"是这样一批研究者发明出来的对于当下中国乡村社会存在状况的基本判断,贺雪峰分析当下中国乡村社会状况时,借用马克思对于农民整体的"一袋马铃薯"的比喻,来类比中国当下乡村农民的关系状况,认为当下的乡村,特别是靠近湖北荆门的乡村呈现出一种"村庄内部村民与村民之间关系链条的强度和长度都很低"的原子化状况。②

上述这种外来的观察者对于乡村社会发展中村落共同体逐渐解体、人们相互之间呈现一盘散沙的状况表现出极端忧郁,我们需要更加清楚地意识到这样一个学理的问题,那就是为什么乡村社会原本就一定是非原子化的? 这也许是近年来的乡村建设以及乡土社会研究的学者所没有意识到的,而实际却是一个带有实质意义的学术问题,这个问题不解决,所有的后续研究都可能是虚妄的。

非原子化的村落共同体的概念,或者费孝通在《乡土中国》中所一再指出的跟泥土紧密连接在一起的乡村社会的组织形态,都显然是跟早期德国社会学家滕尼斯所做的礼俗社会与法理社会或者法国社会学家涂尔干所谓的机械团结与有机团结的二元区分密不可分,这在更大的范畴上便是城市与乡村的比照及其在生活形态上的对立。在这里,我们需要进一步追问的则是,中国乡村与城市之间是否真的存在这样一种对立? 或者也可以反过来说,以城市的眼光来审视乡村,或者忧虑乡村变得越来越像城市,这背后不是在坚持一种预先接受下来的城市与乡村、现代与传统这样的二元区分吗?

对此分类概念最先提出挑战和质疑的是马克思。他在对印度的民族志资料进行了详细的研究之后所提出的"亚细亚生产方式",便是试图要

---

① 参见贺雪峰:《什么农村,什么问题》,法律出版社 2008 年版,第 1 页。
② 贺雪峰:《乡村治理的社会基础——转型期乡村社会性质研究》,中国社会科学出版社 2003 年版,第 220 页。

打破既有的把城市与乡村对立起来的做法的一种颠覆性的怀疑。他从人类学家丰富的民族志当中看到了在西方以外的印度所体现出来的不同于西方的乡村社会的治理模式，这种治理模式不同于西方历史上独自成为一体的封建时期的公社制度，而是"个体的公社把国家当作他们共同耕种的土地的真正主人"，国家看起来是一种外在的剥削性实体，但是东方的老百姓却不这样认为，"他们认为国家是一种慈善机构，施舍给他们赖以生存的土地"，结果国家在老百姓的心目中要么是统治者，要么就是如上帝的化身一般来对其加以膜拜，进而导致了不可一世的专制君主的产生，这特别体现在以灌溉为核心的专制权力运行的有效性上。①

在这个意义上，对于当下农村原子化的概括显然是缺乏宏观比较、只见树木不见森林的短视，而基于此概念基础之上的所谓"半熟人社会"的概念的提出更是没有看到基层社会从来就不是封闭和自身一体的历史事实，一个村落共同体可能并非像一般人所构想的那样是一个把所有人都圈定在一起的孤立的村庄，大家生于斯、长于斯最后葬于斯，但是在这些生与死的节点之间却有不断的离开与返回，否则我们无法理解那些令人悲伤的离别之词以及令人欢喜的聚会之词会如此地让所有的中国人都产生一种共鸣。② 离别和再次聚会成为了村落共同体生活的一部分，原子化也许是发生在离别之时，却可能为年节之时的回归故里所否定。原子化的趋势与共同体的周期性恢复构成了乡村生活的全貌，孤立地看待这个全貌，自然是一种印度人所嘲笑的那种盲人摸象一般的不着边际了。

宗族政治与乡村民主政治

与乡村原子化的讨论不同的是，自 20 世纪 90 年代以后，一大批的研究者特别关注于村民自治发展进程中的宗族政治对这种未来可能的乡村政治民主化的消解作用。这些学者中有一部分寄希望于中国民主进程的迈进可以先从乡村开始，恰如贺雪峰所总结的那样，他们带着强烈的本土政治关怀，希望"尽快地自上而下改变中国，加快中国现代化的进程"③。

---

① 〔英〕布洛克：《马克思主义与人类学》，冯利等译，华夏出版社1988年版，第42页。
② 对这一点，英国人类学家石瑞（Charles Stafford）有精彩的分析和民族志描述，参见 Charles Stafford, 2000, *Separation and Reunion in Modern China*, Cambridge: Cambridge University Press。
③ 贺雪峰：《什么农村，什么问题》，法律出版社2008年版，第1页。

在各种海外基金会的资助下,乡村成为实现西方民主政治的一个试验场。

在这种氛围影响之下,"村治"成为跟传统"宗族"相对立概念而应用于对乡村政治及其组织发育的解释之中。"村治"成为村级治理的一个代名词,指涉"在村民委员会社区内及与村级社区相关的公共事务的组织、管理和调控"①。而在村治概念的最初提出者看来,村治更多的是跟乡镇以下的乡村密切地联系在一起,特别是关注"村民自治的治理结构",强调"村委会的管理行为属于群众性自治行为"②。

显而易见,后来的研究者在修订先前的村治概念中已经不再有意强调村民自治的问题,而是径直把村治这一原本是借助乡村自治来体现西方民主精神的最初的国家意志转变成为了一个乡村政治学的概念,那就是对于"公共事务的组织、管理和调控"。在这种修辞性的变换之中,"村民自治"被彻底地从研究者的视野中取消掉,取而代之地把西方民主概念中核心要素的"公共"引入到村治之中。郭正林甚至直截了当地指出,"村民自治"难于反映村庄治理的复杂结构,而提倡用"村政"的概念来替代村治。③

在这种概念转换当中,我们看到了对西方民主概念接纳的崭新空间,在这个空间里,村落政治学者径直地把村落的生活空间转化成为政治空间,公共事务成为与西方市民社会对等而无差异的建构主体来加以建构,并通过比照在乡村社会中持续发生着影响力的宗族的活动,进一步强化在宗族制度之外来建构村落新的公共空间及村治的可能性。在对村落宗族细致调查的基础之上,研究者所得出来的结论竟然不是乡村宗族本身发生了哪些根本性的改变,面对他们构想中的宗族本应该能够做些什么,而现在却无法发挥效能的一种凄凉之感;另外一方面他们却又进一步把宗族界定成为一种必须要加以超越的、自身无法发生改变的村治发展的障碍,新的村治资源因此需要再去寻找。

宗族意识在1979年以前的讨论并非是学者关注的主流,人们受一个时代的政治哲学的影响更加乐于考察乡村社会中的阶级关系,特别是地

---

① 肖唐镖等:《村治中的宗族——对九个村的调查与研究》,上海人民出版社2001年版,导论。

② 张厚安:《中国农村基层政权》,四川人民出版社1992年版。转引自肖唐镖等《村治中的宗族——对九个村的调查与研究》,上海人民出版社2001年版,第7页注释2。

③ 郭正林:《中国村政制度》,中国文联出版社1999年版。转引自肖唐镖等《村治中的宗族——对九个村的调查与研究》,上海人民出版社2001年版,第7页注释2。

主和农民之间的关系,宗族似乎已经在1949年以后随着毛泽东所说的"推翻三座大山"的口号而销声匿迹了。但是,在1979年以后,伴随着全国落实家庭联产承包责任制以及集体化力量的衰弱,宗族或家族意识逐渐得到恢复,人们开始组织起来重新修建祠堂,特别是在华南、东南以及赣南地区,情况更是突出。学者的研究视角,特别是一些历史学者开始逐步有意识地关注宗族的历史与现状的研究。① 实际上这个问题并非像一些后来的调查者所认为的是没有先例的,这方面的研究既有历史学家的研究更有人类学家的研究,早期有胡先晋和林耀华的研究,之后还有英国人类学家弗里德曼对于中国华南宗族的整体性研究,所有这些都不否认宗族在地方社会所发挥的积极作用,特别是在与国家的关系上所体现出来的自我保护和基层社会秩序维持的功能。

也许我们可以把所有那些不研究宗族在中国文化中的发展历史而直接研究乡村宗族现状的学者统称为中国乡村宗族问题的界定者,这些界定者更加乐于询问当下乡村社会中存在的宗族与20世纪90年代中期以后强行推进的村民自治之间如何平衡或者替代?但是在这里最应该清楚的是,宗族及其组织形态从来就不是乡村社会所独有的,其严密的组织形态以及其背后的意识形态是在宋明以后才在乡村得到由上而下灌输和构建的。在这个过程中,掩藏着一套统治者用来模糊地主和农民之间对立关系的手段,这便是宗族的实际政治功用,在这个意义上,"敬宗收祖"仅仅是一种文化的修饰,其背后的地主和农民之间的对立关系在一定意义上得到了缓解。②

并且,把宗族专门拿出来使其成为民间组织的代表来跟国家对立,这显然也是研究者想当然地把国家与社会关系的西方政治学解释框架强加在对于乡村社会性质的理解之上。实际上,对于国家如何看待乡村,自古就有所谓"官治"与"自治"的分野,到了20世纪上半叶,这种分野变得更加明确,所谓"官治"就是"由国家自上而下任命官员运作的国家行政",而"自治"则是指"由地方社会自下而上推选本地人士运作的地方自治",后者显然是在某种程度上属于清末新政的核心内容,而此一核心内容无

---

① 钱杭:《现代化与汉人宗族问题》,载李小云、赵旭东、叶敬忠主编《乡村文化与新农村建设》,社会科学文献出版社2008年版,第109—123页。
② 王思治:《宗族制度浅论》,载中国社会科学院历史研究所清史研究室编《清史论丛》,中华书局1982年版,第156页。

疑是受到西方的地方自治制度的影响。①

即便是这样,宗族也仅仅是地方自治组织的一个方面而非全部,华北的地方社会就不像华南地方社会那样明显地受到宗族组织的作用,其地方组织形式还包括地方团练、青苗会等。并且,更为重要的是,这种自治的理想从来都没有真正地实现过,在清末由于中央集权的地方控制,使得乡绅的权力受到极度的控制,他们并不能够在一些公共事务之外真正起到沟通上下的中介权力的作用。

而到了民国以后,现代国家力量的下伸,在一定程度上激发起来了地方社会的宗族意识,此时,宗族不仅无法承担地方自治的核心组织的功能,甚至成为了障碍,而与此同时,面对民国时期由上而下摊派下来的苛捐杂税,宗族头人偏袒自己宗族成员的实例屡见不鲜②,这跟20世纪90年代以来由村民自治观念所引发的宗族意识以及宗族认同的自我强化有着异曲同工之处。

如果非要从民主政治的对立面去看待宗族的话,宗族确实表现出来一些与民主政治相悖谬的特征,诸如不讲求平等、缺乏法律精神之类,但是在做出这些判断之前,我们借用的标准究竟是什么呢?如果借用的是西方的民主政治的理念以及法律精神,那么作为西方他者的中国乡村组织形态之一的宗族组织在这些方面都应该是缺乏的,因为它自身被设计和发明出来之始就不是依照西方人的民主政治和法律精神来构造的。

治理的观念与乡村政治的误读

无可否认,在20世纪80年代以后或者更为确切地说是20世纪90年代以后的中国乡村研究中,乡村政治是一个核心的话题,伴随着西方各大基金会对于村民自治研究力度的加强、村级选举在全国乡村的全面展开、2006年以前的与农业税费征收导致的"三农"问题的凸显,似乎阻碍乡村社会发展的核心要素是一个乡村政治的问题,甚至可能仅仅是简单化到乡村如何治理的问题。西方语境下的治理观念通过理论的旅行转变到了中国乡村治理的问题,我们确实很少见到"治理"这两个字在城市语

---

① 魏光奇:《管治与自治——20世纪上半期的中国县制》,商务印书馆2004年版,自序第1页。

② 对于这一点,杜赞奇的研究对此有过很细致的回顾,参见杜赞奇:《文化、权力与国家——1900—1942年的华北农村》,江苏人民出版社1995年版,第97—102页。

境中的运用,在那里好像不存在所谓治理的问题,仅仅是既有的政府管理职责如何发挥其功效罢了。但是要知道,治理这个词汇最初却实实在在是跟城市官僚体制的管理密切地联系在一起的。

20世纪80年代以后,国家意识形态层面上对于民主观念的接纳,使得乡村政治的民主化意识得到加强,对这个趋势的判断大体是正确的。在邓小平的思考中,改革开放的核心被确定为是要解放思想,而在他看来,解放思想的先决条件是要重开民主之风,在1978年年底的那篇名为《解放思想,实事求是,团结一致向前看》的中央报告中,邓小平为"民主为先"而非"集中为先"讲了一段话,强调"解放思想,开动脑筋"去开展民主建设。① 这样由上而下的风气引导对于民主观念在中国的整体取向影响,至少在城市无法展开的或者因受到一定阻碍而停止下来的民主政治被转移到了有深刻新的一轮乡村改造当中去,这种改造的过程跟今天所理解的治理这个政治概念之间有一定的关联性。于建嵘曾经借此断言,"国家在政治上的民主化取向,是'乡村政治'体制产生的契机",或者反过来说也一样,"'乡村政治'体制是国家民主化取向的结果"②。

联系前面邓小平的中央讲话以及那个时期相关的政策文件,我们确信于建嵘的判断是不无道理的,但是真正把这样的由上而下的民主观念引入到乡村政治以及后来的乡村治理研究中去的却是一批位于中国领土的中心而非政治中心地带的边缘的政治研究者,他们是一批以政治学研究为依托,却又俨然与坐在书桌旁的那些政治学家们的研究旨趣有所不同的学者,他们"重心下沉",基本上是全盘接受了社会学与人类学的社区研究方法,更确切地说是田野调查的方法,以此来研究基层的乡村政治。这批学者有着极为强烈的改造乡村政治状况,或者更为确切地说是为了使乡村获得良好治理这样的价值观念来审视当下中国乡村,并为中国"乡村的前途"而担忧的一批年轻人,这派研究者地域属于"华中"并以华中来命名自身。他们研究旨趣的转变经历了最初的"村民自治研究",到中间的"乡村治理研究",再到最近的"乡村治理的社会基础研究"这样

---

① 邓小平:《解放思想,实事求是,团结一致向前看》,载中共中央文献研究室编:《三中全会以来重要文献选编》(上),人民出版社1982年版,第23页。
② 于建嵘:《岳村政治——转型期中国乡村政治结构的变迁》,商务印书馆2001年版,第423页。

三个阶段。①

　　实际上这样的发展进程是由政治问题而转入到社会学问题中去,而后来的一些争论似乎也都跟此社会学的转向有着密切联系。这批学者被正统的社会学者讥讽为不讲求研究进路,有着一种野性的思维,他们对此所做出的回应,构成了中国乡村研究争吵的焦点。在这里我无意去评论这场争论的是是非非,终究学术是在争论之中得到发展和壮大的,如果是真学者根本不会在乎别人的评价。

　　因此,在这里,我更加关注这批学者不加反思地接受下来的"治理"这一概念,并将其应用于中国乡村社会与政治的分析。自治和治理显然是差异极大的两个概念,但是在这些研究者的眼里似乎并不值得对这两个词汇的词源学做些谱系学的考察,反倒认为这只是一种极为自然的学术旨趣的转变。

　　至少在这种词汇的转变之中,一种地方自治的观念被取消,取而代之的则是以"在一个既定的范围内运用公共权威维持秩序,以增进公众的利益"为内涵的"治理"(governance)这一概念。②徐秀丽和俞可平的研究专门对于"治理"(governance)和"统治"(government)两个词进行了区分,她们极力强调的就是,"治理的最终目标是实现善治(good governance)",而"善治就是使公共利益最大化的社会管理过程"③。我们看到国家在这里隐去了,能够见到的只是行使统治作用的政府。国家以外的自治的可能性也因此被取消,取而代之的是在各处似乎都应该如此的"善治"。显然,福柯(Michel Foucault)的"统怀"(governmentality)的概念被颠倒过来使用,成为把统治与关爱结合起来的一种新的治理方式和目标,这便是所谓在现代世界上到处都在推行的善治。非洲如此、拉丁美洲如此,中国当然也没有例外,大凡接受西方市场经济与民主法制观念的国度都试图在这一政治目标上付出努力。

　　实际上,治理与统治本来是一体的,治理所强调的公共利益以及对于人口、安全及政府的强调,乃是现代西方自16世纪以来发展出来的一整

---

①　贺雪峰:《私人生活与乡村治理研究的深化》,载贺雪峰:《乡村的前途——新农村建设与中国道路》,山东人民出版社2007年版,第269页。
②　徐秀丽、俞可平:《中国农村治理的历史与现状:以定县、邹平和江宁为例》,载徐秀丽主编:《中国农村治理的历史与现状:以定县、邹平和江宁为例》,社会科学文献出版社2004年版,第1—70页。
③　同上书,第7页。

套的统治术(art of government)的现代形式,而绝非那些把西方治理观念引入中国者所宣称的那样的去统治化。而更加麻烦的是,当把这样的观念不加反省地应用于中国乡村,进而把传统的乡村政治只是理解成为在新形势下的乡村治理,这绝对是一种风马牛不相及的联想。无可否认,随着治理观念的深入人心,基层带有几分暴力色彩的统治已经在逐渐减少,但是为了给老百姓谋福利,为了村庄的公共利益最大化而开展的一系列的新农村建设实际已经使地方的老百姓重新陷入到一种欲罢不能的怪圈之中。如何重新在中国乡村去理解类似西方的治理观念的成长过程,而非照搬这样的概念,在今天的中国乡村面临巨变的时期,显得尤为及时和必要。

写文化与缺乏民族志视角的政治游戏

20世纪80年代以后的人类学开始了自我反思,对于由人类学家所书写的异文化的真实性表示出了极大的怀疑,这种怀疑不是建立在如何构建一种新的研究途径来保证这种真实性,而是更加地觉悟到被人类学家所描记的真实只可能是一种部分的真实,有很大一部分是在特定情境下的虚构。这是《写文化——民族志的诗学与政治学》这本书最想提出的一种民族志的反思。① 在这种反思之中,民族志叙事的客观性被打破,而民族志的生产或制造过程却越来越受到具有反思精神的人类学家们的关注。人们开始用各种新的书写方式来表达经典民族志所恪守的客观性观察的不可能。

这种反思也间接地通过介绍西方的反思社会学与人类学的理论到了中国,从而带动了一批研究中国乡村的学者开始使用一种更加自由而不受学术概念范畴限制的书写形式来表达乡村的政治:曹锦清的畅销书《黄河边的中国——一个学者对乡村社会的观察与思考》就是作者以日记体的格式对于黄河边的乡村政治的日常细节的描述;以纪实的报告文学形式,运用社会学的实地调查来对安徽乡村农民生活状况的书写而曾经闹得沸沸扬扬的《中国农民调查》也属此类。2007年出版了两部同样是采取类似纪实文学同时又强调自己的民族志基础的中国乡村政治的研究,

---

① 〔美〕克利福德、马库斯:《写文化——民族志的诗学与政治学》(高丙中、吴晓黎、李霞等译),商务印书馆2006年版,第34页。

一本是于建嵘撰写的《当代中国农民的维权抗争——湖南衡阳考察》,另外一本则是华中学派的核心人物之一吴毅撰写的《小镇喧嚣——一个乡镇政治运作的演绎与阐释》。

这些作品的共同特点就是问题意识极为鲜明:通过实地的调查和观察提出当下乡村所存在的实际问题及其解决方案。因此不论是经由实地的调查还是特定的虚构,我们能够阅读到比较丰富的实地调查资料,这些材料以访谈、直接引语、间接引语以及档案材料等书写形式得到表现。这些作品都不能不说没有故事性,但是在我看来,又都确实缺乏民族志的浓郁的描述,尽管其中也有作者曾经提到了这个20世纪70年代以后在人类学中已经成为常识的概念,特别是在《小镇喧嚣》这本书中,作者的初衷肯定是想达成一种"深描",但是事与愿违,由于把深描仅仅误读成为一种跟量化研究相对的质性方法而使"神庙背后的理解的意味"消失掉,取而代之的是让人有些厌倦的访谈资料。在这里,特别是在读了一些相关的对于当下中国乡村的政治生活的模仿民族志的描述之后,我所感受到的是奥特纳(Sherry B. Ortner)在批评《弱者的武器》等相关研究时所发出的感慨,即"缺乏民族志视角"的书写。这实际上不是说他们的那类研究缺乏经验的材料,而是缺乏一种民族志的姿态,这种姿态所强调的是"运用自我来理解另外的生活世界"①。在这里,"理解"两个字极端重要,因此是理解而不是强加另外一种解释,这是民族志最为根本的东西。

我们不会否认在新世纪之初出版的《黄河边的中国》②的影响力,百度搜索中23000相关信息以及十几次的重印都足以说明了这部著作的广泛影响力。在中国,一本书被称之为畅销书一定要有非专业人士阅读和支持,《黄河边的中国》无可置疑地应该算是自《乡土中国》之后的一本有着广泛读者群的、由学院派学者撰写的、研究性和叙事性并重的学术著作,作者跨越了乡村描述的局限,以游记的形式把古老黄河沿岸居住的人民日常的生活和政治记录下来,并以这些记录为依据进行学术的思考和反思,这样的记述方式彻底打破了社会学纯粹概念与数字叠加的沉闷写作方式,借用日记体的游记形式,把自己的眼睛所看、嘴巴所问以及脑子所想的东西都一五一十地记录下来,构成了一幅关于20世纪末中国乡村

---

① Sherry B. Ortner, 1995, "Resistance and the Problem of Ethnographic Refusal", p.173.
② 曹锦清:《黄河边的中国——一个学者对乡村社会的观察和思考》,上海文艺出版社2000年版。

状况的画卷。

这幅画卷不能不说不丰富,其中有各种的人物、各种的事例、各种的风景,当然还有各种随着情景而发生改变的问题意识,但是,我们不能不遗憾地说,这样一本对于乡村的记录是缺乏民族志的厚度的,更为重要的是缺乏一种理解的厚度。尽管作者想尽了各种办法来直接接触到第一手的资料,访问到当事人本人,参与观察了各种各类人的生活、言谈和思想,但是却不能够真正地从当地人的视角给出一种更加有深度的理解。如果你还想从光怪陆离的现象背后了解些什么的话,那是肯定不存在的,存在的只是这些浮现在我们眼前,已经被作者描写得没有一点想象空间的各种事件和访谈所遭遇到的人。即便是对于这些现象的描述,作者并不能够形成一个乡村区域的整体认知,就如感觉刺激敲打在感觉器官上而不经过大脑的加工一样,无法凸显出来这被辛辛苦苦描记下来的事实究竟对于当地人而言意味着什么?

作为历史材料的积累,这些日记肯定是没有问题的,是乡村发展到特定时期的一种反映,半个世纪以后,一定是一份不错的历史档案,但是作为对当地人的理解,似乎还远了一些。读罢,总有一种感觉,那就是作者极为强烈地想要用这些来说明乡村的问题以及用这样一种说明来改进乡村的生活,对话的对象似乎是遥远的国家决策者,而不是农民自身的生活及其意义的表达。在这里,我们看到了作者眼中的政治只有经济、税收和国家之间的互动,其他的东西都被"消毒"(奥特纳语)杀灭干净了,能够反映当地人对于世界理解及其价值观念的宗教几乎是见不到的,似乎那里的人们除了和地方政府"打游击"来逃避征税之外就再也没有其他的生活了。

同样地,尽管《中国农民调查》一书的作者一再地声称自己是文学家而非学者,但是他们却不是一般的文学家,而是通过实地的调查想反映乡村真实状况的纪实文学家,他们的做法多少跟研究乡村的社会科学工作者有着类似之处,如作者所说的,"从2000年10月1日开始,我们从合肥出发,地毯式地跑遍了安徽省五十多个县市的广大乡村,随后,又尽可能地走访了从中央到地方的一大批从事'三农'工作研究和实践的专家及政要,作了一次长达两年之久的艰苦调查"①。

即便如此,我们还是看到了非专业的民族志撰写者在书写上的漏洞,

---

① 陈桂棣、春桃:《中国农民调查》,人民文学出版社2004年版,第4—5页。

在这两位文学家的浪漫化的思维和描述当中,农民被刻画成为了一个整体,其内部的分化、不同年龄、性别以及地区的差异似乎一下子都变得不存在了,给人的印象是农民在一致性地反对地方上的恶势力,而乡村政治也就变成是对这些恶势力的铲除,并借助由上而下的"清官"来实现这样的铲除,从而再一次重复并强化了一个在中国历史上并不缺乏的因冤屈而获平反的叙事类型①,同时也在不断强化着一个多世纪以来对于农民形象建构的话语模式,在这里,农民被描述成为极端的弱者和强者的混合体,一方面可以成为逆来顺受的"良民",另一方面也可以成为其对立面,如两位作家所描述的那样,"中国的农民,可以说是世界上最善良、最听话,又最能忍让的一个特殊的群体,可是,一旦被激怒,又会骤然成为世界上最庞大、最无畏又最具有破坏力的一支队伍"②!

这样的描述让我们想起早期传教士对于中国农民性格描述的那种姿态,在明恩溥所撰写的著作中不乏此类描述。③ 但是,我们说这类的描述显然是缺乏民族志的姿态的,更是在做着消解行动者的工作。农民作为一个群体,其内部存在着一定的分化,正是由这分化而引出因为相互的合作与冲突而引发的乡村政治,这些政治显然不单单是服从与反抗这样简单,这也许是大历史书写中所惯常使用的一套春秋笔法,但是对于由农民所构成的乡村社会而言,这套书写就转变成了一种消毒剂,文化在这里消失了,有着自我反思能力的行动者也在这里消失了。

在一定意义上,于建嵘所撰书的《当代中国农民的维权抗争》几乎就是以斯科特为代表的抵抗研究的中国版,尽管从理论的衔接上,前者并没有后者那样的清晰和明确。在一定意义上,这些作者都会承认,抵抗是弱者的抵抗,维权也一定是弱者的维权,这在于建嵘那里以及在斯科特那里,都似乎是不言自明的公理,但恰恰是这一"公理"出了问题。因为,无法否定还有跟这一公理相左的社会事实的出现。因为我们至少无法说明只有抵抗和抗争才是农民与外部世界关联的唯一关系,正像奥特纳征引怀特(Christine Pelzer White)所指出的那样,"我们一定要添加'农民合作的日常形式'这样一种发明来平衡我们的'农民抵抗的日常形式'的清

---

① 关于这一点讨论可参阅赵旭东《"报应"的宇宙观——明清以来诉讼解释模式的再解释》,载苏力主编:《法律和社会科学》,法律出版社 2006 年版,第 127—158 页。
② 陈桂棣、春桃:《中国农民调查》,人民文学出版社 2004 年版,第 22 页。
③ 〔美〕明恩溥:《中国乡村生活》(午晴、唐军译),时事出版社 1998 年版。

单:二者共同存在,二者都重要"①。这样的提醒让我们看到了在乡村社会中面向权威的农民抗争的凸显应该还有更为深层的社会与文化背景,我们甚至注意到了一些外部的行动干预者在发动群众进行合作努力上的成功,严格意义上这不应该完全归功于这些外来的干预者的努力,如果沿着怀特所提供给我们的思路,那就应该说在农民的思维深处有着合作的可能性,它与其思维深处存在的抗争意识同样重要。这一点也为真正关怀中国文明之中的合理因素的汉学家李约瑟所证实,他看到了中国社会中本来就存在着的团结与合作,即使是在秘密社会之中,这种团结与合作也不缺乏。②

我们不能说《当代中国农民的维权抗争》的作者不是从农民的视角来看问题,至少从姿态上,作者的强调已经足够多了,但他强调的更多的是一种方法论的民族主义。③ 也许,最为重要的根本不是有没有必要预先带着理论去田野的问题,而是我们怎样在田野中看到乡村政治的丰富性及其多姿多彩的表达形式,因为除了维权和抗争,还应该有其他的更加能够体现乡村政治的维度,这些维度似乎都在《当代中国农民的维权抗争》中被消解掉了,呈现的是愤怒的农民紧握着拳头对抗着地方恶势力这唯一一种的政治表达。农民因此似乎也造就了一种集体的认同,并组织起来去跟这些地方上的恶势力进行斗争。但是,这些组织起来的农民,他们难道就没有其他的生活吗?他们的权利表达一定只是采取这种对抗性的维权和抗争吗?难道就没有其他的形式表现出来,至少于建嵘的作品没有清楚地告诉我们这些另类的形式究竟是怎样的,他所看到的跟八十多年前在革命观念下所发动的农民起义的叙述模式又会有怎样的实质性差别呢?

从方法论意义上而言,《小镇喧嚣》一书可以说是在思考的层次上跃进了一个台阶,它显然不是简单地去呈现资料,而是在呈现资料的同时也

---

① Christine Pelzer White, 1986, "Everyday Resistance, Socialist Revolution and Rural Development: The Vietnamese Case", *Journal of Peasant Studies*, 13:2, pp. 49—63. 转引自 Sherry B. Ortner, 1995, "Resisitance and the Problem of Ethnographic Refusal", p. 176。

② 李约瑟在《现代中国的古代传统》这篇文章中专门有一节来谈论传统中国在家庭、商会、农社以及秘密帮会中的社会团结的力量,他特别强调农民社会中从来就不缺乏的合作精神,如其所言:"在中国人生活中还有不可忽视的另一方面,那就是,在农民中间一向有高度的互助合作。在各个朝代,'村'一级的合作成分总是存在,虽然有时多一些,有时少一些。"参见李约瑟:《四海之内》(劳陇译),生活·读书·新知三联书店1987年版,第49页。

③ 于建嵘:《当代中国农民的维权抗争——湖南衡阳考察》,中国文化出版社2007年版,第181页。

在思考着如何凝练出具有本土意味的社会科学概念的可能性。"摆"和"媒"这两个看起来有些让人生疏的词汇无疑是从研究者所研究的地方语言中搜集上来,并作为其用来分析乡域政治的核心概念。

单就我的阅读来看,这两个带有明显地方特色的概念与我们在社会学与政治学中经常使用的"压制"和"协商"有着大体相似的内涵,但绝对不意味着两者是等同的。这里实际上还是有一个方法论的问题需要我们去面对,那就是我们提炼那些本土概念的意义究竟在哪里?如果可以用大多数人熟悉的概念来说明,何必再用这些本土的概念?在使用诸如"人情"、"面子"、"气"、"自己人"等本土概念成风的今天,我们不能不去思考这些概念提出的目的性。

我们实际上弄不清楚《小镇喧嚣》一书的作者在书中所提出的"摆"和"媒"这两个概念,其试图想要与中国主流的政治对话还是与西方整体的相关政治术语进行对话呢?至少从我自己的阅读之中是无法体会得那样鲜明。作者在总结地方干部的政治经验时转述了这样一句话,即"政府的任务靠'摆',农民的事情靠'媒'",这应该是激发作者把这两个本土概念抽离出来成为本土社会科学概念的最初动因。但是在我看来,这样的一句话确实体现出了一种国家与地方官员以及地方官员与村一级乡村精英以及农民的关系,不能不说具有一定的启发性,但是这里的问题是:"摆"字和"媒"并没有超出可翻译出来的"压制"和"协商"这两个普通的政治术语的意义,用后面的这两个术语去替换前两个似乎并不构成什么理解上的困难。如果真的如此,作者处心积虑地提出这样两个词汇作为新的理解乡村政治的语汇就显得是有些多余了。

可以看到吴毅在撰写《小镇喧嚣》这本书之前受到政治人类学中博弈论的影响,因为通篇的描述中,我们看到的都是那些地方干部与村干部和村民,村干部与地方干部和村民之间的变动不居的类似游戏的博弈。"博弈"这个语汇对社会科学有着近乎颠覆性的影响,它也可以被翻译成为"游戏",因为英语都是 game 这个词,只是转到中国语境中"博弈"似乎变得要比"游戏"文雅一些、学术一些,但是在英语世界里则没有这样的差异。因为博弈论在经济学中的影响力,"博弈"这一概念已经为许多的社会科学家所接受,并特别应用在有关中国乡村社会的研究之中。①

---

① 这方面的代表性的研究是郑欣:《乡村政治中的博弈生存》,中国社会科学出版社 2005 年版。

"摆"和"媒"这两个概念也应当是在这样的理论背景下提出来的,并试图彰显这种策略性的行为背后的本土意义。但是我们说这仍旧是缺乏民族志的乡村书写,因为我们看到的似乎也只有发生在乡镇政府里的各类实际的行政作为,却很少能够见到人们的生活场景中的政治表现,住在乡镇政府里的感受显然是跟住在村子里的农户家里的感受不同,我们看到这种差异又使得作者一门心思地扎在了"非正式权力技术的凸显"这一向度上来尽力为福柯作注脚,却忘记了民族志和田野工作不同,它更需要的是整体性的理解,而非像作者转述格尔兹的"深描"概念那样专注于局部的细节,如果是这样,格尔兹的深描理论一定不会在今天还会有那样大的影响力,因为论及局部的细节,有什么会比照相机和摄像机更加准确和丰富呢?但人的理解终究无法被这类的记录仪器所取代。

在《小镇喧嚣》中我们仍旧看不到奥特纳所说的文化,文化被削弱到仅仅是一种政治游戏了。我们看不到这个小镇的家庭,看不到男男女女、老老少少的行为表现,看不到庙宇以及他们的信仰,看不到他们的伦理与价值观念,更看不到支撑这个喧嚣小镇的行政场域之外的生活现实,甚至连这个地方的生态与环境特征我们都不了解,更不能要求作者去把这些表面的喧嚣看成是一种地方政治的文化表达了。尽管《小镇喧嚣》的作者在那个地方住了一年半,从田野时间上而言,实际上足以让许多人类学家都会感到害羞了,但我还是要说这位研究者并非在从容地做田野,而是满怀激情地希望快速地得到对于中国乡村政治的认识和未来发展方向的把握,而无心去欣赏隐藏在这些政治喧嚣背后的那种与主流政治文化不同的另类政治文化,这种政治文化一定是与北京、上海这类大都市的政治文化不同的,但可惜的是,这种差异性并没有在作者的笔下得到任何的表达,而是非常快速地将我们的阅读引入到结论的政策建议上去。①

通观上面所提到的在中国乡村政治研究的学术话语空间中曾经有过一定影响的非专业的社会学与人类学家的作品,尽管他们都不缺乏实地的调查和长时间的田野工作,但是他们都缺乏一种真正的欣赏与理解异文化的心态,很多时候是把自己的研究对象当成是证实自己价值观念的助力器,对于这些被研究对象,他们仅仅是这些研究者表达不满与怨恨的媒介和证据,他们似乎铜墙铁壁,他们似乎缺乏个性,他们也似乎是没有

---

① 吴毅:《小镇喧嚣——一个乡镇政治运作的演绎与阐释》,生活·读书·新知三联书店2007年版,第630页。

信仰而只会做出机械的抵抗。但事实告诉我们,他们并非如此,他们有自己的内部分化,有自己的个性,也会有自己的信仰,并且除了抵抗之外他们还寻求合作,在抵抗与合作之外,他们还会营造出自己的文化与生活方式,而这些都是持守民族志理念的研究者所应该耐心地加以细致地呈现出来的。因为民族志不应该是证成自己价值观的一种表达,而是体现一种跟我们习以为常的表达不同的一种文化的表达,是他者的表达。更进一步而言,不是把中国的乡村看成是一个问题频发的地点,而是要把它看成是一种构成我们新理解的思想来源,这是民族志视角丰富的中国乡村研究的基本要求。

"理解中国"与中国乡村研究的创造性转化

回顾近三十年来的乡村中国研究,我们实际上仍旧没有摆脱把中国乡村看成是有问题的乡村的思考范式,把注意力集中在寻找依据主流的价值观念而映射出来的乡村社会问题,诸如缺乏组织的原子化、宗族对于乡村治理的影响以及缺乏秩序的乡村政治的妖魔化。所有这些问题意识显然不是在学理的层面上而是更多从政治层面上在迎合西方对于现代社会所应该具有的治理模式的界定,城市如此,乡村似乎也应该如此,但是却没有注意到,在这些乡村社会中存在着一种需要被理解的自在状态,那是与主流的政治话语不相一致的政治生态。

我们也许在寻求对于乡村问题加以语言描述之前应该了解语言意味着什么,许多的类比民族志的研究和语言描述不自觉地陷入到了一种语言的以及由语言所造就的所指的困境之中。许多的乡村研究者完全接受了人类学家的田野工作的方法,以为把自己所看到的东西和问出来的东西写成文字就是所谓人类学的民族志了,以为这样就抓到了农村问题的根本。但实际却并非如此,所有这些描述都是在一定的话语空间中以及在一定的情境之下生产出来并进入到语言流通的领域的,我们要知道,我们书写什么,什么就可能会被渲染和对象化成为一种社会的想象物,这是研究语言的述行性(performativity)特征的学者一直在告诫文化分析学者的。① 从他们那里我们了解到,语言不仅描述,而且还造就描述的对象,我们的判断决定着我们所描述的对象存在的样态。在这个意义上,我们

---

① 〔美〕李湛忞:《全球化时代的文化分析》(杨彩霞译),译林出版社2008年版。

不是说乡村不存在问题,任何社会都有自身的问题存在,并有他们自己的解决之道。

不过,如果以前真的有所谓"鸡犬相闻,老死不相往来"的孤立的村落生活曾经存在过的话,那么今天确实已经是很少有这样的乡村了,随着道路、运输工具以及传媒等的进入,不受外来影响的村落是不存在的。但是作为乡村社会与文化的研究者,其核心的任务也许不是促进或者延缓这种影响的进路,而是要通过民族志的厚度去理解一种他恰巧遭遇到但并不十分熟悉的生活。如果没有这种理解做先导,接下来的以自我为中心的扭曲显然是不可避免的,因为语言的限制使得我们只要去书写和言说就会造就一种可能原本只是处在某种状态之中的乡村生活和发生的事件。

对于中国乡村研究而言,"理解中国"显然要比"问题中国"来得更为紧迫,我们不能忽视误解带给群体之间偏见的社会心理效应。对于研究者而言,最需要的是以先期获得的文化理解来帮助后期当地人社会问题的解决,离开了这一点,我们只能重新陷入到一派反对另一派的无休止的学术争论之中,最终受到损害的还是当地人自己。

1978年以后中国的开放使得越来越多的学者不是沉下心来静观社会之变,而是过多地参与到改革实践中去,无法抽身出来去观察自己身处其中的社会的方方面面,由此而带着过于强烈的现代政治的关怀去影响甚至去引导乡村的政治与经济变革。在我们开始在乡村实行村民自治的时候,我们很少再去询问这是哪里来的自治?同样,当我们开始推行乡村治理的时候,也鲜有学者去询问,这是哪种意义上的治理?总之,我们没有把乡村放在要理解的对象的地位上,更没有把乡村放在更为宽广的中国文明的背景上来加以理解,更奢谈将乡村放在世界文明的演进中来理解了,我们很多看起来是自然而然应该如此的东西,如果放到更大的范围之内去理解,这种自然而然就不再存在了。

上述的分析使我们必须重新审视我们的乡村研究以及导致我们"目光向下"的内因和外因,这些因素如果梳理不清楚,我们即便有再多的描述,即便有再细致的资料,都无法说清楚乡村对于今天的政治和文明而言究竟意味着什么,更无法说清楚我们处心积虑地去组织农民,满怀信心地去帮助农民维权,提高他们的法律意识,并鼓励他们去依法抗争,进而千方百计地去恢复乡村建设的目的究竟是在哪里?

我们需要问自己的是,这些真的是从农民而言的一种需求吗?还是作为研究者的知识分子实现自我的想象而构造出来的一种新的"社会想象物"呢？我想这些也许都不是在先有了对于农民生活的平心静气地理解之后的自我意识与地方知识的结合的产物，而是非均衡权力关系的一种体现，即一方是在表达，而另外一方则是在被表达。显然，对于中国乡村以及世世代代生活在那里的农民，我们需要了解的显然比这样的单向度要多得多，而这也是因为没有一种整体性的理解而形成的对于乡村偏见的根源。

近代以来的中国在面临西方文明的冲击之时处在了一种结构性的自我与他者的关系之中，不论谁是自我，谁是他者，这根本不重要，重要的是我们在接纳从我们眼中所看到的西方制度及其文明，质而言之，就是自西方启蒙运动以来所形成的现代性的观念。这种观念影响到了乡村，乡村自近代以来被塑造成为了中国城市文明的他者，在这种结构性的关系中，乡村及其农民都是需要被表述的对象，这种表述同样含有扶助、替代以及拯救等的意涵。从整体而言，如果城市率先接受了西方的现代性观念的话，乡村就将成为这种现代性需要去改造的对象，即他者。而如果无法打破或者颠覆这种认识上的结构关系，我们根本无法实现对于乡村社会研究的创造性转化。[①]

在这个意义上，我们需要真正有厚度的理解而不是有厚度的描述，我们还需要多个视角的观察而非单一视角的审视，我们更需要有跳出自我想象、对于他者的整体生活世界的理解而非偏安一隅的自我想象与孤芳自赏。这些都是今天中国乡村研究必须要面对的挑战，并在应对挑战中重塑和转化自身的动力。

---

① 赵旭东：《乡村的创造性转化》，《中国农业大学学报》（社会科学版）2008年第2期。

第四编

否定的逻辑

中心的消解:一个华北乡村庙会中的平权与等级[*]

引 言

1996年开春时分,包括英国人类学家王斯福(Stephan, Feuchtwang)教授在内的一批对于中国民间文化怀有独特偏好的民俗学家、人类学家以及地方文化工作者一起赶赴位于华北平原中部的范庄,参加一年一度的"龙牌会"节庆,也就是当地人所说的"庙会"。之后,范庄庙会这个地方社会生活的一个环节,便在公共的学术领域内有了一定的知名度。我自己也恰是在那个时候开始知道并研究龙牌会的,并在随后的年月里每年都会抽出一些时间去赶庙会,从事实际的观察。

毋庸置疑,这是一次盛大的民间聚会,以范庄为中心的周围村落的庙会组织都会因此而聚拢在一起,通过让所有的人以及所有的神都获得愉悦的方式来度过这个年度性的日子。那段时间,当地人总会把龙牌恭恭敬敬地抬出来放置到具有神圣意味的醮棚中,同时一定会伴随有盛大的游行,不过,这种游行虽然盛大但实际并不庄严,中间夹杂着许多诙谐的表演,这便是观看游行的观众看热闹的地方。另外,游行有一个正式的队列和次序,但也并非那么严格。表演累了,就可以坐在缓缓行进的拖拉机或者汽车上休息,看不到有什么潜在的规则把表演者和观众区分开来。游行就像水流一样,它是没有结构的,流动的,更像一条河,随时都有支流的水流进来,也有水分流出来。显而易见,在这样一个对于高高在上的龙牌的权威表示景仰和服从的同时,似乎也隐含着另外一种倾向,那就是对于中心权威的消解,进而言之,一种表面上的等级建构仪式中隐含着的可能是对于人人平等理想的诉求,这种诉求的表达不是直接呈现的,而是通

---

[*] 原载《社会科学》2006年第6期,第31—42页。
本文写作受到英国科学院"王宽诚英国学术院奖学金"资助。部分内容曾经在2004年12月19日北京大学"人类学讲座"上以《从权威多元到否定的逻辑》为题发表演讲。另外,此文部分内容曾经在2005年11月3—4日中国人民大学"人类学国际演讲会暨影视展播"上以《否定的逻辑》为题进行宣读。

过观照其要否定的对象而得以体现。

也许谁都不会否认,受当地人供奉的龙牌在当地社会具有颇大的权威与影响力,这可以从当地依旧流传的许多故事中得到清楚的体现。这是一种等级的制度,龙牌因为有灵验并能够庇佑一方人的平安而位居这一等级结构的顶端,而面对着龙牌顶礼膜拜的就是那些普普通通的村民。但是令人迷惑而且也极为有趣的问题就是,这样一种等级的结构却需要由一种追求平权的组织来维护,这组织就是"龙牌会",它是由十几位会头组织在一起来负责庙会各项具体事务的组织,这显然是一个平等的组织,每个会头都有同样的责任与权力来处理庙会事务,这突出地表现在龙牌年度性地轮流在各个会头家里得到供奉这一事实上,体现出会头之间相互的平等地位。

最让人迷惑不解的一点是有关庙会组织本身的。也就是为什么对龙牌这种等级权威的维护依靠的竟然是由一种追求平等或者责任分担观念所支撑着的并由19位会头组织起来的庙会组织呢?或许对于一位人类学家而言,更应该追问:为什么一种由平等原则而组织起来的组织乐于去维护一种强调等级,强调神跟神之间、神跟人之间以及统治者与平民之间结构性差异的权威?

庙会的中心与等级

对于一位村民最为重要而对于一位外来者最具吸引力的,也许就是庙会举办当中的各种表演活动。总体而言,确实可以将此类的表演看做是等级性重构的一个重要场景。在此重构当中,世俗的人与神圣的神之间应该有的结构关系得到了确认与加强。

如果对我所亲自参加过的三个村落庙会进行一下比较,范庄的庙会最为盛大。有越来越多的中国学者,其中参与最多的是民俗学者,关注过或正在关注此一庙会的过程,并有一些研究性的文章发表。① 依照这些研究者的先期研究以及自己的实地观察,我将会在下文中特别强调一点,那就是庙会的过程根本是一种等级展示的过程。

这里"庙会"一词中,"庙"乃是指一座村庙,而"会"则是指聚会。庙

---

① 参见郭于华主编:《仪式与社会变迁》,社会科学文献出版社2000年版,特别是刘铁梁和高丙中两教授的文章。

会的更为具体的含义就是每年都会举行的为村庙里的神的生日庆祝活动。另外这也是一种社会网络构筑的基础,由于每个村子都有自己的庙会,以上油钱为名义相互邀请而构成了一种区域性的互惠网络。① 每个村子都有这样一个相互邀请的庙会网络,参加其他村落的庙会被称之为赶庙会,并要将对方参加自己村庙会时送来的油钱还回去,同时给对方会头放下一张请帖,邀请该村的庙会组织参加自己村子的庙会,这一送一还之间构成了村与村之间相互交往的责任性约束。比如范庄的龙牌庙会,其正日子是农历二月初二,一般在正日子那一天或此之前或之后的某一天,李村的庙会组织就会结伴去范庄还香油钱,这个要还的香油钱实际是去年农历十月十五日李村举办庙会时,范庄的庙会组织送过来的,相互因此而构成了庙会网络中的一环。一旦有一天这种责任瓦解,送出去的香油钱不再有所返还,相互的关系也就终止了。② 庙会因而也含有一种相互性的约束责任,谁都不能够主动逃避。这种相互性的互惠交往圈在当地又叫作"串通",指的是村落之间像成串的古铜钱一样相互勾连在一起不能够分离。

这种以互惠为基础的相互对等的关系会因为庙会期间的仪式表演而受到瓦解。显然在我调查的这个区域,范庄的庙会应该是数一数二的。据说因为其花费最大,因而能够吸引来的人也最多,名声也最响,最后其神也就最为灵验,所有这些都使得范庄成为一个远近闻名的神圣的中心,因而乐于加入到范庄的互惠交往圈中的村庄数目也最多。单就我在2000年参加此庙会的初步统计,那一年参加范庄庙会的组织在100个以上,而李村和常信村的数目都不到50个。

村民当然也会以他们村的庙会的出名而引以为豪。在庙会的那些天,许多的学者、电视台记者以及摄影家都会受到村里庙会的邀请而来,参观整个龙牌庙会的过程。由此而造就了一种当地人的想象,这种想象的范围包括整个中国甚至整个世界,其中的推论也多很简单,那就是一些著名的专家和学者为了研究和旅行的目的都会造访此地。而这些专家学者不仅来自作为"中央"代表的北京,有的甚至还来自海外,如日本、韩国和英国。作为学者专家共同体一部分的来到范庄的学者和专家,被错误

---

① 参见赵旭东:《权力与公正——乡土社会的纠纷解决与权威多元》,天津古籍出版社 2003 年版,第 180—185 页。

② 终止相互的庙会往来的原因有很多,比如对方不热情接待、与其他更想参加的会期相冲突、路途遥远等等。

地认知为这个共同体本身。在村民的心中肯定存在着一个套一个的距离有远近差异的同心圆。他们更乐于将这范围不同的同心圆想象成代表全世界的外国人位居最内层的同心圆之中,也就是跟村民的自我最近的同心圆,与之比邻的应该是来自北京的专家学者,这些人被当地人想象成为整个中国的代表,接下来逐渐远去的同心圆就是省里来的专家学者,最后是县城里来的地方学者。

在举办范庄庙会的日子里,同时会举行当地人称之为"墨宝"的书法展览。有些专家学者当场挥毫书写作为留念,并当场展示出来让群众观瞻。特别值得注意的是,在每幅"墨宝"下面都会用曲别针别上一张小卡片,上面书写这幅"墨宝"的作者姓名、职称以及国度。当然,这绝对不单单是可有可无的虚饰,它还是对于从当地人自己的观点来看龙牌的中心位置的暗暗的强化。在2001年,举办龙牌庙会第6天的时候,有一位范庄村的妇女,她本人也是一位能够使龙牌神附体的人。当我问及那一年的庙会情况时,她冲口就对我说:

> 今年这龙牌直接受了中央领导,并涉及各国事务,再加上天气的缘故,办成这个样子就算不错了。

范庄的龙牌创立之初,是源于对水的需求,并以求雨仪式得到表达。李村的"张爷庙"如此,常信的"水祠娘娘庙"也如此。在跟范庄龙牌会19个会头之一罗振英的交谈中我了解到,罗振英的叔叔罗庆祥告诉他,二月二的龙牌会是一个老的习俗,但是这村的龙牌信仰却是出现在滹沱河改道以后的一场大旱。同样,依据罗庆祥的回忆,先是有一些上岁数人放了一块龙的牌位,另外还有其他一些牌位,随后盖起了一座龙王庙。他们向龙牌祈雨,当天空真的如他们所祈求的那样下起雨时,作为感激,村民会准备蔬菜和大馍作为供品献给龙牌。①

当新的现实被当地的学者找到以后,更为接近生活和历史真实的集体记忆就会被遗忘。作为一名民俗学者,刘其印先生可以说是把范庄龙牌会最先介绍给学术界的学者之一。他三十多年前曾经在赵县中学教过书。后来因为工作需要去了省城,但还是有许多机会返回到赵县搞调研。据他自己回忆,1994年春天,他碰巧到范庄参观了龙牌会的整个过程。

---

① 刘铁梁:《村落庙会的传统及其调整——范庄'龙牌会'与其他几个村落庙会的比较》,载郭于华主编:《仪式与社会变迁》,社会科学文献出版社2000年版,第260页。

由于他那时对于民俗学极为感兴趣,并且在河北乡村从事过实际的民俗调查,因而觉得龙牌会是一个不错的民俗调查专题,值得深入研究。另外,他自己曾经说过,他自己有关民俗学知识的学习都是从北京师范大学著名的民俗学家举办的民俗学研讨班那里学来的。显然在他的观念中,这所大学应该是民俗学研究的中心和可以求助的最后权威。他在调查和研究中但凡遇到一些可能隐含有学术意义的问题,也确实都会向这所学校的民俗学者询问并获指点。范庄的观感使他"猛然意识到",这里村民所敬奉的龙牌一定是跟更具广泛意义的中国的"龙崇拜"有着某种联系,后者无可否认地被看成是整个中国人共同的表征。当一个村落的民俗与中国古代的象征符号之间有了一种"自由联想"之后,他觉得非常激动,随即写下了一篇短文记录下了他对这个村落庙会的新的理解。在此文中,他用"活化石"这个概念来命名龙牌会,并经过考证后认为,范庄这里的"龙牌"乃是古代"勾龙"的传承,而关于勾龙的故事,中国上古神话中确实有所记载。换言之,一个普通村庄的龙牌一下子升格到了中国人发源地的位置上去。尽管有不同的观点存在,比如罗振英还有他叔叔的观点,但是范庄的龙牌与勾龙之间一脉相传的看法则合理合法地被大多数的村民接受下来。在1997年,这种谱系上的说明被公开书写到一张长方形的木板上,每年举办庙会的时候都要把此木板放置在庙会醮棚的入口处,供参加庙会的人阅读。

在这里我们已经很清楚地看到一种传统发明的过程,这乃是由于学者与庙会会头之间相互影响的结果,这种结果不单单是外力所致,也不单单是外来观念对于当地社会影响这一方面,更为重要的可能是,这本来就是当地观念的一部分,是当地人以自己为中心来界定世界的思考方式的一种无可避免的结果。在当地人的心中,他们从来就不打算拒绝或者排斥把他们自己的庙宇界定为一个中心,一个重要的地点,而任何的评论和书写,不论其是外来的还是本地的,也不论是学术的还是民俗的,都是为这样一种当地人的观念服务。村民们甚至暗暗相信,龙牌就应该是这个世界的中心。这样一种想象受到在每年庙会期间公开展示的各种各样的作为文化与社会表征的象征所强化。比如,龙牌的称号就是"天地三界十方真宰龙之神位"。在这个意义上,龙牌这位神在世界中所处的中心地位就不言而喻了。而挂在醮棚入口上方的横幅上也书写着:"龙牌盛会传千古,时代盛名振四方"。一般而言,庙会上展示出来的象征极具有包容性,这些象征几乎包罗了所有能够用来强化这个村的庙会在他们想象的世界中的中心地位的那些表征。在醮棚的上方,他们甚至高高挂起了印有九条龙的黄色旗帜,在中华帝国时代,此类的象征符号乃是为皇权所独占的,并为皇帝一个人所独自享用,其他的人是绝对不能滥用的,否则就会有杀头的危险。在旗子的右边写着这样的标语:"龙威惊天地",而其左边写着"圣灵震乾坤"。这很明显地表明,所有这些象征符号一起被用来建构起作为整个宇宙代表的"天地"意象,其在这个世界中的权力与权威的中心地位在范庄这个小村落中得到了展现,这隐含着一种当地人的断言,那就是:这里才是这个世界的中心。

显然,这种中心建构并非一次性就能够完成,也非一次建构就可以一劳永逸。任何时候这个中心都会受到外来力量的攻击。这些外在力量可以依据真实与非真实的维度来划分。真实的力量就是国家政治的影响力,这种影响力最初的合法性基础便是在乡村社会反对封建迷信;而非真实的力量就是所谓的孤魂野鬼,在当地人看来,这种力量特在举办庙会的节庆期间特别活跃。

面对前者,当地人可能会使用前面所提及的"阳奉阴违"的策略来应对,这也是面对强大的外来权力而发展出来的行动策略。对于后者,应当以对待客人的方式来加以对待,更多的是采取一种取悦的方法来对待这些想象中的孤魂野鬼。

正如王斯福与王铭铭所指出的,现代国家的政治权力与村庙事务中的民间权威之间的斗争是通过拆庙与建庙的循环而得到展示的。① 显而易见,面对官方的意识形态,所有民间复兴活动都必须有合法性的理由作支持,不管这种理由是自然的还是超自然的。在范庄庙会的历史中,许多人都记得在20世纪五十年代末龙牌受到压制,村民因而停止了公开的烧香活动,但在晚间照样还是去龙牌面前烧香,而且有些村干部甚至在白天批判完封建迷信后,半夜里又偷偷地跑到放置龙牌的会头家里去烧香磕头。龙牌再一次得到公开祭拜,同时庙会得到非正式的恢复是在1979年。到了1983年,在"文革"10年中断之后,龙牌庙会得到了正式恢复。这一年也是一个转折点,庙会活动从"家里祭祀"或者称为地下活动转变成为公开化的"搭棚办会"②。

---

① Stephan Feuchtwang & Wang Mingming, 2001, *Grassroots Charisma: Four Leaders in China*, London: Routledge, p.140.
② 参见高丙中:《民间的仪式与国家的在场》,载郭于华主编:《仪式与社会变迁》,第319—320页。

据说范庄龙牌庙会的恢复乃是受到一位关键人物的支持,他是一位当地称为"老红军"的退役老兵,据说那时的县长是这位"老红军"的部下,因而有他"罩着",公安局的人就不敢来过问,这位老红军的名字叫刘兰成,外号叫刘疯子。他成为20世纪七十年代后期以及以后的龙牌庙会活动的庇护人。与此同时,村民自己也想出来一个合法性的理由来把恢复庙会活动的想法付诸实施。他们向乡镇和县政府都打了报告,要求在村里开展所谓当时被国家广泛认可的"搭台唱戏"的活动。① 由于一方面那时的县长是刘兰成的老部下,而另一方面,他们所提出来的"搭台唱戏"的想法也符合国家政策,属于合理合法的理由,因而县政府最后还是批准了这份由村庙会组织申请的实际是恢复龙牌庙会活动的报告。② 同样作为相似的应对策略,王斯福也提供了一个生动的例子,这个例子述及江苏省庙岗镇的老太庙庙会恢复的过程。为了恢复这座过去被毁的庙宇,村民就向上级反映说,修复这座庙宇可以吸引到更多的游客。这样一个费尽心机想出来的办法,实际上是从整个县经济发展的角度来寻找其可能会获得上级批准的合理性。③

一些专注于中国研究的人类学家对于最近的民间宗教的复兴都有许多特殊的考察,比如武雅士(Arthur P. Wolf)谈到了民间宗教复兴背后的"新封建主义"(new feudalism)以及其一般性的心理基础。④ 杨美惠进而分析了现代性话语的旅行意义并借用巴塔叶(George Bataille)有关仪式性耗费的理论重新思考民间信仰与全球资本主义之间的相互关联,而这两项研究都是建立在对浙江省温州郊区的民间宗教复兴的考察基础之上的⑤。王斯福对大陆和台湾的民间宗教复兴进行了深入的比较研究,特

---

① 王斯福提供了一个例子,其中记录了一位文化局领导的一次谈话,在谈话中这位领导认为迷信活动的有些方面是好的,比如其中的戏剧表演和放电影活动。参阅 Stephan Feuchtwang, 2001, *Popular Religion in China: The Imperial Metaphor*, London: Curzon Press, p. 148。

② 参见刘铁梁《村落庙会的传统及其调整——范庄'龙牌会'与其他几个村落庙会的比较》,载郭于华主编《仪式与社会变迁》,第 283—284 页。

③ Stephan Feuchtwang, 2001, *Popular Religion in China: The Imperial Metaphor*, p. 246.

④ Arthur P. Wolf, 1996, "The New Feudalism? A Problem for Sinnologists", in P. M. Douvv & P. Post, ed., *South China: State, Culture and Social Change During the 20th Century*, Proceedings of the Colloquium, Amsterdam, pp. 77—84.

⑤ Mayfair Yang, 1996, "Tradition, Travelling Theory And The Discourse of Modernity In China", in Henrietta L. Moore, ed., *The Future of Anthropological Knowledge*, pp. 93—114, London and New York: Routledge; Mayfair Yang, 2000, "Putting Global Capitalism in its Place: Economic Hybridity, Bataille, and Ritual Expenditure", *Current Anthropology*, 44 (4), pp. 477—509.

别专注于比较此种复兴过程中权威建构的差异与雷同之处。① 这些比较实际落到对福建省的一个村落以及台湾地区的一个村落的田野民族志的比较上面。② 最后是景军以社会记忆为切入点对一座乡村孔庙修复与重建过程的详尽描述,这座孔庙位于中国西北甘肃省的大川村。在人们的社会记忆中,这座村庙曾经经历了重建,损毁以及再建这样的一般生命历程,对于研究者而言,这样一个过程的社会意义通过其对集体记忆的重构而得到体现。③

需要指出的是,这些研究都没有特别注意到"拆"和"建"这两个关键词汇的象征意义。如布迪厄所指出的那样,这些词汇不单单具有象征意义,而且还隐含有一种象征性的权力,一种政治。④ 北京拆迁工地围墙上随处可见的被一个白色圆圈圈起来的"拆"字,其隐含的象征意义就在于所有的现代建筑应该建立在对旧的建筑的拆毁的基础之上。⑤ 换言之,作为一种象征性的权力,其隐含着一种借助破坏的愉悦而有的一种消解。相应地,对于我所研究的民间宗教复兴的问题而言,期间有着相似性的存在。应该预先指出的是,大多数的拆庙活动都是由村民自己做出的,尽管有些村民并不同意这样的做法。对于乡村而言,拆毁村庙的活动意味着中心或者等级的消解,相反,重新修建村庙就意味着重新恢复一种被毁掉的中心或者等级结构。依照这样的分析我认为,所有关乎民间宗教复兴话题的讨论都应该对这样的事实有更多的关注,那就是,伴随着民间宗教复兴过程本身,一种有秩序的或者等级制的意识形态得到了全面恢复。换言之,这是一种有关一个社会中对于一个中心以及一种等级的建构的意识形态的全面恢复。在体现这种恢复场景的庙会过程中,所有的表征都一起被调动起来用以展现这种有关一个社会的中心与等级的意识形态,并为这种意识形态的建构本身服务。比如在范庄举办庙会的日子里,时间与空间此时似乎都有了区分,以支持此时"中心—边缘"或者"神圣—世俗"的等级结构。这里跟涂尔干的经典论述有所不同的是,神圣与

---

① Stephan Feuchtwang, 2001, *Popular Religion in China*: *The Imperial Metaphor*.
② Stephan Feuchtwang & Wang Mingming, 2001, *Grassroots Charisma*: *Four Leaders in China*, London: Routledge.
③ Jing Jun, 1996, *The Temple of Memories*: *History*, *Power*, *and Morality in a Chinese Village*, Stanford: Stanford University Press.
④ Pierre Bourdieu, 1991, *Language and Symbolic Powet*, ed. by John Brookshire Thompson, London: Polity.
⑤ 赵旭东:《拆北京:记忆与遗忘》,《社会科学》2006 年第 1 期。

世俗的二分不是时间和空间上分离开的①,相反,此二者是相互交替而涌现出来的。因为,很明显,在龙牌从这过去一年当值的会头家搬到举办庙会的醮棚里去之前,会头的家就是这个村的中心,而其他家产就是边缘。还有就是,起龙牌的时间段是神圣的,而其他的时间,比如在龙牌被牢牢地安放在龙轿中之后,随之而起的狂欢式的盛大游行就都属于是世俗的了。还有,当在醮棚正殿里安放龙牌的时候,醮棚是神圣的,而醮棚以外的热闹与混杂就成为世俗的。在这里,神圣与世俗交替出现并同时存在,由此而造就出一种所有的参与者借助神圣的神的名义来获得仪式性的狂欢。在这一点上,少数神的等级性或者命令式的权威即刻为漫无秩序地强调所有参与者之间相互平等的娱乐游行所消解。

在神圣与世俗之间作出区分实际上是极为困难的,因为二者是共同存于一个场域以及一个共同时间段之中的。在仪式场景中,它们合在一起来服务于一个整体的等级结构。此等级之下的道德权力具有合法性并且被认为是必须要接受的原则,因为保存在当地民间的龙牌神灵验故事不单单是叙事的,而且还具有语言的象征性力量,这种力量使得听者接受并服从于这些对于神所应该具有的行为规范。作为龙牌的崇拜者,必须要接受的道德压力非常清楚地体现在他们毫无顾虑地跪在神像面前的行为上。作为一种约束性的习俗,祭拜者必须跪倒在地,手里举着香向每一位醮棚内外所挂的神像敬拜,求得福佑,然后还要把香举过头顶拜上三拜,并小心翼翼地把香一根根地插入神像前面的香炉中去,理论上,有多少神就要跪倒多少次甚至更多。下跪行为不仅仅是对诸神虔诚心的表达,而且也是对于所画神像象征性等级的认可与接受。这些画下来的神像作品代表的是一个应然世界的理想画面。我特别对范庄龙牌庙会上在醮棚中十殿阎罗神像前"下跪者"的行为进行了仔细的观察。这里有必要首先罗列一下对这十殿阎罗的每一幅神像的文字解释,这些都是写在阎罗神像的画面上面,我只是照录原文而已。这里描绘并呈现给我们的显然是一个等级的世界,也就是依据人们生前所做的善行的多少来划分出来的等级:

一殿:灵魂报名,穿好衣服,听宣读判决;
二殿:阳间做事,阴曹便知;

---

① Éile Durkheim, 1995, *The Elementary Forms of Religious Life*, New York: The Free Press.

三殿：阴曹地府看得清，人间做事怕人知情（神像中有一幅图，画有一面镜子上分四个部分，写有打翁、骂婆、杀人，放火等字样）；

四殿：打公、骂婆、灭祖，不孝之女，打在刀上受刑（受刑两字上面画有判处死刑的红色的叉）；

五殿：把人放在磨上面磨，铡刀铡人，放烟囱上烤；

六殿：善有善报，恶有恶报；阴曹地府不容情，善恶到头终有报；把人放在烧开锅里煮；

七殿：大称买小称卖，精打细算，损人利己，把儿过秤（平心称）。称，过秤均人；

八殿：奉旨领衣（魂衣库）进口——魂衣库——出口；

九殿：心善人善阴曹看，作恶行恶地狱说（迷水堂）；

十殿：灵魂转世，重新做人，要改恶向善，思孝为本，积修百年，长寿儿女满堂，不要再作恶事。阴曹出命。

上述对于阴间世界的解释应该看成是一种对于日常生活的否定。其中所有对于我们生活的这个世界的否定，比如释文中所提到的"打公骂婆"这类不孝的行为，经常会在日常生活中发生。换言之，这是一种对于人们能够通过做错事来从中受益的日常生活世界的消解。这同样也可以说成是对与一种善恶秩序相对应的政治和经济权力等级的一种消解。这些消解成为仪式生活中等级建构的必要前提。

上述的分析能够在庙会组织的日常实践中得到体现，特别是体现在作为维护龙牌权威的会头组织上。对于庙会节庆的细致观察可以使我们非常容易得到这样一种印象，那就是仪式的神圣性与日常的世俗性之间是相互分离开来的，相互没有什么关联。实际恰恰相反，我对庙会的观察能够支持的一个假设就是，仪式生活与日常生活的神圣性与世俗性之间是处在一种相互否定的关系之中的。在庙宇或者醮棚之外的表演显然属于整个仪式的一部分，但是却又明显地不同于庙宇或者醮棚之内的等级性的建构那一部分。这些激发起人们愉悦和快乐的表演和展示构成了一种典犁的热闹场景，在这个场景中隐含着深层次的无秩序和反等级。

日常活动中的消解

有关中国社会，留存于一些西方研究者头脑中的类似神话一般的观念认为,中国社会大略是不平等的,因为其有根深蒂固的帝国及其官僚制的传统。在一些很有影响的并且曾经流行一时的西文著作中都可以看到这种观念的表达,最著名的莫过于魏特夫所撰述的《东方专制论》①以及摩尔的《专制与民主的社会起源》②。二者共同关注过像中国这样的东方社会其整体性的社会结构特征,但却很少关注实践中的日常生活。对此,布迪厄的实践理论③完全可以看成是对上述研究范式的一种批判和革命。我想指出的是,日常生活中的内容或者其实践,可能完全不同于由上述宏大理论出发而对中国乃至整个东方社会政治或经济结构所给出的描述。

基于上述的考虑,一开始去分析某些方言的社会意义就显得极为有益处,其也许最能够展现在地方场景下社会生活的实际意义。对于庙会而言,在范庄及其附近的村落中使用的表达方式都是一样的,那就是用"过会"来指涉庙会的时间,这个词与指涉日常生活的"平常"构成了一种对照。当使用前一个词时,它具体指的就是庙会那几天,也就是"度过"节庆的那些天,而当使用后一个词时,它具体指的就是日常生活中的那些日子。所谓"平常"乃是反常、突如其来以及不同的反面,也可以说是对于后者的消解。这种消解乃是对于平常生活之外的等级建构的消解。平常是对突显出来的中心或者等级的一种直接消解,这种消解实际上是一种瓦解,是对过庙日子里极力建构起来的中心或者等级的瓦解,这是借助一种仪式生活并借助结构性的中心与边缘以及上级与下级的意识形态的建构。但是值得注意的是,这种瓦解的角色恰恰是由建构这一仪式中心以及等级结构的庙会组织自身来担当的。

正如我在上面到述过的那样,这个组织是由 19 个会头组织起来的。2003 年以前龙牌本身并没有自己固定的庙宇,而是轮流在会头的家里受到敬拜。也就是组成庙会组织的 19 位会头每年轮流在个人家里照看龙牌,受人敬拜。2003 年盖起了一座专门供奉龙牌的庙宇,但是依旧是由

---

① Karl A. Wittfogel, 1957, *Oriental Despotism: A Comparative Study of Total Power*, New Haven: Yale University Press.

② Barrington Moore Jr, 1966, *Social Origins of Dictatorship and Democracy: Lord and Peasant in the Making of the Modern World*, London: Penguin Books.

③ Pierre Bourdieu, 1977, *Outline of a Theory of Practice*, Cambridge: Cambridge University Press.

19个会头轮流每年去庙里"侍奉"龙牌。① 因而,龙牌会组织的责任自然地可以区分为两部分,一是过会那几天时的责任,另外一部分就是所谓"平时伺候龙牌"的责任。

整个过会的日子前后共有四天,也就是从农历的二月初一到初四。初一的清晨,一般是太阳出来之前,大约150幅神像都要在醮棚内分各殿各就其位地挂好。差不多是在早八点左右,也就是当地人所说的吃完早饭之后,那一年轮值侍奉龙牌的会头的家里就变得异常忙乱,许许多多村里人还有外村来的人都会聚拢到这里,等着"起龙牌"时刻的到来。此刻宁静的村庄热闹非常,期间充斥着锣鼓的喧闹、爆竹的哄响以及音乐和舞蹈的喧哗。这位会头家门口有许多的三角令旗,其中许多都印有龙的图案,还有的旗帜上面写有一个偌大的"灵",这个"灵"字在这里意味命令,而所有这些又都意味着此时这个村落就是一个中心。

起龙牌的时间差不多是在九点钟,这时往往会有连续不断地唱诵经文并燃放爆竹示意。接下来就是持续一到两个小时左右的绕村游行,并一直游行到临时搭建好的醮棚内,并将龙牌安放好为止。在安放好龙牌之后,庙会组织就要日夜地守卫在醮棚里,以此来保护着龙牌不会受到各种外来力量的袭击,当地人认为这些袭击会从所谓孤魂野鬼、乞丐以及疯子那里生发出来,特别把夜间守护龙牌称之为"守夜"。就我的观察来看,其他的庙会也有这种守夜的习俗。守夜的人同时要兼做给各个神位上的香炉添香以及给油灯里加灯油的职责,原则上给神的香和灯油是不能够有所间断的,所以,守夜的人真的要来回巡视,遇到有燃灭的香或者灯便要赶紧续上。②

在范庄龙牌会这四天庙会里,每天都有类似西方社会狂欢节一般的游行表演。这种表演差不多可以持续到初四的上午。到了初四这天中午,在作过简简单单的念经和发纸的仪式之后,龙牌就被从醮棚中挪出来运回到那位会头的家里去,与之伴随的是与第一天一样的锣鼓喧天,鞭炮

---

① 2003年夏季,范庄村的"龙文化博物馆"(全称为"中国赵州龙文化博物馆")建成,第二年龙牌会以后,龙牌移入此博物馆的"龙祖殿"中,原来的龙牌在各家轮流供奉的习俗被取消。不过会头依旧每年要在"龙祖殿"旁边的一间小平房内轮流供奉龙祖,轮到哪位会头,会头及家人就要在此屋里住上一年。另外一个习俗是抬龙牌的习俗也因此取消,甚至绕村游行的惯例也被一度取消。由于取消后的效果是庙会明显冷清,不得已在2005年的龙牌会上又恢复了此项活动。只是原来的起点是在龙牌所在的会头家,现在改在了镇政府的门口,也就是村庄的边界处。

② 最近新出现了不信仰龙牌的人,比如传说有些传福音的人会去龙牌会上捣乱,掐灭油灯和香头。

齐鸣。在送龙牌之前,一个比较重要的仪式就是要把所有作为供品的东西,比如香、食物以及冥币之类都要堆积在一起,堆积起来的供品像一座小山一样,最后这些供品都被付之一炬。与此同时,所有在场的人都要一起拥拢着这座熊熊燃烧的小山跪倒。到了农历初六的早晨,按照龙牌会的习俗,龙牌要重新移到下一年负责照看龙牌的会头家的正厅当中安放好。显而易见,在移龙牌的仪式之后,一个新的中心得到村里人的共同认可。在初六的晚上,差不多在晚饭之后,所有19位会头都要在这个新的放置龙牌的中心地点聚会,也就是在负责新一年龙牌事务的会头家里并要强调说是在龙牌的面前聚首。在所有的会头都表示同意今年从四面八方捐上来的香油钱的账目清楚明白没有疑虑之后,这些账目就要放在龙牌面前烧毁。而到了二月初八那一天,还要举办颂经的仪式,这被称之为"圆坛"仪式。差不多是在初八那天的仪式完成之后,这个中心才算是在这个村子里得到了真正的认可。

  从人员构成上来看,整个庙会组织由三类人构成。核心的成员就是19位会头,每年由他们中的一位来负责"伺候"龙牌,也就是为其置换供品,添加香、油之类。第二类人是仪式专家,他们负责庙会上的颂经,并负责去赶其他村的庙会同时把香油钱还回去。最后一类人被称之为帮会,他们大多只有在庙会这几天帮助处理会上的一些杂务。总而言之,会头应该是使庙会能够年复一年地持续下去的真正的关键人物。

  这是一种在会头之间实践着的平权制度。全部责任被分成19个部分,而每一个会头都不分等级差异地负责其一。深层次上,哪怕是一丁点的不平等行为都会受到谴责,即便是在举办庙会的那些日子里。比如在1999年的庙会中,会头之间出现了一些纠纷。纠纷的原因就是一个会头刚刚被大家选为今年庙会的临时主事者,即会长。但是他自己试图不讲道理地支配其他会头,结果激怒了所有其他的会头,重新推选了另外一个会头当新的领导。2001年,新的会长与其他会头之间又因为账目问题起了争端。会长史振珠批评其他的会头对各自负责的工作不负责任,"甚至连帮会都不如"。其他的会头则反驳说,他作为会长没有尽心尽力,只知道对他们滥用权力。甚至有一位副会长还声言再这样下去他就不担当这个副会长的职务了。这个纠纷最后被一位名叫王二旦的会头给压了下去,他是那一年新担当侍奉龙牌责任的会头,此会也是在他家里召开的。作为退下来的村支书,他面对着所有会头说了下面一段话:

大家不要吵了，你副会长为什么偏偏在龙牌到我家之后提出不干了，这不是有意跟我过不去吗？咱们大家都是敬奉龙牌的，以后我建议不要在龙牌面前说三道四，更不能是吵吵闹闹。①

"大家"的概念在这里受到强调，并以此作为化解纠纷的一个借口。因此"大家"就意味着在龙牌面前每一个人都是一样且平等的。一句话，任何一个人都不会有特殊的权力去支配其他的人，也没有任何权利对属于他的责任置之不顾。会头之间的平权关系的强调是在认可了高高在上的龙牌的权威前提之下实现的。来自台湾地区的一份田野报告也说明了同样的情形。一位跑去参加台北城里一座庙宇节庆宴席的人，话语之间就特别强调参与者的平等关系。在他看来，"明天你可能是一位官员而我不过是一介草民，但是坐到餐桌上，我们就都是平等的"②。

会头之间的平等关系必须要服从于龙牌之下的等级关系，事实上，这在否定其分量及其真实的存在。龙牌仅仅是一个没有分量的中心以及象征符号。只有当遇到不平等的事件而激发起一种平权观念的时候，龙牌才会受到祈求。这里会头之间强调平等关系的日常实践本身隐含着一种否定的逻辑，这能够用来消解作为高高在上的龙牌以及作为底端的民众之间的等级结构。

在广东省的一个村落中也存在有一种同样的方式，正如辜浩本曾经指出的那样，村民乐于使用话语实践来界定以及重新界定国家与他们自己之间的责任，这责任依据的就是他们自己持守的互惠伦理。③ 这种重新界定的过程特别能够在重建他们的保护神的活动中观察到。在村里，诸如观音庙、恭王祠等村庙的修复可以看作是对一个改革时代新的政治经济管理者应该具有的责任的一种界定。④ 重新界定责任也是一个试图要否定所有既有的秩序或者说不平等的过程，最后每一件事情又都回复到其应有的位置或者状态上去。

有关华北村落的权威结构，杜赞奇曾经提出过一种模式，他在这种模式中指出，地方精英的庇护以及寻求这种庇护的村民之间互惠的关系乃是一种基本的结构关系。一方面他并不否认这种关系是一种庇护者对于

---

① 引自笔者私人田野笔记：2001年2月28日。
② Stephan Feuchtwang, 2001, *Popular Religion in China: The Imperial Metaphor*, p.136.
③ Hot-Bun Ku, 1998, *Defining Zeren: Cultural Politics in a Chinese Village*, Ph. D Dissertation, London: University of London, SOAS, p.37.
④ Ibid., p.306.

受庇护对象的一种支配关系,但是另一方面他也向我们指出,"受庇护者对其庇护者的态度相应是模棱两可的"①。换言之,作为支配者的庇护者显然并非庇护者与受庇护者之间的一种受欢迎的方式。有支配性特点的庇护者常常会受到村民的谴责。他们会将这些霸道的庇护者称之为"恶人"或者"脏人"。我可以在这里提供一个案例,此案例大约发生在跟杜赞奇所提供的案例差不多相同的年代。

在李村,民国时期的村长李梅先曾经因为其保护村民的事迹而受到村民的爱戴。但是在村民的记忆中,他的性格特征从来就不是支配性的庇护者而是一个"好人"。这里"好人"的意思是他能够娴熟地处理来自村外的各种各样具有威胁性的力量。在他那个时代,村民们经常会受到外来力量的干扰,动辄损害财产甚至人命,比如外来土匪的抢劫。据说,李梅先就有能力以一种和谐的方式来应付这些外来的力量,在当地人的记忆中,民国时期至少有三种外部的力量存在,一为共产党的力量,次为皇协军,再有就是土匪的力量。而李梅先的过人之处就在于,他能够妥善地处理和这些外在力量的关系。村民因他高超的社会技能而受到保护,他自己也因此从村民那里获得了尊敬和权威。所有村民最后都发动起来送一块牌匾给这位他们的利益保护者。在送给他的牌匾上刻上了四个大字:"公正和平"。这四个字体现出来的象征意义也很明显,那就是在他们的眼中,真正的保护者一定要在他自己与其他人之间秉持公正与和谐的精神,而非霸权式的那种支配性的保护。② 因而,正如这个例子所表明的,中国乡村社会的庇护所要求的是真正的利益的保护而非支配。在某种意义上,这也可以看作是一种深层次的对于任何支配形式的抗拒。

这种抗拒的态度也明显地反映在庙会组织的实践中,此种组织实践的核心原则是强调19个会头之间的相互平等。尽管他们会选出一位作为"当家人"或者"会长",并由他来安排处理庙会期间的各类事务,这里即便是一个短暂的等级性支配都不允许存在。当从其他的会头口中传出有关当家人的不良行为之后,当家人的位置的合法性就会受到质疑,最后甚至可能会被撤换。依据刘铁梁对一些会头的访谈得知,范庄龙牌庙会

---

① Prasenjit Duara, 1990, "Elites and the Structures of Authouity in the Villages of North China, 1900—1949", in Joseph W. Esherick & Mary Backus Rankin, ed., *Chinese Local Elites Patterns of Dominance*, Berkeley: University of California Press, p.280.

② 参见赵旭东:《权力与公正——乡土社会的纠纷解决与权威多元》,天津古籍出版社2003年版,第220页以及第221页图片。

中曾经发生过一场冲突,冲突直接指向当家人权力的合法性问题,比如会头会争论说,究竟"谁说了算?"①在我后来的访谈中,人们记忆中的这位"当家人"之所以受到谴责,乃是由于他的行为惹恼了其他的会头,那就是原本由所有会头商量来决定花费的香油钱被他一个人独自占有,不允许其他的会头参与讨论钱的用处。简言之,在其他的会头看来,他就是"坏人",也正因为如此而受到其他诸位会头的攻击。在庙会组织中,过去的当家人或者现在的会长都不过是一个流动的位置。在某个特定的场合,他会因为其为人处世的声望而在龙牌的权威面前被选为当家人,而在另一个场合,他也可能因为自己对其他会头以及庙会事务的独断专横而被罢免。在这里,当家人的权威也意味着对于公共庙会事务的一份责任。当他不能够履行赋予每一个会头的责任时,他所拥有的权威位置也就自然不存在了。

会头组织本身显然是由平等的个体所组成,这平等的个体所依据就是庙会组织中所实行的责任分担的原则。村里每一个人都可以自由地加入庙会组织而成为一名会头,也可以在任何时候退出成为一名普通的村民。但这是一种世袭的体系,因为会头的位置是从父亲传递给儿子的。不过应该指出的是,儿子从父亲那里承继下来的仅是大家分担的责任,而非支配性的权力。平权的责任中所要表达的意义就在于,现实的社会乃是由每一个人的贡献所构成的。对于受到崇拜的龙牌,或者泛指的神,它也不过是有其神圣性、距离感以及等级性本质的外在存在。换言之,所有非真实的特征都归咎于象征性的权威,这种民间宗教的表达采取的是一种外显的形式而非一种模棱两可,即使在对社会现实的一种反思性的或者批判性的陈述中,情况也是一样。②

对于社会而言,平民与神权之间的意识形态化的等级建构是不可缺少的。在这里我们一开始提出的问题就有了答案。表面上,在这里存在一个中心,一种等级或者权威受到一种平权的组织或者有着自由意志的个体的保护,但实际上,对于社会现实而言,这是一种相反的表述或者是对于可能想象得到的支配的彻底的消解,而其做法就是对于所有可能的等级性事务置之不理。

---

① 刘铁梁:《村落庙会的传统及其调整——范庄'龙牌会'与其他几个村落庙会的比较》,载郭于华主编:《仪式与社会变迁》,社会科学文献出版社 2000 年版,第 285 页。

② Hill Gates, 1996, *China's Motor: A Thousand Years of Petty Capitalism*, Ithaca & London: Cornell University Press, p.151.

结　　论

　　无可置疑,庙会过程中的表演和展示都可以看作是一种权威建构的手段,这种建构的合法性有赖于当地社会对于灵验的坚定信念。在范庄庙会上,现在当地人谈及龙牌的灵验首先会指出其在治疗疾病上的功效,而在过去,依据当地人的记忆来看,龙牌的灵验是跟求雨联系在一起的。这种通过祈求龙牌而显示出来的医疗功效,显然跟日常的医疗实践的功效所隐含的意义有所不同。日常的医疗的主要在于医生,在于其高超的医术,最后能够对症下药。可以说在医生和患者之外并不存在第三个参与者。但是依据灵验观念而型构的医患关系就有这第三者的存在,这第三者就是担当着我们现代观念中医生角色的灵媒,即当地人所谓的"附体的人"或者"看香的人"。在祈求康复的患者之外,还存在龙牌这位极有权威的村神。这里实际上是存在有患者和龙牌之间的一种"求"和"应"的关系,这种关系必须经由灵媒作为中介才能够发生作用。灵媒之所以被称之为"附体的人"或者"看香的人",原因就是当地人相信,龙牌作为一个神能够附体在灵媒的身上,并通过其看香的活动来彰显出这种附体的发生。在这种"人—灵媒—神"的结构关系中,最有必要指出的一点就是,这种具有神圣性的神的权力恰恰是通过对日常语言的否定和遗忘的方式而得到体现的。比如我曾经询问过从外村赶来庙会上看香的人,在他为求龙牌的人看香的时候,他们的感受是怎样的?结果他回答说,"神一上身,我就不知道一点嘛了"。而且在龙牌面前看香,这些附体的人都会向四处赶来的香客特别强调一点,那就是,他们所说的话都是神说的话,而不是他们自己所说的。① 换言之,这里有一种否定的转化,也就是,凡是神圣都必须脱离开俗世的羁绊,除去常人的能力,由此神圣与世俗之间的距离才能够产生,权威恰恰是在这距离中间逐渐生发出来的。我们可以再举一例作为佐证,这便是"天后"的例子。在民间信仰中,天后的

---

① 在郭于华对西北一个村落的研究中,她也有类似例子的记录。依照她的记录,马同这个人既是村里的一名医生同时也是一个灵媒。他每次治病的时候,都会在神龛前面晕倒,依据他后来意识清醒时的表述,他当时所有的诊断和开药方的活动都是在一种完全无意识的状态下完成的。他自己特别愿意强调的一点就是他在失去意识的时候,他就什么都不知道了。具体可参见郭于华:《民间社会与仪式国家:一种权力实践的解释——陕北骥村的仪式与社会变迁研究》,载郭于华主编:《仪式与社会变迁》,社会科学文献出版社2000年版,第346页。

原形不过是一位来自穷苦渔民家里的女子,她的与众不同之处是在于其不服管教,也就是不愿意接受父母安排的婚姻以及乡村社会中对一位普通女子的生活安排,并且短命而死。但恰恰是因为她有如此奇异的生命历程,最后被塑造成为具有庇佑渔民生命安全的保护神,"一个闻名遐迩的先知或者灵媒"①。

行文到这里,我的结论也就很明确了。那就是在社会人类学讨论很多的平权与等级之间存在一种本体论意义上的相互转换机制。一种情景下的平等意象的唤醒,意味着等级进入背景并受到消解,反之亦然。在此意义上,有必要对于所谓的传统社会缺少个体性的论点提出质疑。法国人类学家杜蒙曾经指出,"由于与现代社会相对立,传统的社会,其对于作为价值观的平等与自由一无所知,简言之,其对个体一无所知"②。其有关印度等级制社会的理论乃是基于一种比较而获得的,这种比较以为,个体主义存在于西方,而其他的西方社会以外的地方却充斥着集体主义。这种极为典型的二元论的思维模式受到了后来人类学的批评,认为是西方东方学的一种翻版。③ 在这里,我也试图对于杜蒙的理论提出一些经验性的修正。

我要指出的是,等级与平权,或者所谓的集体与个体的观念,它们能够同时共存并在特定的场合下可以相互转换。这种转换隐含着一种相互的否定,其中一种文饰的策略(a strategy of masking)总是要被调动起来。这种相互否定的过程并非两种极端的社会意识形态之间的简单循环。如果借用格尔兹的"浓描"(a thick description)来作类比④,那么这就是"一种浓郁的否定"(a thick negation)。在此否定之中,所有的脆弱、所有的遗忘以及所有的不可能似乎一下子都被赋予了一种生命并转化而成为力量、记忆以及可能性。在此意义上,所有的等级建构或者树立起来的中心、权威都不过是一种暂时的状态,到了特定条件的下一阶段,就会转变到其相反的方面上去。

上述所描绘的对于庙会的观察已经很清楚地表明,这种使人们聚集

---

① James L. Watson, 1985, "Standardizing the gods: the promotion of T'en Hou ("Empress of Heaven"), along the South China Coast", in David Johnson, Andrew J. Nathan, and Evelyn S. Rawski, *Popular Culture in Late Imperial China*, Berkeley: University of California Press, p. 297.

② Louis Dumont, 1980, *Homo Hierarchicus: The Cast System and Its Implications*, Chicago: The University of Chicago Press, p. 8.

③ Declan Quigley, 1993, *The Interpretation of Caste*, Oxford: Clarendon Press, pp. 12—20.

④ Clifford Geertz, 1973, *The Interpretation of Cultures*, Basic Books, Inc., pp. 12—20.

在一起的仪式或者节庆,其本身服务于一种等级或者权力建构,但是在日常生活的场景下,这种等级或者权力建构受到否定而瓦解。依照格尔兹的著名论断,我们知道"权力服务于华丽,而非华丽服务于权力"①。这里我要进一步指出的是,真实的情况可能正好相反,因而对其尼加拉政治模式的修改绝对是有必要的。我对此所作的修正就是,尽管庆典的华丽为权力所支撑,但是它也包括有一种我所称谓的"中心的消解"的否定过程的存在。这一过程使得中心不再像是中心并使中心的支配趋于瓦解。在此意义上,中心就不是权力的根源,而是一种等待消解和否定出现的地方。

---

① Clifford Geertz, 1980, *Negara*: *The Theatre State in Nineteenth-Century Bali*, New Jersey: Princeton University Press, p.13.

否定的逻辑*

——华北村落庙会中平权与等级的社会认知基础

一 平权与等级问题的提出

人类学家曾经明确地告诉我们,社会中的人人平等本不可能[①],因而,似乎任何有关"平权社会"的讨论都只不过是一种理想的追求而已。这同时也就意味着,完全实现"人人平等"的社会无异于是一种乌托邦式的幻想。在许多当代政治理论中,这一论断几乎成为一种学者的共识。不过,好像平等社会的理想确实也为任何有能力的人的社会流动提供了一种机会,与此同时,这也是抹平人群之间能力差异的一种社会约束机制。[②]

对于上述的讨论,我想要进一步指出的却是,平权的问题更可能是一个实践的问题,而非仅是一种理想。如果平权仅仅是一种无法实现的理想,那么完全可以就此推论,在现实中存在的便只可能是一种等级关系而没有平权的形态。对此一问题,毕太乐(André Béteille)曾给予过系统的表达。[③] 在他看来,工业化社会的竞争逻辑借助于自然不平等的理念而获得了其自身的合法性。而在法国人类学家杜蒙(Louis Dumont)出版《级序人》(*Homo Hierarchicus*)这部政治人类学的经典著作之后,这一点便成为人类学乃至整个社会科学讨论的一个核心主题。通过与平权的意识形态(the ideology of equalitarianism)作一比较,杜蒙为我们呈现出来跟

---

* 原载《开放时代》2008 年第 4 期。

① Morton H. Fried, 1967, The Evolution of Political Society: An Essay in Political Anthropology, New York: Random House, p. 27.

② Morton H. Fried, The Evolution of Political Society: An Essay in Political Anthropology, p. 34.

③ André Béteille, 1980, The Idea of Natural Inequality, Auguste Comte Memorial Trust Lecture. 13, London: The London School of Economics and Political Science.

前者完全不同的一种等级制意识形态,并且在他看来,即使到了今天,这样一种意识形态依旧存在。这便是所谓种姓制度(the caste system)。恰如杜蒙所一再强调的那样,作为一种现代思想的表征,个体主义成为了平等与自由的意识形态的核心基础。① 由此而导致的一个后果就是,平权的社会抑或西方个体主义便与等级制的社会以及其他文化中的集体主义构成了一种对立。②

不过最近,有些人类学家开始致力于对过去这种加诸于印度人民头上的种姓制度予以反省。归纳这些来自各个方面的批评,一种共识已经在人类学家当中逐渐得到认可,那就是认为,种姓制度观念的发明,这是跟西方殖民主义以及东方学紧密地联系在一起的。甚至,印度区域研究的学者彭考克(Pocock)还进一步指出,尽管传统的印度社会可以被看作是一个等级制的社会,即其根基于四种秩序的四种古典划分,但是"四种等级划分背后的共同人性"同样在有关他们共同起源的神话中得到了表达。③ 言外之意,古典种姓制度的极化观念很可能是一种依据西方人的东方学想象而书写下来的差异。在这个意义上,杜蒙作为一位人类学家或许应该承担一定的文责,那就是,借助他的书写,印度人的社会特征被表述成为"西方乡愁的一种特殊形式"。④

种姓制度的政治意涵并非有其自身的存在,而恰恰是存在于英国早期殖民者苦恼的想象之中。德克斯对此所做的反省和批评也许走得很远,不过却不失借此让人有警醒的作用:

> 不过,我现在要建议的是,恰恰是在英国人的手下,"种姓"转变成一个单独的词汇,以此能够使印度人的社会认同、社区共同体以及社会组织的不同形式得到表达、得到组织以及泛而广之地得到"系统化"。这是通过一种能够确认的(一说竞争性的)意识形态的主张而获得的,这种主张乃是两百多年英国统治期间与殖民的现代性有着一种实实在在的接触之后所造成的结果。简言之,殖民主义造就了

---

① Louis Dumont, 1980, *Homo Hierarchicus: The Cast System and Its Implications*, Chicago: The University of Chicago Press, p.4.
② Ibid., p.20.
③ David Pocock, 1998, *Understanding Social Anthropology*, London: The Athlone Press, p.216.
④ Nicholas B. Dirks, 2001, *Castes of Mind: Colonialism and the Making of Modern India*, Princeton and Oxford: Princeton University Press, p.5.

种姓制度的当今形态。①

从这些后殖民的反省与讨论之中,我们至少可以得到一点启示,那就是任何文化并非有机地结合成为一体或者表征成为一种功能上和谐一致的整体。不过,这样一种看法并非为后殖民的人类学家所独创,先前有许多人类学家都不约而同地体察到社会体系运作中的动态平衡的变动状态,比如埃文思—普里查德(Evans-Prichard)在《努尔人》中②,利奇(Leach)在《缅甸高原的政治制度》中③,还有特纳(Turner)在《象征的森林》中④,分别都有类似的表述,尽管他们并没有考虑到殖民主义这一大的时代背景。

正是由于这样一点忽略,不论是平衡论还是动态平衡论都受到了所谓新民族志工作者的批评甚至挑战。批评的焦点也无一例外地集中于对这些社会模式中缺乏时间性这一关键问题上,也就是他们没有看到他们所描述的对象的时间性存在。在这一点上,考马拉夫夫妇(John and Jean Comaroff)的见解也许更具启发性,他们以为,过去由于人类学民族志对于本土人时间性的忽略,今天的人类学家的主要任务就是应该避开西方支配话语,特别是那种对异文化的描述缺乏时间感的偏见。⑤ 这里,也许我们应该更进一步强调的是,如果我们必须要返回到对异文化的时间观或者历史的关注,我们就必须要试着去理解他们自己对于时间和历史的看法。一句话,如果书写文化的实践不能够呈现出本土人的一种深度的时间观或者宇宙观,那么所有这些文化的书写都可能是一种没有时间感的借助民族志为媒介的自我想象。

---

① Nicholas B. Dirks, *Castes of Mind: Colonialism and the Making of Modern India*, p. 5;强调处为原文所有。

② E. E. Evans-Pritchard, 1940, The Nuer: *A Description of the Modes of Livelihood and Political Institutionsof a Nilotic People*, Oxford University Press.

③ E. R. Leach, 1954, *Political Systems of Highland Burma: A Study of Kachin Social Structure*, London: The Athlone Press.

④ Victor Turner, 1967, *The Forest of Symbols: Aspects of Ndembu Ritual*, Ithaca and London: Cornell University Press, p. 40.

⑤ John & Jean Comaroff, 1992, *Ethnography and the Historical Imagination*, Boulder: Westview Press, p. 25.

二 质疑"剧场国家"的逻辑

上述对于社会等级问题的讨论一定又会触及社会权力的起源或者创造这样重大的理论问题。确实,对于社会的权力创造(creation of power)的问题,尽管已有许多的人类学研究都曾经关注于此①,不过,我还是乐于将我自己的讨论放置在与格尔兹(Clifford Geertz)所提出的"剧场国家"(theater state)理论的对立面来进行思考。格尔兹曾经强有力地指出,一个盛大辉煌的中心便是权力的起源地,这一颇具影响力的有关权力生成的理论,是凭借着他自己在尼加拉的田野工作以及巴厘岛的历史文献的分析而提出。他由此呈现给我们的是一幅有关巴厘岛人剧场国家的完美画卷。对此,绝对有必要详尽地引述格尔兹的下面一段话,其中也许蕴涵了"剧场国家"概念的全部意义:

> 这是一种剧场国家,其中国王与王子是指挥,牧师是导演,而农民则是群众演员,舞台上跑龙套的同时也是观众。盛大的火葬、锉牙、庙宇的献祭、朝圣以及血祭都要动用成百甚至上千的人以及巨大的财富支出,这些都不意味着政治的目的:它们的目的仅在于它们自身,它们便是国家之所往。宫廷的繁文缛节便是宫廷政治的区分性力量;而大众仪式也并非是一种用以支撑国家的工具,恰恰相反,国家,甚至是在其行将就木之时,都是一种展现大众仪式的工具。权力服务于华丽,而非华丽服务于权力。②

恰如格尔兹所特别指出的,节庆中的展示成为剧场国家存在的核心特征,其中作为中心的剧场国家树立起一种典范,这种典范透露着"国家为何?"的根本意义。依照剧场国家的模型来看,最为重要的一点就是,统治亦可经由作为典范的中心制造出来。对此,格尔兹有进一步的强调,在他看来,在顶端或者在中心那里,只有文化的存在;相反,在底端或者在边缘,只有权力关系的存在。格尔兹进一步指出,在十九世纪的巴厘社会当中,政治的形态是处在了一种向心与离心之间的摆动(the moving of cen-

---

① 关于这一点可参阅:William Arens and Ivan Karp, 1989, *Creativity of Power: Cosmology and Action in African Societies*, Washington and London: Smithsonian Institution Press。
② Clifford Geertz, 1980, *Negara: The Theatre State in Nineteenth-Century Bali*, New Jersey: Princeton University Press, p.13.

tripetal and centrifugal)。向心的摆动就是朝向中心的移动,在那里有作为典范的国家仪式,而离心的摆动则是从中心向外的移动,那里体现出来的是一种国家结构。向心的摆动是仪式性的,其领导者就是某一位君主,而离心的摆动展现出来的是一种具体的制度或者一种权力的体系,这一制度或体系是由许多的统治者所组成。① 在此意义上,中心的展示就是一种政治,其中单单依靠象征或者表演就可以创造出一种权力出来。

正如格尔兹所一再强调的那样,无论在哪里,人都是生活在文化意义的网络之中。② 在巴厘社会的剧场国家式的政治文化里,格尔兹一再告诫我们,剧场国家的戏剧"既非虚幻,亦非谎言,既非耍手腕,亦非装腔作势",一句话,"它们就是那里的存在"。(They were what there was.)③我们可以从此论断中进一步演绎出更一般的有关人的存在状况的问题,那就是任何人类的行为都难逃受到文化要素所决定的命运。这或许是所有文化解释学派的核心命题,但是这种文化影响的普遍性命题有其根本上难于解决的问题,那就是其忽略了由下而上的文化变迁的讨论。

我自己的田野观察试图要表明的恰恰是与上述文化决定论的观点大异其趣,也就是说文化决定行为的思考路径可能完全是一种不恰当的解释模式,特别是当把这种思考路径应用到对我所具体研究的华北年度性的庙会节庆的解释上去,这种不适用性表现得就更加突出了。

毋庸置疑,我这里所考察的华北庙会确确实实属于一种节庆,这是一个有着将大家聚集在一起的中心存在的仪式过程,与之相伴随的是各种各样的仪式表演,如鼓乐队、武术队,甚至鸣放鞭炮的活动亦可以算在内,这些都在表明这个中心的真实存在。④ 作为仪式中心的醮棚,其中按照固定的顺序悬挂着各位神祇的画像,这里展现出来并隐含着的确实是一个等级的世界。换言之,在这里,你同样可以感受到典型的剧场国家的真谛,因为等级、人的差异性以及对权力的荣耀等等,所有这些都在此庙会节庆中由各种公开而盛大的展示所构成的一种中心典范而加以塑造。

单就庙会上的仪式表演而言,我们似乎别无选择,只能接受格尔兹抛给我们的有关剧场国家的假设,但是实际的情况却使我们不能不去追问

---

① Clifford Geertz, 1980, *Negara: The Theatre State in Nineteenth-Century Bali*, pp. 18—19.
② Clifford Geertz, 1973, *The Interpretation of Cultures*, New York: Basic Books, Inc.
③ Clifford Geertz, 1980, *Negara: The Theatre State in Nineteenth-Century Bali*, p. 136.
④ Stephan Feuchtwang, 2001, *Popular Religion in China: The Imperial Metaphor*, London: Curzon Press, p. 242.

这种假设的可信度究竟有多大。如果直接观察仪式表演本身确实没有必要怀疑格尔兹的假设,但是如果采取一种迂回的策略,将我们的注意力转移到剧场国家假设所极少关注到的作为仪式生活的另一面,即从当地人的日常生活中,特别是从庙会自身的组织形式中,我们可以明显地辨识出来,日常的生活以及庙会中的实际组织并非完全是格尔兹所抽象出来的剧场国家模型的翻版。恰恰相反,曾经在仪式场景中心被典范化了的等级秩序即刻又会被讲求平权原则的庙会组织本身的实践活动所消解甚至否定。① 照此观察来看,一种隐含在仪式生活阶段的消解趋势是再明显不过了,借此消解的趋势,一种印刻在日常生活中并在其中得到表达的强调平权的倾向逐渐得到显露。

  首先需要指出的是,把等级看作是一种现实,而把平权看作是一种理想的常识看法在这里必然会遇到阻碍。正如陶伦(Toren)在斐济的研究以及古纳色克拉(Gunasekera)对斯里兰卡乡村的研究所共同指出的那样②,等级与平权作为两种意识形态可能是共同存在的,同时又可以相互转化的。因此,一方面在有等级存在的时候,另一方面平权的诉求就会突显出来。奥特纳(Ortner)那篇有关性别问题的著名文章似乎早已向我们暗示了,在某一种关系不受强调的一个等级社会中,此一不被强调的关系就会表现出追求相互平等的倾向,至少不会突显成为一种等级性的差异。比如在波利尼西亚社会中,由于等级是按照谱系来决定的,男女之间的性别分工就不存在明显的等级上的差异,而是更为倾向于性别的平等。③ 而杜姗姗在云南对拉祜族村落的研究也在暗地里支持了奥特纳的看法,认为因为拉祜族社会没有清晰的男女分离的性别观念,男和女在当地人的观念层次上是相互"绑"在一起的,正如她的书名所提示的那样,"筷子只能一双一双地用",这种对整体性性别观念的强调,使得杜姗姗所研究的拉祜族呈现出一种在男女分离的性别意识极为浓郁的现代社会所无法

---

  ① 赵旭东:《中心的消解:一个华北乡村庙会中的平权与等级》,《社会科学》2006 年第 6 期,第 37—41 页。

  ② 参阅 Christina Toren, 1990, *Makking Sense of Hierarchy*: *Cognitive as Social Process in Fiji*, London: The Athlone Press; Tamara Gunasekera, 1994, *Hierarchy and Egalitarianism*: *Caste, Class and Power in Sinhalse Peasant Sociely*, London and Atlantic Highlands, NJ: The Athlone Press.

  ③ Sherry B. Ortner, 1981, "Gender and sexuality in hierarchical societies: the case of Polynesia and some comparative implications", In Sherry Ortner and Harriet Whitehead, *Sexual Meanings*: *The Cultural Construction of Gender and Sexuality*, New York: Cambridge University Press.

真正实现的男女平等。①

确实,在一个现实的社会中,我们并不否认一种等级或者不平等的存在,与此同时,我们也并不能够忘记,从历史长程来看,曾经因为反抗受压迫和不平等而出现过许许多多大小不等的造反与起义,在造反者和起义者那里,受压迫者要求平等是他们为自己的行为进行辩护的绝好理由。由此在这里必须要进一步强调平衡论模式的解释效度,也就是在我看来的,平权与等级这两种意识形态实际可能是交错地存在于一个社会中,相互处在一种否定对方存在的关系中。显而易见的是,仪式的中心确实有其自身的支配权力,但仅仅是在仪式的时间与空间之中,仪式阶段过后,所有的东西又都转化成为仪式阶段等级的反面。概而言之,在作为典范和中心的文化以及作为社会和制度的边缘之间并没有什么直接的对应关系,更不存在格尔兹所谓的后者支撑前者的依附性关系。

不过,对于上面的等级与平权的讨论,我们最终还是要将它们放置在具体的时空脉络下来进行细致的考察,否则单单从意识形态或者单单从社会结构的分析想推论出等级与平权之间的相互关系,那也许是极为困难的。这样的做法,很多时候往往会落入到上述的刻板印象中。我们还必须要去分析这些观念背后更为深刻的社会逻辑,这一逻辑也许是造成这些纷繁复杂的社会结构形态的基础,并且这种社会的逻辑一定又是以人的社会认知为核心的,否则人的能动性一面就会被忽视而不能够得出周全的结论。下面的研究将以我在华北乡村对于庙会仪式活动的参与观察为基础对上述的学理问题给出一些新的思考。

三 庙会场景下社会认知的否定性

实际上,大多数的人都不会反对,对于平权与等级的常识性认识必须依据当地人对于有关权力与平等或者正义的观念予以重新考量。这是我在研究乡村社会中的纠纷解决问题时曾经试图遵循的一条方法论准则,那就是通过对一个华北村落各类纠纷的比较,我试图梳理出来在实际的纠纷解决中,民间社会的公正与权威观念是如何得到表达的。② 那时,我

---

① Shanshan Du, 2002, *"Chopsticks Only work in Pairs"*: *Gender Unity and Gender Equality Among the Lahu of Southwest China*, New York: Columbia University Press.
② 赵旭东:《权力与公正——乡土社会的纠纷解决与权威多元》,天津古籍出版社 2003 年版。

似乎已经隐约地感觉到一种法律观念表达上的不一致性,比如在遇到法律案件时对法律的渴求和追逐以及在受到误判时的对于法律的抵制和诅咒,不过,当时并没有考虑到这背后的否定的逻辑这一向度,也没有在此方向上有深入的思考。

如果我们相信文化是相互联系的,我们便不会否认,在某个社会范畴里发现的规则也一样可以应用于其他范畴中去。换言之,我自己在研究纠纷解决中对于这种认知不一致性的感悟在我转而考察华北民间社会的年度庙会活动时再一次得到了具体的体现,在这里,我清楚地感受到在乡村社会信仰与实践活动之间所存在着的相互否定的倾向,这种否定性不仅仅是一种没有什么改变的简单重复,而且还是地方性传统得以维系同时又能够发生转化的基本逻辑。这种否定性一方面是在建构社会,而另外一方面又在使之瓦解。这种我所谓的否定的逻辑在我集中关注的乡村庙会活动中得到了极为明显的体现。我曾经不止一次地返回到位于河北赵县东部的范庄村去考察那里每年都要举办的庙会节庆,因此,一种否定的逻辑的观念并非是先入为主的康德式的先验观念,而是依据我对一个村落庙会考察体验的积累还有对邻近村落的庙会的比较归纳而有的心得。在这里,我试图对社会生活中的这种不一致性给出一种自己的解释,这种解释需要有一套观念来表达,而否定的逻辑在我看来便是这套解释观念中的一种。

从 1997 年春天第一次参与考察范庄村的龙牌庙会开始算起,我前后共参与过六次,每年都是去看庙会,然后记录下我的观察,但一直没有写过这方面的文字,直到我最近体会到庙会背后的这种否定的逻辑才肯于写下一些文字,特别是自己 2002 年秋冬之季在英国伦敦与王斯福教授(Stephan Feuchtwang)长久而又热烈地讨论庙会这一研究主题更加助长了我这方面的写作欲望。[①] 王斯福教授比我早一年参与到对范庄庙会的考察中去,并有很敏锐的观感性的文字发表,并且特别在他的《帝国的隐喻》(第二版)一书中新增一章来讨论中国乡村民间宗教复兴机制的问题,其中对范庄庙会的思考在这一章占据极为重要的地位。[②]

但我在这里显然已经离开王斯福所关注的民间宗教复兴的主题很

---

① 赵旭东:《中心的消解:一个华北乡村庙会中的平权与等级》,《社会学科》2006 年第 6 期。

② Stephan Feuchtwang, 2001, *Popular Religion in China: The Imperial Metaphor*.

远,更多的注意力是关注我在上文所提到的有关平权与等级观念的认知基础,这种认知基础不是单单考察象征符号背后的制度与权力含义所能够轻而易举地解释掉的,也并非从历史的转变中能够切实地捕捉到这种社会转换的真正动力。简言之,这种动力不是外在于人的大脑而是置入其中的,是个人承继了一种可以与他人分享的集体表征,但是对这种表征的个人的认知加工是会因人以及因时间和空间而有所不同的,这种不同最终又造就不同的表达或者不同的甚至对立的集体表征体系。①

我这里绝大部分的田野材料都是取自范庄这个华北村落的庙会,另外还有两个邻近村落的田野资料也会在我下文的叙述中有所体现。对这些华北乡村庙会的考察给我留下的一个极为深刻的印象就是日常生活与仪式生活明显的两分。这不单单是过渡礼(the rites of passage)意义上的时间段的划分,更为重要的还隐含着我所界定的相互否定的两极划分。②比如,在庙会这样的仪式生活中,作为一种拥有权威感的中心会突然地浮现出来。通过搭建醮棚、安置神像或者将神的牌位或者塑像迎入搭建完成的醮棚之中,在这些过程中,神的权威得到了重新确立或者认可。在前后一般要持续五六天的仪式过程中,权威与等级的建构成为占据人们意识的核心内容。此时,许多的表演、唱经以及祭拜神灵的举动都在强化着仪式场景中的主题,那就是神跟人、看香的人与求香的人、当家人与诸位会头以及醮棚内与醮棚外之间等级性的差异,这种差异进一步隐含着一种权力的支配关系。而在日常的生活中,情况正相反,甚至在标志庙会结束的仪式刚刚结束,随着龙牌或者神像的移走以及醮棚的快速拆除,此一场景中原来有过的中心和等级的权威也就因此烟消云散,不复存在了。以散漫与平权为基调的日常生活又重新浮现出来,成为了社会生活的主导。③

对于这些现象,我所借用来分析的概念就是上文提出的"否定的逻辑"这一概念,因为在我看来,恰恰是有此深层次的"否定的逻辑"的存在,等级建构的持久性才会受到动摇。显而易见,庙会上的表演活动,它本身是强调愉悦,因而带有"世俗"倾向,同时也看不出那里有一个中心

---

① 赵旭东:《表征与文化解释的观念》,《社会理论学报》2005年第2期。
② 赵旭东:《文化认同的危机与身份界定的政治学——乡村文化复兴的二律背反》,《社会科学》2007年第1期。
③ 赵旭东:《中心的消解:一个华北乡村庙会中的平权与等级》,《社会科学》2006年第6期。

存在。这样一种状况构成了一种即刻的否定,也就是对于神圣的中心以及处在中心的权威的否定。这种否定的实现所借助的是愉悦的展示,就像庙会的游行表演所透露出来的意义一样,这便是否定的逻辑的根本。在此意义上,等级或者权力的中心从来不会为一种固化的结构关系所维系。愉悦的表达是一种象征,其隐含了一种可能性,由此否定的逻辑在人们的头脑中浮现或者被唤醒。因此,否定的过程绝不意味着一种天真的否认,而是对于人类认知中的"图形/背景关系"中所浮现出来的等级制现实的浓郁的否定。

也许对于人类精神状态中的这种否定性的趋势再也没有什么人会比弗洛伊德(Freud)对此有更深刻的认识了,特别在他讨论有关人类深层的"死亡本能"问题时,这种否定性得到了精致化的表述。在他看来,死亡本能显然紧密地与人类的破坏倾向联系在一起,这种死亡的本能与破坏倾向乃是对人类意识存在状态的一种否定。① 德里达(Derrida)同样讨论过这种否定的趋势②,不过跟弗洛伊德不同的是,他的灵感来自于对莫斯(Mauss)的《礼物》③的再分析。依据德里达的分析,礼物既不是一种交换,也并非是一种由送礼者到受礼者最后再返回到送礼者的这样一个经济交换的循环。礼物的关系实际上就是要把礼物的关系忘掉或者取消掉,实际上礼物根本上不是作为礼物本身而存在的,而是对于礼物作为物的忘却。在此意义上,礼物存在的状态恰恰是对其本身存在的否定,也就是使礼物本身不成其为礼物。④

无可否认,我所研究的庙会是一种人为的景观,在此景观之上附着一种当地人对于社会有序以及无序的理解,这中间还穿插着只存在于他们头脑中的无法分辨有序或者无序的模棱两可的状态。通过愉悦的舞蹈、烧香以及其他的表演活动,中心或者秩序潜在地受到了挑战,接下来便是一种混乱状态的出现。在这些大众参与的活动中,日常生活的原则被排

---

① Sigmund Freud, 1995, *The Standard Edition of the Complete Psychological Works of Sigmund Freud*, Translated from the German Under the General Editorship of James Strachey in Collaboration with Anna Freud: Vol. 18 (1920—1922): *Beyond the Pleasure Principle*, *Group Psychology*, *and Other Works*, London: The Hogarth Press.

② Jacques Derrida, 1992, *Given Time: I. Counterfeit Money*, Translated by Peggy Kamuf, Chicago: The University of Chicago Press.

③ Marcel Mauss, 1970, *The Gift: Forms and Functions of Exchange in Archaic Societies*, Translated by Ian Cunnison, London: Cohn & West Ltd.

④ Jacques Derrida, *Given Time: I. Counterfeit Money*, p.19.

除出这一空间的领域,取而代之的是一种由愉悦的表演所激荡出来的热闹场面。每个在场的人,只要他们愿意,都可以随时随地参与到类似过狂欢节一样的游行队伍中来。当然,每一个参与者又都可以根据他们的意愿从这一热闹的场面以及欢快的表演中退缩出来。这是一个愉悦的领域,同时也是一个自由的领域。由此而彰显出来一种否定的潜能,其为一种欢快的展示所遮掩。生活中他们也许从来不需要一种强制的秩序或者依附的中心,至少这不是他们唯一的选择。他们自己的愉悦经常会依照热闹与否来界定,这种热闹隐含着混乱,不过却否定了结构意义上的中心或者权威。与此同时,这也透露出来,但凡受到瓦解的东西必要经由一种能够给人以愉悦以及为人所认可和接受的方式来体现。这也许便是我所称谓的否定的逻辑的根本。

眼光如果能够落在当下的中国,许多扑面而来的现象似乎相互之间都存在着一种矛盾。这也许是中国在追求现代性中的一种自然流露,这种现代性是一种移植的现代性,其根源于霍布斯对于"所有人跟所有人的战争"的无序状态的道德想象。① 这些矛盾具体可见,并且处于两极的状态中。比如现代与传统之间、法制与违规之间以及拆庙与建庙之间的对立和转化。② 对于国家而言,这些异常的现象是真正的社会问题,但是在当地人的生活中,却很少能够觉察到这些问题的存在。在这一点上,当地人也许属于是乐天派的哲学家,因为依照他们的这种否定的逻辑,任何不容变通的存在都可能被看作是毫无意义的。对于乡村庙会而言,从具有变通性的否定的逻辑来理解显然是一个全新的视角,这不单单关乎一个区域的可观察到的矛盾现象的解释问题,而且还可能触及更为基本的人类心智的表达。

四 家族斗争与村庙的兴衰

关于庙会,我自己有过三个村子的实地田野考察经验。这些村落都属于彼此邻近的华北村落,具体而言又都属于河北省赵县的东部区域。这里曾经是著名的滹沱河故道,其中土地含沙量大,极适于种植梨树。这些村落的名称分别为范庄、李村和常信。特别是范庄,自1997年开始到

---

① Thomas Hobbes, 1934, *Leviathan*, London: Dent.
② 赵旭东:《拆北京:记忆与遗忘》,《社会科学》2006年第1期。

2002年,我每年都有机会参与当地的龙牌庙会。后来因为不在国内的原因而中断,但是到了2005年春天,我再次开始参与观察这个区域的各种庙会活动,其中就包括龙牌会在内。并且,所有这三个村落,在行政上也都隶属于范庄镇管辖,因此可以算作是一个研究的区域。① 另外,我博士论文的田野地点李村,其庙会我也参加过两次,对于其中的仪式过程我曾经给予过详尽的描述。② 最后是常信村,那里有一座娘娘庙,每年农历五月二十九都会有庙会举行,我也曾经在2002年夏天参加过一次,2005年的庙会我亦亲自前往考察。③

实际上,村庙有许多特征都具备将其看作是一个村落共同体的重要的公共中心以及超自然力的根源所在。正如早期的研究者所注意到的,在中国乡村中,村庙的空间结构往往都是在一座大庙周围聚拢着许多小庙。④ 一年一度为村庙里的神所举办的节庆活动,即庙会,便是在这个空间中得到具体展现的。在下面的文字中,我会对此类庙会有更为详尽的描述,这里首先呈现的是有关庙会的存在背景以及它们作为节庆的共同特征。由此背景的描述,我想要强调的是这其中所隐含着的一种潜在发生作用的"否定的逻辑",这种否定的逻辑在前文所述的乡村生活中已经有了一些直观的描述。

如果对华北村庙的历史有所涉猎,特别是注意到在中国其他地方从事田野工作的民族志记述,似乎很容易归纳出来的一个特征就是,村庙的存在无可避免地呈现出一种循环的圆圈形态,这意味着村庙庙会在某个契机的诱发下得到了创建,但又因为某种更大范围的历史变故而受到损毁,甚至拆除,而重建的新契机又使庙宇得到再一次的修复。⑤ 对于庙会而言,其生命历程与庙宇本身的兴衰息息相关,可以说与其有着同样的从

---

① 有必要作一点解释就是,范庄镇和范庄村有着共同的名字,并且,范庄镇就坐落于范庄村的土地上,不过它们终究属于不同的等级。

② 赵旭东:《权力与公正——乡土社会的纠纷解决与权威多元》,天津古籍出版社2003年版。

③ 岳永逸对我所调查的这一区域的庙会活动有过详尽的民俗学的考察,其中我参与过的范庄和常信庙会,他都参与过,并有很详尽的报道。参阅岳永逸:《庙会的生产——当代河北赵县梨区庙会的田野考察》,北京师范大学研究生院2004年博士论文;岳永逸:《家中过会:中国民众信仰的生活化特质》,《开放时代》2008年第1期。

④ Y. K. Leong & L. K. Tao, 1915, *Village and Town Life in China*, London: George Allen & Unwin Ltd.

⑤ 景军教授对西北大川村一座孔庙复兴过程的研究,足以为这样一种村庙存在的周期性的生命历程的看法提供一个极有说服力的佐证。参阅 Jun Jing, 1996, *The Temple of Memories: History, Power and Morality in a Chinese Village*, Stanford: Stanford University Press。

修建到拆除再到重修的循环过程,不过我试图依据这里提出的否定的逻辑的概念对此循环给出一种完全不同的解释。

作为一种集体表征,村庙肯定被认知成为一个能够从中获取某种"魔力"的地方。在一定意义上,这与布洛克(Maurice Bloch)对非洲马达加斯加莫里纳人社会古代墓地的象征性分析有着异曲同工的作用,在莫里纳人看来,墓地便是一个获取生殖力的地方。① 因而,与墓地有着类似仪式功能的庙宇的区域便总是被人们当作是一个神圣的领域而受到保护,不过,与此同时也还有被认为是对此神圣空间造成污染的破坏力的存在。这种破坏力总被认为是体现在四周想象中存在着的孤魂野鬼身上,这种破坏力的污染作用只有通过对它们加以奉承的做法来寻得豁免,比如把好吃的食物以及其他东西拿出来送给这些孤魂野鬼,以此作为讨好的供品,并使污染得到消除。另外,对于庙宇直接产生影响的往往是一种政治的力量,这种力量最终可能使修建起来的庙宇被说成"不合法"而遭受摧毁的厄运。这种力量,当下而言就是在村落政治中存在着的派斗或者派性。这一特征在我所调查的李村得到了真实的体现。

"派斗"这个词是一个在中国社会许多层次都可以使用的词汇,也是一种在中国社会里极为常见的政治结构形式。具体到我所调查的李村,"派斗"这个词是被说成了"家族斗争",这种家族斗争往往是发生在两个不同的家族分支之间。村里1989年重新修建起来的张爷庙就在最近的一次家族斗争中被砸坏了。依据我的调查,2000年春天,在李村开展了新的一轮党支部选举,原来的党支部书记被新上任的党支部书记所取代,这位新书记据说来自于跟原来的书记有所不同的家族分支(或称作"院"),尽管他们两个人之间也有一定的亲属关系。从调查的情况来看,张爷庙这次受到损毁有两个原因。第一个原因是,1989年恢复重建的"张爷庙"乃是由原来的书记所在的家族支持修建的。第二个原因是,新上任的书记曾经因病来过庙里求过张爷,但据说张爷没有"显灵",病也没有治好。结果,这位书记的妻子就认为,张爷这位神不大灵验,进而迁怒于村庙。后来据一位村里知情者说,这位新任的书记上台以后便以当时国家积极开展的"打击邪教、铲除乡村小庙"的运动为名义招集镇里的警察在夜间将泥塑的张爷塑像给砸了,其他的一些神像也受到了不同程

---

① Maurice Bloch, 1986, *From Blessing to Violence: History and Ideology in the Circumcision Ritual of the Merina of Madagascar*, Cambridge: Cambridge University Press.

度的损坏。随之,村庙里面的各类活动也相应地停止下来,那一年的庙会也就没有举办。直到第二年,也就是 2001 年的秋天,以往的庙会活动才又得到公开举办。

五 结 论

依据对于华北庙会的考察,显然,特纳(Victor Turner)所提出的有关仪式过程的一般性的平衡模式同样需要作些修正。他从范·吉纳普(van Gennep)那里发展出来的"阈限"(liminal)概念,其只体现在仪式过程的中间阶段,这是一个规则消失的阶段。但是庙会节庆的仪式过程恰恰说明这个仪式过程的中间阶段乃是一个结构化的阶段,由此神与平民百姓之间的一种等级关系得到建构,而这明显地与日常生活场景中的强调平权的态度构成了一种反差和分离。

在此意义上,阈限的时间(the liminal time),正如布洛克所指出的,是把自然的认知与意识形态的认知相互混淆。通过仪式性的表演,自然的认知或者理性的认知受到遮掩而变得模糊不清,最后转变成为一种错误的认知或者意识形态,其使一种等级关系自然而然地变得更加具有合法性。追随布洛克的精细的分析以及自己对于华北庙会的实际考察,我想进一步得出的一个结论就是,显而易见,我们作为人所体验到的一种仪式的过程应该是:日常生活中有对于等级的否定性的心理倾向,然后进入仪式生活中的明显的等级建构,而这真正应该被看作是表面上通过愉悦的表演而对一种等级的否定,这样一种否定,进而一种新的平权的状态可以通过潜在的结构化状态的瓦解性倾向而得以实现,这开始于作为背景的仪式过程的中间阶段,到了最后的阶段,也就是日常生活之中,这背景逐渐凸显而转化成为一个图形并从隐藏起来的背景中涌现出来。

在此意义上,否定的逻辑不仅仅意味着一种抵抗。所有关于日常生活或者仪式生活中的反抗形式的研究,正如谢瑞·奥特纳(Sherry B. Ortner)所指出的那样,都是缺乏民族志材料(thin or ethnographic refusal)的薄弱解释或者说是"消除政治、减弱文化以及消解行动者"(sanitizing politics, thinning culture, and dissolving actors)的做法。[①] 仅仅依靠由福柯(Mi-

---

① Sherry B. Ortner, 1995, "Resistance and the problem of ethnographic refusal", *Comparative Study of Society and History*, Vol. 37, pp. 1, 173—193, 176.

chael Foucault)所启示出来的抵抗的范式(resistance paradigm)①以及斯科特(James Scott)的"弱者的武器"②的思考模式来分析异文化的整体性或者多元性显然是不充分的。尽管抵抗的范式刺激出来了许多的有关后殖民主义的反省,但是仅仅依靠这种两极化的支配与抵抗的对立来思考也同样可能误导了我们对于一个具体社会的理解。现实一定是比这种直接的对立复杂得多。进而言之,一位村干部,比如范庄村的退任书记王二旦,曾经完全是处在一种跟其他的所有村民对立的位置上,但是当他退任下来以后,他就可能加入主张大家平等的平权的会头组织中去,并且作为一名普通的成员来担负起平权的、人人有份的"伺候龙牌"的责任来。③

　　这些表面上看似矛盾的现象不可能单单依靠抵抗的理论本身就能够获得让人完全信服的解释。在某种意义上,这种抵抗不过是对既有的权力支配的一种肯定或者强化。这对于共处一个场域中的平权与等级之间的相互转化机制的解释却无所助益。显而易见,这种转化的机制一定是,在一种场景下是对一个中心的中心化并对其加以建构,但是另外一种场景下,却是对这种中心建构的消解或者否定。我自己的田野资料的呈现以及足以证明,在庙会仪式的场景下明显地存在一种等级的建构,但是此种建构即刻为隐含在日常生活实践中的平权的倾向所打破或者瓦解。扩而言之,人类自身的这种平权与等级这对外在的矛盾会暂时地为平权与等级之间的相互否定的倾向所消解。在某种意义上,仪式过程的此种社会原则确实提醒我们一种循环的模式,即仪式的过程经历从结构(structure)到反结构(anti-structure),而最后返回来的不是特纳意义上的原初的结构而是一种新的结构。

　　综上所述,所谓的权力中心并非会恒久地存在,也很难成功地保持下去,由于有着一种潜在的人的心理上的否定的逻辑的存在,其最终都会被另一场景下的向其相反方向上的否定性倾向所瓦解,由此承受一种不断革新的命运。归根结底,这些都可以看作是一种人类心智中所共同存在着的一种自我否定倾向在实际的行为与文化上的反映,华北的庙会所展

---

① Michel Foucault, 1978, *The History of Sexuality*, Vol. 1, Trans. by Robert Hurley, New York: Pantheon.
② James C. Scott, 1985, *Weapons of the Weak: Everyday Forms of Peasant Resistance*, New Haven and London: Yale University Press.
③ 赵旭东:《中心的消解:一个华北乡村庙会中的平权与等级》,《社会科学》2006 年第 6 期,第 39 页。

露出来的不过是其表现而已。

　　﹡部分内容曾经在2006年12月5日香港树仁学院当代中国研究中心的邀请讲座上宣读,感谢陈倩(Selina Chan)博士的邀请以及讲座上和之后的慷慨批评,还要感谢香港科技大学的张兆和、廖迪生两教授颇有见地的发问,也感谢树仁学院李秀国博士、中国政法大学梁永佳博士在讲座上的提问。

第五编

文化的表达

文化不是 4745[*]

忘了究竟是哪位社会学家的提醒,他说即便是在网络极为发达的今天,人们依旧无法摆脱面对面交流的欲望。确实,看看每年在世界各地召开的各种名目繁多的会议,就知道这种欲望究竟有多么的强烈。飞机的发明以及越来越廉价的票额让这种欲望更加容易实现,如果从北京去昆明开会,不过在天上飞行三个小时就抵达了,这速度大概要比同样是现代发明的火车,不知要快上多少倍了。而且,算计好了,提前订票,飞机票的价格甚至比火车票还便宜。

昆明确实是一个好地方,相比北京炎热的夏天,这里有清凉的高原避暑的感觉。而 2009 年的盛夏,国际人类学会第十六届年会就在这个被称之为"春城"的凉爽宜人的地方召开。国内外的与会者据说超过了四千人,还有说超过六千人的,众说纷纭,不一而足。但是大部分的人都是乘坐飞机从世界以及全国的不同地方赶来昆明会面,那情景跟乡下赶集也差不太多。

组织这样的会议大约是一件非常辛苦的事情。中国生来好客,当地人也怕丢了面子,结果一来二去,保卫的等级提高,结果反倒使得学术会议变成了如何使与会者不出现秩序混乱问题的安全保卫会议。酒店入住下来,到会议报到处注册之后,他们就会发给你一个蓝色的牌子,本来以为这上面会有自己的名字,按常理学术会议的牌子大体都应该是这样,甚至有的还会具体写上你的单位、职称之类,这次倒是一切从简,蓝牌子上除了会议的标识之外,就是一个号码,我得到的这个号码是 4745。也许是太过敏感了,由此猛然想起了囚犯,一般我们称囚犯为"号犯",是说他有一个号码。可以说,名字对于犯了罪的人就不大重要了,或者说一旦进入犯人的行列中,俗世中的名字也就成为可有可无的了,最为重要的是需重新给出一个名字,这个名字可以适应于监狱的环境与生活安排。电影

---

[*] 原载《中国农业大学学报》(社会科学版)2010 年第 3 期。

里我们经常看到罪犯被叫号码而不被叫名字的那些镜头,这镜头实在让人印象太深刻了,无法忘怀。此时参会,看到自己也有了一个号码,顿时就紧张了很多,幻想中似乎是将自己等同了罪犯,但再细细端详上面的符码,却都是跟安全检查有关的,甚至还有一个辨别真伪的防伪标志,在昏暗的灯光下泛着光亮,说明这是真的。这号牌原来不是号犯的牌子,而是用来关心和爱护你,保证你的人身安全的牌子,实在应该感谢会议组织的良苦用心。

有了这标有号码的牌子,行动起来还真是很方便。开会的会场都设立在云南大学一栋教学楼里,大约是叫文渊阁吧。进学校的大门首先就需要出示这号码,进到会场之前在楼道之中还有专门的安检设备检查你的号牌以及行李包裹。开过会后,大家统一用餐,使用的还是这份号牌,蓝色的丝带系起来的号牌挂在每个与会者的胸前,如此装束你就可以随意出入餐厅了,并且可以免费吃上一顿午餐,这午餐也是自助餐一样的形式,任你去选择。几天的会议下来,靠的都是这份号牌,如果没有佩戴这号牌,你就可能会被当成是不速之客或者嫌疑人而被拒斥在大学的门外,无法参与其中,更不用说自由发言了。

我们实在不能不佩服大会组织者的敬业精神,他们很希望这个会议能够安安稳稳地召开,最后也能够安安稳稳地结束。但隐匿姓名的号牌的发放终究让人感觉到有些奇怪,一个有着各自的思考能力、有着各自的个性特点以及有着各自的文化属性的个人就这样被抽离成为一个简单化的号牌。我想大多数的人类学家大约是不会同意这样的分类的,以文化的记录者、描述者、传播者以及保护者而自居的人类学家,他们也许会更喜欢丰富多彩的文化的表达,因为,抗拒统一化、标准化、清晰化以及简单化的现代性对于地方性文化的侵扰,这向来是人类学家愿意去坚守的一个阵地,但是,现在看来,这块阵地也会因为假想的人身安全的考虑和对参与人的无微不至难于抗拒的关怀而无法再持守下去了。

之前,为了不使自己的昆明之行变得很是寂寞,在临行之前,顺手拿了一本尚没有读过的新书《人类学透镜》。这本书的作者名字叫詹姆斯·皮科克(James Peacock),现在是美国南卡罗莱纳大学的人类学教授,这本书算是他修改后的第二版,原来的第一版英文版我曾经读过,印象很深,轻松易读,很便于入门者的启蒙。由于有这样的印象,因此便很想看看这一新的版本究竟如何。"皮科克"这个名字的原意在英文里为"孔雀",大约这个家族可以追溯到把孔雀作为图腾的那一个家族吧。

这位孔雀教授对摄影应该是很有研究的,不然,他怎么会把自己的书用"透镜"这个概念来命名呢?透镜是用来控制光亮的,通过光的强弱变化,被拍摄的对象就呈现清晰与模糊的两极,好的摄影师就是通过透镜来控制光亮进入的专家。强光的聚焦可以使得对象清晰,但是无法让我们看到作为整体一部分的背景。很多时候,人类学更喜欢柔和的聚焦,从而使得对象略显模糊,而整体的前景和背景都可以同时得到把握。在书的结尾,皮科克教授这样去提醒人类学家:

> 在一定意义上,人类学也喜欢有一个柔和的聚焦。唯恐太过深刻地洞悉唯一的对象而错过其所处的背景,人类学家会广泛地注视,设法同时瞥见前景和背景,甚至将他们自身也包括进图景中。意识到任何对象、任何行动都是无数力量的融合,他们竭力去捕捉整体,必要时甚至会牺牲聚焦的精确度而关注视觉的广度。①

皮科克的提醒,让我们重新回到有关文化的意义的问题思考上来。确实,照相机的发明使得我们有了一个可以去关注的对象,但是这个对象只有被重新放置到其存在的背景当中才真正有意义,否则只能是一件经由摄影师剪裁过了的摄影作品,它不能说明全部,只能呈现一部分。就像博物馆里的展品,对于这些可能是从很偏远的、作为异文化典范的乡下搜罗上来的藏品究竟如何摆放,从来都不是由当地人或者那些使用者自己来决定的,而是由探险家、收藏者、文物学家以及人类学家来给出一种时间和空间摆放上的秩序。他们将他们手里的透镜聚焦在某个物品上,再从当地人生活的帷幕中将其截取下来,转运到大都市的博物馆里,给它一份说明,让它有个身份,进而有个安身之所,以便供人观看,获得一种知识。这些大都市里的参观者大多是无法再有机会从自己的生活中触及这些历史的遗留物了,他们也许可以借此而获得了一种对于自己陈年往事的怀旧。

就如同有许多的现代发明都跟"西方"这个地理学的概念联系在一起一样,博物馆的发明也不能不说是西方人的专利。在我们的文化传统里,好的东西、祖先用过的东西、有价值的东西,这些都是要小心地收藏起来,不轻易示人的。但是,现代博物馆的观念却正是与此相反,一切都要呈现出来,通过彻底的展示来体现出其作为历史物品的存在价值。而如

---

① 詹姆斯·皮科克:《人类学透镜》(汪丽华译),北京大学出版社2009年版,第145页。

何摆放一种物品、人的生活用具乃至各个民族的发明创造,这却是很有文化特殊性的。我就听说很多的中国博物馆都有所谓"镇馆之宝"的说法,应该说这件"镇馆之宝"是不会轻易示人的,就像家藏的"镇宅之宝"一样,封闭严严的,不轻易让人看到。

不让人看到,就是一种对于此物神圣性的创造。我们在羌族地区调查,大家知道主管这个民族信仰生活的释比大多会藏有一些经书,但是外来的人要想看到释比手里的经书,那几乎是不可能的事情,他会讲出无数的禁忌,使你不敢轻易地提出要去看他手中私藏的经书,这无形中也增加了此种物品的神圣性。但是,西方博物馆的概念却没有这种神圣性,甚至可以说是有意在打破这种收藏的神圣性。在名目繁多的西方博物馆里,几乎没有什么东西是我们今天的人们所不能够看到的,什么都可以拿出来展览,甚至在话语上可能将之上升到"公民的权利"的高度上去。即便是这样,正像我们的博物馆传承了我们的深藏不露观念一样,西方的博物馆也在传承着西方世界的文化观念,这种观念中最为核心的就是对于文化和自然之间的人为区分,这种区分根深蒂固地存留在西方文化的分类和实践之中。那位孔雀教授皮科克先生让我们去留意一下同在华盛顿特区的美国国家博物馆和美国历史博物馆之间的分别,前者代表着西方人的文明的展示,在那里见不到西方文化以外的异文化,这是一种西方人观念中对于文化的理解,而在那个历史博物馆里,到处却可以嗅到异文化的气味,这里可以说是除西方民族以外的世界各民族的集中展示区,这些形态各异的人在西方人的眼中,至少从潜意识的分析中可以知晓,他们并不代表着一种文化,而是代表着一种自然的存在状态,因为他们被与软体动物、与恐龙这样的自然状态的动物并列放置在了一起。这可以说既是一种西方文化的偏见,也是西方文化的一种表达。

博物馆也许体现出来今天西方文化发展的一种存在状态。这种文化的核心,如果借用英国社会学家吉登斯的理解,就是对于存在物在时间和空间上的抽离,并且在一个更为宽广的时空范围上得到了重新放置。这种抽离最为重要的是抽离掉地方性的时空扬景,使具体的线索消失掉,并在更为宏大的时空背景下被赋予一种抽象的意义。今天,在中国亦步亦趋地走向现代化的时候,还有什么不是这种抽离之后的结果呢?

过去,在我们的记忆里,甚至连一个街角糖果店都能够让我们回忆很久,能够具体地回忆出店的主人,所卖的只有那个地方那个店才有的糖果,但是这些在今天都变成是无法记忆了,因为今天已经不存在所谓的地方性的地方产品了,到处都可以买到的地方性产品使地方性的具体线索消失了,也使记忆变得无法实现了。在我们的记忆中,能够存留下来的是到处都一样的连锁超市、连锁饭店、连锁宾馆,黄黄的 M 字在世界的任何一个大一点的城市的街头巷尾都可以看到,而连锁酒店里同样颜色的洗漱用具又如何能够使我们分清自己究竟是生活在北京还是生活在南澳州的阿德莱德呢?也许最为重要的是这些都已经变得不太重要了,重要的是你自身存在于一个抽象却可感知的变动不居的时空之中。

　　这也许是今天的人的存在状况,那就是不断地脱离开地方性的联系,不断地游走在对于这个人而言是新的时空联系之中。在丽江的古镇,当你坐下来喝一杯咖啡的时候,咖啡却可能是从巴西经过北京而运送到这里的,当你想买一件纪念品时,你会发现那些物品跟长城脚下的旅游品商店里的纪念品又是何等的相似。在以前的从社会学视角对于世界历史的解释中,我们相信一种所谓中心与边缘的理论,认为西方作为现代世界的中心在不断地拉动着边缘地区的发展,但是,在面对今天新的世界格局的转变,特别是随着交通便利而出现的旅游业的发达,处在原来中心的人们可能是在做着服务于边缘人的事务。谁能够保证从泸沽湖出来到北京打工的一位摩梭人,有一天他会不经意地在生产着未来会运送到他的家乡去的旅游纪念品呢?皮科克教授所提及的一个很有意思的现象也许更加印证了这种预言的可能性,一家尼日利亚的文学期刊,其总部设在了繁华的巴黎闹市,但是其读者群却是生活在尼日利亚的尼日利亚人,这里的中心和边缘的关系实在已经不是华勒斯坦在写三卷本的《现代世界体系》中所信以为真的传统的中心和边缘的关系了。在英国伦敦经济学院,我曾经听一位教授讲,她在研究一个非常有意思的现象,这个现象就是在伦敦拨打去非洲的国际长途电话,其中转站总部却是设在了印度,接话员都是清一色的印度女孩子,但是说出来的英语据这位教授说比英国人还有英国味道。在今天,这种时空关系的错乱,使得我们确实再也无法那么容易地就找寻到究竟什么是中心,什么是边缘了。

　　以上这些文字都是在我看到发给我的那个标有"4745"这个数码的会议号牌之后有所联想而写下的,我对身边的人说起这件事情,他们有的哑然,有的惊讶,还有的恍然大悟,总之,也许对于会议的组织者而言算是一种小题大做。不过,我想,人类学也是在进步之中,我们总是在用新的方法来表达我们的生活方式。生下来,父母给你一个名字,这是一种文化的表达,成年之后,社会给你的确认你身份的号码,如何不是一种文化的表达呢？这号码同样是现代生活的一种安排，面对来自全世界各个地方的人类学家，他们也许在他的那个学校、那个研究机构、那个国家里都是某个重要的人物，但是到了这个可能都是外乡人的昆明，父母给的名字又有什么核心的价值呢？根本重要的是把这些可能造成"混乱的"人安排出来一个新的秩序出来，不论你的肤色，不论你的国家，也不论你的声望，更不论你的性别，一股脑儿地把这些线索都去除掉，给你一个号码，这个号码变成了在世界范围内的这一时空里你的存在。但终究这还是一个抽象的存在，尽管是在昆明这样一个有着具体的时空坐落的空间之中。写到这里，猛然想起昆明诗人于坚先生送给我的诗集，这位自称是"故乡诗人"的昆明人对昆明说了些什么呢？翻开这本白色作底的名字叫《只有大海苍茫如幕》的诗集，我马上就读到了这样的诗句：

  鸟啊
  飞向我 飞向我
  别再回你的老家
  只有我的心还为你荒凉如故
  只有我的心还为你筑着巢
  一切都是过去的摆设
  一切都原封未动
  鸟啊 你只有飞向我
  你的老窝已经卖给一家公司①

  我读到这样的诗句确实很感动，拿起很久不用的毛笔，蘸上浓浓的墨汁，在书的留白处写上了"精彩"两个字，也许这些诗句让我一下子找寻到了"我"为什么会等同于"4745"这个号码的答案了，因为，如果鸟的窝都没有了，鸟如何存在呢？这是鸟的悲哀，也是人的悲哀。不过，至少我知道，文化一定不是 4745 这个清楚到没有任何杂质和迷惑的一串数字了。

---

① 于坚：《只有大海苍茫如幕》，长征出版社 2006 年版，第 159 页。

消费的文化解释[*]

无可否认,在社会理论研究中,伴随着世界范围内的商品经济的快速发展,越来越多的研究者已经开始把研究的视角转向对消费话题的关注上。这一新的研究旨趣的出现使得人们有机会重新去评价瑞士语言学家索绪尔的工作,因为索绪尔的语言学曾经对于符号的所谓"能指"(signifiers)即词语以及"所指"(signifieds)即心理表象(mental images)之间给出过一种明确的区分,这一区分显然也是结构主义人类学得以构建的理论基础,同时也是后来社会理论有关生产与消费关系思考的基础。因为今天的社会理论家清楚地知道,现在不是"生产"的消失,绝对不是!生产依旧存在,只是索绪尔所说的"能指"本身转变成了消费的客体,我们生产"能指"或者说语言符号,同时我们也是在消费这些符号。因而,在这样的时代里,需要不单单是基于人的基本需求而产生,并且,我们所需要的东西可能有很大的一部分就是社会所设计出来供我们消费的东西。

在这一点上,法国社会理论家鲍西亚的思想表现最为突出,他的批判符号学试图从根本上对于马克思的政治经济学批判有所超越,因为在他看来,马克思的政治经济学的理论似乎并没有能够完成从交换价值向符号价值的转化。恰如鲍西亚所一再指出的那样,要知道,今天的"大众已不再表达他们自己,他们是被调查"。[1] 换言之,在今天的社会中,技术成为了经验的监视者,并最终成为了经验本身,在这里,技术便是真实。同时,个体从与他人的关系中所获得的认同,这并不主要是从他们的工作类型上而是从他们所展现出来的消费的符号与意义上的认同。在这里应该清楚的是,商品本身是"能指"而非客体,它是一种表征,比如健美的身体之类。

这样的思考,使得人们重新注意到了社会关系中的主体性概念及其

---

* 原载《江西社会科学》2006 年第 10 期,第 12—15 页。

[1] Jean Baudrillard, 1983, *The End of the Social and Other Essays*, Semiotext(e) and Paul Virilio.

与具体的历史与社会实践的关系,在这里实际并不存在什么"超验主体"(transcendental subject)这样的形而上的观念。因为这样的"超验主体"原本是指具有"先验"存在的人的特征,但这是超越于社会与历史决定性的人,在今天看来也是不可能存在的人。相反,我们得把有关"主体性"存在的话语理解成是一种历史的产物以及看作是在特定的社会规训与惩罚机制下形成的持续地受到社会监视的策略性主体。这种看法虽说主要是跟福柯的著作密切关联,但在之前的埃利亚斯和韦伯的著作中亦有明显的反映。在所有这些人的著作中,一个可以为后人归纳出来的一个核心议题就是"现代主体"转变成为"构成性的主体"的途径是什么?结果,作为商品的产品的生产与相应的一套社会制度上的安排之间的关系便成为了人们特别关心的一个研究主题。

社会理论家今天要问的问题就是,制度究竟如何建构那些产品的主体性?这里我们是如何利用商品来作为我们"是什么"(what)以及"是谁"(who)的符号的消费分析。商品与服务的交换,并不仅仅是因为他们对于我们的物质生存起作用。在如现代西方诸国那类的所谓消费社会中,象征性的价值同样极为重要。这是一种复杂的过程,这一过程包括了消费者方面的主动参与,但是这主要是由在组织中产生的话语和知识生成的。商品与服务的销售和市场营销是以有关谁是"常规的消费者"这样的观念来建构的。因为是买了特殊的商品和服务,这样我们实际是要到这些观念中去买。换言之,我们靠着消费设计出来的产品来构成一个特殊的主体。

现代性作为一种启蒙是通过文化的霸权而将怀疑精神熔铸到个人的性格中去。这种怀疑精神在日常消费的生活中的核心表现就是对于商品的认识以及由此而得到的可以传播出去的知识是在不断地翻新,今天被宣称为健康的食品,明天或许就会被新的营养学或大众医学知识所替代。结果,这种知识的快速转变令当今的人无所依从,弥漫性的生活焦虑成为一种普遍的现象。而逃避这种焦虑的唯一的以及最便利的途径就是消费含有新知识意义的商品。似乎只有这样,那才是现代人在现代社会从事消费的真实意含。

由此可知,今天的消费不再是为了生活需求的消费,而是要寻求消费的意义,这种意义是通过自我反思性的知识而获得的。在个体寻求一种知识的反思性的同时,知识进入了消费文化的领域中来。各类的抽象知识正在通过报纸、杂志、电视以及网络等媒体进入寻常百姓家庭。营养、健康和自然等概念伴随着所谓无污染的绿色食品、健康食品之类商品的消费而融入一般人的知识体系中去,人们不再是为了生活而消费,而是为了消费而生活。一种对消费的成见认为,消费是一个人自己的事情,跟他人没有关系。我们常常有句挂在嘴边的话——"我要是有了钱,想买什么就买什么,谁也管不着!"但事实真的是这样吗?社会人类学家当然会反对这样一种看法,因为这种看法忽略了消费背后所承载的社会与文化的要素。道格拉斯和伊莎伍德因为反对这样一种对于消费的个人主义看法,而对消费概念给予了重新的界定,在她们看来,"消费便是这样一个场域,其中文化会参与争吵,并因此成型。"[1]也就是消费从来不是消费者可以自由选择的消费,我们一定是在一个社会与文化的框架内来决定我们消费什么以及不消费什么。如果勉强地接受消费是消费者个人的事情,我们无论如何也不可能解释为什么所有的文化中都有一些东西是不能买也不能卖的。比如政治的进步就不是花钱能够买来的,一个人也不能卖出他的荣誉,当然更不能变卖他的年老的祖母,这样做的结果便是会遭到社会的谴责。[2]

　　商品是依照人们的需要来生产的,但是我们的需要却不是我们自己所能够自主的,它受到社会价值取向的塑造。比如人们在选择颜色时会依据自己的情趣来自由的选择,但是这种自由是有限度的,我们大概不能因为自己喜欢红色而穿着红色衣服参加葬礼;同样也不能因为我们喜欢白色而穿着一身素装去赶赴婚礼。这是基本的生活常识,同时也反映出基本的社会价值取向。之所以有这类消费者自由意志的阻碍,根本还在于社会物品的范畴是依据社会的价值取向来分类的。我们有男装和女装的区分,有家常便饭和宴席的区分,还有壮阳与滋补物品的区分,等等,不一而足。因为社会有了这样一种分类,所有的物品便都具有了一种意义,这种意义必须放置在更广泛的文化脉络中才能够获得理解。

　　文化不仅仅满足我们的需求,更重要的是它还在塑造着我们的需求,费孝通先生在其《江村经济》一书中就非常明确地指出了这一点。那就是在江村,消费是在文化控制下的消费。比如对于小孩子,讲究吃穿是绝对不允许的,如果哪位小子的母亲惯孩子偏吃某种食品,很快就会遭受到

---

[1] Mary Douglas and Baron Isherwood, 1996, *The World of Goods: Towards an Anthropology of Consumption*, London and New York: Routledge, p.37.
[2] Ibid.

村里人的指责。还有在饭桌上,老人给小孩子夹饭菜,小孩子不能因为不爱吃而拒绝。勤俭持家也是江村人的文化价值观,东西是不能随随便便当作废物扔掉的,要循环利用,比如衣服要几代人穿,坏了还可以用来纳鞋底,或者是用来换糖块,总之不能毫无用处地扔掉。饭菜吃不了也不可扔掉,特别是米饭更不能扔,扔掉据说会带来厄运,即使放馊了,一家人也想法子把馊饭吃下去。①

在许多社会中可以观察到差不多类似的现象,那就是许多奢侈品往往是由女人加工而由男人消费的。凡勃伦在《有闲阶级论》中曾经明确地指出了这一点。比如酒和麻醉品这类的东西是禁止妇女享用的,尽管这些东西往往是由妇女来加工制造的,"而享用这类奢侈品却是出身高贵、有上等教养的男性的特权"。② 放纵地享用这些奢侈品不但不会受到指责,反倒将其看成是男子汉应该具有的特征。

另外,关注中国消费结构变迁的研究者共同注意到的一个现象就是,在中国的消费结构中,食物消费仍占消费总支出的大多数,并用恩格尔系数居高不下来表示这一现象。我们知道,代表食物消费比重的恩格尔系数的一般含义是指,居民食物消费支出占其总消费的比例。这是评价消费结构层次的普遍使用的参量。其数目越大,消费结构层次越高,反之越低。与上面的分析一致,最近的一项统计资料的分析表明,居民消费层次的恩格尔系数,城市是44%,农村是53.4%,平均起来是48%。这样,中国人差不多一半的收入都花费在吃上面了,这一统计的事实被研究者标定为"居民消费结构层次低,消费结构需要升级"。③ 按年收入不等,消费的层次也有差异,不过中等收入及中等收入以下的人,衣食方面的消费所占比重仍很大。即使高收入的阶层,如年收入在20000美元以上的家庭,其食物所占比例在总的消费支出中所占比例较小,为11%,但是未列出消费方向的"其他"栏所占比例较大,占了总支出的33%。在高收入者家庭的"其他"消费中,是否包含有与食物有关的消费,我们还无法知道,但是从已有的对消费偏好之食品偏好的研究中,11%这个数字是与高收入者家庭消费者的食品偏好不一致的。另外一项对下一个十年(2001—

---

① Hsiao-tung Fei, 1939, *Peasant Life in China: A Field Study of Country Life in the Yangtze Valley*, London and Henley: Routledge & Kegan Paul, pp.119—120.
② 凡勃伦:《有闲阶级论》(蔡百受译),商务印书馆2004年版,第57页。
③ 国务院发展研究中心"十五"规划研究课题组:《我国经济发展阶段及其特征》;中华全国商业信息中心编:《市场参考》第17期,9月11日,2—8,参见第5页。

2010)中国城乡消费结构变迁趋势的预测中,也坚持了这类的观点,不过其是用消费弹性这一概念来做解释。1985年国际中等收入国家平均的消费支出弹性为0.54,也就是人均消费每增加1%,那么食品支出就要相应地增加0.54%。1998年中国农民家庭的食品消费支出弹性为0.62,这样我们的食品消费支出连中等国家的平均水平都达不到了。[①]

实际上对于上述事实的解释都带有很大的先入之见,这种先入之见根本没有考虑到中等收入乃至中等收入(年收入10000美元以下)以下的人们,为什么还在把大笔的钱投入到食物消费上;另一方面也没有考虑到高收入者家庭为什么在食品消费支出上会占那么少的比重,而在灰色的"其他"消费中又会占那么大的比例,至少研究者没有给出明确的解释。更具体地说,在这一社会事实背后,文化的解释更为重要。

这里不能不提及跟消费结构层次相关联的"小康"这一概念,由国家的政策分类概念而移用到社会科学分析中的"小康"这个词,其背后实际上隐含了浓厚的西方福利国家的意味在其中,同时也隐含了西方自启蒙时代以来对社会进步的追求以及由这种进步观所衍生出来的社会阶段的划分。这种社会进化论的逻辑在20世纪初移入中国,并由本土的学者加以了本土化。

在政策制定者看来,"小康"是在温饱之后的一个阶段,其主要的特征是用经济的指标来加以解释。因而在经济学家看来,只要国民消费支出中食物比重有所降低,达到了中等发达国家的平均水平或以上,小康的生活就算实现了。经济学家从来不管西方人和中国人在吃的方式和内容上的差异,似乎全世界的人都在吃着同样的牛奶和面包!但实际情况却不是这样,虽然人们可能已不再挨饿,但是民谚中不还是有"端起碗来吃肉,放下筷子骂娘"之类的说法吗?因而,小康的问题绝非吃饱肚子以后必然会出现的阶段,这并非单单是个体层面的像马斯洛的需求金字塔那般从低级的生理需要向高级的自我实现的发展过程。社会在塑造着我们的小康理念,我们作为行动者也在以自己的理解来吸纳和内化这一概念。

综合上面的分析,很显然,观察食物消费比重的降低,即恩格尔系数的降低并不能够说明小康阶段出现。我们不是直线地从贫穷的温饱走向富裕的小康再走向更加辉煌的"新的时代"。我们不能不重新思考人类

[①] 范剑平:《我国消费结构将进入升级换代的结构剧变期》;中华全国商业信息中心编:《市场参考》第19期,10月16日,10—13,参见第10页。

学家所提出来的"原初的丰腴社会"那种自然状态的状况。① 简言之,我们的生活太多地受到外在知识的影响,这些知识充满了现代性的启蒙意味。其通过自我的反思能力而将这些知识融入对我们自身的认同中去。现代人对于营养的普遍的偏好已经足以说明问题。在提出这方面更多的证据之前,我们有必要对现代社会的转型有些基本的认识。

  知识经济、信息工业以及消费社会这类的概念,似乎已经成为不证自明的社会事实而进入社会科学家的表述之中。但很明显,这些概念不过是东来的西方现代性的各种表现而已。因而,理解现代性的意义,便成为理解当下中国消费文化特征的关键。在这一点上,消费的问题终究是需要有一种文化的解释参与其中才能够有圆满的解答。

---

  ① 这是美国人类学家 Sahlins 所提出的一个概念,参阅 Marshall Sahlins, 1972, Stone Age Economics. Chicago: Aldin.

有关上古巫文化的一个注解[*]

——读费孝通教授《中国古代玉器和传统文化》有感

在中国夏商周以前的上古史研究中,很容易犯的错误就是仅仅对出土的器物和孤立的文字做封闭式的研究,这种研究看似很科学,实际上不过是面对古代遗物的片面猜想。如果没有对整体的社会结构的分析,这些片段的上古史资料终究不会有任何富有启发性的意义得到彰显,最后可能只会成为身怀绝技的收藏家孤芳自赏的古董。

最近,费孝通教授以社会人类学家的身份向中国考古学进了一言,希望这门以科学自居,在挖掘材料之外不肯多说一句话的老式的考古学能够关注一下"文化的意义"①。文化的意义是需要超越于材料之上而给出解释的,它必须把挖掘的器物放置在更大范围的社会与文化的脉络中才能够实现,"不是孤立的文物研究……(而是)把单体的文物纳入到一个群体之中去研究……不能只调查一个人,而是要调查人与人的关系……"②

费孝通教授在《中国古代玉器和传统文化》这篇文章里特别提到了中国上古时代的玉器,它本身是物品,是石料的一种,但却受到当时社会的青睐。靠着据说能够通天地的玉器,社会中分化出了一批靠沟通天地来为普通百姓甚至君王攘除灾难和疾病的巫觋,这批人有着支配上至君王,下至平民日常行为的绝对权威。那个时候,国之上下最为重要的事情之一就是由这些女巫和男觋所掌管的祭祀,当然还有另外一件事情就是战争,但即使刀兵相见的战事,开始时仍离不开巫觋的占卜和与亡故祖先的沟通,以求战争的胜利和人民的平安。因而《左传》对上古时代中国国家功能的概括就是:"国之大事,在祀在戎"。

---

* 原载费宗惠和张荣华编:《让社会更美好》,群言出版社 2002 年版,第 155—172 页。
① 费孝通:《中国古代玉器和传统文化》,《燕京学报》第 11 期,北京大学出版社 2001 年版,第 3 页。
② 同上书,第 5 页。

或许这里关心的问题最为重要的就是,巫觋这批人的社会功能并没有在后来的社会中消失掉,而是有了一种转化,随着王权正统的确立,巫觋支配的合法性受到弱化,但他们的影子还存在,那就是费孝通教授所指出的"从事文化事业,靠文字、靠智慧吃饭的士大夫阶层"①,进而演变为更大范围的绅士阶层。

回到玉器的问题上来,这里有一个我们现代人最喜欢发问的问题,上古时代能够通天地的巫觋为什么可以凭借占有玉器就能够有统治他人的力量呢?在旧的分析框架里,或者说在西方社会科学构想出来的有关东方社会的表述中很难发现对这一问题的关注,因为中国只能是西方社会科学的一个例子,凡是例外就被排斥在他们思考的范围之外,这是东方学的根本问题所在。② 就巫觋而言,在西方文明的传统里很难找到对应的角色,因为巫觋的作用在其社会的历史中并不曾起过主导的作用,这种作用只能够在上古的中国以及与中国文化有着密切联系的玛雅文化中清楚地观察得到。③

据考古学家张光直的总结,古代巫觋的功能与现在能够看到的萨满(shaman)的功能是相一致的。上古巫的存在至少可以追溯到公元前4000年和前5000年前后的仰韶文化,那个时候巫觋的功能核心是沟通天地,细致分来可有如下的七种:

(1)巫师的任务是通天地,即通人神。已有的证据都说巫师是男子,但由于他们的职务,有时有兼具阴阳两性的身份。(2)仰韶时代的巫觋的背后有一种特殊的宇宙观,而这种宇宙观与中国古代文献中所显示的一般宇宙观是相同的。(3)巫师在升天入地时可能进入迷幻境界。进入这个境界的方法除有大麻可以服用以外,还可能使用与后世气功的入定动作相似的心理功夫。(4)巫师升天入地的作业有动物为助手。已知的动物为龙虎和鹿。仰韶文化的艺术形象中有人(巫师)乘龙陟天的形象。(5)仰韶文化的艺术中表现了巫师骨骼化的现象;骨架可能是再生的基础。(6)仰韶文化的葬礼有再生观念的成分。(7)巫师的作业包括舞蹈。巫师的装备包括刺

---

① 费孝通:《中国古代玉器和传统文化》,《燕京学报》第11期,北京大学出版社2001年版,第2页。
② 赵旭东:《反思本土文化建构》,北京大学出版社2003年版。
③ 张光直:《中国古代王的兴起与城邦形成》,《燕京学报》第3期,北京大学出版社1997年版,第6页。

黥、发辫（或头戴蛇形动物），与阳具配物。①

巫师的这种沟通天地人神的本领实际上是人们赖以生活的基础。也可以说这些有这般本领的巫觋是散布在民间社会中的，人们有了疾病或者有了生活上的难题总要找这些专业人士询问和帮助解决问题，方法就是借助巫觋的沟通天地的本领来祈求上天诸神的庇佑。在上古人的信仰体系中，作为巫觋的个人其本身的能力是天赋的，学是学不来的，宣称能学得来的都是虚假而没有人相信的。

当然这就给巫觋一种至高无上的权威，不用施加什么统治术，人们就会影从。但是时间久了，总有些滥竽充数者冒充有巫觋之才能，鱼龙混杂，有沟通天地能力的人和无此能力的人都跻身于巫觋的行业中，这样天下的秩序就乱了，巫觋本身的权威受到了挑战。许多研究上古史的学者大多喜欢引述《国语·楚语下》中的一段极为精彩的文字来对上述的巫觋在社会中权威身份的衰落做出解释：

> 昭王问于观射父曰："周书所谓重、黎使天地不通者，何也？若不然，民将能登天呼？"对曰："非此之谓也。古者民神不杂。民之精爽不携贰者，而又能齐肃衷正，其智能上下比义，其圣能光远宣朗，其明能光照之，其聪能听彻之，如是则明神降之，在男曰觋，在女曰巫。是使制神之处位次主，而为之牲器时服，而后使先圣之后之有光烈，而能知山川之号、高祖之主、宗庙之事、昭穆之世、齐敬之勤、礼节之宜、威仪之则、容貌之崇、忠信之质、禋絜之服、而敬奉神明者，以为之祝。使名姓之后，能知四时之生、牺牲之物、玉帛之类、采服之仪、彝器之量、次主之度、屏摄之位、坛场之所、上下之神、氏姓之出，而心率旧典者，为之宗。于是乎，有天地神民类物之官，是谓五官，各司其序，不相乱也。民是以能有忠信，神是以能有明德，民神异业，敬而不渎。故神降之嘉生，民以物亨，灾祸不至，求用不匮。及少暤之衰也，九黎乱德，民神杂糅，不可方物。夫人作亨，家为巫史，无有要质。民匮于祀，而不知其福，烝亨无度，民神同位。民渎齐盟，无有威严，神狎民则，不蠲其为，嘉生不降，无物以亨，祸灾存臻，莫尽其气。颛顼受之，乃命南正重司天以属神，命火正黎司地以属民，使复旧常，无相侵渎，

---

① 张光直：《中国古代王的兴起与城邦形成》，《燕京学报》第3期，北京大学出版社1997年版，第6页。

是谓绝地天通。"

这段文字基本上是以神话的叙事传达着上古时代巫觋在社会中的作用。在上古社会的观念中，神圣与世俗或者说天地之间并不像基督教神学以后的西方社会那样决然两分，在《新教伦理与资本主义精神》一书中，韦伯(Max Weber)向我们展示出来的是作为天的上帝与地上的臣民相互之间是无法沟通的，牧师也没有这个资格，天地之间是隔绝不通的。老百姓如果想死后升入天堂，那也不是通过询问谁就能够知晓的，很多时候是一种天启，自己并无法知道。①

但是在我们上古社会中，这种近似现在的萨满角色的巫觋借助一定的器物和动植物就可以达到与天地沟通的能力。不像西方社会的思想观念，神是在遥远的天上，与俗世隔绝，人可以不断地接近上帝却不能够真正与其对话和沟通，作为人唯一能做的是服从于依托上帝制定的法律和社会规范，并通过辛勤劳动，以财富的不断积累来彰显上帝对自己死后能够升入天堂的启示。

上面所引述的公元前500年左右的一段记述，虽然是神话传说，但是不可否认，其背后隐含着对重大的社会转型的隐喻式的表达。在上古的中国，最初"人和神都是相互往来而且是杂乱不分的"，后来传说上是蚩尤造反，惹恼了黄帝，就派天上的应龙来攻打蚩尤，打败他之后，又不放心，就派一个叫"重"的管理天上的诸神，而对于地上俗世中的芸芸众生，则派"黎"去管理，由此人神之间、天地之间、圣域与俗世之间不再有沟通往来，断了联系，历史上就称之为"绝地天通"。②

对于这一段既有历史事实又有神话传说的故事我们应该如何解读呢？真的如一些学者所总结的，将这一故事看成是后来正统儒家和道家所宣讲的"天人合一"的原始形态，还是如另外一些学者所主张的，这仅仅反映出巫觋的社会角色的转变，即从散布于民间社会为人民服务转变为由王权统治者独自霸占只为帝王服务呢？③

---

① 王养冲：《西方近代社会学思想的演进》，华东师范大学出版社1996年版，第211—212页。

② 顾颉刚：《中国一般古人思像中的天和神》，载《顾颉刚古史论文集》第二集，中华书局1988年版，第447页。

③ 主张"天人交通"是"天人合一"的原始形态的见解可参阅：张亨：《"天人合一"观的原始及其转化》，载汉学研究中心编：《中国人的价值观国际研讨会论文集》(下册)，汉学研究中心1992年版，第823—845页。关于巫觋的角色是经由存于民间到由统治者所独占的观点集中体现在张光直的论文集，张光直：《中国青铜时代》，三联书店1999年版。

在我看来,上述这两种观点之间很难说有什么对立之处,根本是两种研究的取向。一种是由文献而排列演化的序列,相信从原始到现在是存在一个连续性的。而后者实际上更关注历史结构的转型,从这种转型中透视国家权力的增长及其统治形式。显然,从社会学的角度来说,这两者也可以统一起来,也就是在一个文化演进的脉络中来审视历史结构的变迁。张光直教授生前在《中国文明在世界文明史上的地位》这篇带有总结性的文字中,亦突出地强调了这种历史结构的连续性,针对上古巫觋角色的转变,他有这样的概括:

> 经过巫术进行天地人神的沟通是中国古代文明的重要特征;沟通手段的独占是中国古代阶级社会的一个主要现象;促成阶级社会中沟通手段独占的是政治因素,即人与人关系的变化;中国古代由野蛮时代进入文明时代过程中主要的变化是人与人之间的变化,而人与自然的关系的变化,即技术上的变化,则是次要的;从史前到文明的过程中,中国社会的主要成分有多方面的、重要的连续性。①

这一段话对于我们理解中国上古文明的遗存是极为有助益的。如果是这样,考察从"天人交通"到"天人合一"之间演化关系,就变成了考察"天人合一"如何成为一种正统而替代了其他可能的对天地关系的信仰,不过对此问题在这里不宜展开讨论,留待以后再做探讨。我在这里最为关心的问题是,在上古的中国文化区域中,王权是如何借助独自占有沟通手段和有沟通能力的人而逐渐膨胀发展成为一种独特的文明的。

许多考古资料都向我们显示,在国家权力成长壮大起来并通过"绝地天通"来把巫觋们都牢牢地控制在自己身边的时代之前,一定也存在着一个巫觋的影响力远远大于其他人的社会。在这个社会中,以天赋具有通天本领的巫觋受到人民的拥戴,他们通过各种的通天手段来影响着普通民众的日常生活。比如在东北牛河梁红山文化的挖掘中,玉器显然是配给社会中的巫觋或者说萨满的。在这一片古墓中可以清楚地区分出两组墓地,一组葬之高处,那有很多玉器;另一组葬之低处,没有什么玉器陪葬。先秦史专家许倬云教授很有见地的认为,有玉器陪葬的不仅代表着社会地位高的人,而且更重要的是,他们是当时有能力跟天上的神进行沟通的萨满。而之所以有这种沟通的能力,恰恰是在于他们掌握着"玉"这

---

① 张光直:《中国文明在世界文明史上的地位》,《燕京学报》1999年第6期,第11页。

种沟通天地的法器,并因而获得社会的高位。①

在"绝地天通"的神话中我们隐隐约约地感受到一种"文明化"的开始,这种文明化是伴随着国家王权的日益增长而实现的。对中国上古时代文献的新的解读为我们理解这个文明化的过程提供了一些重要的证据。法国的汉学家葛兰言(Marcel Granet)在差不多八十几年前就通过对《诗经》的细致分析而明确地指出,在有了文明的"道德教化"之前存在一个"朴野"的时代,在这个时代中存在着大量的后来受到儒家正统道德所一概排斥的风俗。比如葛兰言曾经细致分析了《诗经·国风》中所展示的四个不同的地方性的节庆,其中据说在当时的郑国、陈国和鲁国都有一种大体近似的由男女双方共同参与的在河边求雨驱邪的性爱仪式,但这种以性爱来表达求雨和驱邪意愿的仪式后来在鲁国首先被官方化,剔除被认为是淫秽的性爱内容而直接变成单独由男性主持的祈祷上天的求雨意识。②

显然,在文明化开始之前的朴野阶段,王权尚未兴起,巫觋大行其道。他们之所以有这样的威力,一方面他们有与生俱来的与神直接沟通的能力之外,他们还占有一些被刻画成神圣的物品,其中最为重要的当然是玉器了,由此而占有了对宇宙万物的解释权。考古学以及古文字学家都承认,"巫"最初的写法是两把像量尺一样的东西的十字交叉,《说文》强调"巫"与"工"字互解,工即"规矩",这样大体可以断定,上古的巫被描述成是有能力知晓天地的智圣者,以规矩做比,以他们有能力量度天圆地方来类比他们通天地的智慧。③ 这种经由描画天圆地方来获得对宇宙观的解释权的巫觋,其创造出来的器物、文字符号以及动植物的图案便具有了一种神圣不可侵犯的意义。

因而,玉石这种自然生成的物品,其本身受到社会的重视并不是在于其自身的自然属性,而恰恰是因为经过巫觋的解释而具有了非同一般石头的神圣价值。这特别表现在上古时代的一种名之为"琮"的礼器上面。这是一种由巫师占有的据称能够沟通天地、人神以及生死的媒介物,因而

---

① 费孝通:《中国古代玉器和传统文化》,《燕京学报》第11期,北京大学出版社2001年版,第6—7页。
② 参阅赵丙祥:《给神的礼物和给人的礼物——"礼物"作为历史研究之一般概念的可能性》,载《中国需要什么样的新史学——纪念梁启超〈新史学〉发表100周年学术讨论会论文集》(上册),打印稿,2002年,第232页。
③ 张光直:《中国青铜时代》,三联书店1999年版,第254—257页。

在当时,谁占有了它,谁便具有了支配他人的权力①,这也是中国古代政治制度中"巫术与政治的结合"的一种表现②,这种政治形态的基础是受到"天圆地方"的宇宙观支配的,如果这套宇宙观丧失了,巫觋与政治结合的合法性也就不存在了。巫觋造就出来"琮"这种神圣器物的象征意义就在于,当民众认同了巫觋对"琮"的解释之后,他们也就是认同了由巫觋创造出来的天圆地方的宇宙观。

我们再来看由巫觋所掌管的符号,这些符号大多是为了展示人神沟通而发明出来的。在商周的出土青铜礼器上很容易看到有一种叫饕餮的文饰,最初的学者都喜欢将其看成是一种艺术品来把玩,或者是将其看成是一种警戒臣民不要贪得无厌的象征物。但后来的学者完全否认了这种说法,而是在这种作为象征符号的艺术品与权力之间找到了联系。在此意义上,饕餮仅仅是一种巫觋借此通天的象征性器物。③ 从出土的文物上可以看到,这样的动物文饰还有许多,考古学家有过罗列,不外这些内容:饕餮纹、蕉叶饕餮纹、夔纹、两头夔纹、三角夔纹、两尾龙纹、蟠龙纹、龙纹、虬纹、犀纹、鸮纹、兔纹、蝉纹、蚕纹、龟纹、鱼纹、鸟纹、凤纹、象纹、鹿纹、蟠夔纹、仰叶夔纹、蛙藻纹、牛纹、水牛纹、羊纹、虎纹、熊纹、马纹和猪纹等等。④

借助于这些动物,巫觋通天的本领才能够得到彰显。因而饕餮纹中蹲坐于虎口之下的人形应该是指通天的巫觋。而对商周的统治者来说,一旦占有了这些刻有动物纹样的青铜礼器便是占有了通天的巫觋,进而象征意义上就是占有了对祈求升天的人的统治权。后来的统治者攻城掠地,追求的就是占有这些象征通天的礼器。《左传》上曾记载过宣公三年(公元前606年)发生的一件事。说楚庄王跟陆浑打仗,仗打到了周天子的都城洛阳附近停下来。周定公就派了大臣王孙满去犒劳楚庄王,庄王自以为自己兵强马壮,想觊觎周的天下,就偷偷地向王孙满询问周朝鼎的分量,结果被王孙满痛斥了一顿,最后告诉楚庄王说:"周德虽衰,天命未改,鼎之轻重,未可问也。"这句话从反面也暗示了争夺国家的霸业,无非是争夺一个对"鼎"这类的有通天地本领的圣物的占有。结果,看似纯艺术品的象征性物品,在这里变成了一种古代人用来进行统治的工具,张光

---

① 张光直:《中国青铜时代》,三联书店1999年版,第299页。
② 同上书,第302页。
③ 张光直:《美术、神话与祭祀》(郭净译),辽宁教育出版社2002年版,第44页。
④ 同上书,第38页。

直对此有极为清晰的概括：

> 神属于天，民属于地，而这之间的交通，要靠"物"与"器"的祭祀，而在祭祀上"物"与"器"都是重要的工具："民以物享"，于是"神降之嘉生"。商周的青铜彝器以及其他质料的彝器如木漆玉石骨牙等器，都可以做巫觋的法器，它们上面的动物纹样便是巫觋的助手、使者。……巫觋的祭祀通天，其手段还是比较复杂的，我们对于祭器及其动物在这些仪式上的具体作用，还不能彻底了解。但是我们相信巫觋在祭祀做法时，具体地说，是使用占卜术而能知道神与祖先的意旨的；是使用歌舞和饮食而迎神的，是使用酒精和其他兴奋药剂，达到昏迷状况而与神界交往的。在这些具体的通神方式上，商周的艺术品，很显然的都要发挥相当重大的作用的。①

最后，文字的存在也是因应着国家统治的需要而逐渐发达起来的。目前对于文字出现的原因并无很清晰的理论可供说明，但对于文字在社会中的功能却是古今一致的，那便是在于沟通，只是沟通的对象有所不同罢了。而上古时代的文字或者说符号很重要的一个功能就是在神人之间进行沟通，特别是在生人与祖灵之间进行沟通。那个时候的人显然相信，知识是存在于祖先那里的，并通过文字这一媒介而传达给后人。② 对于这一点，现在民间宗教中，扶箕的鸾书以及灵魂附体的人画的符咒所反映的就是这种神灵通过文字符号显示其智慧的人神沟通的观念。

由于有了这种沟通的能力，对文字的占有便成为掌握支配权力的一个象征。对于这一点虽无强有力的考古学的证据，但是人类学家对无文字社会中人们对待外来的文字符号的反应足以作为上述论点的旁证。在这里我必须要完整地引述法国人类学家列维-斯特劳斯（Claude Lévi-Strauss）在巴西印第安部落中旅行时所记述下来的一件趣闻，这件趣闻可以作为上述占有文字便是掌握一种支配权力这一论点的一个很有力量的证据：

> 南比克瓦拉人没有文字这是没有必要指出的，但他们还不晓得怎样画东西，只能在葫芦上面点几条虚线或画成个锯齿图案。不过，我还是像与卡都卫欧人在一起的时候那样，分给他们纸张和铅笔。

---

① 张光直：《中国青铜时代》，三联书店1999年版，第458—459页。
② 张光直：《美术、神话与祭祀》（郭净译），辽宁教育出版社2002年版，第66页。

起先他们拿着铅笔什么也不做,然后有一天我发现他们都忙着在画平面的波浪形线条。我在奇怪他们究竟是想做什么,然后我突然恍然大悟,他们是在写字,或者应该更正确地说,他们是试图要像我写字时那样地运用他们手中的铅笔。这是他们所知道的铅笔的唯一用途,因为我还没有把我的素描拿出来给他们看,使他们高兴。绝大多数人就只画些波浪形线条,但酋长野心比较大。毫无疑问,他是土著里面唯一了解书写的目的的人。因此他向我要一本书写簿,我们手上都各有一本以后,便开始在一起写东西。我问他有关某件事情的问题时,他不回我的话,而只在纸上画些波浪形线条,然后把那些线条拿给我看,好像我可以读得懂他的回答似的。他几乎有点相信他自己的假装若有其事是真的;每次他画完一行的时候,便相当紧张地看着那条波浪形的线条,好像希望其意义会跃然纸上的样子,但每次都接着在脸上出现失望的表情。然而他从来不承认他自己看不懂,而我和他之间有个不成文的协议,认定他那无法辨识的写字是有意义的,而且其意义如何我得假装看得懂;还好,他把他写的东西拿给我看以后,都会马上再加上口头说明,因此我也不必再要求他解释他到底在写什么。

他一把整群的印第安人集合起来以后,便马上从篮子里面取出一片画满波浪形曲线的纸,开始表演怎么读纸上写的内容,假装犹豫了一阵,查对我要拿出来和他们交换礼物的东西清单:某某人的弓箭将换取一把砍刀;某某人的项链将换得一些珠子……这场真做的假戏一演演了两个钟头。或许他是想欺骗他自己吧?更可能的是他想令他的同伴大感惊讶,要使他们深信他是在扮演着交换物品的中间人的角色,要他们相信他和白人有联盟关系,分享白人所拥有的秘密。①

列维—斯特劳斯的这段描述为我们生动地刻画了在一个从来没有文字的社会中,当地人对于文字的理解。文字不是为了积累知识或者发展知识而发展出来的,它是因为有社会的功能才被赋予了神圣的价值。那位印第安部落的酋长学着文明人的样子描画着一些符号,画在本子上的符号以及对着本子宣讲成为获得其统治权威的途径。这位酋长知道当地

---

① 列维—斯特劳斯:《忧郁的热带》(王志明译),生活·读书·新知三联书店2000年版,第380—381页。

人对于画有符号的本子的重要性,当地人也不会对酋长在本子上画些什么有任何的疑问,一方是假装对着本子大声宣讲,另一方是全神贯注地听着所讲出来的内容,双方完全处在一种默契之中。文字在这里以经过修饰的形式在实施着统治,因而列维—斯特劳斯最后才会发出感慨,相信文字的发明只是一种剥削和奴役,并以美学的快感让人在不知不觉的默契中就受到剥削。①

从这个角度分析,张光直对于中国文字的起源及其与政治权力之间密切联系的分析,便是极具开创性的。在他看来,中国文字的出现很可能是源自象征政治权力的族徽②,而另一个起源是经过沟通天地的巫觋的卜问而记录下天上祖先的智慧,这些文字只掌握在少数的"知识阶级"的手中,并成为这个阶级的独占品。③

中国上古社会的民间信仰后来并没有独自发展出一套宗教体系出来,诚如杨庆堃先生所言是一种"弥散的宗教"(diffused religion),以区别于自成一体独立发展的"制度化的宗教"(institutional religion)。④ 这种弥散的宗教,其最为核心的特征就是宗教活动与其他社会活动无法清晰地区分开来,世俗的观念融入其中。我个人以为这样的一种宗教形式至少从中国上古时代就已经表现出来,并保持其连续性。就目前对考古材料的分析来看,这种弥散的宗教至少曾经紧密地和政治权力联系在一起,比如表示古代最高统治者的"王"这个字,其最初含义就非常有可能是指掌管日常通天仪式活动的有名望的巫觋。

据考古学家胡厚宣先生的考证,中国上古夏、商、周三代的最高统治者都被称之为"王"。⑤ 虽然一些考古学家坚持"王"这个字的最初意义是跟"武力征服"有直接的关系,谁能够带兵打仗,征服并战胜其他的部落就被称为王⑥,不过这样的结论并不排斥"王"这个字的另外一层意思,那就是跟当时人的宇宙观密切相连的沟通天地的含义,即被称之为王的人,

---

① 列维—斯特劳斯:《忧郁的热带》(王志明译),生活·读书·新知三联书店2000年版,第385页。
② 郭沫若:《奴隶制时代》,人民出版社1973年版,第246页。
③ 张光直:《美术、神话与祭祀》(郭净译),辽宁教育出版社2002年版,第66—69页。
④ C. K. Yang, 1967, *Religion in Chinese Society: A Study of Contemporary Social Functions of Religion and Some of Their Historical Factors*, Berkeley and Los Angeles: University of California Press, pp. 20—21.
⑤ 胡厚宣:《中国奴隶社会最高统治者的称号问题》,载尹达等编:《纪念顾颉刚学术论文集》(上册),巴蜀书社1990年版,第123—160页。
⑥ 同上书,第123—124页。

是能够有"通天、地、人之道"的人,后来进而跟"德"这个字联系在一起,泛指有贯通天地本领的有德者即可被称为王。① 而能够沟通天地的人,在上古的时代都被称之为巫或者觋,这样看来众巫觋中有绝顶通天本领的大巫就很可能统领其他的小巫而从宗教领袖转变为政治领袖——"王"。

商朝的考古资料最能够说明这一点了。各个自称为王的人,每天最乐于做的事情就是问卜和祭祀。这样看来,在那个时候从事这些活动的人在社会上是受到最高尊敬并能获得最高权威的。如果他们没有巫觋的身份,他们便不会有通天地的本领,老百姓当然也就不会跟从他了。当时有一位名叫盘庚的最高统治者就在公开场合教训他的属民说,"你们不听我话,天上的先王要发怒,说,你们为什么不顺从我的小孙子!你们的祖先,都请求先王,大大降刑给你们,把你们杀绝,不留种子"②。这样的一段话,没有巫觋身份的人是说不出来的,即使能够说出来也没有人能够真的信服,而且只有是众巫觋的首领,能够知晓天地诸鬼神的旨意的大巫觋才可以说出这样的话,才有人会真的相信他们。儒家经典《大戴礼记·五帝德篇》有文记载在上古史中做过"绝天地通"这件大事的颛顼的事迹,说他是"洪渊以有谋;疏通而知事。养财以任地;履时以象天。依鬼神以制义,治气以教民;洁诚以祭祀。乘龙而至四海……"徐旭生对"依鬼神以制义"这一句有独到的解释,认为这恰说明,颛顼虽然当时在政治上是最高的统治者,但在宗教上也是最高领袖,是"大巫",是"宗教主"。③

能力高超的大巫的出现隐喻地表达了原来弥漫在普通人民生活中的巫觋角色的转换,原来由众多巫觋承担的沟通天地的任务逐渐集中在极少数的大巫手中,这些大巫同时也是像颛顼帝这样的能够"依鬼神以制义"的政治领袖。当然到了他那里,天地都不能够像以前一样随意由巫觋来沟通了,而是分别由重管天,黎管地,跟神鬼沟通的事情只由他们三个人来完成了。对此徐旭生有清晰地阐述:

> 炎黄以前,氏族的范围大约还很小,社会自身还没有变化的倾向,社会秩序的问题还显不出很重要。及至炎黄与蚩尤大动干戈以

---

① 胡厚宣:《中国奴隶社会最高统治者的称号问题》,载尹达等编:《纪念顾颉刚学术论文集》(上册),巴蜀书社1990年版,第123—124页。
② 中国历史研究会编:《中国通史简编》,华东人民出版社1951年版,第34页。
③ 徐旭生:《中国古史的传说时代》,文物出版社1985年版,第76页。

后，散漫的氏族扩大成部落，再扩大为部落联盟；社会的新元素已经在旧社会里面包含和发芽，新旧的矛盾开始显露，新旧的交替不久就要开始，社会的秩序问题因此就渐渐地重要起来。从前天人接近还感觉不到什么样的不便，可是在这个时候就成了社会自身的一种严重的威胁。帝颛顼出来，快刀斩乱麻，使少昊氏的大巫重为南正"司天以属神"，韦昭解"司"为主司，解"属"为"会"，当是。"司天以属神"是说只有他，或者说只有他同帝颛顼才管得天上的事情，把群神的命令会集起来，传达下来，此外无论何巫全不得升天，妄传群神的命令。又使"火正黎司地以属民"，就是说使他管理地上的群巫，使他们好好地给万民治病和祈福。①

也许中国上古颛顼帝时期确确实实发生过一次大的社会转型，这就是巫觋信仰的宗教从老百姓的日常生活中脱离出来，但不是独立的发展，作为宗教领袖的大巫，比如像颛顼这样的人，凭借自己独有的跟天地沟通的本领而获得的无上的权威来统治信仰他的民众，由大巫或者大神转变成为王或者帝，也就是由宗教的领袖转变成为政治的领袖。

费孝通教授提醒考古学家要注意研究人与人之间关系的改变，这种关系也可以说成是人与人之间社会结构的转变。研究上古巫觋角色的转变使我们清楚地看到，即使在夏商周的时代，国家力量也在急速地增长，这种增长不仅仅是经济因素造成的，而非常重要的是对宇宙观念的牢固控制，通过占有可以通天地的玉器、青铜礼器、象征符号，而对社会存在的宇宙观独占解释权。显然，这种统治模式不仅在古代起作用，甚至影响到后来的国家统治以及宗教信仰的走向。

---

① 徐旭生：《中国古史的传说时代》，文物出版社1985年版，第83页。

在文化对立与文化自觉之间

一

费孝通先生在1997年首次提出了"文化自觉"的概念,并试图以此概念来关照当今世界国家与国家之间、民族与民族之间应该有的相互关系。很显然,这是一种文化之间的"自知之明",由此使某一文化领域的人们懂得自己文化存在的真正意义。而这种关系在目前看来也许是最为合理的,也是最不为人所厌烦的,因为这种观念据说是真正注意到了本土人的文化权利,并能够把这种权利通过"文化自觉"的过程而得到真正的赋权。今天,让一个文化领域的本土人自己表达自己、自己了解自己,这不能不说是对原来被他人所描述、所表达的以既有的文化相对主义为基础的文化对立观念的超越。与此同时,伴随着世界各种文化之间交流的增加,人们确实也不再可能去信奉那种既有的文化对立观念下的文化冲突的论调,而是回到了文化自觉理念之后的文化交流与融合。但是,这里仍有一个学理的问题没得到真正解决,那就是,在从"文化对立"的立场转变到"文化自觉"的姿态的过程中,如何克服挥之不去的文化的以及民族的自我中心主义?

20世纪初叶,原本以"崇尚和描记异文化形态"为目的的文化相对主义,在经过了半个多世纪的发展之后,最终导致的是一种文化研究范式上的文化对立的"恶果"(人类学家笔下随意书写下来的文化之间的差异,被后来的读者阅读和想象成为一种文化的对立与隔阂)。对于这一点的批评,最初发表于20世纪70年代后期的萨义德的《东方学》最为关键;尽管费先生在自己的文章中并没有提及这本书,但是这本书显然造就了一种社会反省的氛围。阅读费先生晚年的作品,下面这样的文化问题经常萦绕其脑海:"人类发展到现在已开始要知道我们各民族的文化是哪里来

---

* 原载《探索与争鸣》2007年第3期,第16—19页。

的？怎样形成的？它的实质是什么？它将把人类带到哪里去？"可以肯定,这种问题意识带来了整体性的文化自觉模式的突显,并在费先生晚年的学术思考中占据着极为核心的地位。①

然而,应该清楚的是,如果既有的文化相对主义的模式影射出来的是一种文化对立的态势,也就是西方强势文化结构性地存在着对于其他文化在时间与空间上的对象化的想象,那么,同样可以预期,文化自觉的模式如果走到极端,自我认同如果过度膨胀,那么其可能有的后果就是对于其他文化存在的冷漠与忽视,这种冷漠与忽视不仅仅是强势文化对于弱势文化的,反过来也同样是成立的,而这种状况本身恰恰是有悖于费先生最初提出"文化自觉"概念时的初衷的。

二

文化相对主义成为一种看待文化的姿态仅仅是上个世纪 30 年代以后的事情。如果说泰勒的《原始文化》可以作为西方人对于异文化探索的开始,那么这种开始是以西方文化与西方以外的异文化之间的对立为基础的。这种对立是想象出来的对立,因为其基本的做法是将西方的传教士以及旅行家在世界各地所搜集到的各种见闻,按照"进化论"的模式加以分门别类地排列;而事实上,没有这种"奇闻逸事"做"诱饵",文化差异的表述是不会引起一般公众猎奇的兴趣的。

在人类学中,文化相对主义真正占据优势地位,最早出现在美国而不是欧洲,英国甚至从来就没有真正地受到过这种思潮的影响。因为,英国的人类学强调社会学的分析,强调社会的功能以及相应的约束机制,虽然在拉德克里夫—布朗那里,"比较"的概念还是经常会出现,但在他看来,真正能够比较的是不同的社会结构而非文化本身。强调社会功能分析的马林诺夫斯基同样不理会文化形态上的差异,在他看来,根本的是文化的功用,一旦功用是一致的,文化也就是一致的,文化是用来满足一定的社会与个人的需要。② 这样一种看法,骨子里还是社会决定论而非文化决定论的,因为,其强调社会设计好了一种机制让文化来满足其需要。在

---

① 费孝通:《论人类学与文化自觉》,华夏出版社 2004 年版,第 190—197 页。
② Bronislaw Malinowski, 1944, *A Scientific Theory of Culture and Other Essays*, Oxford: Oxford University Press, pp.36—42.

此意义上,本尼迪克特的《文化的模式》一书在 1934 年的出版,标志着文化相对主义在美国的出现,使我们至少看到了两种不同的文化,它们没有什么进化上的先后顺序,有的仅仅是形态与文化观念上的差异。一种是进取的,一种是静止的;一种是个人主义的抗争,一种是集体主义的自律。这样的文化形态上的差异最终被归咎于他们观念上的差异,"酒神型"的文化塑造了今天夸克特人视金钱如粪土的"夸富宴"性格,而"日神型"的文化塑造了祖尼人"谨小慎微"的人格。文化成为理解人及其生活于其中的社会的核心概念。文化成为了一种可以将不同文化加以区分的符码。

进而,在文化人类学发展的这条线路上,文化成为了一种相对独立与隔离的"物品",似乎每个土著民族都应该有他们自己的文化,而每个区域也都应该有它们自己特色的文化,最后是每个国家也都应该有他们自己"别具一格"的、凝塑成为一种"国民性"的文化。这样的思维占据着文化相对主义者的头脑,同时也通过他们的头脑去创造出形态各异、得到良好表征的一个个不同的文化形态。文化在这个意义上跟货柜上的商品没有什么实质性的分别,我们销售自己的文化,同时也购买我们喜欢的异文化;我们消费自己的文化,同时也消费其他的文化。而所有这些都是建立在不辞辛苦的异文化的访客、游人以及探险家们细致入微的记录和表述当中的,这些原初以客观呈现为目的的记录,转而成为论证文化特异性存在的无可辩驳的证据。

对于这一点,萨义德《东方学》的抨击可谓不遗余力。在他看来,西方的东方学学者对于东方社会的书写和表述无疑不是在施展一种知识与权力的关系,使得东方成为这些东方学学者笔下的玩偶,任意依照他们自己的想象来书写和描画,并通过一定的学术制度使其刻板化和凝固化。在这个意义上,文化的差异以及差异中的对立都可能是由这些熟悉东方学的东方学学者书写下来的,并当作一种文化的产品转运到东方,转运到西方以外的地方,成为文化帝国主义的传播管道。以文化相对主义为开端的文化对立成了一种极端势力的代表,东方与西方、野蛮与文明、东方专制与西方民主、个体主义与集体主义等等,乃至晚近影响颇广的亨廷顿的文化冲突论,这些在美国乃至整个世界不同时期占据着主导学术话语支配权的文化对立性的思考,追根溯源,都可以从早期的文化相对主义那里找到依据。

三

在这种知识与权力交织的"西方文化再现的政治"中,不仅东方,整个西方以外的世界都因为这种再现而变得生硬与僵化,文化的自由交流以及互惠变得极为艰难,文化壁垒越搭越高。在这艰难的交流中,充斥着相互以自我为中心建构起来的刻板印象,这种印象不是真实的,而是由于偏见所形成的一种歪曲,并通过各种形式的"写文化"得到固化。而所有的这些歪曲却又无可置疑地是建立在人类学家最初所主张的以宽容之心看待异文化的论调上,但是等到人类学家们明白和觉悟了这背后的知识/权力支配关系的存在已经是很晚近的事了。

这种明白与觉悟是双向的,一方面是西方人的觉醒,他们反省了自己过去的文化偏见,越俎代庖的"再现的政治"逐渐让位于尽量让当地人或者本土人出来表达的"赋权的政治",试图从根本上让当地人"自我觉知地"了解自身存在的历史、文化与权利。另一方面,来自当地土著对于自身文化的建构与表达也开始变得异常地外显与自觉,在西方人的新主张下,他们似乎一下子明白了自己文化的价值,但是却是试图要把这种价值保护得紧紧的,不让其他的文化染指,并在现代民族国家政体支撑下逐步形成一种"认同的政治",由此成为一种新的支配力量以操控当地人对于自我和文化的理解。此种向内聚敛的认同政治通过"想象的共同体"的各种技巧,逐渐使一个自我划定边界的群体孤立起来,个人的自我意志被压制到了最低点。在这样的政治氛围之下,一句常被引用的套语就是,"如果我不这样去做,那我还是某某人吗"?这句子里的"某某"可以用巴厘、斐济、泰国、巴勒斯坦、伊朗乃至中国来替代,也可以用更多为大多数人所不熟知的地方所替代,只要你愿意。[①]

在此,笔者不能完全肯定,"文化自觉"的概念是否是在这样的语境下生长出来的,但清楚地记得费孝通教授提出"文化自觉"这一概念时的具体语境,那是在 1997 年冬天由北京大学社会学人类学研究所召集的"第二届社会文化人类学高级研讨班"上。在此语境中,至少有两个人的发言打动了当时的费先生。一位来自新疆的汉族学员针对费先生的"文化没有边界"提出质疑,由于她作为一个"边际人"的身份,生活中到处遇

[①] 赵旭东:《反思本土文化建构》,北京大学出版社 2003 年版,第 227—228 页。

到文化的界限,这该如何解决呢？在费先生看来,文化的界限从来不是泾渭分明的,而是相互有重叠,且有交叉,同时还有相互的影响,类似于力学的"场"。文化的"边际人"是存在的,但不是独立的一种人,而是受到不同文化"场"交互波及,并处于"场"的边缘的那些人。也就是说,费先生意识到了文化对立之下文化冲突解释模式的弊病,尝试着把"场"的概念运用到更大范围的世界性文化冲突与融合的解释之中,即以没有边界的"场"的概念去取代原有的"文化边界"的概念。正如他所说的:"我注意到现在西方的欧美国家里出现一种把文化和国家这个制度挂钩的倾向。把国家的领土概念引申到文化领域中来,把不同文化划出界线,来强调文化冲突论。我意识到这种看法是有很大危险的。如果边界的概念改变成'场'的概念,也许可能纠正这个倾向。'场'就是由中心向四周扩大一层层逐渐淡化的波浪,层层之间只有差别而没有界限,而且不同中心所扩散的文化场可在同一空间相互重叠。那就是在人的感受上有不同的生活方式,不同规范,可以自由地选择,把冲突变成嫁接、互补导向融合。"①显然,这样的思考不是由文化相对主义研究范式所能够直接推演出来的,费先生终究是功能论的嫡传,处处从整体上寻求对于内部冲突的化解和消弭。

当然,在功能论者眼中不会存在有实质性的文化的边界,而仅仅是交互作用的叠加与融合,并且是在同一时空坐落之下的。笔者以为,在这一点上,费先生彻底回到了人本位而非文化本位上去,这在对第二位学员提问的解答上得到了印证。费先生以为,今天鄂伦春族遇到的问题同样是整个人类遇到的问题,那就是现代工业文明所导致的地球上资源的枯竭,于鄂伦春族而言,就是森林资源以及狩猎生活方式所面临的逐渐消失的危机。费先生义无反顾地选择了"要保持的是人而不是文化"这一基本政策主张。但显然,费先生并没有停留在政策问题上,而是把问题更加推进一步,想到更为深远的问题——社会人类学应该走向何处？他的回答依旧是人本位的,那就是人要有"自觉",并且是"文化"上的"自觉",由此"文化自觉"的概念也就自然而然地出现在费先生的笔端。"'文化自觉'这4个字也许正表达了当前思想界对经济全球化的反应,是世界各地多种文化接触中引起人类心态的迫切要求,要求知道:我们为什么这样生活？这样生活有什么意义？这样生活会为我们带来什么结果？也就是人

---

① 费孝通:《论人类学与文化自觉》,华夏出版社 2004 年版,第 182 页。

类发展到现在,已开始要知道我们的文化是哪里来的?怎样形成的?它的实质是什么?它将把人类带到哪里去?这些冒出来的问题不就是要求文化自觉吗?"①这样的见解同样是文化相对主义所不能够企及的,这是建立在全人类共同性的人类学基础之上的;在此基础上,文化自觉是人的自觉,而非一个一个被人为划定边界的、孤芳自赏的文化的自觉。换言之,能够自觉者只可能是人本身,而不可能是空洞的文化本身。正是在此意义上,费先生"文化自觉"概念的提出超越了文化相对主义,进而也超越了文化对立,开辟了寻求一种文化融合的新途径。

四

如果说"文化自觉"的理念已经超越了文化对立,那是确定无疑的事实,因为文化的边界得到了消解。但是文化对立的问题依旧存在,否则国际新闻报道中关注最多的中东战争,巴勒斯坦与以色列之间的冲突就永远也不会发生了。尽管有先进的记录和再现设备,我们对于一个文化的了解可以很详尽也很完备,但是战争和冲突并不会因为这种"文化自觉"而销声匿迹,相反似乎有知道得越多、冲突越剧烈的趋势。显然单单靠文化的自觉,既有的文化的差异以及相互的文化的偏见依旧存在,冲突和战争在所难免。可见,这个问题不是简单地"遗忘"或者"掩盖"文化的边界就能够彻底解决的,我们今天有太多的再现或者表征的机器和制度在不停地工作着,我们现代的机器和制度经常有本事抹去一种边界,随后又迅速地建构起新的边界,传统与现代、城市与乡村、历史与未来、陈旧与创新,这些都曾经是制造出一种又一种文化边界的符号工具,借助这些工具,文化的相对性得到维护,文化的对立得到了塑造和固化。如果说"文化自觉"可以造就一种文化的场域,其包容并且弥合了上述的文化差异或者对立,那么我们不知道一种地方性的习俗或者理性该如何得到不受干涉的保护。一些学者对于猎头习俗的厌恶几乎是到了愤慨之极的程度,他们无法容忍这样一种在当地社会文化里面可能有存在意义的制度或者习俗,要求改造甚至是消灭这种习俗。② 如果是这样,我们究竟应该在文

---

① 费孝通:《论人类学与文化自觉》,华夏出版社 2004 年版,第 184 页。
② 葛红兵:《民族主义、文化相对主义视野与当代中国的认同障碍》,乐山:《对狭隘民族主义的批判与反思》,华东师范大学出版社 2004 年版,第 202—213 页。

化相对主义的文化对立和倡导人本位的文化自觉之间如何做出自己的选择？也许没有选择,因为这两者都在特定的情景下才会变得极为有意义。

文化的对立保有了一个群体的认同以及在这种认同之下应有的权利;而"文化自觉"消解了文化对立的边界,使得人不再囿于一种文化的束缚,成为有着自我反思性的理性人;文化自觉变成了个人的自觉,变成了自我的自觉,文化在这里似乎也就逐渐消失了。但费先生终究没有完全抛弃文化,在"反思·对话·文化自觉"这篇文章的结尾部分,他郑重地警告西方人要"清理一下自己的过去,认清自己的真实面貌,明确生活的目的和意义",在他看来,这就是他偶然提出"文化自觉"的实际意义了。"文化自觉只是指生活在一定文化中的人对其文化有'自知之明',明白他的来历,形成过程,所具的特色和它发展的趋势,不带任何'文化回归'的意思,不是要'复旧',同时也不主张'全盘西化'或'全盘他化'。自知之明是为了加强对文化转型的自主能力,取得决定适应新环境、新时代时文化选择的自主地位。"①如果是这样,"文化自觉"又等于回到文化的自觉,是各个文化的自知之明,而不是作为人类整体的自知之明;尽管费先生最终还是强调要与其他文化"取长补短,共同建立一个有共同认可的基本秩序和一套各种文化能和平共处,各抒所长,联手发展的共处守则。"②在这里,我们看到,晚出的"文化自觉"的概念实际上已经无法真正传达费先生实际要表达的对于文化的见解,反倒是先前提出的"美人之美、各美其美、美美与共、天下大同"这16个字更能够完整地概括费先生真实的对于文化的理解,更显得具有海纳百川的包容性,同时也为文化的自由交流留有充裕的空间。

显然,我们曾经是依照西方想象出来的"他者"来建构我们自身的印象,今天则可能是依照我们发明出来的"传统"来建构我们自身的社会、生活与文化。而能够克服上述两种极端思维的唯一途径,反倒可能是游走于二者之间的有弹性的"中间道路"。如果是这样,我们的位置或者学术的姿态,一定是位于以文化相对主义为基础的"文化对立"和以结构功能论为基础的"文化自觉"这样两种立场的中间。总体而言,费孝通先生先于"文化自觉"概念而提出的"美人之美、各美其美、美美与共、天下大同"这4句话似乎更具包容性,并有进一步拓展文化意义的空间,也属于

---

① 费孝通:《论人类学与文化自觉》,华夏出版社2004年版,第188页。
② 同上。

他一以贯之的整体论思考,是马林诺夫斯基开创的功能论人类学传统的自然延续;而后来发展出来的"文化自觉"概念显然不能够完全涵盖前述的4句话,甚至可能使后来不了解这个术语产生的背景又盲目带有民族主义情绪的学者借题发挥,造成不必要的误解。在此意义上,位于文化对立与文化自觉之间才是一种真正避开文化相对主义与民族主义陷阱的最佳选择。

侈靡、奢华与支配*

——围绕13世纪蒙古游牧帝国服饰偏好与政治风俗的札记

13世纪是蒙古人的世纪,跨越欧亚大陆,横扫数个帝国,蒙古人的旗帜插遍世界的多个文明腹地。与此蒙古人在世界范围内的攻城掠地相伴随的是多种文化的交流、多种风俗的相互影响以及多种生活物品在世界范围内的大流动。那个时代绝不是我们通常所认为的是一个物质匮乏的时代,相反,奢华的物质享受在蒙元时代的贵族中成为了一种时尚,并融入到其政治的秩序建构中去。而其中又特别值得注意的是,在那个时期,一种特殊的纺织品的消耗量是惊人的,这些纺织品被称之为纳石失,是一种用金丝织就的布料,极受蒙古人的喜爱推崇。这种物品从西亚波斯源源不断地运到中国,影响了蒙元时代的服饰消费文化。不仅仅如此,这还是一种奢侈性的消费,仅限定在社会上层的物质消费,其流动代表着一种权力及政治合法性的传递。对此,托马斯·奥森(Thomas Allsen)有过细致入微的研究,在他的历史研究中,我们不仅会看到穆斯林世界精美的纺织品是如何伴随这样一种文化的传递而在欧亚大陆之间的频繁流动的,同时我们也可以具体而微地看到一种奢侈品的政治学是如何展现自身的。[1]

一 纳石失:一种代表蒙古帝国的布料

作为过去的手艺人,伊斯兰社会中的织工有着世界范围的影响力,这与他们在全世界跨越文化边界的频繁的游动有着极为密切的关系。在中世纪蒙古人创建的草原帝国的统治之下,这些作为手艺人的织工也在将

---

* 原载《民俗研究》2010年第2期,第22—51页。
[1] Thomas T. Allsen, 1997, *Commodity and Exchange in the Mongol Empir: A Cultural History of Islamic Textiles*, Cambridge: Cambridge University Press.

布料以及他们的编制技术当作一种文化输入到蒙古贵族的宫廷中去,这种输入不是一种强迫,而是一种发自内心的接受或者文化的借用,因为精美布料以及服饰的占有和赠予在蒙古人的政治文化中一直是占据着极为重要的地位。甚至可以说,这种布料所承载的政治作用决定了那些远在伊朗(波斯)的穆斯林织工愿意跨越欧亚大陆,来到蒙元时期的中国,甚至永久地留存在了中国,成为了本土的中国人。①

确切地说,在中国,蒙古人强势性地占据统治的年代就是元朝(1271—1368年),但是之前和之后的蒙古人开创帝国对世界的影响都是非常显著的,甚至延续到今天。对于元朝那个时代,留给我们的印象大多可能是负面的,以汉人的视角去理解蒙古人统治的元杂剧大概是那种负面印象生产的总加工厂。②

现在,要公允地看待那个时代的历史需要有一种人类学家的"他者"关怀,而非仅仅从异族侵略的视角去过分扭曲地看待那一段历史。在社会科学界,最近的物质文化的视角引导我们开始重新注意到在人们使用和消费物质之时,背后所体现出来的社会结构与社会区分的象征性支配究竟是在哪里。更为重要的是我们应该注意到在物质的使用的同时,人们究竟要表达什么?这一点,蒙元的服饰史终究让我们从具体的史料中体会到那个离我们似乎已经很遥远的时代,人们究竟是怎样借用一种文化的观念,并使这样的一种观念投射在物的上面。

对于蒙元时代的服饰,最为可信的记载莫过于《马可·波罗游记》中的记载了。马可·波罗在他的游记中不止一次地记述他所亲历的蒙元帝国服饰的精美,其中就提到"用金银丝线织成的布匹"。③ 而在1330零年左右有一份写给一位名叫威廉·亚当(William Adam)的大主教的短文中,这位作者也提到了在元代中国所看到的大量的"丝绸以及镂金的服装"(cloths of silk and cloths of gold)。从奥森(Thomas T. Allsen)对于这份历史文献的引述中我们可以感受到那个时代元帝国的辉煌:

皇帝的子民都穿着富庶……尽管有大量的丝绸和金子,但是有少量的亚麻,因此所有的人都有丝绸衬衫;并且,他们的服装是由鞑

---

① Thomas T. Allsen, 1997, *Commodity and Exchange in the Mongol Empir*, p. xi.
② 一般的对于元代的印象,对于其都市的繁华,认为是畸形消费,对于其社会状况,认为是黑暗和残暴。参阅施绍文和沈树华:《关汉卿戏曲集导读》,巴蜀书社1993年版。
③ 波罗:《马可·波罗游记》(鲁思梯谦笔录,曼纽尔·科姆罗夫英译,陈开俊、戴树英、刘贞琼、林健译),福建科学技术出版社1981年版,第64页。

鞑靼人的布料所做,还有绸缎子,而对于其他富有的材料,他们常常羡慕的是金银以及宝石。①

还有许多的历史文献都在讲述着同一个主题,那就是在那个时代,在南亚的各个地方都可以见到鞑靼人生产的布料和丝绸。在印度的德里,一位14世纪的阿拉伯作家就记载了在那里的宫廷之上,从国王到将士都身着鞑靼人的布料的衣服,甚至还清楚地提到,这些鞑靼人的服装中大多数都是"以金丝织就的"(brocaded with gold)。② 这一点也为沈从文所著述的《中国古代服饰研究》一书中对于"元代帝后像"的解说中给予了确证:

> 忽必烈穿白衣,带银鼠暖帽。照元代制度,这种皮暖帽是应当配合银鼠袍、银鼠比肩同穿,属于帝王大朝会只孙(或作"质孙")冬服十一种之一,且是最重要的一种。照《马可·波罗游记》所述,元统治者每年必举行大朝会十三次,统治者和身边有爵位的亲信大官贵族约一万三千人,参加集会时必分节令穿同一颜色金锦质孙服。并且满身珠宝,均由政府给予。按时集中大殿前,用金杯按爵位或亲疏辈分进行酒宴,金紫照耀。最高统治者身上珠玉装饰,特别华美。③

这是对于蒙元帝国时代的礼仪与服饰的最为完美的描述,在这段文字中我们看到了作为统治者的元帝国贵族对于服饰以及金银珠宝的不加吝啬地消费的那种情状。

元帝国统治的时代,为欧洲的中世纪。欧洲人对于中世纪,就像我们对于中国的元代一样,经常使之与"黑暗"联系在一起。但是,今天的历史学家的研究似乎在逐渐打破这样一种族群中心主义的偏见。看看布姆克(Joachim Bumke)撰写的《宫廷文化——中世纪盛期的文学与社会》一书,我们就不难发现,与元帝国在服饰和器物上同样不加吝啬地加以"耗费"的还包括欧洲中世纪在内。在12、13世纪的欧洲,修建华丽壮观、装饰典雅的城堡成为了一种风气,贵族对于生活的奢侈的需求几乎达到了一种登峰造极的程度。在服装上,人们一样不惜成本,从世界各地搜罗上等的服饰面料,精心地制作成一件件华丽的服饰。东方的丝绸成为这个

---

① 原始文献的题目是:"The Book of the Estate of the Great Caam",载 Yule, Cathay, vol. Ⅲ, pp.98—99. 转引自 Thomas T. Allsen, 1997, Commodity and Exchange in the Mongol Empir, p.1.
② Thomas T. Allsen, 1997, Commodity and Exchange in the Mongol Empir, p.1.
③ 沈从文编著:《中国古代服饰研究》,世纪出版集团2005年版,第522页。

时代人们趋之若鹜的华美的服装面料,诗人们也尽其所能地去构想出各种名字来称谓和形容各种穿上这些华丽的丝绸服装之后的女性的柔美。甚至一位身份高贵的公爵夫人,因为实在喜欢一块珍藏在教会里面的丝绸而起偷窃之心,并毫不遮掩地将其缝制成为一件礼服,穿着这件礼服出入于教堂的各种隆重的仪式和庆典之中,后来东窗事发,这位贵妇人自然也因此而遭到了教堂最为无情的惩罚。①

欧洲的历史也可以从奢侈品的普及化的角度去书写,因为有许多的物品,包括白糖、茶叶以及胡椒等现在的普通消费品,最初都是极为难于获得的奢侈品。② 服饰和布料的历史也不例外,比如到了 14 世纪,作为欧亚连接末端的英国,"以金丝织就的布料"已经是遍布这个国家的各个地方了。③ 这种普及化的过程显然有一部分是要归功于在欧洲家喻户晓的《马可·波罗游记》一书中对于元帝国时期民众服饰的详尽的描述,这份游记对 14 世纪的英国社会而言,影响是十分巨大的,它刻画了一个英国人望尘莫及的奢华的东方世界。与此同时,英国的上层也在那时开始通过与在伊朗的蒙古人的直接接触而有了相互的物品的流通,而那个时候鞑靼人已经能够自己生产的"以金丝织就的布料"可能就是在这样的情境下传入英国,并在英国社会中流行开来的。④

这种在欧洲的中世纪以及后来都很流行的"鞑靼人的布料"(cloth of Tartary),其究竟是一种什么样的布料呢?显然,其中一个核心的要素就是"金"(gold),而能够织成布的自然是需要有金丝了;而另外一种要素就是丝绸,丝绸的丝与金丝的丝织就在一起就成为了一种看起来是蒙古人特产的"鞑靼人的布料"了。历史上还有一个名字专门来称谓这种布料,即 nasīj,在中文的文献中称之为"纳石失",即"金锦"之意。⑤ 在这里很明显,"纳石失"这个名字是 nasīj 的音译,nasīj 原为阿拉伯语,有"编制"的含义,经过元帝国蒙古人之手,原来完整的 nasīj al-dhahab al-harīr,即"金

---

① 布姆克:《宫廷文化——中世纪盛期的文学与社会》(上册)(何珊、刘华新译),三联书店 2006 年版,第 169 页。
② 关于这方面的论述,特别是蔗糖在英国的传播史,可参阅 Sidney W. Mintz, 1985, *Sweetness and Power: The Place of Sugar in Modern History*, New York: Viking,扉页文字。
③ Thomas T. Allsen, 1997, *Commodity and Exchange in the Mongol Empir*, p.1.
④ Ibid., p.2.
⑤ 沈从文编著:《中国古代服饰研究》,世纪出版集团 2005 年版,第 528 页。此记载最初出自《元史》。

和丝绸的布料"的含义被压缩成为"纳石失"(nasīj)了。①在这里我们也可以看到,所谓的"鞑靼人的布料",实际是有阿拉伯的"血统"的。

依照沈从文的考证,"纳石失"的编织方法是"缕金"。② 英文对应的是 brocade,即嵌入作为装饰的丝线的编制方法。这种装饰性的丝线是要被编织在作为衬底的布料之上的,而"纳石失"所用的丝线就是金线了。这种精美的纺织品在那个时代几乎传遍了蒙古帝国全境并影响到周边的地方。这种编织方法后来出现了多种的变形,不过其最初的起源总是会被追溯到古波斯也就是今天的伊朗那里。在波斯语中有 nakh,其最初的意义就是指"以金丝织就的丝绸"(of silk woven with gold),并且 nakh 这个词是可以和 nasīj 这个词相互替代使用的。③

但是,毋庸置疑的是,"纳石失"这个词密切地跟"蒙古人"或者"鞑靼人"联系在了一起,这成为了一种可以用来代表蒙古人的布料,即一种用金丝和丝绸织成的布料。西方世界中,西方人对于作为游牧民族的蒙古人的意象是极为鲜明的,这应该可以归纳出正反两个方面来,反面的意象是把这样一个曾经征服过欧亚大陆的民族称之为"鞑靼之轭"(Tartar Yoke),它可能意味着一种文明的倒退,意味着破坏、死亡与文化的衰落;当然也有另外一种正面的意象,即成吉思汗的"蒙古帝国统治下的和平"(pax mongolica)的政治抱负促成了东西方之间的文化交流、物品流通以及互利共赢。④

奥森这位蒙古学学者显然是在有意地摆脱这样两种近乎刻板印象的意象的束缚,而意欲寻求对于蒙古帝国的膨胀以及在世界范围内的影响更为深邃的文化上的理解。借助对于蒙古人服饰史的探求,他开始去追溯在这服饰史的背后蒙古帝国发展壮大的更为基性的构成要素。他从12世纪的欧亚大草原的最东端的金朝开始,一直追溯到成吉思汗的元帝国的建立。在这一历史的追溯之中,奥森注意到了这个历史上的帝国之所以从分崩离析的部落成长为一个帝国的极为重要的机制,这个机制就是交流,即与外部的不断的交流,这种交流既是文化的,也是商业的,同时

---

① Thomas T. Allsen, 1997, *Commodity and Exchange in the Mongol Empir*, p. 3.
② 沈从文的考证很有说服力,如其所言:"不过由此可以得知'纳石失'意译虽为波斯金锦,本来似应为撚金。惟元代织造这种金锦却必是缕金,而不是撚金,是宋代以来的旧有明金、缕金作法。"引自沈从文编著:《中国古代服饰研究》,世纪出版集团2005年版,第528页。
③ Thomas T. Allsen, 1997, *Commodity and Exchange in the Mongol Empir*, p. 3.
④ Ibid., p. 4.

还是技术和知识的。通过这种交流，这个帝国从占据欧亚大草原的一隅转而成为了一个所谓的 Yeke Mongghol Ulus，即"大蒙古国"（State of the Great Mongols）。此时，一个游牧的民族牢牢地控制住了像中国的汉族以及伊朗的阿拉伯人这样的定居民族。这种在差不多社会生活的方方面面的非常自由的交流，确保了这个游牧的民族不仅没有因此而失掉自己的民族的特色，甚至还因此而附加上了一些本来并非属于自己原产的文化属性，而作为纳石失的"鞑靼人的布料"便是其中的一个明显例证。因为，曾经享誉欧洲的"鞑靼人的布料"，其原产地绝非是在蒙古人占据的大草原上，但是却为蒙古人的贵族和精英所广泛使用，争相追逐[①]，转而成为蒙古人的自我认同的文化标志。

不过，这里仍旧有一种文化选择的问题，为什么中世纪的蒙古人偏偏选择了这样一种外来的布料，使之成为他们自己的所爱，到最后甚至外来的含义都被忘记掉了，人们径直地将这种布料认同为是蒙古人所独有的了，由蒙古人所制造的？

二　纳石失的服饰与奢侈性的消费

正像前文所指出那样，在马可·波罗的游记中，我们似乎很容易地就发现有关蒙古人服饰的记载，这些记载中有许多都是描写这样一个民族对于金丝织成的服装的特别喜爱，当时被马可·波罗称之为"富裕的鞑靼人"的蒙古人是有这样的装束，他们的"衣着十分讲究，穿的衣服都是用金银丝线织成的布匹……"[②]并且，有充分的史料可以证明，那些上等的用金丝织成的布料和服装都是来自于阿拉伯地区的。

托马斯·奥森（Thomas Allsen）曾经专门转述一份史料，其中提到成吉思汗之子窝阔台在13世纪30年代的某一天观看汉人的戏剧表演，戏中有嘲弄回教的意味，之后窝阔台便让这些人去他的府库参观他所收藏的珍宝，其中就有来自呼罗珊（Khurasan）这样的伊斯兰国家的金丝织品"纳石哈"（nasīj-haā）及一些服装，并称这些异国他乡的布料要远远好于

---

① Thomas T. Allsen, 1997, *Commodity and Exchange in the Mongol Empir*, pp. 9—10.
② 波罗：《马可·波罗游记》（鲁思梯谦笔录，曼纽尔·科姆罗夫英译，陈开俊、戴树英、刘贞琼、林健译），福建科学技术出版社1981年版，第64页。

汉人的织品。①

我们当然没有必要借此一份史料就形成一种刻板的印象认为,那时中国的服饰不及伊斯兰教的国家服饰,而根本的是在于那个时代作为统治者的蒙古人的一种选择性的偏好,至少在布料上,他们选择了那些金丝织成的布料而非其他,并把这种金丝织成的布料看成是布料中的上品,赋予其极高的价值,并以此来评价其他布料的优劣。尽管还没有精确的统计数字来精确地说明那个时期蒙古人的这种偏好,但是像《马可·波罗游记》那样的记载还是到处都提到了这一点。因此,基本上可以肯定地说,在蒙古人统治的时代里,"金丝织成的布料"无疑就是那个时代人们心目中的布料中的上品,是社会中大家趋之若鹜的用以装饰自己身体的一种人造物品,有着极为大量的社会需求与消费。②

至少在13世纪早期,也就是在蒙古人获得了蒙古草原上的帝国统治地位之前,蒙古人各部落从定居的社会中获取生活必需品之外的奢侈品还是极为少见的。因此,每次劫掠所得战利品,必是一件特别值得提及和记载之事,尤其对于他们认为的奢侈品而言。对于这一点,在拉施都丁(Rashīd al-Dīn,1247—1317)这位14世纪伊利汗国的宰相所撰述的《史集》中有着最为可信的对于这些事件的详细记述。正像他所记载的那样,在1195年前后,铁木真率领其部落与鞑靼人进行了一场命运攸关的战争,这场战争以铁木真的大获全胜而告终,其中在他们所截获的战利品中就有一只银制的摇篮和"金丝织的床单"(*lihafhāī zar-baftah*)。拉施都丁认为,在那个时代的蒙古人的社会中,上述这些战利品都属于比较罕见的奢侈品,获得了这样的战利品就是非常重要并值得相互夸赞的事情。而在拉施都丁所撰述的有关蒙古帝国的历史中还有一段跟蒙古人的这种对于金丝织品偏好的叙述。这是一段有关成吉思汗的记述,成吉思汗有一次与其扈从聊天,述及对于美好生活的看法,其中他就提到他想要让他所在的部落的妻子、女儿通身上下都能够穿上"金丝织的服装"(*zar-baft*),并且,更希望他的子孙后代也能够有同样的服饰。③

在成吉思汗对于蒙古人未来美好的生活的描述中除了这些金丝织的布料和服装之外,当然还提到了作为一个游牧民族所熟悉也同样有着很

---

① Thomas T. Allsen, 1997, *Commodity and Exchange in the Mongol Empir: A Cultural History of Islamic Textiles*, Cambridge: Cambridge University Press, p.11.
② Ibid.
③ Ibid., p.12.

高价值的地方性的物品,比如良马、牧场以及肥美的肉食等等。但是,奥森提醒我们,要注意到的是这其中唯独金丝织品是属于外来的物品,是需要有外部来持续不断地给予满足的一种昂贵的奢侈品。而且,奥森借此所作的进一步的猜测也不是没有道理的。奥森认为,金丝织品使得蒙古人对于自己未来的辉煌象征化,甚至成为了一种追求帝国事业成功与否的一种标志性的基准目标。①

可以说这样的一种对于未来的美好生活的期盼成就了蒙古人在中世纪的攻城掠地的雄心和斗志,他们为了实现他们心目中的美好生活而纵横于欧亚大陆之间。在这种世界范围内的征服之中,蒙古人的社会开始变得富庶与强大。因为有许多的历史记载都曾提到13世纪早期之前蒙古人生活的极度贫困以及在此之后蒙古帝国跨越欧亚大陆的征伐所带来的蒙古人的极度富足。13世纪波斯的史学家志费尼('Atā-Malik Juvayni,1226—1283)在其《世界征服者史》一书中述及在成吉思汗之前蒙古人的服装是用狗皮和鼠皮制成,而之后才有了把金丝与丝绸放在一起织成的服装。② 志费尼这样记述道:

> 成吉思汗出现前,他们没有首领或君王。每一部落或两部落分散生活;彼此没有联合起来,其中时时发生战斗和冲突。他们有些人把抢劫、暴行、淫猥和酒色(fisq va fujūr)看成豪勇和高尚的行为。契丹汗经常向他们强征硬索财物。他们穿的是狗皮和鼠皮,吃的是这些动物的肉和其他死去的东西。……他们过着这种贫穷、困苦、不幸的日子,直到成吉思汗的大旗高举,他们从艰苦转为富强,从地狱入天堂,从不毛的沙漠进入欢乐的宫殿,变长期的苦恼为恬静的愉快。他们穿的是绫罗绸缎,吃的是"彼等喜爱之山珍海味,彼等选择之果品。"饮的是"麝香所封之(醇酒)。"③

可以说,服饰上的华丽与耀眼,成为了那个时代最能够体现出蒙古人的富庶的物品了。而与此同时,由于有源源不断的征服所获得的金丝织品,蒙古人也开始用这些布料来对他们的住所、运输工具以及运输牲畜进行豪

---

① Thomas T. Allsen, 1997, *Commodity and Exchange in the Mongol Empir*, p.12.
② 'Atā-Malik Juvayni, 1958, *The History of the World Conqueror*. trans. by John Andrew Boyle, (2vols) Cambridge, Mass.: Harvard University Press. Vol. I, pp.21—22;转述自:Thomas T. Allsen, 1997, *Commodity and Exchange in the Mongol Empir*, p.13. 中文译本可参阅:志费尼:《世界征服者史》(上册)(何高济译),商务印书馆2004年版,第21页。
③ 志费尼:《世界征服者史》(上册)(何高济译),商务印书馆2004年版,第21页。

华的装饰，可以说这种装饰近乎到了奢侈的程度。① 而且，这种豪华与奢侈当然是在一定的上层阶级所独自享用的，平民百姓却极少有这样的奢华。可以这样说，衬托在各种颜色之上的金色当时是为蒙古帝国时代的贵族阶级所独占的。如果有兴趣再读一下沈从文的描述，对于这一点的印象可能会更加深刻：

> 元代衣服式样，在北方男女上下区别不大，同名为袍，但是用的材料精粗贵贱，却差别悬殊。高级大官服多用红彩鲜明织金锦，且沿袭金代制度，从花朵大小定品级高低，下级办事人只许用檀褐色罗绢。平民一般禁止用龙凤纹样，禁止用金，禁止用彩。……至于贵族官僚，必满身红紫细软。帝王且更加穷奢极欲，除彩色鲜明组织华丽的纳石失、绿贴可波斯式金锦外，还有外来细毛织物速夫（即琐伏）及特别贵重难得的紫貂、银鼠、白狐、玄狐皮毛等。并在衣帽上加金嵌宝，更讲究的且全用大粒珍珠结成。对于平民或其他人，另外却用种种苛刻禁止法令，穿戴一出范围必受重罚。②

对于这样的叙述，我们显然是无法用现代意义上的消费概念来理解那个时代的消费边界的区分。尽管我们说今天也一样有布迪厄（Pierre Bourdieu）在《区分》（*Distinction*）一书中提到的人群之间的"品味"的差异③，但是，现代社会所设定的消费边界，并不像上文所描述的蒙古帝国时代的那种僵硬而无法超越的边界，现代消费社会设立边界就是为了打破和超越这一边界，这样才可能有更多的人参与到消费的潮流中。因此，对于现代社会而言，边界是由一些社会的领军人物，如果你愿意的话，可以称之为"先锋派"所确立的。但是，他们并不能够永远的占据这样的先锋派的地位，而是像弗雷泽在《金枝》中所描述的"丛林之王"一样，时时有被新的领军人物或者先锋派所超越和替代的可能，由此而形成一波又一波的时代潮流，即时尚，进而带动着尽可能广泛的社会行动者参与到领军人物和先锋派的消费中来，此时社会精英分子的时尚成为了一种大众消费。

但是，在蒙古帝国的时代，这样的消费观念是根本不存在的。对于蒙元帝国的时代人们而言，边界就是一种区分，并且是一种永远不会被超越

---

① Thomas T. Allsen, 1997, *Commodity and Exchange in the Mongol Empir*, p.13.
② 沈从文编著：《中国古代服饰研究》，世纪出版集团2005年版，第523页。
③ Pierre Bourdieu, 1984, *Distinction: A Social Critique of the Judgement of Taste*, Translated by Richard Nice, Cambridge, Mass.: Harvard University Press.

的区分。皇帝的服饰哪个人敢于去模仿和追捧呢？因此，皇帝的服饰就独立地占据了一个社会的空间，这个空间内容丰富而华丽，却只能是一个人来独占。据《元典章》里的记载，一个做帽子的工人如果给皇帝做了一顶帽子之后，他就会被要求不能够再给别人做帽子了，按照元朝的法令，做了就要杀头，这样的事情，甚至连皇帝本人都要亲自去过问，足见此事之重大。比如公元1307年（大德十一年），当政的皇帝就对一位姓马的裁缝下了这样一道旨意："道与马家奴，……金翅雕样皮帽顶儿，今后休教做，休教诸人带者。做的人，根底要罪过者。带着的人，根底夺了，要罪过者！"①应该清楚的是，皇帝的帽子可不是就这一顶，每一顶也并非普普通通，可以说都是使用了这世界上最为名贵的材料来加工缝制的，另外，还有各色的由"纳石失"，制作的被称为"质孙"或"只孙"的长袍。还是借沈从文优美的文笔来为其做一下素描吧：

> 据史志记载，皇帝本人却有各种各样的帽子，一律用精美珍贵材料作成，上加贵重珠宝装饰，和衣服相配，应节令随时更换。遇他高兴时，也随时会赏给亲信宠臣。如天子只孙冬服十一等，即有金锦暖帽、七宝重顶冠、红金答子暖帽、白金答子暖帽、银鼠暖帽。夏服十五等，有宝顶金凤钹笠、珠子卷云冠、珠缘边钹笠、白藤宝贝帽、金凤顶笠、金凤顶漆纱冠、黄雅库特宝贝带后毡帽、七宝漆纱带后毡帽。帽上多镶珠嵌宝。宝石则分许多种，红的计四种，绿的计三种，各色鸦鹘（即鸦库特）七种，猫睛二种，甸子三种，各有不同名称出处。②

在这里，皇帝的消费已经完全离开人的所谓基本需求的层次之上了，穿戴上的服饰绝不是仅仅用来御寒和遮羞的，而根本的是通过服饰形态的变化来彰显出皇帝权威的独占性和正当性。除了皇帝的奢侈之外，皇帝以下的贵族及各级官员一样不遗余力地在住所、交通工具和服饰上去彰显此种奢侈，只是奢侈的限度依照身份和官阶的不同相应地有所变化罢了。

对于这个游牧民族而言，最为普遍的是居住的帐篷，俗称蒙古包。而依照身份和官阶的不同，这帐篷的种类也有大小和装饰的华丽与否上的差别。这在志费尼的记述中是清晰可见的，一般豪华的军营帐篷的木格子的框架结构都是由汉人木匠制作的，而帐篷的屋顶一定要用以金丝织

---

① 转引自沈从文编著：《中国古代服饰研究》，世纪出版集团2005年版，第523页。
② 同上。

成的布料缝制,帐篷的外面则要覆盖上白色的毡子。① 而出行的工具也是区分不同身份人群的重要物品。与汉人社会的以高头大马来区分有身份群体和无身份群体的差别不同,由于游牧民族马匹的普遍,不论男女老幼、贫富贵贱,都可以有自己的一匹坐骑,所以马匹本身不是社会区分的标志物,相反,装饰马匹的饰品则成为了一种发挥真实影响力的实际的区分物。还有就是出行的轿子,这也是一种不错的用来作社会区分的象征物。比如,患有痛风病的忽必烈就改乘轿子,而这轿子不是人抬的轿子,而是由大象来抬的。这种由大象来抬的轿子可以由一只大象来抬,也可以由两只来抬,多的甚至可以是四只,这种轿子也称"宝盆",是一种类似凉亭似的建筑,忽必烈就坐卧在这亭子里面。而里面的布垫都是用金丝织就的,四周也是这种金丝布料的装饰,亭子外面则是用狮子皮覆盖。②

这些都是蒙古帝国的皇帝出行打猎所必须有的交通工具。忽必烈躺在这亭中的睡椅上,尽情观赏属下为其所表演的"放鹰捕鹤"的精彩场景,恣意放纵之情,由此可见一斑。这是一个包括王子、男爵、皇后、妃子以及鹰师在内的由上万人所组成的一个声势浩大的娱乐群体。在这里,包括皇帝在内的所有人都能够尽兴地游玩。而皇帝自己居住的帐篷也极为宽敞,马可·波罗描述说这是可以容纳下上万士兵的一顶帐篷。在这样的帐篷中间,会分割出来许多的厅堂和卧室,马可·波罗清楚地描述了这些厅堂和卧室的内部结构和装饰:

> 每间厅堂或卧室,用三根雕花并镏金的柱子支撑,帐幕外面是用狮皮盖着,颜色是白、黑、红条纹相间,缝结紧密,既不进风又不透雨。里面衬以貂皮和黑貂皮,这是所有皮货中最为贵重的。用黑貂皮做一件衣服,如做全身的,要花二千金币,做半身的,也要值一千金币。鞑靼人把它看成毛皮之王。这种动物在他们的语言里称为"浪得斯"(Rondes),像貂那样大小的体积。大厅和卧室用这两种毛皮搭配隔堵,技巧高超,饶有风趣。支撑帐幕的绳索都是用丝制成的。③

应该说,最具有政治文化含义的当属蒙古人的袍子,即我们前面提及的

---

① 'Atā-Malik Juvayni, 1958, *The History of the World Conqueror*. Vol. I, pp. 238—239;转述自:Thomas T. Allsen, 1997, *Commodity and Exchange in the Mongol Empir*, p. 13. 中文译本可参阅志费尼:《世界征服者史》(上册)(何高济译),商务印书馆2004年版,第262页。
② 波罗:《马可·波罗游记》(鲁思梯谦笔录,曼纽尔·科姆罗夫英译,陈开俊、戴树英、刘贞琼、林健译),福建科学技术出版社1981年版,第107—108页。
③ 同上书,第108—109页。

"质孙"那一类的服装。这是罩在人的身体最外层的一件衣服,在蒙古帝国的朝廷中,其经常在仪式性的庆典中被穿戴。制作这些作为外罩的蒙古袍子可以是用布料,如粗布、天鹅绒等,还可以用皮毛,如黑貂、貂、松鼠和狐狸等的皮毛。人们选择穿戴作为外罩的袍子也会依照季节、贫富和社会地位的差异而有所不同,但是不存在性别的差异,这不像帽子是有性别差异的。①

"质孙"这种袍子一般都属于是礼服,"质孙"的原意就是指颜色,即单一一种颜色的袍子。《元史·舆服志一》上说:"质孙,汉言一色服也,内庭大宴则服之",这也恰好指明了"质孙"的礼服的核心特征。这种礼服的一个比较明显的特色就是在一色的布料上要镶嵌金丝线作为装饰。② 而这些镶嵌金丝的质孙袍子都是要由皇帝(大汗)亲自来赐予的,是一件标示身份和等级的象征性服饰。据说,在马可·波罗所记述的一次盛大的皇帝赏赐庆典中,就有一万两千名被称为"科序干者"(keshican)的男爵爵位的人每人都受到恩赐,由皇帝赏赐了三套质孙袍子,每一套的颜色都不一样。皇帝一般每年都要举行十三次的宴请,这十三套衣服就是为这宴请时的穿戴而准备的。这样,每一件都是要赏赐一万两千件,用十三来乘就是十五万六千件,这也就意味着那一天皇帝赏赐给男爵们的衣服就是十五万六千件,并且在这每一件的衣服上都还要镶嵌上珍珠、宝石之类的宝物,价值也是极为昂贵。③ 这些衣服是配着皇帝一年中举行的十三次的宴请来穿戴的,平时是不可以穿的,并且据马可·波罗的记载,这样一套镶着金丝和宝石的衣服的价值,一件就是一万金币,并且十年就更换一次。④

这些服饰的政治意义是显而易见的,服装的华丽与工整体现了一种皇帝权力的荣耀与威严,一位在 1245 到 1247 年之间在蒙古帝国的疆域内传教的意大利传教士卡尔平尼(Giovanni de plano Carpini,1180—1252)曾经记述下来他所见到的在 1246 年所举行的选举新的大汗贵由(Güyüg)时的庆典仪式,那时人们都穿着统一颜色的服装。而跟随卡尔

---

① Thomas T. Allsen, 1997, *Commodity and Exchange in the Mongol Empir*, p.19. 沈从文的研究也提到了这一点,即"妇女衣服在严格的等级制度下,尊卑贵贱也区别明显,惟式样却差别不大"。引自沈从文编著:《中国古代服饰研究》,世纪出版集团 2005 年版,第 516 页。
② Thomas T. Allsen, 1997, *Commodity and Exchange in the Mongol Empir*, p.19.
③ 波罗:《马可·波罗游记》(鲁思梯谦笔录,曼纽尔·科姆罗夫英译,陈开俊、戴树英、刘贞琼、林健译),福建科学技术出版社 1981 年版,第 103—104 页。
④ 同上书,第 101 页。

平尼出访的另外一位牧师波兰人本笃(Benedict the Pole)更有详细的有关此一庆典礼制的记述。他描述到,在选举新的可汗的大典上,五千位皇宫贵族穿戴整齐,都是清一色的金丝织成的服装,列席的特使也要求穿戴得体,否则是不能够去面见这位带着皇冠的新当选的大汗的。①

奢侈性地耗费财物以及穿着华丽的服饰在蒙古帝国的时代成为上层贵族社会中的一种风气和时尚。衣服是金银丝织料织就的,丝绸的袍子上面都缀着珠光宝气。而金丝织成的未经裁剪的布料也是蒙古帝国皇帝馈赠臣僚、使臣、牧师、外国元首等的经常性礼品。元朝的开国皇帝忽必烈就曾经赠送给阿兰的一个军事长官"九段纳石失",而忽必烈的哥哥蒙哥的一位妻子赠送给来访的罗马教廷使者卢布鲁克(Rubruck)一块宽度足有一张床么宽大且非常长的纳石失布料。而在窝阔台造访马合木·牙老瓦赤(Mahmud Yalavach)的时候,牙老瓦赤用各种金丝织品来装饰其帐篷。②

这些历史的考察所给予我们的最深刻的印象就是,在蒙古帝国时期,金丝织品消耗量的巨大以及人们穿戴金丝织品的流行。这样庞大的消耗量是需要有一个长效的供给机制来保障的,这一点首先是建立在幅员辽阔的蒙古帝国的领土上,而同时是一大批包括波斯裁缝在内的跨越文化与国家边界的手工艺人在世界范围内的广泛的流动来予以巩固的。

三 获得纳石失的途径与帝国的扩张

作为一种纺织品,纳石失是用金丝织成的布料,即金锦或锦缎,属于原产地为波斯的纺织品。对此,美国的考古学家劳费尔有专门的考证。③劳费尔追溯了锦缎这种波斯的纺织品最早传入中国的年代至少应该是在公元6世纪初的梁朝,据《梁书》的记载,公元520年一个名字叫"滑"的国家给梁武帝进贡,那一年所供奉的就是一种名为"波斯锦"的锦缎。并且书中详细解释说,这锦缎乃是由"金缕织成"。④

而在蒙元时代,这样的金缕织成的锦缎,即纳石失,成为上层贵族消费品中一个极为重要的部分。由于这类纺织品并非蒙古人所自产,需要

---

① Thomas T. Allsen, 1997, *Commodity and Exchange in the Mongol Empir*, p. 21.
② Ibid., p. 23.
③ 劳费尔:《中国伊朗编》(林筠因译),商务印书馆2001年版,第316—321页。
④ 同上书,第316页。

由波斯等地运进,而如何通过顺畅的流通来维持这种奢侈性的消费就成为蒙古帝国时代一个非常重要的问题,这背后隐含着政治的意味。据奥森的归纳,此种纺织品的流通进入到贵族的奢侈性消费的循环中去不外乎下面这样四种方式,即战争的战利品、国家的税收或者岁贡、往来贸易以及宫廷的作坊生产,至于采取这四种方式中的哪一种,那会因时因地的不同而有不同的选择。①

在蒙古帝国扩张的初期,从定居的社会中劫取战利品是游牧民族最为突出的获取定居社会奢侈消费品的一种途径。据史书记载,1215 年在金国的都城陷落之后,蒙古人获取了大量的上面嵌有金丝的绸缎布料,而在 1234 年,金国灭亡之后,这类的丝织品就全部成为蒙古人的战利品了。同样的模式在西亚得到了重演。② 在志费尼的笔下,蒙古人成帖木儿在丝绸之路中路的呼罗珊差不多抢走了当地人的所有的牲口和衣物。③ 而依照阿拉伯学者伊本－阿阿特尔(Ibn al-Athīr)的记述,蒙古人从外高加索的刚加人(Ganja)居住民那里索要财物和衣物,其中最为重要者就是金丝的布料(cloth of gold)。④

强迫被征服者的朝贡也成为了蒙古帝国维持其奢侈生活的一项重要手段。1209 年吐鲁番的畏兀儿人主动归降蒙古人,成吉思汗要求其进献纳石失、丝绸以及缎子作为贡品。1232 年元帝国要求东北的朝鲜人进贡一百万套军服、一万匹紫纱以及两万张上好的水獭皮。总之,蒙古人对于他们所征服的地方和人民搜罗最多的,也是他们最乐于搜罗的,就是好的战马以及精美的服饰,这在对于蒙古人的历史记载中随处可见。⑤

这体现出来蒙古人对于服饰的特别偏好,这种偏好体现在对于精美的纳石失上面。伴随着这种蒙古人的偏好以及由此偏好所引起的遍及欧亚大陆的蒙古人的征伐,一些围绕着以金丝织成的纳石失的贸易也在这个过程中逐渐发达起来。奥森转述了志费尼的一个记载,认为最初到达蒙古帝国从事贸易活动的是 1217 到 1218 年之间的三位布哈拉商人,他们搜集了大量的金丝织品,去到东方的土地上贩卖。他们在成吉思汗的

---

① Thomas T. Allsen, 1997, *Commodity and Exchange in the Mongol Empir: A Cultural History of Islamic Textiles*. Cambridge: Cambridge University Press, p. 27.
② Ibid.
③ 转述自 Thomas T. Allsen, 1997, *Commodity and Exchange in the Mongol Empir*, p. 27。中文译本可参阅:志费尼:《世界征服者史》(下册)(何高济译),商务印书馆 2004 年版,第 594 页。
④ 转述自 Thomas T. Allsen, 1997, *Commodity and Exchange in the Mongol Empir*, p. 27。
⑤ Ibid., p. 28.

面前吹嘘炫耀自己所持物品的珍贵,并索要三个金巴里失的高价。这惹恼了成吉思汗,拿出自己"存在他府库中前代诸汗所有的织品"给那些商人们看,最后成吉思汗还是给了这些商人的货物每件金丝织的料子一个金巴里失。① 这也足见成吉思汗本人对于此类贸易的尊重和保护,他的这种尊重贸易商人的精神在后来成吉思汗的继任者中得到了持续。

随着此种长距离的贸易受到保护,这种贸易在13世纪上半叶的东方帝国得到了空前的繁荣,大量的商人向东旅行,大批的织工涌入成吉思汗所在帝都,逐渐地,差不多在13世纪的中叶,蒙古帝国的朝廷开始了自己生产织物的尝试,并逐渐在此物品上不再依赖于从西亚和波斯的进口和朝贡。特别是在金丝织品上,这种独立的生产可以得到基本的自给生产。这样的景况首先要归功于当时蒙古帝国对于手工艺人的扶持政策。伴随着蒙古人的世界范围内的征伐,手工艺人的资源也是极为丰富的。散落在世界各个角落里的各种的手工艺人承担了传播他们的技艺的中介者的功能。② 而在蒙古人血腥的征伐之中,首先得到保护的就是手工艺人。1216年蒙古人对于山东东平的起义军的屠杀中,网开一面的是手艺人和名伶。同样在1219年蒙古人攻打突厥斯坦的西部和伊朗北部的战斗中,在毫不留情的血腥屠杀中,幸免于难的还是手艺人或匠人。③ 在此过程中,也就有大量的怀有高超编织技艺的织工留存下来,并成为蒙古帝国宫廷的自我生产金丝织品的第一代的织工,并使得在13世纪的下半叶,蒙元朝廷可以尽情地享用自己宫廷里出产的金锦或者纳石失了。奥森对这一过程的梳理结束时举了一个比喻认为,西亚的金丝织品输入蒙元时期的中国,这就像是将煤炭输入到了澳大利亚新南威尔士州的新城堡(Newcastle)一样,是一种自我的生产能力被激发出来的一种殖民过程。④

四 布料颜色的政治学

奥森的研究最精彩之处就是他从本土人的文化价值观(indigenous

---

① 转述自 Thomas T. Allsen, 1997, *Commodity and Exchange in the Mongol Empir*, pp. 29—30。中文译本可参阅志费尼:《世界征服者史》(上册)(何高济译),商务印书馆2004年版,第85—86页。
② Thomas T. Allsen, 1997, *Commodity and Exchange in the Mongol Empir*, p. 30.
③ Ibid., p. 31.
④ Ibid., p. 45.

cultural values)这个角度去分析 13 世纪的蒙古人如何对于纳石失这种布料有着那样强烈的吸引力以及在使用和消费上的如何的不遗余力,并且,更为重要的是,这些价值观是先于帝国的扩张而存在的,是蒙古帝国向外扩张的前提条件。① 恰如奥森所指出的那样:

> 对于欧亚草原的蒙古人以及其他游牧人群而言,衣料、服装以及颜色都有着重大的象征性意义,这一般都被用来跟一个更为广泛的有关社会、民族性、政治权威以及私人关系的观念进行交流。并且正是这些观念,其中有些在这个草原上已经有着悠久的历史,最好地解释了蒙古人对于金丝织品的接纳以及为什么在元代的时候回回织工以及其他的西亚的纺织传统会被传输到中国来。②

至少对于蒙古贵族而言,服饰的赠与的实践并不缺乏,甚至可以说在史籍中随处都可以读到相关的记载。据《元史》记载,各种的宫廷仪式都要有服饰和布料的赠与。皇子的出生更要有名为 sa-ta-hai 的金银彩缎的赠与。而奥森认为,sa-ta-hai 这个词乃是阿拉伯语的 sadaqah,即作为仁慈的赠与的礼物的意思,专门是用来指称皇家的赠与。③

一般而言,服饰的佩戴体现着一种文化的意义,穿上某种服饰意味着力量和权力的获得,而脱下或者摘去某种服饰就可能意味着力量或权力的丧失。成吉思汗在与其他部落的头人结盟时,总要以金带作为信物来进行交换,以此来证明相互之间的结盟的牢固。而在成吉思汗落魄之时,他就会解下腰带,摘去帽子,以示自己的力量和权力的丧失,并会跪倒在太阳的面前祷告,祈求上天能够再次给予他以力量和权力。④ 这种体现力量和权力丧失的摘帽和取下腰带在游牧社会中是一种比较寻常的象征性的文化的表达。在此意义上,服饰便具有了一种比较深刻的政治象征意义。求得赐予服饰便是一种服从和归附的表达。1209 年高昌回纥(畏兀儿)的国王亦都护准备要投靠成吉思汗,以寻求对他的国家的保护,在《蒙古秘史》中有这样一段记载:

> 畏兀儿的亦都护派遣使臣来见成吉思汗,命其使臣阿惕乞剌黑、

---

① Thomas T. Allsen, 1997, *Commodity and Exchange in the Mongol Empir*: *A Cultural History of Islamic Textiles*. Cambridge: Cambridge University Press, p. 46.
② Ibid.
③ Ibid., p. 48.
④ Ibid.

答儿伯两人奏告说:"如云开见日,冰消河清,听到成吉思汗的名声,臣高兴已极! 若蒙成吉思汗恩赐,臣愿得金带的扣子、大红衣服的碎片,做您的第五个儿子,为您效力!"成吉思汗听了他的话后,派人恩赐答复说:"朕把女儿赐嫁给你,让你做朕的第五个儿子,亦都护你把金、银、珍珠、东珠、金缎、浑金缎等缎匹送来吧!"亦都护喜获恩赐,带着金、银、珍珠、东珠、金缎、浑金缎等缎匹前来觐见成吉思汗。①

在蒙古帝国这样的游牧社会中,不仅是服饰,一般意义上的纺织品都具有政治的指涉意义。用毛毡搭建的帐篷是游牧民族的住所的一种标志,成吉思汗称他的随从借用的是"那些生活在毛毡作墙的帐篷里的人"(those who live in felt-walled tents)。② 另外,布匹和服饰的赠与也是国家日常支出中的一个重要组成部分。

蒙古帝国组织许多的征伐,付给各个参战部落的酬劳都是以布匹的交换来计算的。并且,领导者由上而下地再分配战利品和奢侈品遵循的是一种"垂滴经济"(trickle-down economics)的分配方式,在适当的时候,蒙古的统治者会将他们珍藏在府库里的服饰和珍宝拿出来由大臣们再分配给战士和平民。这种再分配具有政治的含义,通过这样一种对于服饰的慷慨的施予,一方面统治者的王权和权力得到了展示,与此同时,一种由下而上的对于此王权忠诚以及对于作为统治者的可汗的个人化的认同得到了空前的巩固。③ 反过来这也进一步强化了作为最高统治集团的皇族对于具有政治意味的纺织品的独占,许多的元朝法律都限定了服饰的适用范围,越制穿戴会受到严厉的惩罚。而由皇帝来赠予此类的服饰就是一种极为荣耀的奖赏,《元史》中就有明确的法令来保障由皇帝独自来对其臣属的质孙罩袍的赠与。而在衡量一个人的财富时,是否拥有此种"政治织物"(political fabrics)就是一个很重要的指标了。④

在中世纪蒙古帝国时期的蒙古人社会中,布料和服饰跟政治的关联已如上文所述,与此有类似关联的就是蒙古人对于颜色的文化选择。在

---

① 余大钧译著:《蒙古秘史》,河北人民出版社 2007 年版,第 390—391 页;奥森在其《蒙古帝国的商品与交换》一书中也提到了此一点,依照英文,畏兀儿的亦都护索要的是一条金带和一件红色罩袍(al de'el)而非上引汉文翻译中的"大红衣服的碎片",关于这一点,谁是谁非,尚有待进一步的考证。参阅:Thomas T. Allsen, 1997, Commodity and Exchange in the Mongol Empir, p. 49。
② Thomas T. Allsen, 1997, Commodity and Exchange in the Mongol Empir, p. 51。
③ Ibid., p. 57。
④ Ibid.

一定意义上,颜色的选择要比服饰的选择来得更为基本。在草原部落社会中,颜色最初具有指引和标示方向的作用,甚至食物也要以颜色加以象征性的分类。在蒙古人的观念里,日常的食品以白色来代表,而红色则代表血和肉食,黑色代表茶和汤,黄色代表黄油,绿色代表的是像野洋葱和大黄这样的调味品。而与我们的主题更为相关的颜色与社会地位区分之间的关联,比如在蒙古人的观念中,黑色所含有的意思更多是跟服从联系在一起,因此多用来指涉平民小户;而与之相对的白色,则常被用来指称出身名门望族。①

除了指引方向、指称物品以及分类的功能之外,颜色自身还有一些内在的属性,这些属性密切地跟一种"灵性的力量"(spiritual force)联系在一起,并为人所感受和认可。而在蒙古人的文化中,白色便是这样一种有着灵性力量的颜色。在蒙古人的观念里,白色首先是跟"好运"联系在一起的。比如在写到元朝名将木华黎(1170—1223)的出生时,《元史》就说他是"生时有白气出帐中",神巫便说这是非同寻常的一次降生,"此非常儿也",也可以像奥森对此所解释的那样,是"一个有着才华横溢的未来"的降生。并且,奥森进一步解释道,此一"白气"(white vapor)的出现不仅意味着"新出生的婴儿会有好运",而且"这会引出或者创造出他的'运气'来"。② 白色因此转过来与草原帝国的意识形态紧密地联系在一起,它是"好运"和卡里斯玛人格的代名词,同时也是蒙古人王所应该具备的一种品质。比如据《蒙古秘史》记载,在1206年(虎儿年),蒙古各部在斡难河滩聚首,树立起来"九脚白旄纛"或者说拖着九个尾巴的白旗,拥戴成吉思汗成为蒙古大汗,即成吉思汗。③ 这意味着能够带来好运的一种旗帜,它是白颜色的,这也预示着成吉思汗的时代的到来。之后的蒙古人以及受到蒙古人影响的区域的人们都以白色的动物作为牺牲来贡献给苍天,祈求幸福和好运。对于中世纪的蒙古人有着强烈影响的源自于波斯的摩尼教也使自己的作为神圣性的颜色紧密地跟白色联系在了一起。畏兀儿人曾经在13世纪一直向西征伐,获得了无人可敌的胜利,他们用十二年的时间,征服了包括突厥斯坦在内的所有国家及其领土,直到看到"长着动物肢体的人",他们才停下征伐的马蹄。而所有这些的成功都被

---

① Thomas T. Allsen, 1997, *Commodity and Exchange in the Mongol Empir*, p.58.
② Ibid.
③ 余大钧译著:《蒙古秘史》,河北人民出版社2007年版,第325页。

归咎到由于"一个身穿白衣,手持白杖的老人"的梦中指点,白衣老人给了他"一块状如松果的碧玉",启示畏兀儿人的布可汗凭此便可以一统天下。① 当然,这并不意味着白色作为一种政治颜色是由摩尼教传入到蒙古草原上去的,恰恰相反,志费尼的这则记述正好说明了白色没有成为摩尼教独自的占用品,而是转而使得接受了摩尼教的畏兀儿人进一步"把已经存在的本土人在白色与好运以及政治上的卡里斯玛相对等上加以强化"。② 这样的一种强化同样体现在蒙古人在接受金和金色的外来物品的态度上。

蒙古帝国的政治权威与合法性很多时候都跟金子联系在一起,这与蒙古语的"金"(altan)一词的多重含义相对应。金子代表的价值、原始、太阳、天空、男性,这跟银子所代表的大地、月亮、女性等等相对照。在根本的象征上,金子隐含的意义是无法被打碎的永恒本质以及价值上的纯正。成吉思汗的家族就曾被看成是"金子一般的家族"(golden lineage),许多的历史记述都借用了这样的一种类比,来把成吉思汗家族的帝国大业描绘成为金子般的颜色。甚至成吉思汗本人也被看成是有金子般的属性所构成,有使用金子做的门、有金子般的政府、有一个金子般的脸、身体、金子般的王位以及金子般的家庭和财产等等,甚至人死了都可能是金子一般的尸体。③

蒙古人对于金子的看重,并且使其和帝国的权力紧密的联系在一起,这是与草原帝国的政治意识形态有着紧密的联系。在那个帝国里,金子这种金属与这种金属的颜色跟政治权威之间的等同是这个帝国里对于权力和权威理解的一种表达,并且根深蒂固地嵌入在这个草原帝国的文化价值观之中。一位名叫亨利·塞拉斯(Henry Serruys)的研究者曾经专门研究了蒙古人对于金子的观念以及帝国权力观念之间的对等关系,他认为在东部草原的蒙古先民使用金子来标示他们在政治上所获得的启示和主张是很普遍的。④ 比如游牧的畏兀儿可汗就是住在一座金子的帐篷中,并且是端坐在一个金王座上。这样的描述甚至在此之前的许多突厥

---

① 志费尼:《世界征服者史》(上册)(何高济译),商务印书馆2004年版,第59—60页。
② Thomas T. Allsen, 1997, Commodity and Exchange in the Mongol Empir, p.60.
③ Ibid., p.61.
④ Henry Serruys, 1962, "Mongol Altan 'Gold' = 'Imperial'," Monumenta Serica 21: pp.357—378, 注释59和注释60;转述自:Thomas T. Allsen, 1997, Commodity and Exchange in the Mongol Empir, p.65页及注释102。

语国家的文献中都可以阅读到。比如11世纪的一个叫迦色尼(Chaznavids)的突厥语奴隶王朝的国王马苏德(Mas'ūd)就有一副金子王座,上面有金丝织成的垫子,这一王座被放置在用阿富汗东部贾拉拉巴德的金锦编织的台子上面。还有记载提到,在突厥可汗的大帐里,凡是木制品上面都覆以金箔,整个大帐金碧辉煌。公元6世纪的569到571年之间,拜占庭的使臣扎马库斯(Zemarchus)出使西突厥,他记述说自己是在一个"金山"一般的峡谷中觐见了西突厥可汗,第一天他见到可汗是在一座五彩丝绸编织的帐篷中,可汗端坐在一个金子宝座之上;第二天见到可汗是在另外一座帐篷中,这座帐篷依旧是以五彩的丝线编织成的,可汗坐在"一个完全用金子做成的睡椅"上面,环绕这睡椅的是金制的瓮、洒水罐以及盛水的罐子,这些都是金制品。到了第三天,大家又聚集到另外的一顶帐篷里,帐篷中矗立着镀金的木柱,还有一只有四只金孔雀支起的金子敲打出来的睡椅。① 研究蒙元之前的西突厥历史的学者林英也注意到了这种6世纪末到7世纪的西突厥人对于黄金的偏爱,那是一种被称之为"索里得"(Solidus)的拜占庭金币,"凭借它丰富的象征意义,以及与突厥尚金传统的契合,成为突厥可汗向周边民族炫耀权威的外交礼物"。② 作为蒙古人的先民,突厥诸部族的辉煌使其尚金的传统得到了固化,并成为这个民族的一个无法抹去的传统,《周书·突厥传》记载突厥人为"旗纛之上,施金狼头",也就是在最具权威的旗帜上,用金子来铸就代表这个民族图腾的狼头,这也足见金子在这个民族中的崇高地位。③ 而与突厥民族有着一脉相传的蒙古人显然把这种固化了的民族认知继承了下来。

更为重要的是,金子及其颜色成为了一种代表高贵与威严的王权的象征,这跟太阳、火以及天空等同,代表着帝国的独一无二的统治。而纳石失恰恰是这样一种外来的纺织品,它传入到蒙古人的社会中去之后便被无限度地提高了自身的价值,使其成为高贵与权力的象征。比如《元史》中记载的葬礼都使用了大量的金子和纳石失,棺椁要由香木制成,并以四条金带捆绑,将其放置在由青绿色的纳石失铺就的马车上,棺椁上面

---

① Menander, 1985, *The History of Menander the Guardsman*, trans. by R. B. Blockly, Liverpool: Francis Cairns Publications Ltd, p. 119, p. 121;转述自:Thomas T. Allsen, 1997, *Commodity and Exchange in the Mongol Empir*, pp. 65—66。
② 林英:《唐代拂林丛说》,中华书局2006年版,第68页。
③ 同上书,第67页。

还要单独覆盖上纳石失。①

在对一种贵重物品的选择上,蒙古人没有追随汉人的对于玉石的追求,而是转而接受了在印欧以及西亚都很流行的对于金子以及金子的颜色。蒙古人更没有接受汉人社会对于黄土的颜色的偏爱,而是接受了同样是在印欧和西亚都很普遍的对于白色的偏爱。同样,在上古汉人社会中,玉石代表着富有和高贵的社会地位,玉石的通天的功能,使得人的生死都需要有玉石作为伴随。② 而对于土地的特殊的依恋,使得聚居在黄土高原上的核心汉人社会对于黄土给予了一种至高无上的象征价值。在这里,特别应该指出的是,汉人社会所崇尚的黄色绝对不是黄金的黄色,而是黄土的黄色。这跟游牧的蒙古人以及之前的西突厥人不同,他们选择了黄金,并把黄金的颜色看成是至高无上的权力的象征。并且,正像奥森所指出的那样,黄金在这些游牧的民族中,在他们的政治、艺术以及神话生活中扮演着至关重要的作用。③

五 偏好的政治表达

至此我们了解到,纳石失是一种金丝织成的纺织品,最初从西亚的波斯生产,经过横跨欧亚大陆的波斯商人的兜售而在13世纪的蒙古人的社会中流行并成为一种可以自我生产和加工的纺织品。这种纺织品之所以深受蒙古人的喜爱,很大的原因在于这背后的金色。这根本是在这个民族的历史与神话传统中向来就受到崇尚的颜色,因为它跟好运和政治上的权威紧密地联系在一起。并且,有证据显示,在整个的游牧社会中,黄金与帝国之间的等同从来就不为那些游牧人群所怀疑,黄金以及黄金的颜色都被凝固化看成是一种对于美好未来的期望以及对于作为他们的首领或者大汗的人格品质之一。④ 14世纪伊利汗国宰相拉施都丁(Rashīd al-Dīn,1247？—1317)在其撰写的《史集》(Jāmi'al-tavārīkh)第一卷中就曾经记述了蒙古人的一支弘吉剌人对于他们起源的传说。这传说就说,蒙古人由出生于一只金盆中的三个儿子而来。拉施都丁补充说,这些当

---

① Thomas T. Allsen, 1997, *Commodity and Exchange in the Mongol Empir*, p.67.
② 赵旭东:《文化的表达:人类学的视野》,中国人民大学出版社2009年版,第255—266页。
③ Thomas T. Allsen, 1997, *Commodity and Exchange in the Mongol Empir*, p.69.
④ Ibid., p.70.

然都是不真实的,是虚构的,但是这反映出来的却是这样一种信念,即生于此一金盆之中的生灵都是天资聪慧、人格完满以及有着良好的养育。这是他们的偏好,即便是在他那时的蒙古人,见了大汗(蒙古人的皇帝)都会惊呼"我们见到了皇帝金黄色的脸",这同时也映射出来人们认为这位皇帝的心也如金子般的灿烂。拉施都丁相信,这样一种借用金子来做的比喻和措辞,即便是在其他的游牧部落中也一样流行,在这里,金子象征着高贵和值得拥有之物,并且极端的纯正且完美无瑕。①

也许,被历史学家称之为有着"一副织造心智"(a textile mentality)的伊斯兰文化为蒙古人的文化借用提供了一个巨大的库房,当蒙古人遭遇到了这些有着娴熟编织技巧的西亚人,能够很容易地从那库房里把他们的文化提取出来,借鉴而成为自己文化的一部分,并且契合性地与自己原有的文化融合在了一起。西亚近东的丰富多彩的伊斯兰教的编织文化,除了纳石失这样的服饰之外,包括地毯、门帘以及坐垫等都很快地融入到了蒙古人的文化中去,借用这些而将家具、门和墙都装饰一新,在此意义上,可以说中亚和西亚的文化经蒙古人的强盛的发展而得以传递下去。②

一般性的了解,会使我们得出一种认识,蒙古人对于金子及其颜色的偏好使得有能力在13世纪的世界征东征西的蒙古人选择了西亚的纳石失这种服饰,但是,能够使这样的一种偏好得到持久地保护的下来一定不是民间化的使用所能够完全胜任的,而必须是要有紧密地跟政治的联系,这种借用才能够持久和发生本土的转化,同时,这种物品的符号价值才能够得到体现和传递。

至少,对于蒙古统治者而言,赠予纳石失除了具有一种实用的功能之外,更具有一种政治上的象征意义,它确保了一种统治者与臣属之间关系的巩固和加强。物品最为重要的社会功能就在于其展示的功能,服饰也不例外。蒙元时期的统治者不遗余力地在通过对于这种展示的控制来体现其支配的权力。在蒙古帝国的朝廷盛典上,每位官员都要穿戴的罩袍质孙就是要由皇帝亲自来发放的,别人是没有这样的权力和合法性的。并且,一年之中的十三次的大典都穿有不同颜色的质孙罩袍。在农耕的定居社会中,政治权力的表达是通过带有纪念碑性质的宏大建筑物来体

---

① Rashīd al-Dīn, 1980, *Jāmi'al-tavārīkh*, ed. By Alizade, vol. 1, pt. 1, Moscow: Nauka, pp. 389—390;转述自:Thomas T. Allsen, 1997, *Commodity and Exchange in the Mongol Empir*, p. 69。

② Thomas T. Allsen, 1997, *Commodity and Exchange in the Mongol Empir*, p. 71.

现出来的,许多农耕社会中的皇家建筑都不是以实用为目的,更多的是超越于实用而具有政治权力的象征性意义。①

在游牧社会中,固定不动的建筑物肯定不是这个社会体现一种政治权力的最佳媒介,他们四处迁徙的游牧生活,使得他们的炫耀不是体现在不可迁移的宏大建筑物上面,而更多是体现在了华丽的服饰上面。而文化的理性使得他们终究选择了缕金的纳石失。这种以金丝织就的服装本身就是一种统治者权力的展示,这一方面体现了统治者的经济上的实力和支配能力,这是一种隐性的对于自然资源的无限制地利用以及对于人力资本的随意可调配能力的不言之说。这种蒙古帝国的皇宫贵族对于金子无限度的使用,也在无形之中满足了游牧社会对于世界的想象,也借此使统治者和一种世界或者宇宙紧密地联系在一起。② 除此之外,这种赠予和展示也是一种分享,是统治者和臣属公开地分享帝国的利益。这种互惠性的施予强化了统治者与臣属之间的关系。③

服饰不仅是展示,借助服饰还可能是一种社会的区分,因此在历朝历代都会设有皇家的织造局,从衣服的布料到款式都有严格的礼数约制。而民间自己织布纺出来的布则叫土布,是不为官府所看重的,官员们也不会去穿戴。而哪一个朝代究竟是选择哪样一种服饰都并非仅仅是实用的遮寒保暖的作用,除此之外还有身份区分的作用。因此元明清诸朝都有革去官服便是革去官位的意义,这一点从来是不会马虎,甚至征服与否的标志就是要看是否穿戴上了跟征服者类似的服饰,因此对于蒙元帝国的统治者而言,服从的政治表达很重要的是要看在服饰上是否达成了一种认同。如果有幸得到了成吉思汗赠予的质孙,那就意味着你将成为成吉思汗政治家族中的一员,由此而仪式性地获得了一种认可。④

服饰还是一种物质的媒介,借助这种媒介,人们隐藏在头脑中的观念可以得到物化的表达。蒙古帝国时代的金锦纳石失的流行以及在政治场域的频繁的转换流转不言而喻地透漏出来这种物品的政治价值,它使得

---

① Bruce C. Trigger, 1990, "Monumental Architecture: A Thermodynamic Explanation of Symbolic Behavior," *World Archaeology* 22:119—132. 转述自 Thomas T. Allsen, 1997, *Commodity and Exchange in the Mongol Empir*, p.92.

② Grahame Clark, 1986, *Symbols of Excellence*: *Precious Materials as Expressions of Status*. Cambridge: Cambridge University Press, p.42; 转述自 Thomas T. Allsen, 1997, *Commodity and Exchange in the Mongol Empir*, p.93.

③ Thomas T. Allsen, 1997, *Commodity and Exchange in the Mongol Empir*, p.93.

④ Ibid., p.94.

政治的意识形态能够得到具体化的表达。并且,这还是一种文化的借用,因为纳石失终究是一种外来的文化要素,但是却为蒙古帝国所牢固地转化成为了自身文化中的一分子,这个过程既体现出来游牧社会在建立起自己的国家中的独特属性,同时也反映出来文化借用中的一些普遍性的特质。从波斯人那里起源的缕金织造技术完美地适应了蒙古人社会中对于金子及其颜色的偏好,他们游牧的生活使得他们更多地通过可以穿戴以及可以伴随个人而移动的贵重物品的拥有来彰显至高无上的权力以及无与伦比的富有。因此,结论就是,预先就已经积存于蒙古人心灵中的对于物品的分类,使得他们崇尚金子,并使金子以及能够体现类似金子特色的物品被赋予了极高的价值,这种分类范畴特别在纳石失的这一服饰物品中得到了具体的表达与体现。同时,通过操弄纳石失的服饰从隐含的意义上来表达蒙古人对于金子的宇宙观以及金子在政治上的支配意图。①

六　侈靡、奢华与支配

最后,对于纳石失的文化传播史的追溯,这可能是历史学家最为关注的线路。但是,对于社会学家而言,我们更加需要通过对于这样一类物品的历史追溯而注意到这类物品背后的象征意义以及使这种象征意义能够得到表达的社会安排。

尽管我们今天的社会并非缺乏奢华的生活,比如对于一位富有者而言,一顿美餐可以耗费一个普通百姓一年的全部收入也在所不惜,甚至今天的消费意识可以维持天天如此的境遇,不过,总体而言,我们对这样的消费方式一般是会采取完全批评的态度的。我们确实无法容忍那些社会的寄生虫在无休止地耗费劳苦大众的积蓄。但问题可能是,即便是在社会中有一浪高过一浪的反对铺张浪费以及一般意义上的反对社会消费的不平等的社会运动的存在,但是这种奢侈性的消费从来就没有在这个社会中真正停止过,实际上任何社会都有不同程度的此种消费存在,只是我们并没有给予更多的学理上的关注。

应该说,面对这样的社会困境,我们今天也许首先要做的不是举起右臂去反对什么,而更为重要的是静下心来去看看这种消费是否真的就像

---

① Thomas T. Allsen, 1997, *Commodity and Exchange in the Mongol Empir*, p.102.

启蒙社会以来的大众所说的那样已经是一文不值,该丢到垃圾箱里面去了。尽管社会学理论中开始思考后工业社会或者消费社会的出现①,但是实际上并没有真正触及到奢侈性消费更为深邃的文化意义,特别是其跟政治权力之间的关系。② 而中世纪的蒙古人对于纳石失这种布料和服饰的钟爱,让我们开始有耐心去追溯一种奇特的消费观念其背后可能有的文化意义,这是消费社会的理论所无法真正涵盖的。

面对蒙古人在13世纪的奢华,我们首先需要思考的奢华的社会意义。很多的学者显然是带着现代的眼镜去审视过去的前现代社会,并以生活的奢侈品和必需品去分类一个社会的物品,以为奢侈品为一个社会的多余,非社会中的人的必需。珍妮·施耐德(Jane Schneider)认为这样的见解是极端错误的,奢华(luxuries)对于维护一种忠诚的风气以及使庇护关系加以物质化是非常必要的。③ 这一点不仅是蒙元的游牧民族,之后的晚明也有同样的奢华生活的复制。④

不过,在这里特别值得提及的是,这样的一种见解实际上在中国的古代蒙元之前的汉人社会也并不缺乏。在上古时代的中国,人们确实开始注意到了奢侈的耗费如何有助于社会的再生产,这种思想包含在了托管仲之名而撰写的《管子》一书的"侈靡篇"中。而且,更为令人惊讶的是,郭沫若专门为此篇文字作了一个详细的校订,并且写了一篇极长的文字来介绍这篇文章,名为"《侈靡篇》的研究",载入他的《奴隶制时代》一书中。⑤

郭沫若写作此文的最初落款时间是1954年9月,在那个年代,就像《侈靡篇》成文之后的年代一样,这篇文字并没有引起太多人的注意,反倒是在美国的学者杨联陞慧眼识珠,看到了这个问题的意义,写了一篇围绕郭沫若的文字的评论性文章,题目为"侈靡论——传统中国一种不寻常

---

① 关于"消费社会"概念的讨论可参阅成伯清:《走出现代性:当代西方社会学理论的重新定向》,社会科学文献出版社2005年版,第125—151页。
② 人类学家很早注意到了一些初级社会的奢侈性消费所带来的社会约制上的权力,比如在美国西北海岸的印第安人部落中的夸富宴,关于这一点可参阅赵旭东:《文化的表达:人类学的视野》,中国人民大学出版社2009年版,第121—127页。
③ Jane Schneider, 1977, "Was There a Pre-Capitalist World Sytem?" *Peasant Studies* 6/1: 20—29;转述自 Thomas T. Allsen, 1997, *Commodity and Exchange in the Mongol Empir: A Cultural History of Islamic Textiles*, Cambridge: Cambridge University Press, p. 103。
④ 巫仁恕:《品味奢华——晚明的消费社会与士大夫》,中华书局2008年版。
⑤ 郭沫若:《〈侈靡篇〉的研究》,载郭沫若:《奴隶制时代》,人民出版社1973年版,第148—207页。

的思想",把中国古代社会中的一种奇特的积极看待奢侈的问题又重新提了出来。①

依据郭沫若的考证,《侈靡篇》不仅可能不是管子所作,甚至也不是战国和秦代的作品,而是西汉初年吕后专政时代的产物。② 但是却不能否认《侈靡篇》所包含的思想在上古时代,至少是先秦时代,就已经存在了。那么,这份汉代的文字遗产所要透漏的核心意思是什么呢?郭沫若是从现代经济的角度去加以理解的,认为"侈靡"二字所标示的就是"大量消费,大量生产;大量兴工,大量就业",甚至"时俗变化"都要依赖于"侈靡"。只有不断地消费掉旧的,才能够产生出来新的。③ 考虑到郭沫若写作的年代,他可能是隐喻性地想借对《侈靡篇》的注解来为当时的国家建设提供一种建议。《侈靡篇》中有这样几句话:

> 贱有实,敬无用,则人可刑(型)也。
> 故贱粟米而如敬珠玉,好礼乐而如贱事业,本之始也。……
> 积者余粒食而侈,美车马而驰,多酒醴而靡,千岁毋出食。此谓为本事。④

这些话中关键的"有实"和"粟米"被郭沫若理解成为人们生活的必需品,是需要容易获得,并且要便宜地获得;而其中的"无用"和"玉珠"被理解成可以用来促进消费的手段,甚至把最后一句附带上诗人的想象转译成为了这样一句话:"使有积蓄者尽量的吃吧,尽量的乘车走马享乐吧,一千年都不会讨口。为什么?因为那样便促进了农业的生产,也就是促进了'本事'"。⑤

郭沫若的这种解释仍旧是自陷于经济学的生产和消费的循环解释之中,没有看出上述这段话或者《侈靡篇》通篇的主旨。这主旨中很重要的一点就是在强调,一个社会之所以能够比较好的存在,上下级之间需要有各自不同的生活方式。杨联陞更进一步,他是以西学来注释国学,尽管也没有在《侈靡篇》的解释上提出更多超越消费经济的解释出来,但是他

---

① 杨联陞:《侈靡论——传统中国一种不寻常的思想》,载杨联陞:《国史探微》,辽宁教育出版社1998年版,第127—141页。
② 郭沫若:《〈侈靡篇〉的研究》,载郭沫若:《奴隶制时代》,人民出版社1973年版,第149页。
③ 同上书,第157页。
④ 同上书,第159页。
⑤ 同上书,第159—161页。

确实注意到了一些具有政治象征意义的可能解释。他提到了《侈靡篇》的英译,认为英译将《侈靡篇》译成"厚赏"(Generous Rewards)是比较贴近原意的。比如《侈靡篇》中的"通于侈靡而士可戚"一句由此可翻译成为"他(即统治者)一定得精通厚赏的技巧,这样才可以使兵士彻底效忠"。①

实际上英文的译者基本揣摩出来了《侈靡篇》所核心要表达的意义所在,这种意义更多的是社会的和政治的,而非实用的和经济的。应该提醒的是,在古代的中国,统治者和臣属之间不仅仅是主奴关系,更为重要的还是一种庇护的关系。通过"厚赏"来巩固臣子们的效忠,这是一种权力支配的方式。而作为社会上层的这种奢侈性的赠与实际上是在强化了一种既有的社会秩序的维持,即管子所谓"人可型也"的本意。鼓励上层的奢华,绝非意味着下层就能够得到生活的改善,这样的解释无法去面对那些因为皇权的穷奢极恶而导致的国家的解体。根本的意义上,侈靡所能够体现出来的应该是一个文化里被认为最为辉煌和被认为最有价值的那些要素的侈靡。

尽管,杨联陞注意到了中国整体的思想传统里是"爱好节俭而不喜欢奢侈浮华"的,而文化里的鼓励积蓄以为不测之用,还有,"倒吃甘蔗"的比喻几乎是家喻户晓,而像"由俭入奢易,由奢入俭难"的道德教化在文化价值的倡导中也并不缺乏。② 但是,杨联陞还是没有注意到秦汉时代奢华之风,特别是秦朝,这一点却为郭沫若注意到了。他注意到了秦始皇的奢华,认为他是"一位最伟大的侈靡专家",确实,在秦始皇的统治下,阿房宫、骊山陵、长城、直道等一系列的宏大建筑都得到了修建,动员的人力都在几十万人以上。③ 在这个意义上,就像中世纪营游牧生活的蒙古人对于可以移动的贵重物品黄金的追求成就了他们横跨欧亚大陆的草原帝国的伟业一样,作为以定居为主要生活方式的秦朝,也以修筑这些标志性的奢华的建筑而使其声名远播。这是这个帝国秩序稳定的基础,是确保帝国军事统一的先进武器之外的具有象征性意义的黏合剂。因此,在这一点上,洛普茨(Robert S. Lopez)的强调是有道理的,那就是,我们不能

---

① 杨联陞:《侈靡论——传统中国一种不寻常的思想》,载杨联陞:《国史探微》,辽宁教育出版社1998年版,第133页。
② 同上书,第127页。
③ 郭沫若:《〈侈靡篇〉的研究》,载郭沫若:《奴隶制时代》,人民出版社1973年版,第186页。

够以现代的功利主义的观念、生活必需品的概念以及铺张浪费的概念去套中世纪及以前的社会对于文化和经济价值的理解。①

在这一点上,代表中国以及西方早期交流印迹的"丝绸之路"可能并非像一般人所认为的那样仅仅是一条贸易的通道,它更可能是一条使政治的象征性权力得到展示的政治奢侈品的供应通道。"丝路"的概念最初是在1877年由德国的汉学家里希霍芬(Ferdinand van Richthafen)在他的一部有关中国研究的书中提出,后来德国人赫尔曼(A. Hermann)在1910年的《中国和叙利亚间的古代丝路》一书中对此概念又进一步加以确证。② 作为一种长距离的贸易活动,丝绸之路也像其他游牧民族的商路一样,它不仅是为着人们生活必需品而设立的。张骞通西域的时代应该是汉帝国最为强盛的时代,而与此同时,罗马帝国也在西方占据一种强势的地位,而在汉帝国和罗马帝国之间则有随后兴起的马其顿的亚历山大大帝以及波斯和贵霜王朝的出现,这是被看成是丝绸之路确立的时代。

不过,值得注意的是,尽管我们以"丝绸"来命名那条商路的名称,实际上除了丝绸之外,大宗的货品尚有中国的青铜镜和叙利亚的玻璃制品,另外还有许多的纺织品通过这条古丝路向东方输入,比如棉布最初就是突厥人作为礼物进献给中国的,随后棉花的种植技术开始通过中亚的绿洲传入中土。并且,在元帝国之前,西方的毡子、毛纺品、石棉、地毯以及金锦就源源不断地运到中国了。③ 这些货品的运输显然是超出了日常生活的必需品的范围,可能很多是用来充斥国家的府库的,至少元帝国的贸易中有很大一部分是担当这样的作用,即先通过贸易而使国库充裕,最后由皇帝再分配给臣属。因为,在那时的统治者的观念里,贵重金属、宝石以及精美的布料等等这些奢侈品的库存,对于一个帝国政治而言是非常重要的,没有这些物品,帝国的再分配的政治权力的展示就变得不大可能。④

这些观念使得帝国的统治更多的依赖于奢侈性物品的获得与施予。获得是一种荣耀,而施予则是一种至高无上的权力的自我展示。纳石失成为蒙元帝国的一种可以体现其自身的支配能力的象征性的物品。它本

---

① Robert S. Lopez, 1945, "Silk Industry in the Byzantine Empire," *Speculum* 20:1—42;转述自:Thomas T. Allsen, 1997, *Commodity and Exchange in the Mongol Empir*, p. 103.
② 沈福伟:《中西文化交流史》(第二版),上海人民出版社2006年版,第37页注释1。
③ Thomas T. Allsen, 1997, *Commodity and Exchange in the Mongol Empir*, p. 100.
④ Ibid., p. 104.

身的金子成分使其与游牧民族很早以前就沉积下来的对于金子和美好生活之间的联想完美地结合在一起,甚至成为这个帝国拓展疆土、开拓贸易领域以及吸纳外来织工和匠人的这些历史性活动的动力基础。在这个意义上,对于奢侈品的追求造就了这个帝国支配欧亚大陆的结果。在这个意义上,今天的奢侈品的消费已经完全失去了这样的政治的场景,我们可能是在奢侈性地消费,但是我们却并没有因此而得到一种社会的荣耀。在这一点上,现代与前现代之间出现了断裂。

# 第六编

本土异域间

人类学的时间与他者建构*

"没有调查就没有发言权"这句话对于今天的社会科学界似乎是有些不大合适了,你不能说我们缺乏对中国社会的调查,官方的也好,学院派的也好,每天我们都在"生产"有关"社会是什么"的产品,而且也有消费者在这类产品的市场中依据自己所喜好的内容来消费。

但是要知道"社会"终究不是"商品",把对社会描述的文字或其他之类的书写形式转化成为可以用来消费的文化商品,这本来就是现代知识界的一种神话建构。人类学这门在社会科学界里算是比较谦虚的学问,今天也在频频地受到反思浪潮的冲击,如果说在西方,这种反思隐含着一种对自身优势文化的自责的话,那么这套逻辑移入到中国的语境中来或许最该问的问题就是,西方的学术是在什么前提下发展出来的?问这个问题是需要有一定的勇气的,要知道这个前提是以前压抑在我们的潜意识中从来也不敢去反思的东西。

社会人类学的前提预设,在乔纳斯·费边(Johannes Fabian)所写的《时间与他者——人类学如何制造它的客体》这本书中得到了清晰的阐述。费边是荷兰阿姆斯特丹大学的文化人类学教授,先后出版过《牙玛:堪特加的慈善运动》(Jamaa: A Charismatic Movement in Katanga)、《语言与殖民权力》(Language and Colonial Power)、《来自下面的历史》(History from Below)和《权力与业绩》(Power and Performance)等著作。但在西方社会科学界最有影响也最具原创性的还要数《时间与异文化》这本书。

费边强烈地意识到,在人类学这门学科中,明显地体现出一种"视觉—空间的逻辑"。如人类学功能论的主体、特殊主义的文化花园、量化论者的表格、分类学家的图示,所有这些的目标都是在于围绕着客体或者客体的印象,并以空间的关系而相互组织起来的知识体系。

在古希腊有一种极为流行的记忆术的学问,强调通过空间视觉来形

---

* 原载《读书》2001 年第 7 期,第 127—133 页。

成对材料的记忆。这种记忆术也从另一个方面说明了西方对以视觉和空间为基础的那类知识的偏好。甚至科学史家认为西方的科学源于早期的修辞术,而修辞术与记忆术是相互依赖而生的两种学问,就如中国古典的诗歌离不开从对对子的训练开始一样。或许进一步的推论就是费耶阿本德所说过的,"宣传"才是科学的本质。

记忆术的基本原理是通过空间的想象而把一些毫不相关的论题(Topoi)串在一起,构成一个首尾一贯的随时可以提取的知识库。记忆术给我们的启示或许是,在人类学的话语中存在有许多停留在真实的或者心理空间中的论题。通过把这些论题建构成为一个序列,我们获得了一种牢记在心的知识。因而,当现代人类学依据隐含有距离、差异和对立这类的意图,来建构它的他者或异文化的时候,这实际上是在建构西方社会居于其中的有序的时空宇宙观,但却不是以"理解他者"为其公开使命。

在中国大刀阔斧地追求现代化的时代,"知识就是力量"这句话已经变成是一个极为常识性的语言,不过,这句话另外还有一种翻译就是"知识就是权力"。从权力的角度而非力量的角度来理解知识,知识的内涵就会为之发生改变。人类学对知识这种权力的看法有其历史的根基所在。简单地说,人类学是借助时间的进化论式的划分来建构它的客体,这些客体即是指野蛮人、原始人以及他者。在对人类学的时间话语做一检讨之后,我们便会清楚地发现,并不存在着一种西方人类学家所谓他者或异文化知识的存在。

简略地说,西方的时间观经历了从神圣的时间到世俗的时间的转型。在基督教的传统中,时间是被想象成为一种神圣化的历史中介。那时的人们会认为,所谓时间就是降临到上帝选民中间的一系列特殊的事件。这种时间观强调时间的特异性,强调其在特定文化环境下的实现过程。朝向现代性的决定性步骤,也可以说是使得人类学的知识突显出来的步骤,并非是一种线性时间观念的发明,而是通过一系列相互衔接的使基督教的时间世俗化的步骤。

实际上,时间的世俗化是理解进化的时间观的最为基本的东西。这样的概念对于理解19世纪的发展具有极为重要的意义,这包含有两层的意思:时间是宇宙万物的内在属性,因此是随着世界(或者自然、或者宇宙)而同时扩展开来的;其二便是可以把世界上的各部分之间的关系(就自然和社会文化现实这两种最广的意义来说)理解为是时间性的关系。

时间观念的转型出现在19世纪,即以达尔文所谓的"自然科学的领域中产生了一场革命"的李耶尔(Charles Lyell)的《地质学原理》(一八三〇)一书的出版为标志,由此而真正引发了人们从中世纪的时间观到现代的时间观的质的转变。在李耶尔的这部著作中,他所关心的是"均变说"(uniformitarianism)的问题,这一理论不是要从神的连续不断的干扰(或说"灾变")中找原因,在李耶尔看来,所有机体的和物理的创造,其先前的变迁都可以在一种受一定规律所支配的不间断序列中找到自己的位置,这便是形成后来的进化理论的思想基础。

不论怎么说,人类学在理论上为殖民统治的正当性提供了帮助。这种贡献就是它为政治学和经济学这两门共同关心人类时间问题的学科提供了一种有关"自然的",即进化的时间的坚定信仰。由这种信仰而发展出的一种框架,不仅将过去的文化,甚至是整个的生活世界不可逆转地放置在一个时间之流当中,结果由此而建构出来的世界是,有些文化是在时间历史长河的上游,而有些文化则是在下游。

不过,人类学中的功能主义、文化主义和结构主义都没有真正地对普遍性的人类时间问题给予满意的解决,换言之,他们都变得要让"历史"在本学科中消失。但在费边看来,从事田野工作的人类学家所使用的有关时间的概念,与向他提供信息的报告人所使用的概念大不一样。他所做的进一步的分析认为,构成人类学知识的田野调查的实践,应该成为对人类学的话语做一般性分析的切入点。

在人类学的民族志写作的话语中存在有三种时间:一种是所谓"物理的时间",这是寻求对现实的一种客观记录,包括对田野考察地点的人口生态和经济等状况的描记;在人类学的话语中,第二种意义的时间包括有相互关联的两种。一种就是所谓的"世俗的时间",这种时间像是在发明时代和阶段,但它又与所有的时代拉开距离。另一种就是所谓的"类型学的时间",这是指一种时间上的测度,但它并非意味着转瞬即逝的时间,也并非指一种线性尺度上的点,而是依据在社会文化上富有意义的事件,或者更确切地说,就是依据这类事件之间的间隔。比如像有文字与无文字、传统与现代、农民与工业、冷的社会与热的社会等等;也许是受现象学社会学和文化解释观念的影响,费边又提出了人类学话语中存在的第三种对时间的使用,那便是指"互为主体性的时间",这种时间观反映的是当下社会科学所强调的人的行动和交往的沟通本质。

当文化不再被想象成为一套由特异群体的个体成员所实施的一套规则,而是将其看成是一种行动者在其中创造和产生出信仰、价值观以及其他社会生活的手段的时候,人们便会认识到,时间是社会现实的一种建构的维度,不管人们是选择强调"历时的"还是"纵惯的"、历史的还是系统的研究方法,都是跟"长期"这个词有着直接的关系,离开时间是无法思维的!

在时间观念上,启蒙思想与中世纪的基督教有着实质性的区别,在中世纪的时间观念中,含有"拯救"意味的时间是带有包容性的和吸纳式的。异文化、异教徒或是不信教者(而不是野蛮人或者原始人)都被看成是要受到拯救的上帝选民。随之而来的对时间的自然化,这是把时间的关系看成是排他性的和伸展式的,这时野蛮人与文明则渐渐疏远开来。因而对自然史的认识就包括从包容和吸纳转向了拉开距离和分离。在进化论者的时间观里,野蛮人之所以有意义,那是因为他们是生活在另类的时间里。

米德说得很明白,文化上的距离既是一个空间上的问题,也是一个时间上的问题。引导着人类学家们进入到对异域文化研究中去的那种文化相对论,驱使着人类学家建构着自己的客体,即他者,其所使用的则是各种各样的在时间上拉开距离的方法,但人类学家从来也不反思说在田野中工作的时候,自我建构的客体与自己这一主体是同时存在的。

应该清楚的是,人类学家在田野工作中所体验到的时间状况,与在撰写时所表述的时间状况之间,通常是相互矛盾的。人类学的基本要求是,只有在研究者与被研究者有着共同的时间时,我们才会有丰富的研究发现,也就是研究者和被研究者要同时在场。民族志撰述所强调的是只有通过相互交往的活动,才有可能产生出对另外一种文化的新认识。但是在实际的文字表述中所显露出来的则是把这种与之交往的文化界定为是一种"远距离的异域",并自欺欺人地把具体的解释、分析看成是从一个遥远的他乡获得的,而非是研究者与被研究者在一个互动的过程中获得的。

另外,在词汇层次上也表现出相似的特征来,在这些词汇中都以某种方式来对时间或时间性的关系加以概念化,诸如序列、期间、阶段、起源和发展等词汇。具体的可以拿"野蛮"(savagery)这个词来做分析,作为社会进化语汇中的一个技术性术语,它标明的是一个发展序列上的阶段。但要清楚的是,任何一个技术性的词汇都无法抗拒其本身所含有的道德、审美以及政治的内涵,因为没有什么语汇可以保持中性的状态。作为用来标明人类学话语中的主体与客体之间的关系,这个词明显地是在表述种时间上的距离:"野蛮"是过去的标志,并且,如果民族志对证据的要求,强迫人类学家去描述那种野蛮社会在现代社会中的存在,那么就要借助某种地层学的方法而将这种社会安插在一个位置上,结果给我们的印象就是,野蛮就如生物进化一样,代表了文化的初级或原始阶段。还有,在人类学中常常使用的"亲属制度"(Kinship)这个词,表面上与时间毫不相干,但实际上对这类的文献稍加检视就会看到,这个词很容易被借用来判定一个社会或文化是否进步和现代。

简而言之,民族志的现在(ethnopaphic present)就是用现在的时态而对其他的文化和社会所做的说明。某种习俗、仪式甚至是一种整体的交换体系或者一种世界观,都是以一个群体或部落或者是民族志工作者所偶然选定的单位为基础的。对那种实践的学科内部的批评可能体现在两种意义上,一种是指逻辑上的,另一种是指本体论上的,二者又都是用一般现代时来获得叙述的有效性。

人类学这一学科有一个基本的预设,那就是指,作为人类学的特定对象,它是要能够被观察者所观察到的。而一般现在时顺理成章地成为了一种观察者的语言,这样一种语言以田野笔记的形式为所观察到的世界提供了注解。它描述和重新呈现了另外的一种文化;这就是这一门学科通过语言(象征)的手段所实现的一种再生产。所有这些又都是与一种"以视觉为根基的隐喻"(a visual root metaphor)建构起来的知识论遥相呼应的。总而言之,做人类学的研究需要有时间上常常也是空间上的距离。而对这种距离的不同主张构成了不同的人类学的派别。

在这里,费边提醒我们回到阐释学的框架中来做思考,首先值得指出的是,可以想象当一位民族志撰述者不断地走进田野的时候,他就有可能完全失去有价值的民族志经验,变得麻木起来,似乎没有要搜集的材料,也没有要谈论的话题,人与人的交往处于休克状态。这其中的一个很简单的原因就是,被研究者标定为异文化的他者,从来就没有什么"时间"可以成为民族志撰写者的过去之一部分。人类学家有许多报道指出,在重访或者多次访问原来的被调查者的时候,他们的态度会有巨大的改变。这就使得民族志应该保持一种对话的方式,在一定程度上也应该是互惠式的。不是研究者去研究被研究者,而是相互交流对共同话题的见解。

第二点,阐释学的距离(hermeneutic distance)或者说是自我反思性(self-reflexivity)常常是反思理想所主张的。在这里强调的是认识过程中主体的重要性。阐释学的距离是一种行动,而不是一个事实。这便可以

・人类学的时间与他者建构・

在"反思"(reflexion)与"反映"(reflection)之间做出区分。前者是民族志撰写者的主观的活动;后者则是将观察者的主体性隐藏起来,并通过理性的公理式的叙述来消减这种主体性。

费边坚持"反思"的立场而非"反映"的立场,他以为有两点理由:首先,在人类学的话语中,将主体取消或者隐藏起来,常常会导致认识论上的虚伪。偏爱反思而非反映的另外一点原因是,反思性(reflexivity)要求我们要"向后看",由此而使我们的经验"返回"到我们自己这里来,回到我们与他者同时存在的现场中去。

反思性依赖于记忆。我们有把我们自己过去的经验呈现出来的能力。除此之外,这种反思的能力还能够使我们在其他人的呈现当中出现,这很像异文化的他者成为了我们的经验内容一样,这也就使我们有可能具有互为主体的知识的可能性。在某种程度上,我们必须要能够与每一个其他的人享有同样的过去,以便相互了解各自的现在。如果我们的时间经验是非反思性的、单一方向的,那么我们除了保有东拉西扯离题很远的知识以外,我们在个人交往的层次上以及在社会与政治交往的集体层次上便什么也没有了。一句话,人类学要在"你中有我,我中有你"的互为主体的知识追求上变得再谦虚一点。

马林诺斯基与费孝通:从异域迈向本土*

费孝通先生可以算是中国社会学和人类学的第一代学者。这一代人就研究方法和理论取向这一点来说是共同的,那就是由外面(特别是英美)输入进来。然而,对于如何看待作为舶来品的社会学、人类学的理论和方法,这一代学者之间的态度却不大一样。以吴文藻、费孝通等学者为主导的一批老燕京大学社会学系的人倡导社会学、人类学理论和方法的中国化。这种研究取向与另外一些学者所强调的科学理性超越国界的取向是不大相同的。这后一种研究取向常常迷恋于西方(特别是美国)的理论和研究方法而不能超越。对此一点早期的著名社会学家杨开道先生在1937年写给瞿同祖所著的《中国封建社会》一书的序言里写道:

> 美国社会学的毛病,是只用本国的材料,而不用外国的材料;中国社会科学的毛病,是只用外国的材料,而不用本国的材料。尤其是社会学一门,因为目下研究的朋友,大半归自美国,熟与美洲社会情形,美洲实地研究,所以美国色彩甚重,几乎成为一个只用美国材料,而不用中国材料,不用欧洲材料的趋势。①

作为社会学、人类学中国化的学术实践者,费孝通先生并非闭门造车一辈。面对西方的学术传统,他采取的是和则用之,不和则舍之的策略。我们知道,费孝通先生的社会学、人类学研究与英国的功能论社会人类学有着一脉相承的历史联系②,因而,想深入的理解费孝通学术研究上所采取的策略,若不能对英国的社会人类学,特别是伦敦政经学院以马林诺斯基(Bronislaw Malinowski)为首的一批所谓"功能论"取向的学者有所深入了解,那么我想,对费孝通先生的学术思想在理解上是会有偏颇的。若把

---

* 原载谢立中主编:《从马林诺斯基到费孝通:另类的功能主义》,社会科学文献出版社 2010 年版,第 303—343。
① 瞿同祖:《中国封建社会》,商务印书馆 1937 年版,第 1 页。
② David Arkush, *Fei Xiaotong and Sociology in Revolutionary China*, Harvard University Press, 1981, pp.46—56.

我们的视野再缩小点,我们会看到,对费孝通的学术影响既大且深的人莫过于他的英国老师马林诺斯基了。由此可以推论,若想了解费孝通先生研究中国本土社会运作的思路,马林诺斯基是关键,而要理解马林诺斯基的思想,不知其所生活的欧陆当时的学术思潮以及他治学的经历,同样是不易理解的。因而,我将以下面的逻辑展开我的思路:先看马林诺斯基生活的那个时代特有的学术氛围,再看马林诺斯基思想形成的心路历程,并以此方面的叙述为基础来反观费孝通先生的中国本土社会研究。

一 走向异域:英国社会人类学的特质

到英属殖民地去做田野调查几乎成了英国早期社会人类学家共同信奉的学术规范,而把在异域的田野调查结果用英文撰写成民族志(ethnography)资料便成了社会人类学家必做的功课。结果,到异域、用一套特殊的田野调查方法收集民族志资料,这样一套程序被英国的社会人类学界给予了正当化(legitimation)之后,成为英国社会人类学的研究范式(paradigm),成为库恩(T. S. Kuhn)所说的正规科学(normal science)①。后来的社会人类学,凡追随英国传统的大体也不离这种范式太远。

欧达伟(R. David Arkush)在评价马林诺斯基时有这样的概括:"西方人类学的传统总是关心外国和异域,并趋于保存该地的文化,而不改变它"②。我国的社会人类学家李安宅先生也看到这一英国人类学的特质,明确地写道:"人类学在历史发展上,一面与考古有关,一面与殖民经验有关。英法美各国所以发展了人类学,便是因为各有各的殖民问题。"③以上一中一外的引文印证了我上文中的结论,即英国社会人类学是异域取向的。为着要解决英国殖民地社会所出现的问题这一实用目的,外加上学者们对异文化的浓厚兴趣,塑造了英国人类学乃至英国人类学家的共同性格。

英国是殖民大国,而殖民地社会的问题自然成为国家事务的核心问题。殖民政府当然也希望通过学者们,特别是人类学家的深入研究能够

---

① T. S. Kuhn, 1972, *The Structure of Scientific Revolutions*, 2nd, Chicago: University of Chicago Press.
② David Arkush, *Fei Xiaotong and Sociology in Revolutionary China*, p. 55.
③ 李安宅:《巫术、科学、宗教与神话—译序》,马林诺斯基著:《巫术、科学、宗教与神话》(李安宅译),中国民间文艺出版社1986年版,第3页。

对殖民社会有一清楚的认识,从而有助于他们对殖民社会政策的制定。这种希望是政府通过发放课题的方式来实现的。大批学者(其中当然也包括马林诺斯基本人)围绕着政府课题,深入到非洲部落中去做田野调查,试图用他们的调查结果来为政府出谋划策。我们看一段 20 世纪 30 年代英国对非洲的"五年研究计划"(A five year plan of research)中的文字,就可以看出政府为人类学家的研究提供资助的原始动机:

> 西方文明的理念与经济势力渗透到非洲人的生活中后所产生的根本问题是所谓非洲社会的凝聚力的问题。非洲社会正经受严峻的考验。至少有这样的危险的考验,即这些强大的势力进入到非洲大陆后可能会导致其完全的崩溃,这对非洲人来说,后果一定是灾难性的,同时也使一种有序的社区演化变得不大可能。所以,本机构所资助的研究项目应该是直接能对原始的非洲社会中影响社会凝聚力的因素、新的影响的作用方式、新群体出现的趋势以及新的社会联系的形成,还有非洲社会与西方文明之间的合作方式有更深入的理解的项目。①

从这段引文中,我们看到政府是要解决一个社会或说殖民地部落中凝聚力何以形成的问题,即社会整合(social integration)如何可能的问题。这一问题吸引了有着浓厚功能论、进化论传统的欧陆社会人类学家,特别是英国的社会人类学家。而从某种意义上说,这些社会人类学家充当了殖民地政府的对当地人进行压迫的工具。加尔通(John Galtung)(1967)不无讽刺地描绘了这样一个情景:

> 前总统卡瓦姆·恩格鲁玛的接待室里曾挂有一幅画。画中的主要人物是他自己,他正在与殖民主义的最后的枷锁搏斗。枷锁渐渐破碎,天空中雷电交加,大地在震颤。三个面无血色的小人物正在逃跑,他们全是白人。其中一个夹着公事包的是资本家,另一个是神父或传教士,他手持圣经,第三个人更小,手里拿着一本书,书名是《非洲政治制度》,他就是人类学家……②

为了从殖民地社会获得财富的资本家、为了教化殖民地的人民

---

① 转引自 Adam Kuper, 1983, *Anthropology and Anthropologist*: *The Morden British School*, London: Routledge & Kegan Paul, p.106。

② Johan Galtung, 1967, "Scientific Colonialism", Vol.30. 转引自 Adam Kuper, *Anthropology and Anthropologist*: *The Morden British School*, p.99。

信仰上帝的神职人员和为了满足学术上的好奇心的人类学家一起构成了英国殖民时代的大画面。时代塑造了属于那个时代的社会人类学家。这些社会人类学家有一条共同的不归之路就是走向异域的殖民地社会。英国的三位著名社会人类学家所从事田野调查的地点、经费来源、调查地的殖民地归属情况等足以证明这一点。

作为英国功能论人类学鼻祖的马林诺斯基接受伦敦大学的"芒德学生旅行奖学金"(Robert Mond Traveling Studentship)和伦敦经济学院的"康斯坦斯—胡沁森学者奖学金"(Constance-Hutchinson Scholarship)于1914年9月—1915年3月和1915年5月—1918年7月分别到英属殖民地的新几内亚东南迈卢(Mailu)和特罗布里安岛(Trobriand Islands)进行田野调查,并写成了《迈卢岛屿的原住民》(博士论文的一部分)、《西太平洋上的航海者》(1922)和《野蛮人的性生活》(1929)。在马林诺斯基进行田野调查之前,被称为结构功能论大师的拉德克利夫—布朗(Radcliffe-Brown)受韦尔金(Anthony Wilkin)民族奖学金资助于1906—1908年和1910—1913年分别到孟加拉湾的安达曼岛和澳洲西部进行了田野调查,用调查资料写出了《安达曼岛人》(1922)和《澳洲部落的社会组织》(1930—1931年)。而富有人文气质的英国社会人类学第二代传人埃文斯—普里查德(E. E. Evans-Pritchard)在苏丹殖民政府的资助下曾先后两次到苏丹进行田野调查,第一次是1926—1930年(间或有20个月),第二次是1930—1936年(间或有12个月),与人类学的先辈一样,他也写了两本书,即《亚桑地人的巫术、神谕与魔法》(1937)和《努尔人:一个尼罗河流域民族生活方式与政治制度的描述》(1940)。①

这里我们看到,他们三个人的研究兴趣都是一致向外,到异域的英属殖民地去做田野研究。特别是与我们论题有关的马林诺斯基更是从英国的大学里拿到研究经费,到异域的殖民地社会去做调查,颇具一种对异文化的探险和猎奇精神。

即使是到现在,英国社会人类学界对于异域的兴趣仍不减于马林诺斯基那个时代。从一份统计资料中我们大略可以看到这种学术传统变迁的缓慢。Roeloff Kappers(1983)曾对1980年英国社会人类学家协会会员

---

① 台湾人类学家李亦园教授在给"人类学系列丛书"写的序言中谈到,对英国社会人类学家只选了三个人,即本文中的三个人。足见这三个人在社会人类学界的经典地位。可见宋光宇:《蛮荒的访客——马林诺斯基·李亦园序》,台北允辰文化实业公司1982年版。

名单进行过统计。① 其中,"年龄分组与区域兴趣之间的关系"这张表格(见表1)最能说明目前英国社会人类学家田野调查所关注的区域是在何处。②

表1 年龄分组与区域兴趣之间的关系

单位:%

	1925	1925—1935	1935—1945	1945—
撒哈拉以南的非洲	38	44	26	20
印度和尼泊尔	13	3	17	15
中东、北非	3.5	6	10	3
东南亚	7	0	12	8
美拉尼西亚、波利尼西亚	11	1.5	7	3
欧洲大陆	7	13	10	11
英国本土	15	22	11	10
中南美洲	2	6	4	10
加勒比海	3.5	1.5	2	5
北极、北太平洋	0	3	1	15
	100	100	100	100

资料来源:Adam Kuper, *Anthropology and Anthropologist: The Modern British School*. London: Routledge & Kegan Paul, 1983, p.208。

表1是将英国社会人类学会所有成员(1981年)分成四个年龄阶段,即1925年以前出生的(56岁以上),1925年至1935年间出生的(46岁至56岁之间),1935年至1945年之间出生的(36岁至46岁之间),和1945年以后出生的(36岁以下)。然后通过简单的描述统计看一看这几个年龄阶段的社会人类学家其田野调查的区域兴趣在哪里。从这张表中我们至少可以得到以下几点认识:

首先,以往英国殖民地最多的非洲仍是现在社会人类学家最感兴趣的区域。从表1中我们可以看到,在所有四个年龄阶段中,选撒哈拉以南的非洲地区作为田野调查地的比例都是最高的。

其次,对英国本土的研究兴趣未见有升高的趋势。除了在46岁至56岁这个年龄段的人对英国本土的研究兴趣大增(22%)以外,其他年龄段的人对英国本土感兴趣的一般只在10%左右。

---

① Adam Kuper, 1983, *Anthropology and Anthropologist: The Morden British School*, p.206.
② Ibid.

再有,我们也可以看到随着年龄段的变小,对非洲的兴趣有逐渐减弱的趋势,但此种兴趣并未转移到对英国本土的研究兴趣上去,而是在开辟新的田野调查地。特别对北极、北大西洋、中南美洲以及东南亚的兴趣都有渐增的趋势。

从上面的数据和文献中,我们可以完全有把握地说,英国的社会人类学的性格特质是异域取向的。而且从目前的材料来看,这种特质并未有什么根本的改观。也许是因为国情所迫,或是因为中国知识分子强烈的民族认同感,费孝通先生走了一条与自己的老师不大一样甚或说是相反的道路。他选择了径直到自己的本土社会进行社会人类学田野调查的道路。虽然说费孝通先生放弃了英国异域取向的社会人类学传统,但没有丢下他的老师马林诺斯基所倡导的功能论的方法论,费孝通先生灵活地应用此一方法论于中国本土社会,成功地实现了一种西方的方法论的中国化。因而在谈论费孝通先生的研究历程之前有必要对以马林诺斯基为代表的英国功能论有所交代。

二 时代精神:欧洲的功能论大背景

谈到英国社会人类学的功能论传统就不能不论及 20 世纪初叶的英国伦敦政经学院,在这里,活跃着一批以功能论的立场看待异域文化的社会人类学家。而马林诺斯基是这一派人物中最有威望的学者之一。可以把马林诺斯基的学说概括地称为"功能论"(functionalism)。此一学说的要义归纳起来便是认为社会现象的存在都有其特定的功能,而一个社会的文化是因人的需要而产生的。①

对欧洲近代学术史略有所知的人就会知道,"功能"的概念并非马林诺斯基所独创,功能论的要旨也并非是前无古人的。可以说,在 19 世纪后半叶到 20 世纪上半叶这段时间,欧洲主流的学术取向是进化论和功能论的。先有达尔文创立生物进化论,后来斯宾塞(Spencer)又将生物进化论的概念引入社会学和人类学,持进化论观点的学者坚信人类自身以及人类社会是遵循着一定的阶梯由低向高演化的。当时英国有那么多的学者到澳洲的土著部落中去探险,这其中所怀有的一个主要目的恐怕是想

---

① 关于社会学中功能论概念的讨论可参阅叶启政:《"功能"的概念社会的事实抑或诠释的幽灵》,《中国社会学刊》(台北)1986 年第 10 期。

从这些土著部落的"原始性"的生活中看到自己祖先生活的遗迹,至少是认为英国的工业社会比土著的部落社会先进和文明。①

如果说进化论试图从纵惯的方面即时间的维度来理解异域的部落文化,那么功能论的提出则是走向了另一个极端,想从横剖的方面即空间的维度来审视异域的部落文化。后来马林诺斯基反进化论、反历史主义的倾向正是这样一种对立的反映。

而提到社会学中的功能论就不能不提到它的创立者涂尔干(Emile Durkheim)。与马克思(Karl Marx)和韦伯(Max Webber)并称古典社会学三大家的涂尔干集以前欧洲功能论思想之大成。他首先把社会看作一个类似人体的有机体。这个社会有机体的各个机构就如同人体的各个器官一样都有其特定的功能,而且这些功能是相互连接的。就如人体产生各种需要一样,社会的机构也会有它特殊的需要。在涂尔干看来宗教信仰以及意识形态的东西并非抽象怪僻的哲学观念,它与其他显而易见的社会事实(social facts)一样能够给予功能的分析。

有趣的是,当这种把社会当成一个有机体来看待的学术思考被看成既定的社会事实之后,正如曼海姆(Karl Mannheim)(1936)所说,假定的社会事实就会成为一种意识形态(ideology)影响我们的思维方式。② 这种影响反映到社会学、人类学上就是学者们把社会看成有自我调整(self-regulatory)能力的有机体,即是把社会仅仅看作一个"半封闭的自足生机体系"③。在这一生机体系中,其组成元素与体系自身的发展有着极强的制约关系,而这种制约关系即是一种功能的关系。

总之,从时间历史维度的进化论转变为空间现实维度的功能论,这恐怕是理解英国社会人类学历史发展的主线索。斯宾塞以降,强调的是达尔文生物进化论意义上的社会进化论,而到了马林诺斯基的功能论那里,时间历史维度上的进化意含逐渐淡漠,取而代之的是对现实社会制度和结构的功能分析。下面我们将针对马林诺斯基自己的功能论的发展线索作一深入的探究,并试图从马林诺斯基在作田野调查时,面对陌生的异域文化,自己内心所产生的痛苦经验来反观费孝通先生选择本土化研究道

---

① 有关这方面的详尽论述可参阅 Ioan M. Lewis, 1976, *Social Anthropology in Perspective*: *the Relevance of Social Anthropology*, Middlesex Penguin Books。

② Karl Mannheim, 1936, *Ideology and Utopia*, New York: A Harvest/HBJ Book.

③ 叶启政:《功能的概念社会的事实抑或诠释的幽灵》,《中国社会学刊》(台北)1986年第10期,第21页。

路的时代意义。

三 自立门户:反进化历史观的马林诺斯基

马林诺斯基的学术成就突出地表现在以下三个方面:其一是方法上的,即由他所创立的独特的社会人类学田野调查方法;其二是内容方面的,即他在西太平洋诸岛屿,特别是特罗布里安群岛,利用他独创的田野调查方法所获得的民族志资料;第三方面是理论上的,即功能论社会人类学理论的建立。这三个方面交织在一起构成了马林诺斯基思想的核心。

现代人读马林诺斯基的著作,有两点印象应当是最为深刻的,那就是他所强调的科学主义精神和他所反对的进化论的历史观。而这一正一反的两点恰好反映了马林诺斯基学术体系的基本特征。单就他所信奉的科学主义来说,他早年所接受的训练与此是有密切的关联的。

青年时代的马林诺斯基是在波兰生活和求学的。他生活的那个年代恰是实证哲学在欧陆极为盛行的年代,特别是马赫的科学分析哲学曾让马林诺斯基着迷了很久。他在 1902 年进入雅隆尼亚大学时读的是哲学系。但在那个年代,自然科学的各大学科已成为显学,因而作为哲学系学生的马林诺斯基也修习了数学、物理学、植物学和微生物学等课程,并在此大学拿到了他的第一个博士学位。他的学位论文的题目是:"思想的经济原理"(*On the Principle of the Economy of Thought*)[①]。在此篇论文中他回到了马赫哲学,对马赫哲学的分析成为他此篇论文的核心内容。马赫哲学的突出特点是强调科学的实证论(positivism)而反对任何哲学上的相对主义(relativism)。马赫认为知识是因人的需要而产生的,如此就可以精细地计算出人们在思考问题时身体器官所花费的能量大小。而这些内容就成为了马林诺斯基博士论文所要探讨的主题。这样一种"需要本位"的哲学无疑深深地影响了青年时代的马林诺斯基学术思想的形成以及他后来的社会人类学科学理性的发展。我们完全有理由推论,马林诺斯基在钻研马赫哲学的过程中被"马赫化"了。可以说马赫哲学的基本精神成为了马林诺斯基思想中的一个结晶体固化了他的思考模式。虽然

---

① 黄应贵主编:《见证与诠释:当代人类学家》,正中书局 1992 年版,第 149 页。

后来其兴趣渐渐从哲学转入了人类学之后①,其哲学方法论的基本精神并没有太大的改变,即坚持在社会人类学的研究中贯彻科学主义的客观性原则,这种客观性的原则在其成名之作《西太平洋上的航海者》(Argonauts of the Western Pacific, 1922)一书中表现得最为充分,这在后文中将有所交代。②

马林诺斯基对进化论的历史观是深恶痛绝的。他明确地反对那种以进化论为依据来虚构人类生活历史发展的等级性和优越性的历史主义。或许在20世纪30年代以前,马林诺斯基对进化论的基本原则还是信奉的,但到30年代以后,田野调查的事实让他永远地抛弃了支配那个时代思维方式的进化论。马林诺斯基1931年写给他的民族志报告《野蛮人的性生活》(The Sexual Life of Savages)第三版的长序中这样写道:

……我已不再是一个进化论方法的基本崇拜者,并且我宁可不赞同任何关于婚姻或其他事物起源的推测,也不愿即使间接地促进它们…事实的陈述明显区别于推测的论点。我对事实描述的改变也是由于我已越来越不关心起源问题的事实,起源,那是我在以往的言论中以幼稚方式所表述的。③

从上面这段类似宣言一样的文字中,我们似乎可以领略到马林诺斯基追求真知的气魄和自我反省的精神。这种气质和精神常常投射在他所写的文字中。如果说马林诺斯基所奉行的科学主义和所反对的进化历史观是有说服力的,那么这种说服力并不是靠他思辨上的缜密以及文献上的旁征博引,而是来自于他在田野研究中的真实发现,即以胜于雄辩的事实让那个时代的社会人类学家惊叹不已。马林诺斯基最初是在他的老师塞利格曼(Seligman)的帮助下,获得一笔去澳洲的研究奖助金。他利用这笔奖助金踏上了澳洲的土地,并开始了他真正的实地田野调查。这一天是1914年9月1日。在一本让马林诺斯基身后的社会人类学家的灵魂受到震颤的田野《日记》中,马林诺斯基写道:"9月1日开始了我生活

---

① 马林诺斯基的高徒弗思(Firth)等一批人以为马林诺斯基是从哲学和科学领域突然转向了人类学的,并认为其中的契机是马林诺斯基在1908年休学养病期间读了弗雷泽(Frazer)的《金枝》。但据晚近的考证,马林诺斯基早就有心向人类学领域发展,是渐渐摸索而来到人类学领域的。参阅黄应贵主编:《见证与诠释:当代人类学家》,正中书局1992年版,第146—153页。

② 此书已由台湾学者由嘉云译成中文出版,书名为《南海舡人》,1991年由台湾远流出版公司出版。本文以下所引此书文字均出于此中译本。

③ 马林诺斯基:《野蛮人的性生活》(刘文远等译),团结出版社1989年版,第14页。

中的一个新纪元,我将独自一人到热带去探索。"①

马林诺斯基最初是在新几内亚东南方的迈卢岛上进行调查。后来又转到新几内亚东北约一百英里处的特罗布里安群岛上做进一步的田野调查。在特罗布里安群岛上,马林诺斯基成功地对被当地人称为"库拉圈"(kula ring)的一种经济交易活动进行了分析。马林诺斯基发现岛屿上的土著人是通过"库拉圈"不同方向的传递来进行货物交易的,而且通过"库拉圈"岛上分散不群的土著人得以联络。因而"库拉圈"这种看似古怪的东西,实在有它存在的意义或功能,而无须像进化论历史观那样去评说"库拉圈"在进化的阶梯中所占的位置。马林诺斯基的大作《西太平洋上的航海者》则主要是描述"库拉圈"在土著人生活中所起的功能性意含。

此书的出版带来了社会人类学领域内的一次真正的革命,一次库恩(T. Kuhn)意义上的范式转换(paradigm shift)。② 过去的社会人类学家喜欢在自己的书斋里或在图书馆里,坐在舒适的摇椅上,带着极强的欧洲优势文化的偏见分析一些以见闻为主的游记性的材料,并把分析的结果填入到预先虚构的文明进化阶梯中去。弗雷泽爵士(Sir James George Frazer)著名的《金枝》(The Golden Bough)一书就是遵循着上述的旧范式写作的。也许弗雷泽的整本书只讲了一个问题,那就是部落的巫术是较低级的宗教。但马林诺斯基没有走上与弗雷泽一样的路,而是向相反的方向走去。他径直地走向活生生的异域现实社会,以详实的民族志调查获得了强有力的理论推论,抛弃了虚构文化发展历程的进化论历史观,从而实现了社会人类学中以"实地田野调查"取代"摇椅上的思辨"的范式转换。马林诺斯基也因此而一跃成为英国乃至世界社会人类学的顶尖人物。

历史并非一次写成之后就会固定不变的。事实恰恰是历史会被不止一次地改写。曾经有的荣誉会被后来的人一次又一次地批判。曾经取得的成就会被再一次放到时代的天平上重估。马林诺斯基身后的历史证明

---

① B. K. Malinowski, 1967, *A Diary in the Strict Sense of the Term*, NY: Harcourt, Brace & World, Inc, p.3. 这里所提到的《日记》是马林诺斯基生前未曾想发表的对在澳洲田野调查的真实感受的记录。说得更确切一点,这是马林诺斯基自我反省式的心理分析。这里包含有马林诺斯基对土著人的真实情感,科学理性与人文关怀的碰撞,方法论的反思历程,对田野工作的焦虑、疲意以及不稳定的情绪等。本文后面有详细的论述。

② T. S. Kuhn, 1972, *The Structure of Scientific Revolutions*.

了这种历史的反复性。特别是随着马林诺斯基田野《日记》的出版,时代逼迫着人们重新审视马林诺斯基曾经得到的荣誉和曾经取得的成就。

四 两难困境:科学理性与非理性的自我

西方的文化一直在科学理性与人文意识这两个维度上纠缠不清。科学理性要求的是纯而又纯的客观,而人文意识呼唤的是人的情感和良知。或许对一位自然科学家来说,科学理性所要求的客观是不难达到的,但对一位以与自己一样有思想、有情感的人为研究对象的社会科学家来说,这种外在所要求的科学理性与内在自发的情感状态之间的紧张和冲突就会突显出来。一句话,西方的人文学者在科学主义的支配下,常常走入这样一种两难境地中:为了保证科学研究的客观性而失去了真实的自我;为保全可贵的自我真实,又会以牺牲科学研究的客观性为代价。而马林诺斯基正是这一两难困境的实践者。

随着马林诺斯基在澳洲田野调查中所写的《日记》(*A Diary in the Strict Sense of the Term*)于1967年出版,一场对社会人类学方法论的再反省几乎将人们对社会人类学田野调查的科学客观的信念摧毁掉。许多大牌的社会人类学家,包括马林诺斯基一门的弟子,如弗思(Firth,1967)、利奇(Leach,1980)、朋德马克(Powdermaker,1970)以及美国的格尔兹(Geertz,1980)都对此《日记》有所评说。① 结果虽众说纷纭,但由此所引发的对社会人类学田野调查法的责难却是发人深省的。针对马林诺斯基的《日记》,人们开始自问:以科学客观作为社会人类学田野调查的首选标准的依据是正当的吗? 在马林诺斯基的《日记》里,一个活生生的研究者自我通过他的类似自由联想(free association)式的话语呈现在我们面前。而此一形象与他在《西太平洋上的航海者》这部成名作中所表现出来的欲成为社会人类学中的科学巨人的那种姿态判若两人。台湾人类学者潘英海曾以"一个田野工作者的自我"为题,对马林诺斯基的内心世界

---

① R. Firth (1967)为马林诺斯基的《日记》写了一篇序言;其他学者针对《日记》所写的评论有:Leach, 1980, "On Reading A Diary in the Strict of the Term: Or the Self Mutilation of Professor Hsu. Rain"; Powdermaker, 1970, "Further Reflections on Lesu and Malinowski's diary", *Oceania* 40, pp. 344—347; C. Geertz, 1983, *Local Knowledge*, New York: Basic Books。

进行了透彻的分析。① 一个是受科学理性支配的自我,这个自我把科学和客观作为田野工作的研究规范;而另一个是所谓"真实"的自我,这一个自我遇到的是真实的生活事件,如何应付?如何理解?又如何调适?

先来看马林诺斯基的科学理性所显露的自我。此一自我在马林诺斯基的《西太平洋上的航海者》(1922)这部著名的田野调查报告的"绪论"中表现得最为明显和完整。上文已经提到作为受过自然科学和马赫哲学浸染的马林诺斯基信奉科学客观为田野工作的不二法门。这一点在此"绪论"的第二节中有清楚的表白:

> 任何一种科学性的研究成果,都必须以绝对坦率而又光明磊落的方式来陈述。譬如物理和化学实验,如果没有详记实验的一切细节,没有精确的描述使用器材、观察方式、数据、消耗的时间、每个量度的表度等,就别想会有所成。至于比较不精的科学,如生物学和地质学,虽无法同样严谨,但每个学者也都会尽量告诉读者他进行实验或观察的一切条件。就民族志而言,对这类资料的坦诚记录恐怕更有必要,但不幸过去的结果并不理想,而且,许多作者未能完全发挥方法上的真诚,他们虽周旋于事实之间,但呈现给我们的却完全暧昧。②

从这段文字中,马林诺斯基在告诉后学之辈,什么才是社会人类学应当效仿的榜样,那就是可以精确观察的科学实验。但是作为一个有思想也有情感的人如何又能抑制自己的主观体验去成就科学的客观观察呢?把学者想要了解的土著人当成与科学仪器一样的东西去摆布,人道与否的问题姑且不论,这样的类比是同质的吗?在这段文字里,马林诺斯基还告诫后学之辈要保持"方法上的真诚",但在与人打交道的学问里,这种"方法上的真诚"何以实现呢?马林诺斯基曾描述他与土著人的关系是"明朗易于了解的"③,但在他的《日记》中时常流露出的对土著人的愤恨与不满,这中间的"不真诚"又如何与他本人所倡导的"方法上的真诚"相互协调呢?或许这永远是一个解不开的谜。

马林诺斯基在"绪论"第三节中,提出了成功地完成田野调查的三个

---

① 潘英海:《田野工作的"自我":从马林诺斯基的〈日记〉谈起》,《台湾史田野研究通讯》1990年第17期,第26—35页。
② 马林诺斯基:《南海舡人》(于嘉云译),远流出版公司1991年版,第23页。
③ 同上书,第44页。

基本条件。这第一点就是要求学者要有真正的科学目标,而且要对现代民族志的写作价值和标准了如指掌;其次是使田野调查者身处良好的工作条件下,这条件在马林诺斯基本人看来就是跟土著人一起生活,就像实验家与实验仪器在一起一样,马林诺斯基认为唯犹如此才能客观地反映土著人的生活真貌;最后是用一些特殊的方法来搜集调查者想要的资料。就如科学家精密地设定实验条件一样,马林诺斯基也为田野调查者设定了如上的三个条件,凭借着此三个条件,下面的设想方能实现:

> 民族志田野工作的首要基本理想,就是刻画出社会组成明晰的轮廓,将一切文化现象的规则、法则与不切题的现象区别开来。首先得确立部落生活的坚实骨架。这个理想所赋予的第一个基本任务,就是提出文化现象的完整概观,而不是单单挑出煽情的、非凡的部分,或更等而下之的可笑的、古怪的现象。我们能忍受用歪曲的、幼稚的讽刺画来刻画土人的时代已经过去了。这种图像是错误的,它就跟许多其他错误一样,已经被科学封杀了。田野民族志工作者必须严肃冷静的涵盖该现象的全部范围,并顾及所研究部落文化的各个层面,无论单调寻常的也好,惊人不凡的也好,都得一视同仁。同时,研究时必须巨细靡遗地详究部落文化的每一面。每个面可见的一贯性或法则和秩序也促使诸面相合成一个融合的整体。①

此时,马林诺斯基是以科学理性的自我呈献给读者的。他在小心地论证他的科学人类学的目标,并用一种科学家的权威和冷峻思考告诉后学之辈应当怎样去完成科学的田野调查。这里不谈研究者的主观感受,更不谈及土著人可能有的情绪反应。用马林诺斯基的语汇来说就是,在这里,科学理性"封杀了"人的可贵的非理性。这种被"封杀了"的非理性在马林诺斯基身上藏匿得竟是如此的深,以至于在他的生前一直未曾公开谈论过。

科学理性左右着马林诺斯基的思考定势,他无法跳开这种以科学作类比母体的思考套路。科学家常以直接的观察为立论之本,而马林诺斯基在这一点上走得更远,他提出了所谓参与到土著人的生活中去搜集田野资料的参与观察法。因为马林诺斯基从来就不相信对于一些重要现象光凭第二手的信息报告人的报告就能获得。他还用了一个颇似物理学称

---

① 马林诺斯基:《南海舡人》(于嘉云译),远流出版公司1991年版,第32—33页。

谓的词来指涉这一现象,即"现实生活的不可测现象"(imponderabilia of actual life)。① 而要把握这类重要现象,只有在这些重要的现象发生时才可以做到。那么,马林诺斯基要捕捉的社会现象究竟是指什么呢?他在"绪论"第八节里有一段话说得极为明确,那就是指土著人的精神生活:

> 最后我来谈谈科学的田野工作的第三项也就是最后一项目标,来谈谈若要完整贴切地描绘土著文化则不能不记录的最后一类现象。除了骨架(明晰的部落组成轮廓和具体的文化项目)和血肉(日常生活和普通行为的资料)以外,精神——即土人的看法、意见、说词等——也得记录。因为部落生活中的每项活动都有以下三面:第一,传统风俗所规定的常规;其次,实践的方式;最后,土人心里对活动的评价。②

马林诺斯基另外一个称号就是功能论的开山鼻祖。而上面这段文字颇能显露他的功能论的思考架构。一种是以科学作类比,另一种是以有机体作类比,如此,社会人类学作为一门科学的根基得以建立。下面的任务无非是在此根基之上,循着一定的路径,给予充实和发展而已。这样的路径,马林诺斯基列出了三条:

1. 部落组织和文化构造必须用明确的大纲记录,实据统计文献法就是记录的方法。
2. 必须把现实生活的不可测现象和行为典型填入这个骨架里。这种资料得靠巨细靡遗的观察,并用民族志日记的形式来采集,这只有靠密切接触土著生活才办得到。
3. 必须荟集民族陈述、特殊故事、典型发言、民俗品目、巫术咒式等等,来作为口碑语料,作为土著心态的文献。③

或许在马林诺斯基田野调查的《日记》公之于众以前,上述这样一个科学理性的自我是为人们所认同并接受的,因为这样一个自我是科学取向的,是逻辑的,是真诚的,是与那个时代的时代精神合拍的。但随着《日记》的出版,人们实在无法在《日记》所显露的非理性自我与马林诺斯基在公开出版的著作中所表现出的科学理性自我之间找到一个平衡点。那

---

① 马林诺斯基:《南海舡人》(于嘉云译),远流出版公司1991年版,第41页。
② 同上书,第45页。
③ 同上书,第47页。

么这个非理性自我究竟是一个什么样子的呢？

潘英海(1990)①对此一自我有一大略的描述,他认为总的来说这样一个非理性自我表现在马林诺斯基的《日记》里是生理性的、情绪性的自我。而这样一个自我是以标榜自己为社会人类学中的科学家的马林诺斯基所不愿,但又不得不面对的形象,故只好把其压挤到不宜示人的《日记》中去。退一步想,如果此《日记》永远都未曾公开出版,我们会怎样看待马林诺斯基呢？我们只能接受他为我们设计好的田野调查的乌托邦,相信马林诺斯基有着科学家那般纯粹客观的观察,相信马林诺斯基与土著人的关系是融洽的,如此而已。但面对《日记》,我们又不得不重新思考马林诺斯基为我们所指定的道路。

在这本自白式的《日记》中,我们看到了一个摘去了科学理性面具的真实自我。这样一个自我常常为自己的身体而担忧,发烧、头痛、拉肚子等病症常常困扰着马林诺斯基的情绪状态,从而使他的情绪时好时坏。想念远方的恋人,憎恨当地土著人的不合作,拼命地想离开艰苦的田野调查地等复杂的情绪一股脑地投射到这本《日记》中。请看1918年4月24日那则日记：

> 昨天晚上和今天早晨一直想找一个为我驶船的人,但没有找到。我大为恼火,真恨死那古铜色的皮肤,再加上抑郁的心情,真想坐在地上大哭一场,我极其渴望着逃离此处。我想了想还是控制一下,照常今天的工作,就当是什么事也没有发生。早晨,写完日记和一封信,我就到村里去访问警察,然后去奥基那家,遇见了金格和考。(他们)提出要带我去辛那基塔。余怒未消,午饭之后去考拉卡拍照。然后去海滨,这是一个明朗的午后,大块的白色卷积云,重重地倒影在海上,灌木丛与露儿树枝头的摇曳相伴而生。我再也不想那帮黑鬼和工作了,曾经发生的一切还在压抑着我。我不再想明天的信了,我想,这信正在辛那基塔等我呢。早早地歇息。②

马林诺斯基所遭遇的痛苦是巨大的。这是一般摇椅上的人类学家所不会遭遇到的痛苦。这些人类学家并没有到殖民社会中参与实地调查的经验,仅仅凭据着对二手的描述资料的猜测和推理来虚构理论。但马林

---

① 潘英海：《田野工作的"自我"：从马林诺斯基的〈日记〉谈起》,《台湾史田野研究通讯》1990年第17期,第26—35页。

② B. K. Malinowski, *A Diary in the Strict Sense of the Term*, p.261.

诺斯基则不然,他心目中所认同的英雄是自然科学,他以西方学者特有的欲穷尽事物根本的精神,细致入微地观察异文化的日常生活的一切内容。但在他与土著人接触之后,或许是由于文化的差异,或许是由于某种的偏见,使他的情绪急躁不安。但为了证成自己科学的理想,他在尽力克服因情绪的波动所导致的身体上的疲倦。如果我们把视角放得开阔一些,那么,马林诺斯基身上所表现出来的理智与情感上的张力难道不也正是西方知识分子身上所普遍存在的张力吗?科学代表的是理性,而爱和恨代表的是情感,而这二者在西方的哲学思维中特别是在笛卡儿以降的西方哲学传统中是不大能够调和在一起的。以科学自居的西方人文学者应对此一困境的策略只有一条,那就是排斥非理性的情感的存在,请看韦伯的一段话:

> 每一项职业都有它自己"内在的准则",并且应当据此准则来完成。在履行其工作职责时,一个人应当专心致志,要排除任何不是严格适合其职责的内容特别是他自己的爱和恨。①

试图离开了西方文化的大环境来理解马林诺斯基在他的《日记》中所宣泄出来的爱和恨,这恐怕是很难的事情,至少是不完整的。正如我们在前文所叙述的,马林诺斯基生长在一个追求理性的时代,这是西方文化中崇尚理念追求的传统在现时代的继续。西方文化自古希腊圣哲柏拉图以降,特别是经由笛卡儿极力鼓吹之后,便把对理念世界的追求视为人性中最伟大的一面,由此才产生出西方的科学理性、认识论以及相应的各类知识。但在这个追求理性以及知识的过程中,学者的从事研究的主体性被一次又一次地抽离,最终只剩下一个空泛的概念。西方的理性追求逼迫着人文学者迈入我上文所说的两难境地中:为着科学的客观,你便要有韦伯所说的"责任伦理"来排斥主体自我意识的干扰;反之,你若要彰显自我的主体意识,那么,你就会冒失去科学理性所要求的客观性和可验证性的危险。西方的理性文化是为人文学者做了一个越拉越紧的脖套,让他们做学问的空间变得越来越窄小,几乎要使人窒息。这种"科学理性"与"主体意识"之间的抗争,也并非仅仅是表现在马林诺斯基一个人身上,它深嵌于西方的文化传统中,大凡接受西方这样一套求知理念的人都可能会遭遇到在理性与情感之间无法整合的痛苦。

---

① 韦伯:《社会科学方法论》(朱红文等译),中国人民大学出版社1992年版,第5页。

单就理性与情感的冲突这一点来说,中国文化中有比西方文化高明的解决办法。中国人的"天人合一"的宇宙观落实到理性与情感的层面上,就是试图使二者互为一体,而不是使二者对立。费孝通先生虽师从马林诺斯基,但他却没有马林诺斯基那样强烈的由科学理性与非理性情感之间的冲突所产生的痛苦。同样是面对理性与情感(非理性)这样一对冲突,韦伯是用"排除法"来化解它,马林诺斯基是身陷于其中而不能摆脱,而费孝通先生则以一个"用"字化解了这对西方认识论上的矛盾。"学以致用"、"洋为中用"、"服务于人民"这样的取向或许较马林诺斯基的痛苦要少一些。① 费孝通先生深知"用"字于中国人的特殊意义,这便是一切玄奥的理论若不能付诸于用,理论便不能在民间产生效力。

西方人与中国人或许各有各的求知之路,西方人可以置情感于不顾而单方面去成就理性,中国人追求的是在愉悦的情趣中显露出机智。这反映到马林诺斯基与费孝通先生的治学心境上也大不相同:前者是惶恐不安,生怕污了科学家的盛名;后者是安然自如,游刃有余,图的是服务于人民。

心境上的差异导致学术关怀上的分殊,马林诺斯基关怀的是异域文化,而费孝通先生则走向了自己生活过的乡土社会。

五 回归本土:费孝通先生的学术关怀

费孝通先生是生长在江苏农村(吴江县开弦弓村),这种生活经历使他对农民的日常生活以及村民之间交往的方式极为熟悉。这些背景或许是使他的乡村调查快捷而又顺利完成的主要原因。正如前文所述,在与当地人的关系上,费孝通先生并未有马林诺斯基所遭遇的痛苦。马林诺斯基当时是以英国学者的身份进入到一个蛮荒的英属殖民地社会中去做田野调查的。虽然,马林诺斯基费尽了心机,凭着"科学与客观"的治学精神,试图以当地人的眼光去理解当地人的文化和生活世界。但这样一个天真的想法或许是经不起推敲的,一个西方社会中的文化精英又如何能够不带偏见地去理解异域的人的生活和文化呢?这种理解或许只可能

---

① 关于"用"的观点,可参阅费孝通《建立我国社会学的一些意见》(1982)和《重建社会学的又一阶段》(1985)这两篇文章,分别载于《费孝通学术论著自选集》第12—23页和第24—33页,北京师范学院出版社1992年版。

是马林诺斯基依西方人的思维方式而对当地人和文化的误读（misreading），这又何尝不可能呢？在一个西方优势文化背景下成长起来的学者，到一个异域的边陲文化中想以当地人的思维方式去思维，这样的做法是可能的吗？这恰如格尔兹（Glifford Geertz）所讽刺的："这是一种一个人如何可能同时过着复数的日子的问题，这恰如同一只船如何能够同时航行在数个海上呢？"①而马林诺斯基《日记》中所表现出来的他的内心世界与当地人生活方式的不调和不正说明格尔兹的批评是恳切的吗？费孝通先生并没有按照马林诺斯基的方式去异域的蛮荒之地从事田野调查，而是回到了他生活过的非常熟悉的家乡从事这项工作。而这样的选择是与费孝通先生求学的那个时代紧密相关的，而非突然的灵机闪现。

费孝通20世纪30年代曾在燕京大学就读社会学专业。在燕大至少有两个人对费孝通选择本土社会调查研究这一学术方向起了决定性的影响。第一个人就是倡导社会学中国化的吴文藻先生，吴文藻先生坚持认为必须到中国社会实际生活中去做实地的调查，否则无以建立中国的社会学。吴文藻先生接受社会学训练虽是在美国，但却极力主张以欧洲的社会人类学，特别是英国以拉德克里夫—布朗和马林诺斯基为代表的结构功能论一派的社会人类学方法作为从事中国社会学研究的工具。他曾明确地宣布："近两年来自己常常感到国内社会科学材料内容的空虚，颇想利用此派的观点和方法，来尝试现代社区的实地研究。"②经吴文藻先生大力倡导，结构功能分析的方法通过影响了燕京大学而影响了费孝通。而另一位对费孝通有影响的人就是美国的社会学家派克（Park），他是在30年代初（1932年9月到12月）来燕京大学举办学术讲座的。或许在派克来中国之前，费孝通先生还只算是一位书斋式的社会学学者，那个时候他还喜欢从中国典籍中考证与社会学有关的概念，但在听了派克的讲座之后，费孝通先生学到了如何从实际的社会生活入手开始社会学分析的方法。③经这两位先生的影响，费孝通先生立志从事社会调查的信念已基本形成。接下来，他就进入了实质性的乡村调查阶段。

费孝通先生第一个中国乡村生活的田野调查是在他的家乡做的。那

---

① Clifford Geertz, 1988, *Works and Lives: The Anthropologist as Author*, Stanford University Press, p. 77.
② 吴文藻：《吴文藻人类学社会学研究文集》，民族出版社1990年版，第123页。
③ R. David Arkush, 1981, *Fei Xiaotong and Sociology in Revolutionary China*, Harvard University Press, pp. 31—46.

一年他因在老家养伤,故有许多时间与村里的人接触,他以他姐姐开办的缫丝厂为主线,调查村里人的家庭生活、经济状况、土地情况等项目。后来在1936年夏天,他带着这些资料去英国留学,"入伦敦经济学院,在马林诺斯基教授指导下学习社会人类学,并根据农村调查资料写了一篇文章。"①这篇文章即是他的博士学位论文。后以 Peasant Life in China(《中国农民的生活》)为名在英国出版(中文书名为《江村经济》)。此书的出版引起了英语世界学术领域的巨大反响。正如马林诺斯基为此书英文版写的序言中所认为的一样:"我敢于预言费孝通博士的《中国农民的生活》一书将被认为是人类学实地调查和理论工作发展中的一个里程碑。"②费孝通先生的江村(开弦弓村)调查开启了社会人类学的新方向。从传统的对异域社会的田野调查转为深入到自己本土社会中去做这项工作,这是社会人类学研究对象的一种转换,这种转换也得到了马林诺斯基本人的认可,他这样写道:

> 作者(指费孝通)并不是一个外来人,在异国的土地上为猎奇而写作的;本书的内容包含一个公民对自己的人民进行观察的结果。如果说人贵有自知之明的话,那么,一个民族研究自己民族的人类学当然是最艰巨的,同样,这也是一个实地调查工作者的最珍贵的成就。③

马林诺斯基写下的这段话是颇值得后人深思的。他难道不是在宣泄一种情绪吗?一种对以"自己的人民"为观察对象的方法予以羡慕的情绪,而这又是为英国殖民机构服务的马林诺斯基曾经想过而未能实现的理想。

这一理想在费孝通那里自然地实现了。他以当地人的身份,加上社会人类学的训练,去体味当地人的生活习惯、思维方式、家庭生活以及经济发展。这可以算作一种学术关怀的转向,一种时空上和心理上的转向。如果说马林诺斯基的学术关怀代表的是一种时空上的长久性、异域性和心理上的拒斥性,那么,费孝通先生的学术关怀则转向时空上的短时性、本土性和心理上的契合性。

---

① 费孝通:《学历自述》,《费孝通学术论著自选集》,北京师范学院出版社1992年版,第689页。
② 费孝通:《江村经济》,江苏人民出版社1986年版,第1页。
③ 同上书,第1页。

何以如此认为呢？或许先从空间上来看是最为明晰的。马林诺斯基为了帮助殖民政府解决殖民地社会的问题在异域的异文化氛围中从事学术研究；而费孝通先生却抱着富国强民的理想走向了自己本土的社会,试图从对自己人民的观察中了解中国社会问题的症结在哪里。由于要接触和研究异域文化,并试图达到从当地人的观点来看问题的深度,马林诺斯基田野调查的时间是长久的；而费孝通先生选择自己从小生长在那里的社会来做研究,一切都是熟悉的,至少在短时间内就可以进入到当地人的观点看问题的深度。也许是因为异文化冲突的原因,马林诺斯基是受当地人猜忌和拒斥的,至少在心理层面上是这样的,一本《日记》就足以证明这一点；而费孝通先生因是走入自己家乡的人群当中,相互都是熟悉的面孔,熟悉的语言,乃至熟悉的文化,相互之间也不会有因异文化的生活习惯不同所产生的心理上的隔阂,即相互之间在心理上是契和的。

这样的学术关怀的转向绝非是刻意的追求而是自然而然形成的,是费孝通先生生活的那个时代、求学问的历程以及他自己的体认辐辏在一起而对他的行为和选择产生持久性的影响,即是指波兰尼(Michael Polanyi)所谓的一种持久弥散的支援意识(subsidiary consciousness)支撑着费孝通先生的学术研究。①

需要指出的是,"回归本土"并非仅仅止于回到自己熟悉的地域搞社会调查,而是要真正领悟到本土社会生活世界独具特色的社会运行机制。许多中国的社会学学者也是在自己的故土上进行实地的社会调查,但其中有些人却没有把中国社会当成中国社会来看待,而是把中国社会当成西方社会来看待。西方的概念、西方的理论再加上西方的研究方法一起套在中国社会上,以为这便实现了"回归本土"的社会学研究。费孝通先生并没有走这种先从西方的理论、概念入手的"上层路线",而是走了一条一切都取材于实际生活观察的"下层路线"。由这种"下层路线"所总结的经验乃至理论是鲜活的,是与实际生活贴切的,而不同于"上层路线"所做的硬把西方的一套概念、理论和方法安插在中国社会身上,造成社会学的研究结果与中国的实际相脱节的局面。

在中国主流的社会学、人类学还在积极奉行"上层路线"的时候,费孝通先生却依循着"下层路线"去深入地体察中国社会,并通过自己的概括明确指出了中国社会本质上是"乡土性的"。恰如他所说："从基层上

---

① Michael Polanyi, 1964, *Personal Knowledge*, New York: Harper & Row.

看去,中国社会是乡土性的。"①

土地是农民生活中的客观存在,在日复一日的劳作中,农民从土地中获得了大自然的恩赐,土地成为了农民生存的前提条件之一。因而农民常常把土地当做神灵来祭拜,希望通过他们的祭拜,来年能够风调雨顺,五谷丰登。而费孝通先生正是以中国农民对土地的这种依赖甚至于崇拜的关系为切入点,来透析中国社会的,他先给"土"字以功能意含上的描述:

> 土字的基本意义是指泥土。乡下人离不了泥土,因为在乡下住,种地是最普通的谋生办法……城里人可以用土气来藐视乡下人,但是在乡下,"土"是他们的命根。在数量上占着最高地位的神,无疑的是"土地"。"土地"这位最近于人性的神,老夫老妻白首偕老的一对,管着乡间一切的闲事。他们象征着可贵的泥土。②

或许是凭借着功能派立论的思路,或许是凭借着直觉,更或许是凭借着"回归本土"的"下层路线",费孝通先生向我们开启了一扇洞悉中国农村生活的窗户,这是一扇让人增添想象力的窗户。透过这扇窗户我们可以俯瞰到中国社会的全貌。或许有人会指责费孝通先生的洞察是保守的而非进步的,但我想要指出的是,当你沿用西方工业化社会的概念来理解中国的乡土社会时,你实际上已预先假定了中国的农民生活是保守和落后的,但事实上这仅可能是指物质和技术层面上的而非社会、组织与人心层面上的。在概括社会现象时,一些以西方的社会理论概念为首选标准的人看待费孝通先生对中国社会"乡土性的"概括,不免会将之贬为保守,但是费孝通先生的概括是深植于他生活过的土地上的,是有生命力的,现时代的人读他的《乡土中国》等著作,还仍觉得贴切,受启发,道理就在这里。

六 迈向人民:二度转向

中国社会学、人类学的发展在新中国成立以后曾经有过近三十年的停滞。1952年的"高等教育"会议之后,社会学被明令取消,这无疑意味

---

① 费孝通:《乡土中国》,三联书店1985年版,第1页。
② 同上书,第1—2页。

着社会学在中国的死亡。① 到了1979年,随着拨乱反正,原来被取消的社会学也得到了恢复,费孝通先生成了恢复中国社会学的牵头人。这是费孝通先生因那个时代的悲剧而停止社会学、人类学研究长达二十年之后的又一个春天。这一年费孝通先生已近70岁了。② 1979年以后的中国社会学在费孝通先生看来可分为两个阶段,一个阶段是1979年到1985年,这是所谓"搭台"的时期;而到了1985年以后,"戏台已给搭好,班子已初步组成,现在是要演员们把戏唱好了。"③

总括费孝通先生1979年以后的学术道路和思考方式,有两点是比较突出的:一点是不变,另一点是改变。前一点是指他所坚持的实地调查的思路没有改变,正如他所认为的那样,这是在20世纪30年代就已形成了的。④ 而后一点是指他的治学目的的改变,即从最初的用学到的知识来了解中国社会,并记录下来留给后人阅读,转向了要建立"为人民服务的社会学"。⑤ 特别是以他1980年3月在美国丹佛接受应用人类学学会马林诺斯基奖的颁奖大会上发表题为《迈向人民的人类学》(Toward a People's Anthropology)的讲演为转向的标志。

这一转向以"人民"这一字眼最醒人耳目。当然,在中国的传统文化中,知识分子的责任是以"修身、齐家"始,而又以"治国、平天下"为终。因而,任何的学问最终都是以回馈社会为目的,这至少在中国的文化背景下应当是自然而然的事情。但费孝通先生以"迈向人民"这样的话语(discourse)来标志他的新思路多少与他在新中国成立以后的学术历程有着密切的关系。这个词虽未引起西方社会的认同,但这也只能归因到东西方学术关怀的差异上去,因为费孝通先生在此文中所提出的问题可能

---

① 叶启政:《从中国社会学既有性格论社会学研究"中国化"的方向与问题》,《"中央研究院"民族学研究所专刊》(乙种之10)1982年第4期。
② 费孝通:《同社会学界朋友们的谈话》,《费孝通学术论著自选集》,北京师范学院出版社1992年版,第37页。他说:"70岁那年,我开始恢复学术生活……"
③ 费孝通:《重建社会学的又一阶段》,《费孝通学术论著自选集》,北京师范学院出版社1992年版,第24页。
④ 费孝通先生在写给天津人民出版社编的《费孝通选集》的"自序"中写道:"我的行文格调20年代末已经形成,为学方法30年代后期到40年代前期大体建立。"见《费孝通选集》,天津人民出版社1988年版,第4页。
⑤ 费孝通:《迈向人民的人类学》,《费孝通学术论著自选集》,北京师范学院出版社1992年版,第412页。

并不是西方人所关心的问题。①

1949年以后,费孝通先生曾经历了一场又一场的"学术革命"。那种把政治与学术联系起来给予思考和批判的时代,给费孝通先生的学术心灵以重创。他曾对自己这段心路历程有过这样的剖析:

> 社会学在中国是1952年中断的,到1979年才重建。我是1957年被打入另册,到1980年才正式"改正",重被别人作为正常的人对待。在这样长的一段时间里,我在时代的急流里抬不起头来。更可怕的是失去了精神支柱,对自己矢志要在这一生中追求的目标从模糊直到幻灭。"士不可以夺志",而我的志被夺走了。从四面八方来的,年复一年对我过去所写的文章的批判,使我丧失了对自己的信心。起初不得不"向人民服罪"随后也确是觉得"毒草害人,罪该万死",甚至也学会了用批判我的词汇和逻辑批判别人。哀莫大于心死。这场"触及灵魂的革命"真是挫伤了一个个人的心。似梦如魇地过了不明不白的20年。"②

这是一代中国知识分子的心灵史。那个时代的政治相信知识分子的思想是与人民大众的意愿不能相容的,因而需要有思想上的改造,需要从人民那里接受再教育,以洗刷掉所谓落后腐朽的封建思想。一旦这样的认识上升到意识形态的政治运动以后,大规模的"洗脑"(Brainwashing)③式的"思想改造运动"便由此而生。而费孝通先生恰恰是接受这种"洗脑"的第一批中国知识分子。

从上述所引的文字中,我们不难看出费孝通先生历经"洗脑"后思想转变的轨迹。先是"不得不"承认自己有"罪"于人民,这样想,这样说久了,自己也觉得自己是"毒草害人,罪该万死",最终学会了用别人批判自己的语汇和逻辑去攻击别人,实现了从旧态度向新态度的转变。随着那段可怕的梦魇的过去,虽然费孝通先生极不愿意回忆那段日子,正如费孝通先生自己所说:"我想把这一切推出记忆的领域之外。"④但这又如何可

---

① 据费孝通先生1995年10月30日在"北京大学社会学人类学研究所成立10周年"大会上的讲话录音。他说:"在美国纪念马林诺斯基大会上,我宣读了'迈向人民的人类学',反映不大好。(美国人认为)不是不好,很好! 但这不是我们的问题。"

② 费孝通:《费孝通选集—自序》,北京师范学院出版社1992年版,第3页。

③ Edgar Sehein, "The Chinese Indoctrination Program for Prisoners of War: A Study of Attempted Brainwashing", *Psychiatry* 19, 1956, pp.149—172.

④ 费孝通:《费孝通选集—自序》,北京师范学院出版社1992年版,第3页。

能呢？从心理分析的角度来说，这种"推出"绝非清除，而只是将其推到或排挤到了无意识(unconsciousness)的层面。①

虽然说费孝通先生以及那一代知识分子都害怕去想那一段可怕的日子，但又无法摆脱掉。那一段日子的生活会以各种隐蔽的形式浮现出来。而且，经历了那个时代的"洗脑"过程，某种观念已被那一代人无意识地接受下来了。"为人民服务"的概念或许就是其中之一。

经过"洗脑"，外加上自身的体验，费孝通先生从原先的"用"的社会学转而开始考虑为谁而"用"的问题了，并且在"服务于人民"这一点上找到了答案。他自己这样说：

> 我早年所追求的不就是用社会科学知识来改造人类社会这个目的吗？科学必须为人类服务，人类为了生存和繁荣才需要科学。无须隐瞒或掩盖我们这个实用的立场，问题只是在为谁实用？用来做什么？我们认为：为了人民的利益，为了人类中绝大多数人乃至全人类的共同安全和繁荣，为了满足他们不断增长的物质和精神生活需要，科学才会在人类的历史上发挥它应有的作用。②

接着，费孝通先生通过对自己的老师马林诺斯基的研究甚或说在对西方社会人类学学者的研究的反省和批评中，为自己"迈向人民的人类学"这一主张找到了辩护的依据。他向西方的社会人类学家提出了这样的质疑：

> 我常常喜欢置身于前辈的处境来设想他们所苦恼的隐情。试问：尽管当时有些人类学者已经摆脱了那种高人一等的民族优越的偏见，满怀着对土著民族的同情和善意，他们所做的这些民族调查对这些被调查的民族究竟有什么意义呢？究竟这些调查对当地居民会带来什么后果呢？那些把被调查者当作实验室里被观察的对象的人固然可以把这些问题作为自寻烦恼而有意识地抛在脑后，但对一个重视人的尊严的学者来说，应当清楚这些问题所引起的烦恼并非出于自寻而是来自客观存在的当时当地的社会制度……许多人类学者

---

① 参阅 Sigmund Freud, 1917/1963, *Introductory Lectures on Psychanalysis*, in Standard edition (Vols. 15 & 16)以及 Sigmund Freud, 1900/1953, *The Interpretation of Dreams*, in Standard edition (Vols. 4 & 5), London: Hogarth Press.

② 费孝通：《迈向人民的人类学》，《费孝通学术论著自选集》，北京师范学院出版社1992年版，第412页。

所关心的似乎只是我们这位老师(指马林诺斯基)所写下的关于这些人的文章,而不是这些人的本身。这些活生生的人似乎早已被人类学家所遗忘了,记着的,甚至滔滔不绝地谈论着的,是不是可以说,只是他们留在我这位老师笔下的影子罢了?我有时也不免有一点为我的前辈抱屈。他们辛辛苦苦从当地居民得来的知识却总是难于还到当地居民中去为改善他们的生活服务。①

在这一大段引文中,我们看到费孝通先生向着西方同行抛出了三个极为严肃的问题。第一个问题就是像马林诺斯基那样的社会人类学家跑到异域的社会,含辛茹苦地从事田野调查,这样的调查对当地的人意义何在呢?把人当成实验对象来看待,人还有尊严吗?这是费孝通先生所提出的第二个问题。第三个问题是一种纯粹学术上的文字游戏对于实际的社会生活有何益处呢?这样的问题是值得社会人类学家予以深思的。吉登斯(Giddens)曾把现在的时代统称为"自我反思性"(self-reflexivity)的时代。② 这样的论点在社会人类学领域来说是有意义的,可以说,随着社会科学中实证论(positivism)原则的瓦解,新一代学者们的"自我反思性"意识会日渐增强。现在的学者开始质问:像马林诺斯基那样的田野调查程序和民族志写作方式是一定要遵守的规范吗?是谁给了人类学家们对当地文化评头论足的权力呢?

对诸如此类的问题,西方的学者似乎并没有从"为谁服务"这样的角度去给予解答。他们仍旧是在主客二元论的圈套中转来转去。他们在"滔滔不绝地谈论着的"是从哲学以及文学批评中"偷渡"过来的最时髦的语汇。他们试图给田野调查注入新鲜的血液却未思其用。像格尔兹所提出的对"文化的解释"(the interpretation of culture)以及他后来(1983)所进一步强调的"当地的知识"(local knowledge)③;还有马库斯和费什尔(George E. Marcus & Michael M. J. Fisher)所提出的"人类学作为一种文化批判"(Anthropology as cultural critique)的观点④,这些"先锋派"的思潮实

---

① 费孝通:《迈向人民的人类学》,《费孝通学术论著自选集》,北京师范学院出版社1992年版,第417—418页。
② Anthony Giddens, 1991, *Modernity and Self-Identity*, Cambridge: Polity.
③ Clifford Geertz, 1983, *Interpretation of Cultures*, NY: Basic Books, 1973; Clifford Geertz, *Local Knowledge*, NY: Basic Book.
④ G.E. Marcus and M. M. J. Fisher, 1986, *Anthropology as Culture Critique: An Experimental Moment in the Human Sciences*, Chicago: The University of Chicago Press.

际都未触及社会人类学是否应该为调查对象谋福利的问题。总的来说,他们还是"把调查对象视作自然资源一样任意挖掘出来为自己谋利"。①区别无非是马林诺斯基欲成为科学的社会人类学的代言人,而"先锋派"想的是如何借助另外一种力量来摧毁社会人类学中的权威和霸权。这种学术上的游戏与弗雷泽爵士(Sir James George Frazer)在《金枝》(The Golden Bough)②中所描述的"森林之王"的替代仪式极为相似:"先锋派"欲成为现代人类学的"森林之王",他们必须先要"杀死"前任社会人类学的"森林之王"马林诺斯基。

费孝通先生并没有依循着西方主客对立的求知之路而走。或者说从一开始他就未曾理会主客观的空泛的争论。他在求学之时,所怀的是那个时代的基本精神。既要救国救民,不去体察国情民情是实现不了这种理想的,尤其是想以社会学为志业(vacation)的学者更应当如此。费孝通先生就是从这样一个朴素的愿望出发来从事社会学研究的。既然目的是极为明确的,即是为了救国救民;那么手段也就明确了,对费孝通先生来说,他选择了实用的道路。当然,他在 20 世纪 30 年代所强调的"学以致用"和后来在 80 年代所倡导的"洋为中用",虽都重在一个"用"字上,但由于时代的变迁,这一"用"的内涵也随之改变了。30 年代的"用"无非是想要证成他的救国救民理想的可实现性;而到了 80 年代的"用"则是要跨越到"用"之对象的问题了。这一跨便跨到了社会学的阶级性问题上了。社会学作为意识形态层次上的东西是要问一个为谁服务的问题。而费孝通先生在不谈空泛的阶级理论之时,恰恰直逼社会学理论的最根本的要害。这是因马林诺斯基而引发的。以马林诺斯基为代表的先一辈社会人类学者,不管他们的初衷多么友善,但却是学者们为着学术本身的目的而去殖民地社会收集资料。他们就如去动物园的观客一般,观察土著人的生活,然后如实地写下自己的体验或发现,编成精美的著作出版,供同行们把玩,或是成为西方上流社会有收集奇闻轶事癖的人饭后的谈资。

---

① 费孝通:《迈向人民的人类学》,《费孝通学术论著自选集》,北京师范学院出版社 1992 年版,第 418 页。
② J. G. Frazer, 1908, The Golden Bough. 可参阅弗雷泽:《金枝》(徐育新等译),中国民间文艺出版社 1987 年版,第一章"森林之王"的内容。

然于当地土著人的生活,于他们的思想又有什么益处呢?①

　　费孝通先生对马林诺斯基一派的做法反思之后,使得他更坚定地走"实用"的路线,并把"用"字更具体地指向了人民大众。这样的选择并非是口号意义上的,而体现的是历经沧桑后的郑重选择。

　　在"迈向人民的人类学"这一论断之下,费孝通先生第二次完成了他的学术关怀的转向。这一次的转向是不同于第一次的"回归本土"的转向的。如果说"回归本土"的那一次转向,对费孝通来说是"内隐的"(implicit),是非意识层次所能清晰捕捉到的;那么这一次"迈向人民"的转向就是"外显的"(explicit),是在费孝通先生的意识层面能够清楚把握住的。这种转向是费孝通先生在体认到了马林诺斯基异域田野研究的心理困境后实现的。费孝通先生明确地提醒人们:"不应当忘记那时的殖民制度给这门学科的烙印。"②或许费孝通先生在写下这句话时,并未读到马林诺斯基的那本田野调查时写下的充满复杂情感的《日记》,而是从马林诺斯基的旧著以及写给《江村经济》一书的序言里,一样揣度出了马林诺斯基困惑的心理世界:

　　　　当时的人类学者总是把自己的研究领域限制在殖民地上的被统治民族……殖民地制度中统治者与被统治者的关系,白种人和当地居民的关系,给了当时人类学实地调查者难于克服的科学观察上的局限性。调查者与被调查者,或者观察者与被观察者之间既不可能有推心置腹的相互信任,那就限制了调查到的或观察到的社会事实的真实性和深入性……就是我们这位以善于处理和当地土著居民关系著名的老师(指马林诺斯基)来说,在他的著作的字里行间还是不难找到当地居民对他的调查活动的反感。我固然没有向这位老师触及过调查者在调查过程中内心活动的问题,但是当我听到这位老师一再对我说,要珍惜以中国人来研究中国社会这种优越条件,他甚至采用了"引人嫉妒"这个字眼来表达他的心情时,我有一种直觉的感受也许是我的过敏,他在科学工作中所遭受到的,在他所处的时代和

---

　　① 库伯(Adam Kuper)在他的书中曾谈及这一方面的问题,他认为以马林诺斯基为主的一批英国社会人类学家除了学术上的成就之外,于当地土著的实际生活并无太大的帮助。参阅 *Anthropology and Anthropologist: The Morden British School* (1983) 第 4 章论及"人类学与殖民主义"那一部分。

　　② 费孝通:《迈向人民的人类学》,《费孝通学术论著自选集》,北京师范学院出版社 1992 年版,第 416 页。

他所处的地位所难于克服的,存在于调查者与被调查者之间的那一条鸿沟,一直是他内心的苦恼的来源。①

这并不是费孝通先生的"过敏",他凭借"直觉"从马林诺斯基留下来的文字中猜想出了田野工作中的马林诺斯基的心理冲突。在清楚地意识到马林诺斯基田野研究的苦痛之后,费孝通先生的选择就更加明确了:只有服务于给予自己以原创力的人民,研究者与被研究者之间的关系才可能是和谐融洽的;调查的内容以及由此内容而得出的结论才是真切而有存在意义的。

我们在《迈向人民的人类学》这篇文章中见到了在费孝通先生的文字中不多见到的有关自我反省式的话语。这种自我反省可能是从对马林诺斯基的批评中反观自我而得的。如果说费孝通先生1957年的那篇《向人民服罪》②的文章是迫不得已而为之的对自己政治思想上的反思,那么这一次出现的自我反思则是针对自己学术上的方法而来的。他这样写道:

> 以我最早的江村调查来说,我是这个县里长大的人,说着当地口音,我姐姐又多年在村子里教农民育蚕制丝,我和当地居民的关系应当说是不该有什么隔阂的了。但是实际上却并不是这样简单。当时中国社会里存在着利益矛盾的阶级,而那一段时期也正是阶级矛盾日益尖锐的时刻。我自己是这个社会结构里的一个成员,在我自己的观点上以及在和当地居民的社会关系上,也就产生事实上的局限性。这种局限性表现在我对于所要观察的事实和我所要接触的人物的优先选择上。尽管事先曾注意要避免主观的偏执,事后检查这种局限性还是存在的。从我亲身体验中使我不能不猜测到,在殖民地上进行调查工作的白种人所遇到的局限性可能比我在家乡农民中所遇到的还要严重得多。③

费孝通先生向社会人类学者提出了一个十分严肃的问题:即作为具有主体性的研究者如何面对同样具有主体性的被研究者的问题。费孝通

---

① 费孝通:《迈向人民的人类学》,《费孝通学术论著自选集》,北京师范学院出版社1992年版,第416—417页。
② 费孝通:《向人民服罪》,《文汇报》1957年7月14日,第6版。
③ 费孝通:《迈向人民的人类学》,《费孝通学术论著自选集》,北京师范学院出版社1992年版,第418—419页。

先生对于其生于斯、长于斯的家乡故土的调查都可能存在着难以避免的"主观的偏执",而我们的大步数的调查者去的都是些陌生的地方,加上方言上、生活习惯上以及穿着上的差异,这就更不能保证没有这种"主观的偏执"了。

诸如此类的方法论上的问题一股脑都进入到了现代社会人类学家反省的领域。我们如何体会当事人的思维和情感?我们又如何能不把自己的价值观强加给我们的当事人?我们将以什么样的方式和语气来撰写田野工作报告?这些都是现时代社会人类学家需要予以解答的问题,也是从所在时代的立场上出发对田野工作伦理重新加以反省的责任。

费孝通先生以他的体认寻到了"迈向人民"这样一条途径,并以服务于人民为终极的目标。这个目标的实现是以对这样三个问题的解答为前提的:"一是我们怎样决定我们调查研究的问题?二是我们这些调查者与被调查者的关系是怎样的?三是调查者对自己调查的后果采取什么态度?"①在费孝通先生看来,对此三个问题给予圆满解决的是在新中国成立初期的调查中。② 这是很好理解的,1949年以后,一个刚刚从半殖民地、半封建的社会解放出来的国家,需要建设,需要改善人民生活,从而主要是依人民的需要来设立调查项。而且调查者与被调查者都怀着一个共同目标,即为了国家建设,因而相互之间是没有什么隔阂和猜度的。即使是在新中国成立以前被认为是"蛮荒"的少数民族地区调查也能有相当好的合作。③ 但在这里需要指出的是,随着改革开放以后,市场经济的发展,有两种学术研究取向可能会使这种"服务于人民"的社会学打了折扣。一种是成果取向,另一种是交换取向。有些从事社会学研究的人不是从人民大众的需求考虑所要研究的问题,而是先看国际上(主要是欧美)流行研究什么课题,自己也效仿着去做,文章一篇接一篇地发表,所谓的"学术成果"是有了,但对中国本土社会的认识并没有增加什么真知灼见,这是属前一种取向的人。而后一种取向的研究者喜欢拿着各种各样

---

① 费孝通:《迈向人民的人类学》,《费孝通学术论著自选集》,北京师范学院出版社1992年版,第419页。

② 费孝通先生是在《迈向人民的人类学》一文中谈及此一问题的。此文写于1980年,故对1980年以后的社会调查情况未能述及。从费孝通先生80年代以后的调查(包括小城镇调查、边区开发调查、乡镇企业调查等)来看,是紧密围绕"服务于人民"这一主题的。

③ 费孝通:《迈向人民的人类学》,《费孝通学术论著自选集》,北京师范学院出版社1992年版,第422页。费孝通说:"解放后,我在少数民族里做调查工作时就特别感觉到温暖和亲切,像是在亲人中向他们学习一样……"。

的调查问卷去让被调查者做答,这中间的媒介就是金钱,做一份问卷给多少被试费,如此交易,双方都觉得合算,一方得到实惠的钱,另一方拿到能够编书写论文的资料。先抛开这种问卷调查法本身的弊病不谈,单就这种以纯粹金钱关系为基础所获得的调查资料而言,有多少是可信的呢? 而且这样的学术作为在助长着一种什么样的风气呢? 这都是值得深思的问题。

知识是因有用而产生的。离开了"用"字,知识也便无处安身。当然因用的层次很多,故知识的层次也很多。这种所谓知识的层次,你既可以从具体与抽象的维度,也可以从个人与社会的维度来划分。单就社会学的知识来说,它是由社会的用而来的。回到费孝通先生的论点上,即是因人民的需要而有了社会学的知识,这种知识反过来又服务于人民。你可以说费孝通先生是实用主义取向的,甚至他本人也并不掩饰这一点。① 台湾的社会学家叶启政先生还曾以费孝通先生为范例将中国的社会学归结为"实用性格"。② 或许叶启政先生认为新中国成立以后"肯定社会学的知识乃有益于社会问题的解决,无疑的是保证社会学者之社会价值的唯一途径。"③他还援引费孝通先生在《为社会学说几句话》这篇文章中所写下的一段文字来佐证他的中国社会学"实用性格"的论断。所引费孝通先生的原话如下:

> 在这里我不想罗列一大堆问题来,只想指出这类问题是会跟着社会发展不断出现的,并不会太平无事的。对于这些问题用科学方法调查研究比闭了眼睛说没有问题对我们有利。④

叶先生的认识并无历史上的偏差,但问题恰恰是费孝通先生并非是循着西方社会学的脉络而前行的,而是面对中国的贫困,科技的落后,再

---

① 费孝通:《迈向人民的人类学》,《费孝通学术论著自选集》,北京师范学院出版社 1992 年版,第 412 页。

② 叶启政:《从中国社会学既有性格论社会学研究"中国化"的方向与问题》,《"中央研究院"民族学研究所专刊》(乙种之 10)1982 年第 4 期,第 123 页。

③ 同上书,第 125 页。

④ 费孝通:《为社会学说几句话》,《费孝通选集》,天津人民出版社 1988 年版,第 11 页。叶先生文中所引的这段话与费孝通的原话略有出入,叶先生的引文是:"我无意列举在社会中的众多问题,而只是想指出,那些问题将在社会发展中继续不断的发生。对我们而言,最好的办法是以科学的办法来调查研究,这胜于眼不见为净地假装问题的不存在。"(叶启政:《从中国社会学既有性格论社会学研究"中国化"的方向与问题》,第 125 页)。叶先生此文写于 1982 年,当时两岸文献沟通不畅,疑是叶先生自英文转译而来,故有此差异,但无碍叶先生的立论。

加上吴文藻先生所倡导的社会学中国化思潮的影响,才使得费孝通先生选择了要从中国实际生活中去了解中国社会的人生目标。英国的功能论思想或许只是影响了费孝通先生观察问题的视角。这样一条社会学的道路实非叶先生所说的一定是在先承认了西方的科技理性、实证哲学以后的实用选择。①

况且正如叶先生所言,性格并无好坏之分,中国社会学所谓的"实用性格"在费孝通先生的思考理路中已具有了崭新的内涵,即是为着人民的生活改善谋出路。"迈向人民的人类学"这样的主张是既富理想性又具实践性的构想。而费孝通先生正是以他的具体实践证成着他的学术构想。他晚近所从事的小城镇研究、边区开发、中华民族凝聚力研究都绝非仅仅是为了问题而解决问题的工匠式的治学方法,而是怀着增进人民利益的宏大理想而实现着中国传统文化中对知识分子"知行合一"的期望。

其实,对性格这东西不必强求划一,社会是丰富多彩的,是多样的,治学的方式也是一样各具特色。费孝通先生的学养、经历和思考习惯形塑了他的研究风格,后来者若能依其精髓而图时代的超越,这或许更是费孝通先生所期盼的。画家齐白石有"拟我者死"的警句,在学术研究上道理也一样。一个时代需要一个时代的学者,前后连贯而又卓然不群,这恐怕是求学问人的大道。

七 人在途中:道路的展开而非完结

德哲海德格尔(Martin Heidegger)常把哲学家的思考比做人在途中。② 人生如走路,每迈一步都有脚印的痕迹留下来。痕迹的曲直与否已非迈步者所能更改。当后继的人看到这些印痕之时,可能会置之一笑,笑其所走的路幼稚之极;也可能会为之一惊,惊起所走的路艰险难测;还可能会沉默不语⋯⋯总之,前行的人要迈步,后来的人也要迈步,脚印也许会重合,但已今非昔比。纵观费孝通先生所走过的足迹,可以看出它是曲折的但却是无限延伸的。费孝通先生一直行走在路上,一直在尝试着提出新的问题并探索着寻找到满意的解答。

---

① 叶启政:《从中国社会学既有性格论社会学研究"中国化"的方向与问题》,《"中央研究院"民族学研究所专刊》(乙种之10)1982年第4期,第123页。
② 参阅孙周兴:《说不可说之神秘》,三联书店1994年版。

在这路途中，费孝通先生为后学之辈树立了无数个路标，他引我们上路，但并没有强迫我们选择某一条安排就绪的道路。

中国有句俗语叫"文如其人"。读费孝通先生的著作、文章，揣摩他的人格，觉得费孝通先生不仅是一位学者，而且更是一位具有社会责任感的知识分子。我在这里有意地要把学者与知识分子区分开来。在我看来学者偏重于对学科知识本身的关怀，凭着学者特有的智慧和创造力而使知识得以创造和条理化；而知识分子是社会取向的，凭借着知识分子特有的批判意识关怀着社会的进步和发展。台湾的殷海光先生（1988）把知识分子称为"时代的眼睛"①，其本意也即是指知识分子这种与时代同步的批判意识。我个人觉得把上述对知识分子的界定用到费孝通先生身上可能是比较合适的。从最早的对中国农村的调查到最近的乡镇企业调查，费孝通先生一直围绕着中国社会如何发展这样的主题进行着思考。面对现实的社会问题，他敢于讲真话、讲实话。费孝通先生在《江村经济》这本博士论文中对当时中国农村土地问题的批评就是一个明证。在这一博士论文中，他以不同于一般社会人类学民族志的写作方法，专辟一章"中国的土地问题"，以抨击当时不合理的土地政策，他以一个知识分子特有的社会责任感这样写道：

> 中国的土地问题面临的另一个困境是，国民党政府在纸上写下了种种谎言和政策，但事实上，他把绝大部分收入都耗费于反共运动，所以它不可能采取任何实际行动和措施来进行改革，而共产党运动的实质，正如我所指出的，是由于农民对土地制度不满而引起的一种反抗，尽管各方提出各种理由，但有一件事是清楚的，农民的情况是越来越糟糕了。自从政府重占红色区域以来到目前为止；中国没有任何一个地区完成了永久性的土地改革。②

这样的批评是需要一点勇气的，有时还要付出巨大的代价。但既然骨子里有知识分子的气质，就不能熟视无睹，就不能不批评，不反抗。大家所熟知的 1949 年以后，费孝通先生因一篇《知识分子的早春天气》（1957）被错划成右派。他如果仅仅是一位不问世事的学者，也许就不会写这样批评性的文章，惹来不必要的麻烦；但他却是一位有着"时代之

---

① 殷海光：《中国文化的展望》，桂冠图书公司 1988 年版，第 715 页。
② 费孝通：《江村经济》，三联书店 1985 年版，第 201—202 页。

眼"的知识分子,他的良心不准许他对看到的社会问题不予以揭示和批评。

"但开风气不为师"这是费孝通先生最近写给北京大学社会学人类学研究所成立十周年的题词,他本人恰恰是这样一位开启学风的人,这种学风概括起来就是"学以致用"。他以知识分子特有的气质为后学之人树立起了路标。道路还在扩展和延伸而没有完结,后学之辈当尽早上路,开始新的学问之思。

八 小 结

在异域的殖民地从事田野调查,以功能论为解释框架,以科学为自己的偶像,这便是以马林诺斯基为代表的英国社会人类学的大传统。这种大传统深深地影响了费孝通乃至整个中国的社会学研究取向。

马林诺斯基的悲剧即在于他困守于理性自我(科学客观)与非理性自我(情感体验)之间的矛盾对立而不能自拔。虽然说马林诺斯基秉持那个时代特有的科学主义精神,想通过与异域的民族打成一片的途径获得对此异域文化的客观认识,但却未能完全做到,从他身后出版的充满各种心理困惑的《日记》中便可了解到这一点。

马林诺斯基这个名字已受到后学之辈越来越多的挑战。他的权威人格,他的以牺牲自我为代价换回来的所谓科学的民族志资料以及与这些资料平行存在的那本《日记》一起被现代的人类学家当成了批判的靶子。

费孝通先生以前后两次对马林诺斯基学术传统的转向实现了自己社会人类学思考上的成熟。一次是他从马林诺斯基异域的田野调查传统回归到自己的本土社会,即到自己极为熟悉的家乡去做调查。由此而摆脱了马林诺斯基心灵深处因民族偏见而激荡出的矛盾。我以为费孝通先生的这一次转向并非是在意识层面发生的,而是一种潜意识的"内隐"发生的过程。而他第二次的学术转向才真正是在意识层面发生的,即是一种"外显"的过程。后一次学术转向的核心是费孝通先生提出了"迈向人民的人类学"这一主张。这是费孝通先生反省他的老师马林诺斯基和他自己的田野调查之后所做的抉择,也是他对几十年来从事社会学人类学研究的经验的认识上的升华。

费孝通先生是以具有社会关怀和社会批判精神的知识分子的形象出现在中国知识界的,他并不是那种只埋首于象牙之塔的单纯的学者,而是怀着服务社会、改造社会并使之进步的远大抱负而跨入学术界的。

时间和空间让费孝通先生选择了他自己的学术道路;新的时间和空间也要求后学之辈能拓展新的道路,树立起新的路标。

远去与归来[*]

——一种跨越乡土社会的田野民族志方法论

归去来兮：问题的提出

陶渊明这位古代的隐者向我们启示了太多太多即便是今天亦无法解决的困境，他入世到现实社会之中，却在有可能继续向社会等级的上端攀登的时候归隐到了山林之中，寻求与山林融为一体的怡然自得的境界，所谓"采菊东篱下，悠然见南山"。这种境界几乎成为后来的归隐者追求和模仿的目标。在这里，应该指出的是，陶渊明并非不思进取之辈，但是，在中国古代早熟的思想意识里已经有了一种共识：一位智者，其进取的最佳状态并非是一定要去直达等级的巅峰，而是转而求其次，强调韬光养晦、急流勇退是最为智慧的一种人生选择。

在这个意义上，远去与归来构成了在人们理解自身生命历程中义无反顾的进取与适可而止的退隐之间往复循环的生命意义的所在。确实，离开一个地方而远走他乡，这体现了一个人的自我追求以及自身能力，而在这些轰轰烈烈的社会作为之后的隐退则意味着更高一个层次上的自我经验的超越。在这一点上，中西方的差异属于真正实质性的，特别是在西方启蒙思想占据优势地位，科学成为了一种新的信仰之后，情况就更是如此。不是吗？伟大的牛顿从苹果掉落在地上想到的是世界发展的原始动力的问题，而中国的古人却更乐于从那些纷纷飘落的秋叶中体味到人的存在的本体或者说归宿，这显然是心理境界的集体文化差异。

至此，我确实并非想借用这样一个话题来把读者的思路引入到隐居者的空灵中去，而是试图借此来呈现我们在理解中国乡村社会生活中的一种更加完整的视野，这种视野曾经为西方主导的中国村落社区特质论的思维所遮蔽，不能够完全地呈现出中国乡村生活的真实面目。换言之，

---

[*] 原载《西北民族研究》2009年第1期，第131—142页。

在我们的双脚坚实地走进某一个村落的时候,我们可能忽视了村落以外世界的存在,这种存在会由于村落中不断有远去的行者而得到彰显。这些行者可以是出去任职的官员、到城里的打工者、读书的学生、流民、难民、做生意的商人、民间宗教的传播者、相面算卦者……凡此种种,只要我们能够想得出来的,都可以在这行者的目录中寻找一个位置。总之,这些行者,正像他们的名字一样,是行动者,不是固定地居住在一个地方,而是离开他们居住的地方,有的离开得近一点,有的则可能离开得极为遥远,李白从家乡四川跑到了陌生的长安,郦道元差不多走遍了全中国,晋商则是远上内蒙,泉州的商人甚至跑到了东南亚和欧洲,这种行者的文化造就的结果就是,现在世界上还有哪个角落里没有华人的存在?

村落研究:作为"西方的他者"

上述这些都是远去的极好的例子,这些例子不能不重新让我们注意到此前对于乡村生活的那一系列的偏见,那些偏见尽管是丰富的,但依旧还是偏见。我们肯定是在一种范式的拖累之下才把我们的目光向下而只看到了乡村的,这种范式我们可以称它为"西方的他者",其含义就是我们的乡村一开始便是在作为"西方的他者"的范式之内被不断地书写下来的。西方的旅行家、探险家、传教士、作家、记者以及乡村的调查者,这些人对于乡村的描述使得中国的乡村成为了一个名副其实的西方自我观照的他者,他们以其丰富的乡村见闻、细致入微的细节描述以及有着西方社会学理论和方法作为基础的对于描述材料的安排,使这些都成为了一整套的对于中国乡村书写的方法,而只有在这个意义上,乡村才会成为西方人乐于去书写的似乎不同于西方社会的他者。而中国早期的乡村研究无疑就是在这样一种范式的引领下展开的。1936年来华,在燕京大学社会学系访问的英国现代社会人类学的代表人物拉德克利夫—布朗(又称布朗),他在燕京大学所说的一席话不能不让我们看到西方的学者对于中国村落的那种情有独钟的着迷:

> 在中国研究,最适宜于开始的单位是乡村,因为大部分的中国人都住在乡村里,而且乡村是够小的社会,可供给一两个调查员在一年

之内完成一种精密研究的机会。①

实际上,在布朗倡导中国乡村调查之前,中国的乡村已经是西方人理解中国最为乐于开始的一个研究地点。庄孔韶教授对于这样的西方人研究中国乡村的乡村人类学的研究历程有过较为细致的文献梳理,此前王铭铭教授的相关论述也是试图寻找到这些研究的学科演进谱系。凑巧的是,他们都共同地找寻到了1918年就来中国乡村开展调查的美国学者葛学溥(Daniel Harrison Kulp)。在选择中国村落作为调查对象上,葛学溥差不多是跟后来的布朗有同样的认识,如其所言:

> 今日在国民生活中,乡村在战略上的重要性是得到承认的。教育家、传教士、政治家和国家活动家认识到乡村是中国的中坚,它包括占这个国家大多数从事农业的人口,这在贸易交往与通讯的现代条件下具有国际的意义。②

这样的认识使葛学溥更加乐于对于这样一个庞大的中国农民社会加以概括,这种概括在他看来就是一种所谓的家族主义。这样的看法不仅影响了美国人在如何看待中国乡村社会特征时的一些视角的选择,甚至正像后来的重访者周大鸣教授所指出的那样,同时还影响了中国人自己沿循着这样的视角来看待自己,许多后来的中国乡村研究者无一不是从葛学溥这里再进一步提出问题的。

无可否认的是,对于村落的关注,激发出来了一种社区研究的范式,这种范式目光向下地看到了在社区生活的一群人真实的生活样貌,这样的一种研究范式明显地体现在20世纪30年代主持燕京大学社会学系工作的吴文藻先生所指导的研究之中,而后来成为中国著名社会学家、人类学家的吴文藻先生在燕京大学培养的学生,比如费孝通、林耀华等,都是目光向下地注视到了乡村社区,尽管他们都一再地声称这种关注来自派克的芝加哥学派的影响。不过,似乎这样的联系有些勉强,一个以强调冲突与分化的城市区位研究的芝加哥社会学派如何成为了中国早期乡村社

---

① 布朗:《对于中国乡村生活社会学调查的建议》,《社会学界》(第九卷),1936年版,第79—88页。此文重新收录于北京大学社会学人类学研究所编:《社区与功能——派克、布朗社会学文集与学记》,北京大学出版社2002年版,第304页。

② D. H. Kulp, 1925, *Country Life In South China*: *The Sociology of Familism*, Vol. 1, Phenix Villlage, Kwantung, China. New York: Teachers College, Columbia University. p. 6. 转引自:庄孔韶:《中国乡村人类学的研究进程——农民社会的认识之一》,庄孔韶:《时空穿行——中国乡村人类学世纪回访》,中国人民大学出版社2004年版,第422页。

区研究追逐的样板,这中间有很多都是值得再去研究的。但无论如何,结果就是有许多听过派克来华讲座的学者都声称自己是受到了芝加哥学派的影响,这中间最卓著者莫过于费孝通教授了。因为芝加哥社会学派对于中国乡村研究的社会学传统的形成是无疑有着极为深远的影响,在一份对于1922—1955年跨度达33年的燕京大学社会学系学士和硕士论文的研究旨趣的统计中,以村落研究或者以乡村为主体的村落研究占了燕京大学社会学系教师指导论文的极大一部分。①

在这里也许应该最为清楚的是,把我们的目光限定在乡村,这并非是中国社会结构必然的要求,实际上这仅仅可能是中国早期学术对于西方学者钟情于中国研究的旨趣的一种误读,在这种误读之中,我们反而积累了大量不加反思性的对于中国乡村社会的臃肿的描述。在这些描述中,我们能够看到的是差不多相似的对于家庭、家族、社会组织、宗教、文化等等西方既有概念的汉语描述,而这些描述相互之间几乎是没有什么联系的,或者研究者无意去在这些孤立的村落民族志之间寻找某种联系。这在一定意义上逼迫着研究者和读者仅仅注意到了乡村内部的细节,而从来不会去考虑乡村以外的世界与这个乡村社会之间的关联性。

从方法论的意义上,我们完全可以使村落固定而成为我们观察的对象,这样似乎更加可以使对对象的描述具有一种清楚的边界,但根本的问题是,这样的边界从来就是不存在的。尽管我们的村落是以一个名字命名的,村落因为土地的划分也就有了一种实际的边界,但是这并不意味着这个边界就是一种牢固的束缚,从而可以把农民牢牢地束缚在土地之上。情况可能恰恰相反,村落的名字可以因为某种原因而发生更改,村落的边界也会因为某种社会转变而发生变更,同时村落居民的生活从来就不是依附于这些命名和边界的。毋庸置疑,许多时候,村落仪式都试图在观念的层次上不断地去强化一种包含村落边界的村落意识,而在日常的生活中,人们大多并非是固守在土地上的,而是流动起来,离开自己的土地和家乡,远走他乡,生活在异域的土地上。历史上有许多的法律都是为了应对这样的人口自发的和被动的迁徙或流动而设置的。从这一点而言,村落之中远去的流动是对于固守乡村日常生活的那种回归意识的一种否定。

---

① 李怡婷、赵旭东:《一个时代的中国乡村社会研究——1922—1955年燕京大学社会学系毕业论文的再分析》,《乡村中国评论》(第3辑),山东人民出版社2008年版,第261—306页。

远走他乡:游民、流民与远去

尽管中国有极为久远的宗法社会的传统,这种传统强调的亲族群体聚居在一起,服从于家族长的统治,并且这种传统在宋代的宋明理学中得到了进一步的强化与复兴,但是我们同样也不缺乏游民和流民的历史,这个历史同样地久远,久远到几乎可以说是与宗法社会同时存在、并行发展的。① 经商、云游、打把式卖艺、灾害、饥荒、家族的兴衰、个人生活中的福祸等等都可能使人们成为游民或者流民,前者指的是一种职业的原因,后者则是没有明确的职业指涉。

云南茶马古道上的商人无疑可以算是一种游民,而清末民初逃荒到东北黑土地上的山东人大多可以算是流民,他们并没有确定的职业基础。并且更为重要的是,这些游民的行为一定是与安稳地过家庭生活的人的行为有所分别。清代有一位名字叫姚廷杰的先生曾经专门撰写了一篇《旅客要经》,来提醒和劝诫离家的旅人行为上自我监控,文章韵味十足,且有警示意义,不妨抄录如下:

> 背井离乡,远蹈羊肠之险;餐风宿露,常临虎穴之危。得利则一家保暖,无资则两地焦忧。或寄迹旅店,或投寓牙行,或舟楫往来,或寺观栖止,务必存心长厚,矢志肫诚。盖各处经由,风俗不一,岂无小窗卖笑,红颜牵客子之魂? 亦有绣阁凝眸,粉黛夺儿郎之志。见即心迷,邪思不断,因而挥金如土,必致入彀方休。嗟乎! 霜晨月夕,妻则寂守空闺;骈雨尤云,汝则酣情锦帐。倘他人与汝辈同心,设故乡与他乡一辙,是人之妻即与汝乐,汝之妻亦授人欢。言念及此,能不寒心? 而况暗室宣淫,神目如电,明遭王法之诛,阴受冥司之殛,或入山则遇蛇虺,或乘船而没波涛。种种痛心,思之可畏,为商贾者,其听吾言。②

尽管这是一段近乎道德说教的文字,但是我们从中并不难去体会游走他乡的行人其行为与在故乡家里时的那些可能的差异。这些被凸显出来的差异很多是跟日常的家庭生活里的道德相违背的,比如为女色所惑、心智

---

① 关于游民社会发展的历史,可以参阅王学泰:《游民文化与中国社会(修订版)》,同心出版社 2007 年版。
② 转引自:袁啸波:《民间劝善书》,上海古籍出版社 1995 年版,第 74—75 页。

迷乱、生活奢侈,等等。这都从另外一个方面映衬出来游民社会中间的生活逻辑与在家乡的乡土社会中的生活逻辑的差异。

总体而言,游民是被土地挤出土地的那样一批人,他们大多数人是不依赖于土地而生存的。沿街乞讨以及游走卖艺之人,他们不需要土地便可以生存;同样,商人以及知识分子也是游民的一分子,土地对于他们而言可以占有,但不是必需的。换言之,这些职业的人,土地绝对构不成对于他们生活安逸的限制,但是他们是间接地被土地所挤出来的一批离开土地的人。马尔萨斯的人口理论很清楚地告诉我们,随着人口数量的增加,人跟土地的关系就会变得极为紧张,这一点在中国历史上的人跟土地的关系中也同样可以显露出来。从一份粗略的人口与耕地面积的统计表中,我们可以清楚地看到中国上古以来随着人口的增加而出现的人均土地面积的减少,这也就意味着有一些人要被无情地挤出土地,过并不依靠土地来生活的日子。(见表)

中国历代人口数目与人均土地亩数列表①

年　度	公元(年)	口数(口)	田地(亩)	每口平均亩数
前汉平帝元始二年	2	12,233,062	827,053,600	13.88
后汉安帝延光四年	126	48,690,789	694,289,213	14.26
隋炀帝大业五年	609	46,019,956	5,585,404,000	121.37
唐玄宗开元十四年	726	41,419,712	1,440,386,213	34.78
唐天宝十四年	755	52,919,309	1,430,386,213	27.03
宋天禧五年	1021	19,930,320	524,758,432	26.33
明太祖洪武十四年	1381	59,873,305	366,771,549	6.13
清世祖顺治十二年	1655	14,033,900	387,771,991	27.63
清圣祖康熙十二年	1673	19,393,587	541,562,783	27.92
清圣祖康熙六十年	1721	25,616,209	735,645,059	28.72
清世宗雍正十二年	1734	27,355,462	890,138,724	32.54
清高宗乾隆十八年	1753	102,750,000	708,114,288	6.89
清高宗乾隆三十一年	1766	208,095,796	741,449,550	3.56
清仁宗嘉庆十七年	1812	361,693,379	791,525,196	2.19
清德宗光绪十三年	1887	377,636,000	911,976,606	2.41

---

① 此表数据是根据梁方仲编著的《中国历代户口、田地、田赋统计》中的数字而得,具体可参阅梁方仲:《中国历代户口、田地、田赋统计》,上海人民出版社1980年版,第4—11页。甲表1:"中国历代户口、田地的总数,每户平均口数和每户每口平均田亩数"。

从表中所能够看到的一个明显的趋势就是,伴随着人口的增加,人均土地面积减少。由于一亩土地的生产量是有限度的,因此随着人均土地的减少,能够养活的人口数也是有限度的,剩余出来的人口也只能是"背井离乡",离开土地去谋求生活,以此来补给农业生产的不足。在历史上这是极为明显的事实,比如在陈达上世纪30年代对于泉州、潮汕等地华侨家庭的905户调查中,有633户都说自己是因为"经济压迫"才成为移民,逃去南阳诸岛的,占了总户数的69.95%。① 当然除了土地的因素之外,其他的因素也都可能使原本安土重迁的农民离开自己赖以为生的土地,比如匪患、战乱、灾害等等,但是土地的压力可能是更为直接的因素。或者也可以说,土地的压力使得游民和流民成为了可能,进而使游民和流民社会的形成成为可能。

落叶归根:由远去到归来的循环

总体而言,对于中国社会结构的认识,不外乎两种观点。一种是以"乡土中国"为代表的对于固着在土地上的农民生活及其乡土意识的强调,这方面最具代表性的研究可以说是费孝通教授在1947所撰写的《乡土中国》一书。在这部小书中,费孝通强调了中国社会的乡土性这一点,也就是由于大多数的人口进行着跟土地密切联系在一起的劳作,而形成了生于斯、长于斯的乡土情结,随之一整套的乡土意识及其社会关系结构都会因此实践活动而凸显出来。所谓无讼,所谓长老统治,所谓差序格局,这些都属于乡土社会最具典型意义的社会结构特征。由于这本书的易读性,其影响之深远,胜过费先生的其他任何著作,并为不同的学科借用来发挥自己学科审视乡土中国的一些延伸的观察,比如其法律、政治、经济等。

与费先生所提出的"乡土中国"这样一种理想型观念所不同的,便是一些研究者注意到了乡土社会中人口的流动性这一随处可以看到的面向。确实,任何一个费孝通意义上的乡土社会,其人口都是存在有一定的流动性。历史学家对于中国移民历史的研究、对于流民的研究以及对

---

① 陈达:《南阳华侨与闽粤社会》,商务印书馆1938年版,附录部分。转述自蔡苏龙:《侨乡社会转型与华侨华人的推动:以泉州为中心的历史考察》,天津古籍出版社2006年版,第139页。

于农民离村的研究都积累了大量的资料,来说明这样一种流动性。①除此之外,自己的观察更加深了对于这样一种乡土社会中农民流动性的认识。最近有机会在甘肃武都山区考察灾后重建的状况,自己曾经访问了一个住在高山上的村子。那个村子里的人口有三分之二年复一年地在春天种下麦子之后便离开自己的村子去全国各地收头发,这一走一般是一家人一家人地走,村里留下来的大多是年纪长的人和孩子,而且一走就是大半年,一直等到收麦子的时候再回来,抢收了麦子之后再出去,这一走就到了过年。所以,村子里有许多人,他们一年的大部分时间是不在村子里的,游走于国内许多的地方,只是这次地震才使他们不得不返回来重新盖房子,盖过房子之后,他们还是要出去收头发。这样做的动力就是粮食紧缺,光靠自家种的粮食根本是不够一家人吃一年的,最多只能维持三分之一人口的吃饭问题,所以他们已经形成了一种定期离开自己土地的传统,谁也不会觉得这有什么可奇怪的,反倒是在家里呆着吃闲饭要被村里人看成是一种懒惰行为。再去看看淮北凤阳的乞讨习俗,那也同样是由于饥荒而使得许多人形成了一种乞讨的习惯,到死都不会改变,并且也不会为此而感到有什么特别丢人的。

而另一方面,我们也必须清楚,离开自己土地的游民或者流民,他却又是认同自己的故土的。他们不会轻易断绝跟生养自己的故土之间联系的,并且以有这样一种关联而自豪。还是甘肃的那个村子,人们一年在外辛苦地挣钱,挣回来的钱大多数都花在建房上了。有一个农民指着村里一座被地震震垮的很新的房子说,那是这户人家十几年在外面收头发积累下来的钱盖起来的房子。我们在福建的乡下到处可以见到由移民到海外的华侨回乡捐助的各类家乡公益性的建筑,使我们不能够否认光宗耀祖、荣归故里以及落叶归根这样的文化观念的切实性和对于长期处于流动状态的人们的一种吸引力。这些根深蒂固的寻根意识引领着这些远去的游子不断地返回来实现认祖归宗的夙愿。

与此同时,在我们的历史文化里有许许多多关于人们不依附于土地而获得生存的游民的故事,《三国演义》、《水浒传》堪称是这方面的典范,它们可以说是俗民社会的《圣经》,可以映衬出流动性社会的生存逻辑。

---

① 关于中国移民史的研究,可参阅葛剑雄等:《简明中国移民史》,福建人民出版社1993年版。关于中国近代的流民历史,可参阅池子华:《中国近代流民》,社科文献出版社2007年版。关于农民离村的研究,特别是对于华北平原农民离村的历史研究,可参阅王印焕:《1911—1937年冀鲁豫农民离村问题研究》,中国社会出版社2004年版。

另外,我们也有同样多的有关安土重迁、老死乡里的乡土社会的故事,《桃花源记》可以说是这样一种意识的最为原始的意象,而到处可见的宗祠、贞节牌坊以及到处都可以读到的晚清乃至民国时期各类烈女传,都是这种乡土意识的集中反映,同时也反过来强化着民间社会中对于乡土的眷恋之情。

换言之,远去的游离与归来,二者是紧密地联系在一起的,这样的一种远去与归来的循环构成了人类自有了农业文明之后的一种生存方式,也就是受土地束缚的乡土社会把人们的生活牢牢固着在土地上,但是多种因素使得人们不得不离开这片土地而过着一种类似游牧社会的游民的生活,以此来补充乡土社会依靠土地生活的不足。但是由于有自周秦之后的宗法社会意识形态的强有力的影响,人们在观念上并没有离开乡土社会太过遥远,人们不断地受到这种正统意识形态的强化而回归到自己曾经远去的故土,去寻求一种心灵上的安慰。

居与游:一种循环往复的律动

由上面的考察,我们似乎可以得到这样一种认识,那就是我们此前将游民社会与乡土社会截然分离开来的做法是存在有自身的问题的。这样的分别是在西方既有的礼俗社会与法理社会(滕尼斯)、机械团结与有机团结(涂尔干)以及大传统与小传统(雷德菲尔德)这样一些基于西方传统社会到现代社会转型的理解上所做的分类,但恰恰是这样的分类无法运用于本身并没有发生过像西方启蒙运动和法国大革命那样实质性的观念上断裂革命的中国社会,这个社会的连续性因为有传统社会的宗法制的意识形态而变得更加的牢固,又因为有与此同时存在的游民社会及其意识而变得缺少了社会转型的可选择性,因为对于西方社会而言的市民社会兴起的现代社会,对于中国社会而言可能仅仅是原来整体性社会的另外一半,只能说是由于意识形态的缘故而没有能够得到彰显罢了。

基于这样的分析,我们着实有必要去重新审视中国社会田野研究中固守于乡土社会这一端的不足。在这方面王铭铭教授首次对于中国社会中人口的"居与游"的律动有过极为精彩和开创性的研究。[①] 不可否认,对于汉人社会的研究,很多是以村庄为界的,而其中关注的核心问题便是

---

① 参阅王铭铭:《居与游》,王铭铭:《西学"中国化"的历史困境》,广西师范大学出版社 2005年版,第174—213页。

以乡村社会为基础的农民的生活，费孝通教授早年享誉海内外的《江村经济》可以说是这方面最具代表性的研究典范。与此相关联的，我们还可以罗列出凤凰村、黄村、平郊村、抬头村、林村、溪村等等不同时代有影响的汉人村落研究。这些研究大多是集中在了汉人占据核心的东北、华北、华南、东南、中南等大的区域，这些区域的研究实际上都没有能够离开乡土社会的理解范式太远。

就田野民族志的方法论而言，这些村落研究彻底贯彻了西方社会学的社区研究范式，并结合了人类学田野工作整体论的思路，强调了村落社区内部各个方面结构功能上的一体性。这些研究基本上是关注到了固守在土地上的人们的生活方式，但是很少有研究去同时关注那些从这里远去的人的生活，或者说干脆将以"归来"为核心的乡土社会研究与"远去"的游民社会分离开来，使其成为专门的研究。在沿海地区，这些关注那些远去的游民或者移民的研究成为了华侨研究；而在西北和内蒙古地区，这些研究不再是关注村落，而是强调了区域性的民族和民族关系研究，似乎那里的人们总是处在游离的状态中，因此无法用乡土社会的评判标准去衡量，另外加上民族识别的缘故，民族地区的特色被过度地凸显出来而成为民族问题，而民族地区自身同样有的乡土社会的那一面向似乎被大家彻底地遗忘掉了。

在黔东南、在瑶山、在岷江上游汶茂等地的考察，给我留下的一个最为清楚的印象，就是这些地方，尽管在地形地貌上会与中原地区有所区别。但是聚落的基础还是村寨，婚丧嫁娶这样的仪式一定是在村寨里面完成的，不过人们并不以村寨为唯一的生存空间，他们有许多人是游走出去的，到海外去，到内地去，现在则是到外面去打工。在甘南的舟曲，当地人曾经跟我讲，那里有一个藏族的村子，全村的人都是藏医郎中，每年绝大多数时间都是出外去卖药或者给别人看病，他们游走的范围极为广泛，远上北京，近达兰州，当地人甚至很肯定地说，全国各大城市地摊上卖藏药的都可能是从这个村子走出去的，因此有个笑话，镇上召集村里的人开会，他们声称很忙，说自己要出去"给全国人民看病"，没有时间参加会议。即便如此，他们却要在一年四季里的特定时间返回到自己的村子里去，可能是因为要把钱带回家里去，可能是参加某个村里人的重要仪式，总之他们是依循着远去与归来这样一种生活的循环的。同样，由于最近全球性金融风暴的影响，原来远去沿海地区打工的农民工一下子集中返回到故里，单单湖北一省出去打工的就有七百五十多万人，而这次估计就有三十万人返回了家乡,等待有新的工作机会再出去打工。① 这也再一次证明了人们归来的方向是自己的家乡故里,而不会因为远去而永远离开家乡或者断绝了与自己家乡的联系,而这显然是西方工业化的历程所不可比拟的。在西方的工业化历程中,进入城市的农民成为了工人阶级的一分子而永远地离开了土地。

由归来而远去:跨越乡土社会的田野民族志方法论

在这一点上,我们可以清楚地看到中国社会中乡土的固着性,或者一些学者称谓的"居"与"游"这两者之间极为紧密的联系。② 在这个意义上,跨越村落边界,把理想型的乡土社会与现实的游民社会联系在一起来考察中国社会及其文化的表达努力变得极为迫切。在这两者之间构建起关联的做法,既是一种社会学的中国研究的思维方式,也是一种搜集资料、寻找资料之间的关联性的田野调查的方法论。我们有必要为之冠以"跨越乡土社会的田野民族志方法论"的名称,这可以说是对既有的过度关注孤立的乡村社会的社区方法论的一种矫正。在这种矫正之中,我们同样也要超越另外一端的只关注游民社会、民间社会、市民社会、民族地区这类尽管意义不同却是有着共同的反乡土社会特征的分散的、游离的、民族性特征的社会的研究。如果说人们回归的乡土社会是一种理想型的话,那么人们因为远去而构成的各种游民社会就成为了一种人们赖以生活在其中、讲究理性和算计的现实生活的典范,而人就是生活在这两者之间的翻来覆去的摆动之中的。作为小吏的宋公明率领着梁山好汉一百单八将聚义800里水泊梁山,图的是一种自由自在的江湖游民的生活,但是他们还是有一天能够被朝廷招安,过一种受到皇权约束的生活。③ 对于这中间心态上的矛盾,也只有把乡土社会与游民社会各自的意识形态结合在一起才能够获得真切的理解,否则都只能是孤立地看待这些问题。

方法论意义上超越乡土社会的田野民族志,要求一位从事边界清晰

---

① 可参阅2008年11月13日东方卫视的报道:http://news.qq.com/a/20081113/001542.htm

② 龚鹏程曾经在其著作《游的精神文化史论》一书中强调,中国社会是"居与游互动的社会"。(2001,河北教育出版社)而王铭铭则专门以"居与游"这个题目,从人类学的视角重新思考了中国研究既有范式的危机。参见王铭铭:《居与游》,王铭铭:《西学"中国化"的历史困境》,广西师范大学出版社2005年版。

③ 关于这一点可参阅王学泰:《游民文化与中国社会》(修订版),同心出版社2007年版。

的乡村社会的研究者,他首先要游走起来,像一位访客一样,游走于他所感兴趣的研究区域,在那里可以看到固定化的乡土社会的特征性的东西,比如那里的衣食住行所体现出来的文化特征,还有从人们的社会关系里所体现出来的特殊的家庭结构,与此同时,游走的访客的身份又可以使他看到这些固定化的特征在各个地方的变化以及这些变化的原因,这些原因可能是人们构成自身社会结构的关键要素。比如我曾经作为"访客"走访过的汶川、茂县、松潘和文县,同样是身处岷山的崇山峻岭之中,但是至少它们的房屋结构便是不大一样的,在汶川乡下到处都是依照山势修建的石头的碉房,到了茂县还有些碉房的残余,而到了接近松潘的地方,这类的房子便被木石结构的房子所取代,到了松潘,这样的木石结构的房子更多,在县城里甚至到处是木板的房子,而到了甘肃的文县,这样的木石结构的房子就被土木结构所取代,墙壁全部是黄土夯实,而屋顶则用木结构支撑并盖以瓦片,而瓦片在汶川的山里却是极为少见的建筑用材。我们完全可以从生态学的角度去分析人们对于住房格局的选择,这种生态环境的变化造就了人们选择上的差异性。但是在这差异性之中又存在有共同性,比如在这个区域,大多数的人家都有吃腊肉的饮食习惯,不论房屋结构的形式怎样改变,这一点并没有因此发生变化。

因此,所谓"跨越乡土社会的田野民族志方法论"强调的是,在乡土社会的理想型中看出共同性之外,更为重要的是看到变化的差异。这种差异是构成一个社会的核心特征的差异,比如衣食住行构成上的差异,这些都可以说是一个社会最为基础的物质构成要素上的差异。固定于一个地方的乡土社会研究范式可以让我们从细部去了解生活在一个社区里人的生活,而超越于这个社区的游民的生活需要我们游动着去观察,从不同地点,从城市而不是乡村,从外部而不是内部,从历史而不是现实等方面,来理解这种游民生活的整体性样态,抽离出这些远去的游民离开自己故土家乡的乡土生活之后心灵成长的轨迹,这一点的关注与有着一种强烈的回归意识的乡土社会生活的田野研究有着同等重要的方法论意义,因为正如我在前文中所一再指出的那样,远去的游民社会与回归的乡土社会之间是极为密切地联系在一起的,二者是不能被截然分割开来的。

在这个意义上再来重新看待半个多世纪以前费孝通所提出的"乡土中国"的表述,就变得极为必要。在《乡土中国》一书出版37年之后的1984年10月,在三联书店准备重印《乡土中国》这本小册子之前,费孝通重读了一遍自己的旧文,对"乡土中国"概念提出的背景有这样的概述:

  这本小册子和我所写的《江村经济》、《禄村农田》等调查报告性质不同。它不是一个具体社会的描写,而是从具体社会里提炼出的一些概念。这里讲的乡土中国,并不是具体的中国社会的描述,而是包含在具体的中国基层传统社会里的一种特具的体系,支配着社会生活的各个方面。它并不排斥其他体系同样影响着中国的社会,那些影响同样可以在中国的基层社会里发生作用。搞清楚我所谓乡土社会这个概念,就可以帮助我们去理解具体的中国社会。概念在这个意义上,是我们认识事物的工具。①

在这里,"乡土中国"这个概念很清楚地是一种抽象、一种分析的类型。它并非有具体的指涉对象,而是一种从许多的现象之中抽离出来的一套概念,因此它就不能被理解成为针对具体事件的一种挂靠,而是获得理解的一种途径。换言之,我们完全可以说中国社会"乡土社会特点"更加浓郁,但是绝对不能说中国社会就是"乡土社会",乡土中国作为韦伯意义上的理想型是不存在有上述的全称判断的,而对乡土社会的研究只可能是获得对于中国社会全部理解的第一步,是一种探索性的尝试。对此,费先生后面的文字进一步指出了这一点:

  我这种尝试,在具体现象中提炼出认识现象的概念,在英文中可以用 Ideal Type 这个名词来指称。Ideal Type 的适当翻译可以说是观念中的类型,属于理性知识的范畴。它并不是虚构,也不是理想,而是存在于具体事物中的普遍性质,是通过人们的认识过程而形成的概念。这个概念的形成既然是从具体事物里提炼出来的,那就得不断地在具体事物里去核实,逐步减少误差。我称这是一项探索,又一再说是初步的尝试,得到的还是不成熟的观点,那就是说如果承认这样去做确可加深我们对中国社会的认识,那就还得深入下去,还需要花一番工夫。②

费孝通明确提出 Ideal Type 不是一种理想,而是"观念中的类型",这是费先生一家的理解和翻译,但意思大体都是近似的,也就是我们没有必要在现实社会中去一一对应地找寻这种观念中的类型的存在,而是要去逐步地"核实"与这种观念中的类型所启示出来的意义之间的符合性。这为

---

① 费孝通:《乡土中国》,三联书店 1985 年版,第 III 页,着重号为本文作者所后加。
② 同上。

更加范围宽广地审视中国社会的特性留下了进一步探索的空间,费孝通自己的学术历程本身就可以说是对这样的空间的一个探索历程,从开玄弓村到禄村,从禄村再到中国周边的民族地区的考察,这些都是对于乡土中国这样一种观念中的类型的探索符合性的尝试。

在这种尝试中,费先生身体力行地实践了一种由归来而远去的田野民族志的方法论。这是一种并非固守于一个乡土社会的游动着的观察,在这种观察之中,差异与多样性得到了呈现。在这里可以有两种游走的民族志田野工作,一种是身体的游走,一种是心灵的游走。对于身体的游走,我们是可以理解的,那就是在身体的移动之中,我们看到了变化和差异,在远去之中,我们看到了不同的乡土社会存在的形态。而心灵的游走则具有了一种超验的意味,它需要一种社会学的想象力。王铭铭曾以《心与物游》为题编辑了自己的一本文集,在这"心与物游"的背后是一种由归来而远去的民族志田野工作。① 费孝通在晚年所强调的"神游冥想"同样是一种游走的民族志方法,这是一种地地道道的心灵的游走,即便是在一个有着边界的乡土社会里从事田野工作,提示我们的也绝不仅是眼睛所能看到的样子,而是笔者要更加丰富的"示",是物像背后的象征意义。② 象征意义就是一种指示,是能够让别人也理解的一种指示,由此才能够达成一种人与人之间的沟通。这种指示或者象征一定是具有更大范围的联系和想象,是超越于某个具体物自身之上的想象力的发挥。这是可以由微观的观察而指示出更大范围联系的一种田野方法论,费孝通早年在瑶山的微观调查中所看到的同在一个地区的不同瑶人却有着一种共同的瑶人意识的看法,成就了他后来对于整体的中华民族的理解。③

总之"归来"的意象构成了一种细微观察的潜在的可能性,而身体与心灵的"远去"同样构成了这些细微之处发生变化却又相互关联的可能性。超越地方感的乡土社会研究才有可能从远去的身体和心灵的激荡之中寻找到乡土社会之所以存在、地方感之所以能够维系的原因。这也恰是我们今天提出"一种跨越乡土社会的田野民族志方法论"的真正的意义所在。

---

① 王铭铭:《心与物游》,广西师范大学出版社2006年版。
② 费孝通:《费孝通文集(第十五卷)》,群言出版社2001年版,第1—7页。
③ 费孝通:《潘光旦先生关于畲族历史问题的设想》,载施联朱:《畲族研究论文集》,民族出版社1987年版,第4页。

超越社会学既有传统*

——对费孝通晚年社会学方法论思考的再思考

社会学在中国已经历了百余年的发展,形成了自己独有的一些性格。显而易见,这些性格在新的世界格局下还将继续保持下去,但是这并不意味着其不可改变,因为任何学科的发展都是以顺应时代的变化而使其自身发生改变的,如此,一个学科才会命运长久。在今天,这种改变更加需要一种有自觉意识的对于原有界限的超越,而费孝通晚年有关中国社会学学科"补课"的倡议及其身体力行的实践也着实为这种自我超越提供了一个样板,同时也为社会学在中国的发展提供了一种新的共同体意识。尽管由于费孝通晚年的经历和阅读的限制,他并没有在这一问题上做系统的阐述,却为后来人的再研究以及深度阐释提供了问题出发点。

社会学在中国的发展道路

不言而喻,社会学是伴随着西方社会科学理念的成长而在19世纪末和20世纪初传入中国的[①],这样,影响这门学科成长最为重要的概念几乎都是经由翻译而来自于西方,比如实证、功能、结构、冲突以及分层等,中间虽经历过1930年代以燕京大学社会学系吴文藻为代表的"社会学中国化"的发展道路[②],但究其根本,依旧是取西方理论与概念而套用于中国现实之上。当然,也有被称为"吴门四犬"的费孝通、林耀华、瞿同祖、黄迪等人在不同研究方向上对于西方社会学概念在中国场景下的融会与贯

---

* 原载《中国社会科学》2010年第6期,第138—150页。
本文写作受到2010年度国家社会科学基金一般项目"20世纪30年代社会学的'中国学派'研究"课题资助(批准编号:10BSH001)和中央高校基本科研业务费专项资金资助(项目编号:2009JC08)。
① 姚纯安:《社会学在中国近代的进程:1895—1919》,三联书店2006年版,第29—55页。
② 李怡婷、赵旭东:《一个时代的中国乡村社会研究——1922—1955年燕京大学社会学系毕业论文的再分析》,《乡村中国评论》第3辑,山东人民出版社2008年版。

通,甚至还有包括像李安宅、杨庆堃、冯家升、李有义、陈永龄等在内的一批在早期社会学中国化取向上作出辉煌成就的吴门弟子的不懈努力①,这些努力在一定意义上成就了吴文藻以及之前包括孙本文在内的一些中国社会学家所试图发展的社会学中国化道路。

但是,这种西学本土化的融通和努力并没有从根本上实现西方社会学概念与中国现实社会及其解释上的契合,中国社会学在追随西方社会学的发展进程中,型构出来的仍旧是一种移植型的品格,这种品格明显体现在源于本土的理论极为匮乏。尽管一些人试图攀附古代中国思想家有关"群"的论述,甚至最早社会学概念的翻译就是严复提到的"群学"②,但这样的努力终究势单力薄,并没有延续这条思想的道路去发展建基于中国文明基础之上的社会学传统,甚至连"群学"的译名也被最初来自于日语的"社会"二字所取代,由此而使中国社会学一直在这个意义上探讨问题,限制了中国社会学家所能够关注到的分析单位。中国传统思想中一直存在的宏大与抽象的整体性社会范畴仅仅成为一种历史知识而在课堂上讲授,其并没有顺理成章成为一种自觉意识,由本土范畴资源去建构一种或多种社会理论。结果,由此造成的一个主导性局面是,大量的社会理论以及社会学理论和概念都是由外部移植而来,社会学理论也不过是西方社会学理论的汉语版,甚至可以说,支撑这门学科的参考资料以及阅读文献的绝大多数或者核心内容都是非汉语原创的,许多是直接或者间接通过译介而移植西方的思想到汉语语境之中来的,这种赛义德(Edward Said)意义上的"旅行理论"或者"理论的旅行"对近代中国而言不仅是弥漫在本土学术氛围中的一种主导话语,而且还渗入到我们对于生活的认识中,这便是现代性话语在我们日常生活中的不断蔓延和具体实践。③在社会学的中国化发展道路上,这种现代性话语通过国家现代化的诉求而获得合法性,并与一种本文后面所论及的实用性格相互依存,形成了中国社会学的发展道路。

西方社会学及其相关理论经由一种旅行的方式进入到中国社会学

---

① 参见潘守永:《林耀华评传》,民族出版社2009年版,第21—35页。
② 严复有关"群学"的翻译可参见姚纯安:《社会学在中国近代的进程》,三联书店2006年版,第38—39页。
③ 杨美惠曾借用赛义德的旅行理论分析中国乡村社会中传统复兴的一些问题,这在一定意义上构成了对由现代性话语所激发的遍及整个社会的现代性改造运动的抵制。参见杨美惠:《传统、旅行的人类学与中国的现代性话语》,《中国农业大学学报》2007年第2期。

界,这种努力在中国社会学发展的早期以及1970年代末以来社会学重新恢复时期曾占据主导地位,每一位有影响的中国社会学家最初都以能够翻译或者读懂西方的原始文献作为其学术道路的核心追求之一。但是在这种不断翻译与借鉴之中,能结合中国现实提出可延伸探讨的、带有反思性和批判性的理论问题极为少见,而一门学科所期待的由原创性理论延伸出的经验研究更是凤毛麟角。在这门学科中,存在更多的可能是顺应国际潮流的应声附和或者转而成为西方原创理论的试验场,或者是走了另外一个极端——专注于问题解决、对层出不穷的社会变化的即时应对或者以居高临下姿态所作出的不痛不痒的政策建议。可以说,很多这方面的社会学对话都是以一种补充与完善或者追随与发展的心态去应对现实的发展,因此从根本的意义上来说,这些做法完全是在复制西方的学术路径,而这种复制西方理论的思路在叶启政看来,"它往往不可避免地把社会带上重蹈西方社会之旧辙的路途上去,严重的甚至是加深了问题的困扰"。①

换言之,这样一条社会学的中国发展之路,一旦在西方社会学界出现某种中断和传统的断裂以后,社会学在中国的延伸性发展也就成为不可能,由此造成的一个后果就是,我们不断地返回到原点上去重提社会学问题,与此同时,所有的积累都可能因此一下子变成可以随手弃之的"垃圾",丢入到"历史的垃圾箱"中②,即那些从实地调查积累起来的社会学数据和资料,仅仅具有历史学家眼中的史料价值,而没有了一种通过延续性积累而构建出环环相扣的社会学理论的传统。因此,在中国社会学发展中,本来属于学术共同体共有的学科理论构建似乎一下子转变成私人欲求。③ 甚至,作为个体的社会学家在社会学的每个发展时期都试图发展某种独创理论,最终却又因无法真正延续其理论余脉,而不能够构建出一种深植于中国文化的社会学理论。借用诸多翻译性概念所构建的理

---

① 叶启政:《从中国社会学既有性格论社会学研究"中国化"的方向与问题》,《"中央研究院"民族学研究所专刊》(乙种之10),1982年第4期。
② 王铭铭最先用"历史的垃圾箱"来指涉人类学与历史学之间可能的互惠关系,本文用此比喻,更多是指社会学的调查资料没有被进一步消化而逐渐流入到历史学文献当中,许多早期社会学家有关中国村落的调查都已经不再受到当下的社会学家关注,而更多地成为历史学家的宝贵文献资料。关于"历史的垃圾箱"的讨论可参见王铭铭:《漂泊的洞察》,上海三联书店2003年版,第108—132页。
③ 最近这方面的努力可参见郑杭生、陆益龙:《增强理论自觉,促进学科发展——谈中国社会学与人类学、民俗学的关系》,《中国社会科学报》2010年7月20日,第11版。

论,由于其自身缺乏语义逻辑的启示性、社会与文化的关联性以及真正意义的现实关怀,使得这些理论天生便具有了移植性社会学理论的缺陷。任何新出道的社会学家都试图去创新理论,最终似乎又无可逃脱、如西西弗斯神话所寓意的那样不断回到理论构建的原点上,由此承受着这种回归原点的悲剧式命运的捉弄,进而使得任何一位社会学家都无法在社会学理论的解释力和涵盖力上有任何有真正深度以及洞察力的自我提升。另外,由于隔靴搔痒式的理论移植,也使得很多本土学者以这些外来的社会学理论和概念无法贴近中国社会为由,从内心深处去排斥各种理论以及理论建构的企图心,由此进一步强化中国文化"经世致用"这个既有品格中那种从经验到经验的实用性格。这恰恰构成社会学在中国发展道路上的另外一种缺憾,同时也成为费孝通晚年反思的对象。

实用性与中国社会学的既有性格

可以说,作为舶来品的社会学,其在中国的发展历程中,始终没有能够真正摆脱西方社会学的影响。[①] 甚至很多时候,我们对西方社会学家著作的熟悉程度会让许多西方学者惊讶,对于那些已经过去的经典论述以及经典社会学家的思想,在某种程度上,他们甚至不一定比我们熟悉。这种西学在中国社会中的普及以及以刻板化的形式占据思想主导的状况,甚至还体现在整个人文与社会科学的领域之中,否则就不会有1980年代最先在中国台湾涌现出那些包括心理学、社会学以及人类学在内的所谓社会科学本土化潮流,并最终波及中国内地有关社会科学本土化的激烈讨论[②],甚至到最近中国哲学界,依旧试图对这个老问题给出一些新的解释。[③]

无独有偶,在东方学研究领域,人们仍旧在延续"颠倒的东方学"的分析套路,有些过度强调东西方文化之间的差异,并无意识地使这些差异

[①] 叶启政:《从中国社会学既有性格论社会学研究"中国化"的方向与问题》,《"中央研究院"民族学研究所专刊》(乙种之10)1982年第4期。

[②] 关于这一点可参见赵旭东:《反思本土文化建构》,北京大学出版社2003年版。

[③] 香港中文大学哲学系的刘笑敢曾经专门撰文批评在中国哲学的阐释中借用西方概念,也就是以自己并不熟悉的西方哲学概念去解释自己熟悉的中国哲学的概念所造成的反向格义,这再一次把西方的概念是否适合于解释中国的观念和文化的问题重新提了出来,构成了讨论的新空间。关于这一点可参见刘笑敢:《反向格义与中国哲学方法论反思》,《哲学研究》2006年第4期。

逐步实质化或者客体化。① 所有这些做法,可以说在一定程度上暴露出中国"五四"运动的后遗症,这种后遗症的核心也正像杨念群最近的研究所指出的那样,是中国文化在借助西方的理性观念来使自身的文化事实不断归约为可被分析的对象,是一种自身整体性的断裂。②

单就社会学这门学科的发展而言,上述这种状况随着1979年社会学在中国的恢复并没有发生多少改观,社会学在中国的发展一方面在理论上体现出一种上述所谓原创理论的匮乏状态,另一方面,也没能摆脱掉其既有的"实用性"追求,并在逐渐的发展过程中使这门学科凸显出一种实用的性格。③ 这正像一些批评者所指出的,在1979年以后恢复社会学的一段时间里,过度强调应用的所谓"庸俗化"的社会学开始占上风,社会学在缺失理论的前提下却在不断地延伸自己的发展道路,由此造成的一个直接后果就是真正的理论反思几乎处于一片空白之中。苏国勋在对社会学恢复十年(1979—1989)的回顾性文章中就明确地指出了这一点,他称社会学的理论研究不仅没有起到指导实践的作用,反而甘愿充当"应用研究和实践的附庸、尾巴",正像他所指出的那样,1980年代社会学刚刚恢复,主流学界强调"社会学是研究社会问题的一门学问"、"社会学是社会调查研究的学科化",并把这看成是这门学科的理论化取向,随着改革的深入以及对社会经济协调发展的强烈需求,社会学的研究对象一下子转变成"研究现代社会良性运行和协调发展的条件和机制"。④ 这种做法在一定程度上强化了"一向中国社会学所具之'实用'、'实证'、'移植'

---

① 季羡林在为《东方文化集成》撰写的"总序"中不断强化这样一种隐喻,那就是西方原来那只睁大的观察世界的眼睛现在闭上了,而中国曾经闭上的两只眼睛在渐渐睁开,其意在强调东方文化相对于衰落的西方文化的新崛起,在这个意义上,无非是在把西方人曾经高调提出的一切都是以西方文明为中心的东方学的论调反过来,又过度强调东方文化的中心地位。但东西方文化之间实际很难清楚地区分出你我,两者之间的融合不是没有,只是某种特质在某些文化中占据突出地位并被固化为主导的核心文化价值而有所不同而已。参阅季羡林:《〈东方文化集成〉总序》,王宏纬:《尼泊尔——人民与文化》,昆仑出版社2007年版,第4—14页。

② 杨念群:《"五四"九十周年祭——一个"问题史"的回溯与反思》,世界图书出版公司2009年版,第53—54页。

③ 这种学术场域中实用性格的养成,与近代以来中国学术新传统的建立之间有着极为密切的关系,最早康有为对于乾嘉考据学者的批判,体现了一种新的强调学术经世致用的观点,并开始成为主流,而章太炎所承袭的以"求是"为学术纯粹追求的看法那时已日渐式微。关于这一点可参见陈平原:《中国现代学术之建立——以章太炎、胡适之为中心》,北京大学出版社1998年版,第34—35页。

④ 苏国勋:《中国社会学的健康发展之路——坚持应用研究与理论研究相结合》,苏国勋:《社会理论与当代现实》,北京大学出版社2005年版,第162页。

与'加工'性格"①,这种不断调整其研究对象的中国社会学,尽管结合了中国实际,但是其在理论深度上并没有真正得到提升,其借用的解释性资源依旧是西方既有社会学教科书层次上的那些与中国实际相去甚远的理论和方法。换言之,中国社会学的理论支撑依旧是通过某种翻译以及在此基础之上引介西方社会理论而得以实现的。

关于这一点,与中国社会学发展有着极为密切关联的费孝通在其学术生涯尤其是晚期思考中有所回应。这里不仅要指出中国社会学既有性格中的这种"实用性"倾向的存在,更要去思考在何种意义上实现对这种社会学实用性格的自我超越,这是费孝通晚年所提倡的"自觉"意识的自我超越。没有了这种超越,中国社会学的发展可能永远只是一种自我否认以及相互否认式的原地踏步,对于新的参与者而言,似乎一切都命定地要从头开始。显然,这种状况不应该成为中国社会学必须承受的无可避免的命运。

虽然,费孝通本人对于中国社会学恢复过程中出现的不足曾有多处表白,但是,他确实属于苏国勋所批评的那类过度强调社会学应用性而具有实用性格的社会学家之一,费孝通多处有关"理论要联系实际"以及"从实求知"的口号都无可避免地被一般人看成是一位彻底主张经世致用而无超验思考的社会学家代表。但费孝通显然不是这样的一位社会学家,真正与其有过面对面交往的学者都不会否认其才思敏捷的思考能力以及开题破路的启发性的睿智。当然,那时费孝通所处的际遇,并不是一两篇文章所能够解释清楚的②,作为受过完整西方社会科学训练的中国社会学家,费孝通在特定的时代承担起了恢复社会学的重任,这种恢复也只能在西方既有理论和方法的学科框架中展开,只能在翻译和介绍西方社会学作品的同时脚踏实地的从现实入手去发现真正的中国社会学问题,与此同时,费孝通经历了中国改革开放以来的社会大转型,他也因此不得不去面对急速变迁的中国现实,在他看来,理论远水不解近渴;而实践中层出不穷的问题意识,使得中国社会学在1979年恢复以来走出了一

---

① 叶启政:《从中国社会学既有性格论社会学研究"中国化"的方向与问题》,《"中央研究院"民族学研究所专刊》(乙种之10)1982年第4期。

② 关于这一点,费孝通在其1999年出版的14卷本《费孝通文集》的"文集前记"中有多处表白,他不仅认识到一个作者的文字无法脱离其社会和时代背景,同时还意识到有些东西是无法用语言去做真正彻底的申论的。费孝通:《费孝通文集》(第1卷),群言出版社1999年版,第4页。

条很难用一个概念、一个理论、一条线路去涵盖的独特之路。

不可否认,这条道路确实可以用"实用性格"来加以概括,但其复杂性却不是这四个字所能够完全涵盖的,否则便不会有费孝通晚年对社会学方法论的极为强烈的自我反思意识,希望通过"补课"的方式去追溯在中国社会学中曾经中断了的传统,这一传统就是对燕京大学社会学系在1930年代所积极倡导的与美国芝加哥学派学术传统的接续与在方法论上的超越。这种"补课"行动的一个无意后果就是,为中国社会学在新时代的自我超越提供了良好契机。

由"补课"引起的反思

作为1980年代中国社会学恢复的引路人,费孝通借助"补课"的方式使得社会学在中国社会科学领域中有了一席之地,这是毋庸置疑的事实。① 邓小平在1979年3月《坚持四项基本原则》的讲话中提及社会学时,强调"现在也需要赶快补课",这一点既成为恢复社会学的一个契机,也成为社会学未来发展取向的一个基调。可以说,"补课"观念一直伴随着社会学自1979年以来的发展进程。② 由于有着国家主导的时代背景,社会学恢复期的取向必然与苏国勋所概括的"实用性格"紧密地联系在一起,这也是毋庸置疑的事实。在今天,似乎没有必要为此而去作一种无用的自我辩驳。但是,问题的关键可能是,无论是社会科学界,还是中国社会学界似乎都没有真正注意到,作为一位曾经亲身经历过早期社会学中国化的历程,并为之作出不懈努力的社会学家,费孝通在其晚年所作的对社会学在中国发展的缺憾的深度反思,是以其向整个社会学界提出补课的"倡议"之后开始的。这不是随口说出来的口号,而是身体力行的实践,费孝通在重新阅读一些早期曾给予他重要影响的社会学家的作品中开始了他的反思之旅。这种反思同时夹带着对这个学科的警醒,即以一

---

① 作为费孝通晚年学术助手的潘乃谷教授,曾有专门的文字记录费孝通晚年在不同场景下对于社会学要补课的讲述。至少1998年1月29日费孝通与北京大学社会学人类学研究所领导的谈话中开始提到了"补课"的问题,他在对中国考古学家苏秉琦的著作《中国文明起源新探》的评论中提到了这一点,认为中国考古学在这一点走到了前面,把文化的"硬件的格局"搞出来了,社会学则没有做到这一点,拿不出真正的东西来。在这个意义上,考古学发展出一条道路,而社会学则是有路却没有通下去。关于这一点的细致论述可参见潘乃谷:《费孝通教授谈补课》,费宗惠、张荣华编:《让社会更美好》,群言出版社2002年版,第46页。

② 费孝通:《师承·补课·治学》,三联书店2001年版,第338页。

位耄耋老人的一生经历在向这个学科的所有同仁发去一种召唤,希望这些学者们"脑筋要灵活,要能跟上这个时代的变化……思想要搭得起来,不能够平面地走……"①

这些话看来有些琐碎,实际上是对学科整体走向所提出的一种真诚的批评和担忧,即便在今天也是值得回味与消化的。这样一种批评性召唤体现了那一代人对于学术的本真追求,其核心就是要不断地超越自己的过去,费孝通一生的学术发展历程多少已经说明了这一点,从早期村落研究,到后来的类型比较、小城镇研究,以及晚年的文化自觉思考,这种自我超越的努力一直都在费孝通身上进行着。

如果我们将费孝通一生的著作用中国绘画的三个词汇来加以形容,那么,早期的《江村经济》、《禄村农田》代表的是用笔考究、一丝不苟的工笔画法;中期的《乡土中国》、《乡土重建》已经有写意的趣味了;在晚年以《学术自述与反思:费孝通学术文集》(1996)、《师承·补课·治学》(2001)、《论人类学与文化自觉》(2004)等著作为代表的一系列在"补课"观念引导下的反思性作品,已经体现出浓郁的文化与反思性关怀,可以说是对一种大写意的泼墨手法的娴熟应用,这种手法的巅峰状态,最为明显地体现在他 2003 年所写的发表在《北京大学学报》上的《试谈扩展社会学的传统界限》。② 在这篇长文中,我们可以深切地体会到作者不受任何既有框框束缚而做自由思考的那种随意与智慧。③

这篇最初写于 2003 年 10 月的论文,并非一篇孤立存在的文章,如他自己所指出的,他擅长围绕一个自己所关注的主题去写一系列的文章,《乡土中国》以及《乡土重建》便是以这样的方式补缀成书的,因此,2003 年的这篇文章应该看成费孝通晚年诸多建立在"文化自觉"以及文化反思概念之上的对中国社会学这门学科在方法论上进行总体性反思而写下的连续性文章中的一篇,当然,这也是比较有代表性的一篇。尽管我们可以从费孝通的一些早期作品中注意到一些不断反思社会与文化本质的言语,但这种反思意识真正体现在他对老师辈的学者,诸如吴文藻、潘光旦、史禄国、派克以及马林诺夫斯基等人的回忆性文章中。

---

① 参见 1998 年 2 月 7 日费孝通与北京大学社会学人类学研究所研究人员的对谈;赵旭东:《费孝通对于中国农民生活的认识与文化自觉》,《社会科学》2008 年第 4 期。

② 此文随后被收录在费孝通:《费孝通文集》(第 16 卷),群言出版社 2004 年版,第 147—174 页。

③ 费孝通:《试谈扩展社会学的传统界限》,《北京大学学报》2003 年第 3 期。

尤其是派克,费孝通在1998年6月之后开始了对这位美国社会学奠基人的重温之旅,在重新阅读和回忆中,费孝通明确了社会学在中国重建中的困境以及实现目标的难度。① 即便如此,费孝通并没有为自己晚年反思的做法感觉到有任何的不恰当。在经历了一年多的阅读之后,费孝通重新认识了这位早年曾经引领他进入社会学之门的美国老师。这种思考也直接激发了他对于文化之间究竟该如何"美美与共"的思考,这种思考几乎伴随着费孝通走完其学术生涯的最后岁月,如果查阅费孝通生前所创建的北京大学社会学人类学研究所出版的系列工作论文,我们就会发现,费孝通在离他逝世不到一年的2004年8月写下了《"美美与共"和人类文明》一文,这足以证明费孝通晚年在这一问题上所作出的不懈追求。

可以说,费孝通晚年差不多用了十几年的时间开展了对有关社会学学科本身发展的反思,这为后来的人提供了一笔精神遗产,这笔遗产也许不是以系统的结构呈现出来的,而是在情境性的叩问与应答之中所作出的一种不断向前推进的回应与思考,在这个过程中留下来的文字,成为费孝通所说的"文化的不朽"的基础。斯人已逝,文字永存。通过重新阅读和梳理,可以在中国社会学重建的遗憾之处,再做一些身体力行的工作,使得在费孝通晚年言语未尽之处,能够延伸出启示中国未来社会学道路拓展的意义。

面对费孝通晚年的思考,苏国勋之前对于费孝通及其所引导的中国社会学在20世纪后20年的恢复时期的那些批评,显然已经被费孝通晚年自我否定式的超越加以涵盖了。最近苏国勋的一篇有关社会学学科史的回忆性文章中,他已经特别注意到了这一点,一方面苏国勋继续不遗余力地批评那些过度强调社会学理论自身概念性游戏的做法,另一方面也肯定了费孝通在晚年那些颇有价值的思考,特别是超越一般社会学概念讨论的从"生态"到"心态"的更为宏大的社会理论思考。②

这种思考也许才真正触及社会学的根本问题,那就是人与社会之间关系的格局究竟是怎样的问题。在此方面,我们之前对西方有关这一问题的思考确实知道得很多,却没有我们自己的贡献。我们可能极为熟悉

---

① 费孝通:《费孝通文集》(第15卷),群言出版社2001年版,第229—230页。
② 苏国勋、熊春文:《见证中国社会学重建30年——苏国勋研究员访谈录》,《中国农业大学学报》2010年第2期。

古典三大家在这一问题上极为细致入微的议论,却无法从我们自己已有的社会思想传统中梳理出来一种可以和这些西方论述形成一种真正意义上对话的理论和认识。而费孝通晚年的反思恰恰是要在这条道路上去不断地延展,也只有这样,之前社会学的实用性格才能够真正得到自我超越,否则只能出现不同社会学传统之间相互否认和排斥、最终出现分裂与隔绝的状态,这不仅不利于中国社会学的长期发展,也不利于这门学科独立性理论的产生。

个人、社会与文化的融通

若对费孝通晚年的思考做一总结,那么一定是围绕着"人"这个概念展开的。由这一概念延伸出来的有关"文化自觉"的概念更是费孝通晚年思考中的一个代表性概念。这里,"人"是不离开社会与文化而存在的,通过人的实践活动的勾连能力,社会与文化相互联系在一起,同时得以延续下去。对于这一点,费孝通从根本上反思,在中国文化里,究竟还有哪些资源可以帮助我们在盲目落入既有实证主义社会学的陷阱中不能自拔之时,可以凭此自救?

费孝通早期在燕京大学所受训练恰恰属于这一实证主义社会学传统。作为费孝通的老师,吴文藻尽管在燕京大学力主社会学中国化,但他把这种中国化的途径牢牢地建构在当时流行于西方社会科学界,并主导中国社会科学学术话语的实证主义基础之上,他在自己主编的《社会学丛刊》总序中声称自己的立场就是"以试用假设始,以实地证验终",接下来又强调"理论符合事实,事实启发理论,必须理论和事实糅合一起,获得一种综合,而后现实的社会学才能植根于中国土壤之上,又必须有了本此眼光训练出来的独立的科学人才,来进行独立的科学研究,社会学才算彻底的中国化"。①

上述这段话预示了早期中国社会学的实证主义与经验论的发展取向,而社会学的中国化也是建立在这样的目标之上。其引导着费孝通等一批研究者投身到这种经验现实的调查和分类中去,但是,大家那时似乎并没有欲望要超越经验事实的层面去做更为宏大和独具深度的社会学分析。至少,费孝通晚年所强调的"神游冥想"的社会学超越性反思已经离

---

① 转引自王建民:《中国民族学史》上卷,云南教育出版社1997年版,第283—284页。

这种实证主义的社会学很遥远了①，这也再一次体现出他对自身的评价——如脱缰野马的学术性格，换言之，他从来不愿意在既有的框架里去寻求简单的资料积累，这可能也是他晚期反思的最为基础的思想动力所在。

在这个过程中，以前实证主义社会学所忽视的个体，在晚年的费孝通那里被重新看重。他尝试着把人放到其存在的社会与文化场景中去思考，这种做法，应该说更多地是来自于中国文化自身的传统，特别是费孝通在晚年所不断提及的"天人合一"的观念。这虽然是一个对于阅读汉语文献的中国人而言再熟悉不过的观念，但是，经过费孝通晚年对此概念的重新诠释，其便具有了一种社会学理论建构的意义，而这也许是费孝通晚年思想中最为值得重视的精神遗产。

关于"人"的概念，费孝通早在《人的研究在中国》以及《个人、群体、社会》这两篇文章中就已经讨论过。费孝通所理解的人，从来都是生活在特定社会与文化场景中的，而非抽象的。费孝通有关人存在于社会的讨论，在其作品《乡土中国》中有最为完整的呈现，这种讨论延续到后来就是有关社会何以能够不断延续下去的那一系列的讨论，成为讨论"中华民族多元一体格局"的理论基础，而这一理论的核心就是费孝通在《乡土中国》一书中所发展出来的有关中国社会关系中的"差序格局"概念的讨论。这种差序格局，显然既不同于日本纵式社会关系的结构，也不同于西方人与社会两分的社会结构。②

对于人赖以维系其自身发展的文化而言，费孝通晚年提出的"文化自觉"概念映射出这一观念中"人"在其中所具有的独特地位。显然，费孝通在这里所暗示出的是，在一个文化中的人有此自觉，而不是文化本身有此自觉。也就是在此过程中，不是文化选择人，而是人选择了文化，在这里，人是第一位的。③ 真正激发费孝通去思考这一概念的问题意识，最初就是人本身。作为一个族群如何能够生存下去这一现实问题，进一步涉

---

① 此次对谈的录音整理经由费孝通亲自改正后以《参与超越，神游冥想》为题收录其文集中，有关社会学家要有一种"神游冥想"的品格最初就是在这次谈话中提出来的。这次对谈的核心是批评一些只重调查而缺少高屋建瓴理论思考的社会学家。而其"参与超越"的含义也在强调人因为有灵而逐渐凸显出来的非动物性，因此需要有一种思想的超越，而不是简单的事实描记。参见费孝通：《费孝通文集》（第 15 卷），群言出版社 2001 年版，第 1—7 页。
② 关于费孝通"文化自觉"概念的提出可参见赵旭东：《文化的表达——人类学的视野》，中国人民大学出版社 2009 年版，第 56—57 页。
③ 费孝通：《论人类学与文化自觉》，华夏出版社 2004 年版，第 183 页。

及人及其所承载的文化如何能够相互和谐地共同存在下去的问题。1998年7月,他参加了在北京大学举办的人类学高级研讨班,会上一位鄂伦春族女学者对于鄂伦春族人的生活现状的描述引发了他有关文化边界与文化自觉概念的思考,他在这位学者的报告之后插话,强调文化自觉这个概念的重要性。① 这跟他在这个会上的主旨发言可以相互得到印证,在主旨发言中,费孝通回顾了他的英国老师马林诺夫斯基有关文化动态论的论述,这是建立在他早年对这本书翻译和阅读的基础之上的。重新阅读以及那位鄂伦春族学者的报告,启发了他有关文化自觉概念的独立思考及其不断完善,同时也成为费孝通晚年社会学补课的一个直接推动力。

尽管有上述学术铺垫,但对个人及其与社会、文化三者关系的讨论,最为突出也最为集中地体现在上文所提及的《试谈扩展社会学的传统界限》一文中。可以说,重新解读费孝通这篇文章的真实意涵,对于中国社会学乃至整个社会科学的整体走向都十分必要。在这篇文章里,费孝通以一位已经走过93年人生历程的老人身份向学界发出新的信息,这信息肯定不是民族主义的,但并不意味着没有一种世界主义和文化主义的内涵。借此,他希望在我们尝试了各种个人、社会和文化之间的关系类型的分析之后,返回到古代中国文化中去寻找新智慧来弥补社会学理解上的不足。这种智慧绝对不会因为谁占有了武力就会屈服于谁,也不会因为自身无力而被人占有,也就是,弱者并不一定缺乏智慧,他们反而是那些经常被人们忽视的或者遗忘的智慧,需要我们以一种谦虚的姿态重新捡拾起来。也只有在这个意义上,西方社会科学近来所论及的"默会之知"(tacit knowledge)才能够与中国实践中"知道如何去做"的智慧之间发生对话和交流。② 当西方社会科学开始幡然醒悟于这些"知道如何去做"的默会之知的时候,智慧超越于知识本身而对人生存于其中的社会和文化的理解才有了深一层的把握,这些曾被我们轻而易举忽视和遗忘、现在又被称为"智慧"的东西可能才是让"我们真正理解中国社会的关键",而没有达到这个理解层次的社会学,还谈不上是一门成熟的"学"或者说 sci-

---

① 日本人类学家中根千枝曾称日本社会结构强调的是纵式社会关系,阶级和阶层的区分不明显,而代际之间的关系很密切。而欧美国家的社会结构强调更多的是横向关系,甚至印度社会也有类似结构。关于这一点可参见中根千枝:《适应的条件》(朱京伟、张吉伟译),河北人民出版社1989年版,第42—44页。

② 对有关"默会之知"的概括性讨论可参见邓正来:《哈耶克社会理论》,复旦大学出版社2009年版,第88—97页。

ence(科学)。后面这个英文是费孝通专门挑出来放在"学"的后面作为特别说明的,以此来说明这门学科的基础在哪里。①

在谈论人的问题时,费孝通显然不是孤立地去谈生物性存在的人,而是强调了作为整体性存在的人,这样一种人处在天人之间的宇宙性联系之中,并且与其所在的社会和文化相互联系并融通在一起。在这种联系与融通之中,个人摆脱了西方论人时的独立而孤独的"个体"(individual)状态,成为与社会和文化相互融通在一起的作为整体存在的"个人"(person)。人是以其所承担的社会角色来加以定位的,因此,人除了有生物性的存在之外,最为重要的还有社会性的存在,也就是每一个人都可能是某种角色的承担者。这些角色不仅在横的方向相互联系在一起,如,在中国社会,这种横向联系构成一种差序格局的理想形态;在垂直的"纵"的方向上,又跟"天"这个概念密切地联系在一起,如此,作为自然的"天"就不是独立于人的社会生活而存在的,而是紧密地联系在一起。②"天"成为生活世界的一部分,通过儒家所宣扬的崇天、敬天以及畏天的信念本体,渐渐渗入生活世界中,形成垂直关系中人与天之间的圆融一体,这种观念早在汉代大儒董仲舒那里就已经基本形成了。③ 经由两千多年的儒家教化,天人之间的特殊关系在中国人的观念中根深蒂固,并体现在日常生活实践中。④

在中国古代文化里,天气变化不仅仅是一种自然的变化,也被认为可以在人所在的生活和社会中得到一些体现。《后汉书》中有很多有关灾异的记载,都是在这样一种观念驱使下留存下来的史料,在那里,甚至皇帝寿命的长短也密切地与自然天气变化联系在一起,皇帝及其统治牢固地与天命观念联系在一起。⑤ 这类古史文献几乎占据秦汉以来的史书记

---

① 费孝通:《试谈扩展社会学的传统界限》,《北京大学学报》2003年第3期。
② 如果作一细致考证,费孝通注意到天人关系的问题应该受到其晚年所阅读的钱穆传记的影响,钱穆自己在晚年似乎突然对"天人合一"的观念有了一种新的理解。这一点激发费孝通认识到,"人的脑筋一直是在动的,不会停的,学问没有穷尽",因此高调提出"世变方激,赶紧补课"。关于这一点可参见费孝通:《费孝通文集》(第16卷),群言出版社2001年版,第328—333页。
③ 参见余治平:《唯天为大——建基于信念本体的董仲舒哲学研究》,商务印书馆2003年版,第85—119页。
④ 费孝通:《试谈扩展社会学的传统界限》,《北京大学学报》2003年第3期。
⑤ 据史学家的研究,能够集中体现这种天人感应观念的灾异说集中记载在已经失传的刘向撰述的《洪范五行传论》中,后来可均所辑录的《全汉文》中的《条灾异封事》也收录了反映刘向灾异思想的条目。参见李庆:《中国文化中人的观念》,学林出版社1996年版,第99—101页。

录的核心地位。汉代的诏书中屡见不鲜的便是对这些天气变化异常的恐惧描述,这种被当时知识分子所宣扬的、并被执政者深信不疑的宇宙观念,深刻地影响了当时的政治运行。① 这样一种天人关系的视野,显然在极度强调实证主义社会学方法论情况下很难有其解释上的合法性。实证主义方法论的核心是社会事实的对象化,西方实证主义传统中的人不是作为活生生的人而是作为一个被观察的对象,这一点构成西方社会学早期强调"亲证"的物理解释的传统,后来的学者试图超越,在西方是这样,在中国也曾经如此。章太炎在最初引入社会学时就确切地指出了这种弊端,他在 1902 年为其所翻译的日本社会学家岸本能武太的两卷本的《社会学》撰写的"自序"中提到,"社会学始萌芽,皆以物理证明,而排拒超自然说"。而岸本能武太的《社会学》虽依循西方的社会学,却吸纳英国社会学家斯宾塞以及美国社会学家吉丁斯的见解,"不凝滞于物质,穷极往逝,而将有所见于方来,诚学理交胜者哉!"②这种对于人与社会关系的解释方式不仅在日本学者的早期洞见中可以发现,实际上在我们自己的解释传统中,也是不难获得的,特别在天人关系问题上,可以看成是中国文化里最具特色的一种观念,以此构成与西方之间的差异。③

值得强调的是,由人构成的社会同样要求与自然的"合一",也就是人类社会依照自然的原则去建构自身,而在此意义上,社会的基础就不再是一种强制性的人造之物,而是自然原则的体现。相比天人之间相应变化的原则,在中国文化里,人类社会原则中所体现出来的实际上是一种自然的原则。这样一种认识在费孝通看来对于中国社会学极为重要,只有明确了这一点才能够从根本上去"摆正人和人之外的世界的关系"。④ 而没有对这种关系的整体性理解,想进一步得出人与社会、文化之间关系的解释,就变得极为困难。因此,在这一点上,中西文化之间的差异得到了凸显,相对于中国文化传统中的整体性的天人合一观念,西方文化孕育出来的是在局部用力的民族,如钱穆注意到的,希腊人并没有统一整体的观念,即雅典是雅典,斯巴达是斯巴达,各自为政,形成一种分的态势,终究

---

① 胡秋原:《古代中国文化与中国知识分子》(上册),中华书局 2010 年版,第 299 页。
② 汤志钧:《章太炎政论选集》(上册),中华书局 1977 年版,第 170—171 页。
③ 张君劢甚至断言:"在吾国人之思想中,天人之间,初无大鸿沟之横亘,与西方思想中将上帝与人类划为两界者,大不相同。此中西两方最大差异之点也。"引自张君劢:《明日之中国文化》,中国人民大学出版社 2006 年版,第 81 页。着重号为笔者所加。
④ 费孝通:《试谈扩展社会学的传统界限》,《北京大学学报》2003 年第 3 期。

也形不成作为整体的希腊国,而我们自先秦时代甚至更早到黄帝时代就已经是一个强调大一统的国家了,并且总是以"一体"为核心展开社会与文化的构建。①

"天人合一"这一影响中国人两千多年的哲学概念,最早有相关记载的是出现在董仲舒的《春秋繁露》之中,如其中《阴阳义篇》中提到"以类合之,天人一也",在《深察名号篇》中说"天人之际,合而为一"。② 尽管后来宋明理学对此有更为精细的阐发,但其核心还是在强调人和自然之间相互融洽的关系,核心是天和人之间的相互映射,即天人感应,结果造就一种认识,那就是人理即是天理,而天理一定承载着人道。这一点甚至被后来的儒家学者方东美拿来进一步区分中西文化的差异以及中国传统哲学内部观念差异的根本,凡是持守"天人合一"观念的都被归为传统中国哲学的主流思想,而其他的则被看成是旁枝末节,不值一提;而西方文化中天人两分的观念成为与中国文化相互区别的基础性观念。③ 对于"天人合一"内涵的理解,金岳霖的解释非常直白,在他看来,"天人合一"不仅是"伦理与政治合一",同时还是"个人与社会合一"。④ 这个判断已经凸显中西文化中的个人与社会观念上的差异,而对这种差异的理解必须回到人与社会、文化之间的关系上。可以说,在天人合一观念主导下的文化从来都没有生长出那种强烈的人与社会两分、并经由人们各自让渡出来的权利来构建一种相互可以保持安全的霍布斯意义上的社会秩序;而是每个人都通过忘我的与天合一的修养来实现人与社会的融洽,这显然不是通过社会规则的强制性约束来构建社会秩序,这是一种柔性约束,是由人的修养达成的一种对于自我的约制,它不求诸外在力量,而求诸自身修养基础上的领悟能力。

与此同时,不论是传统儒家还是新儒家,都强调天人之际关系的根本是出于一种整体性的追求,这一点在既有的社会学思考中显然被忽视了。在社会学领域中,到处充斥着分裂。这种分裂可以说是直接承袭了西方文化中人与自然两分的宇宙观念,进而将人与社会之间的关系也看成是

---

① 钱穆:《晚学盲言》(上),三联书店 2010 年版,第 5、9 页。
② 张岱年:《"天人合一"思想的剖析》,苑淑娅编:《中国观念史》,中州古籍出版社 2005 年版,第 24 页。
③ 参见李安泽:《生命理境与形而上学——方东美哲学的阐释与批评》,中国社会科学出版社 2007 年版,第 129 页。
④ 金岳霖:《道、自然与人——金岳霖英文论著全译》,三联书店 2005 年版,第 57 页。

分裂的两个领域,而没有切实注意到人与社会之间、社会和自然之间的那种你中有我、我中有你的包容性关系。① 在这种关系中,人处在中心位置上,社会以人为中心一圈圈地向外推出去。在这种推的过程中,如何看待人和人以外的世界,就构成了不同文明中世界观念的差别。

显然,人和自然之间被看成是对立的,这是一种认知;而人和自然之间被看成是相互协调的,又是另外一种认知。在中国社会,占据主导的世界观显然是后一种。但是,自近代开始完全接受西方的天人两分的世界观以后,分析的视角逐渐替代了整体性的思考,论述语言中理论与经验、个体与社会、理性与情感、传统与现代、断裂与和谐、分裂与统一、多元与一体、生存与发展、心和身、官和民、国家与社会等两分概念和表述充斥于社会学教科书和论著中,导致更多的社会学者只求分析和推理,而不知整体性的观察和理解,更不知在何种途径上去超越这种两分法的解释途径。甚至对于费孝通晚年提出的"中华民族多元一体格局"这一富有传统中国文化整体性和包容性的智慧性概念,也给予过度的分析性肢解,要么单方面强调多元而排斥一体,要么只注意到一体而否认多元的社会现实,这显然是缺乏整体性视角的一种误读,在更深层次上,似乎也没有体会到费孝通有关民族问题社会学思考的真正核心所在。②

应该进一步指出的是,这种强调整体性天人合一观念的社会基础是以人为中心的,但是人的中心地位的确认,却因为人自身时空存在的局限性而无法得到彻底的贯彻,而人所具有的精神世界或者意识能力,却在克服这种存在的局限性。在费孝通看来,一旦我们"忽视了精神世界这个重要因素,我们就无法真正理解人、人的生活、人的思想、人的感受,也就无法理解社会的存在和运行"。③ 在他这样说的时候,我们注意到"人"作为一个主体的存在,已经被费孝通纳入到中国社会学的既有框架中去。这一点,过去显然由于对法国涂尔干一派社会学的过度强调,而人为地忽略了。费孝通重提之,不仅是当下的世界变化迫使他去思考有关精神问题的社会学,而且,这也曾是英国功能论社会学中不曾丢弃掉的东西,早期

---

① 费孝通:《试谈扩展社会学的传统界限》,《北京大学学报》2003年第3期。

② 包括徐杰舜在内的一些民族学研究者最近对费孝通"中华民族多元一体"观念的民族史解读试图扭转那种既有传统中单向度看待民族关系中的多元或一体之间的那些极端看法,这是极为有益的理论探索。参见徐杰舜:《从多元走向一体》,广西师范大学出版社2008年版,第2—4页。

③ 费孝通:《试谈扩展社会学的传统界限》,《北京大学学报》2003年第3期。

影响过费孝通的英国社会人类学家马林诺夫斯基以及拉德克利夫—布朗,他们都曾有过心理学训练背景,或者有意借用心理学知识来强化功能论解释上的完备性。

在1979年恢复社会学时,费孝通也没有忘记在这个学科中专门添加上"社会心理学"这一分支学科,并形象地称其为恢复社会学的"五脏六腑"之一。当今中国社会学界还依然保有社会心理学的这一学科方向,并由此吸引了研究兴趣介乎社会学与心理学之间的一批优秀学者,为有社会学旨趣的心理学家找到了一处自我表达的空间。① 只是后来社会心理学研究者过度谦虚地把自己的研究仅仅看成社会学研究的一个补充,而没成为费孝通所期待的那种研究精神世界或者"心态"的先锋,或者社会学研究的引导者。尽管费孝通没有提及社会心理学的这个任务,但是,如果中国社会心理学不去关注费孝通所提出的作为人的特殊性的精神世界的问题,那么这个分支学科怎么能有真正意义上的研究对象呢? 这种状况正像方文所指出的,欧洲社会心理学的传统注意到了作为"知识行动者"的个人,而我们的许多研究似乎还仅停留在并非起决定性作用的关系结构的分析之中。②

人"心"与"我"及对传统社会学界限的超越

实际上,费孝通在晚年不断地追问他的老师俄国人史禄国最先透露给他的 Psycho-mental Complex 这个概念的意义究竟如何。史禄国在论及

---

① 费孝通在四川社会学研究会筹备组座谈会上曾指出,在社会学开始恢复之时,他以"五脏六腑"这一形象化的比喻来说明社会学要朝哪个方向恢复,"五脏"主要是指这门学科的机构构成,分别是学会、研究所、学系、图书资料中心、书刊出版部,而"六腑"是指社会学的六门基本专业课,包括社会学概论、社会调查方法、社会心理学、城乡社会学、比较社会学(社会人类学)、西方社会学理论。费孝通:《关于社会学的几个问题》,费孝通:《费孝通文集》(第8卷),群言出版社1999年版,第287页。

② 西方心理学早期有内省的传统,通过强调极为客观地记录内部心理的实际感受来获得心理学知识,这一点后来被华生的行为主义心理学所颠覆,强调完全外部的刺激和反应之间的联结。到了最近30年,由于认知心理学的兴起,内省的方法又在另外一个意义上得到恢复。但中国心理学并没有走这样的道路,而是基本上在亦步亦趋地跟随美国主流心理学的发展趋势,没有注意到自身可以有内省或者认识能力的方法,不是从社会内部去寻找心理解释,而是把心理现象挂到文化这棵大树上去,无法真正形成有自身特征的解释力量。而欧洲的心理学,特别是偏重社会的社会心理学继承了早期欧洲心理学的内省传统,从新角度,"以知识行动者为中心"去理解社会中的人,而不是反过来去理解社会和文化之后,再给予人以标签。关于"知识行动者"的讨论可参见方文:《学科制度和社会认同》,中国人民大学出版社2008年版,第28—36页。赵旭东:《重温欧洲社会心理学的学科制度》,《中国图书商报》2008年9月23日,第5版。

这个概念时,强调的是心理和精神层面的群体传承,这些传承是知识、实践以及行为,它们可以在代际之间传递,还可以从周围的人群中借得,甚至还可以由某个群体的成员自发地创造出来,其根本是指一个动态适应过程,并通过心理层次的复合传递下去,史禄国因此将之称为 Psycho-mental Complex,另一方面为了强调这一动态适应过程,又称之为 Ethnos。[①] 当然,费孝通没有专门区分这两个英文词,大略都翻译成"心态",而且还一再强调这个翻译仅仅是一个模糊的近似翻译,对这个词语的来源,费孝通有这样一段解释:

> 由于史氏对用字十分严格,不肯苟从英语的习惯用法。这也是普通读者不容易读懂史氏著作的一个原因。他用词力求确切性,于是许多被各家用滥的名词总是想违避,结果提了不少别人不易了解的新词。他抛开通用之词,采用拉丁文原字,使其不染附义,Ethnos 是一个例子。更使人不易理解的是用一般的英文词汇加以改造而注入新义,如他最后亲自编刊的巨著的书提名为 *Psychomental Complex of the Tungus*。Psycho 原是拉丁文 Psukhe 演化出来的,本意是呼吸、生命和灵魂的意思,但英语里用此为字根,造出一系列的词如 psychic, psychology 等意义也扩大到了整个人的心理活动。晚近称 Psychology 的心理学又日益偏重体质成分,成为研究神经系统活动的学科。史氏总觉得它范围太狭,包括不了思想,意识,于是联上 mind 这个词,创造出 Psycho-mental 一词,用来指群体所表现的生理、心理、意识和精神境界的现象,又认为这个现象是一种复杂而融洽的整体,所以加上他喜欢用的 complex 一字,构成了人类学研究最上层的对象。这个词要简单地加以翻译实在太困难了。我近来把这一层次的社会文化现象简称作心态,也是个模糊的概括。[②]

先抛开 Ethnos,对于 Psycho-mental Complex 这个词,社会心理学家本来应该在这方面作出一些贡献,但由于过度地将心理与精神的内容还原成生理和大脑层次的解释,对于身体、意识和精神整体性的关注被排斥在正统社会心理学的研究领域之外,而社会学又因为过度追随制度和结构

---

① S. M. Shirokogoroff, 1935, *Psychomental Complex of the Tungus*, London: Kegan Paul, Trench, Trubner & Co., Ltd, p. 1.

② 费孝通:《人不知而不愠——缅怀史禄国老师》,费孝通:《费孝通文集》(第13卷),群言出版社1999年版,第85页。着重号为笔者所加。

层面的分析,无暇顾及个体心理层次的精神世界,而这些被忽略的应该就是费孝通所关注的人的精神世界范围。

有了这个精神世界的存在,人与人之间以及人与外部世界之间的沟通才成为可能。在费孝通那里,则是专门拿中国文化里"心"这个概念作说明,以期明了在一个特殊的文化里,个体与个体之间的沟通方式,这种沟通方式明显带有中国文化意涵。

"心"这个字在汉语中本来是一个指代身体五脏之一的概念,属于有形身体的一部分,却被古代中国人看作是灵魂的思考之处。在这个意义上,作为物的"心"又即刻转化为一种精神存在,也就是代表着一个人的主体性存在。在这个意义上,心是人们构造自己与外部世界关系最内部的一层,由这一层不断地向外延展构成了可以通过"将心比心"与他人关系的比照,从而达成与外部世界的沟通。这与孔德的实证主义以及韦伯的价值中立等西方社会科学方法论概念有着根本的区别,这种区别造就了认识论的差异。尽管实证主义有多种转化形式,其核心原则一直强调如何停止我们自己内心世界的活动去对"我"之外的世界进行客观、精准的描述,以此实现对于我以外的世界的确定性把握,即通过对于真实而非虚幻、有用而非无用、肯定而非犹豫、精确而非模糊以及肯定而非否定这五种实证逻辑的追求来实现这一目标①,而这种认识论取向,已不同于东方世界里比较崇尚的那种由"心心相印"来获得理解的做法及其背后逻辑。支配现代西方兴起的理性,在这里遇到了另外一种以"我"为中心而展开的不断向外类推的思维方式,使得人类理性的单一性问题受到了根本的挑战。②

在西方认识论传统中,心不是用来感受的,而是用来做判断的。从笛卡儿开始,心的另外一个代名词就是理性,它在笛卡儿的沉思之中被提高到"神"的位置上,其有别于物质性和广延性的肉体而不能够被分割,同时它还是不能受到质疑的绝对真理的来源,并与充满着七情六欲的身体分离开来,一切的罪恶、不确定性、变化以及感受性,都被推到了这个有形

---

① 关于孔德这方面思想的介绍,参见周晓虹:《西方社会学历史与体系》(第 1 卷),上海人民出版社 2002 年版,第 40—41 页。

② 杰克·古迪曾细致地比较了以亚里士多德三段论为基础的西方理性观念与其他地区,包括印度、中国和日本在内的非三段论占据主导的文化中,不同形式的理性表达之间在逻辑上的根本差异。关于这些讨论,可参见 Jack Goody, 1996, *The East in the West*, Cambridge: Cambridge University Press, pp.11—48.

的身体之上,而心则是洁身自好,卓然不群的。① 在这个意义上,才进一步有英国分析哲学家赖尔(Gilbert Ryle)在《心的概念》(The Concept of Mind)一书中开篇所说的,在西方文化里,身体和心灵各自所发展出来的两部历史,"一部历史由他的躯体内部发生的事件和他的躯体遇到的事件所组成,另一部历史由他的心灵内部发生的事件和他的心灵遇到的事件所组成"。② 这可能是到目前为止西方认识论中有关身心两分的最为精彩的论述,它体现在西方的社会、文化乃至历史的表述中。

但是,在中国文化里所强调"将心比心"的做法,却反映出来另外一种认识论传统,即一切社会的构成核心都是在这"心"上,缺少了这个"心"字,个人便失去了灵魂,而物和心之间有一种整体性的连带关系,不能够相互分离。费孝通在论及潘光旦身上所体现出来的那种"推己及人"的儒家风范时开始谈论这个问题,当时他还没有提及"将心比心",而是谈论"己"这个字,这是指英文里的 self(社会中的自我),而不是一般意义上的 me 或 I(私我),通过对于"己"的认识和理解,推广到对他人的认识和理解,这就是推己及人的真正涵义。③ 后来费孝通开始用"心"来指代这个"己",而社会就是借助这种心物融通的整体性表现出一种秩序,结果一切都由这个"心"来统摄。而社会中个人之间能够相互往来,所依靠的就是这心与心之间的沟通。在这种沟通之中,心也被提升到近乎神秘的位置上,不仅要求人们要"心心相通",而且还要求有一种"由里及外"、"由己及人"一层层地向外推出去,逐渐构成相互联系在一起的社会道德化体系,这个体系是由内而外不断放大的真诚、共存、协调、和睦、温和、宽厚、利他、建设性等要件构成,这是一个"己所不欲,勿施于人"的克己体系,这个体系既是对人的活动的一种激励,也是对这种行为的一种制约。这是一种自我约制而非社会约制,相比于霍布斯所构想的人人自危的"利维坦"而言,我们强调的"将心比心"文化可能更加具有包容性和融通性,社会秩序更多的是靠一种发自内心的比较和理解构建出来的。

费孝通试图将这种以"心"为基础的理解和沟通方法,进一步提升为一种有别于一般实证主义方法的社会学研究方法,可以将其简单概括为理解的方法,这种方法在西方社会科学中惯常是以解释学的面目出现的,

---

① 笛卡儿:《第一哲学沉思集》(庞景仁译),商务印书馆1986年版,第90页。
② 参见赖尔:《心的概念》(徐大建译),商务印书馆1992年版,第4—5页。
③ 费孝通:《费孝通文集》(第15卷),群言出版社2001年版,第83—87页。

即在言说者与听讲者之间搭建起一架可以沟通的桥梁。在中国文化语境中,我们是用"会意"来加以表达的。在费孝通看来,能够构成一个文化里会意的那部分,往往都是这个文化里最为平常的内容,其平淡无奇到甚至无法为人所觉察,但恰恰是这种不易为人所觉知的部分才构成了这个地方文化中"最基本、最一致、最深刻、最核心的部分,它已经如此完备、如此深入地融合在生活的每一个细节中,以至于人们根本无须再互相说明和解释"。① 尽管在这里,费孝通并没有提及维特根斯坦后期哲学中的"默会之知"以及玛丽·道格拉斯有关"内隐的意义"的讨论,但这三位大师之间却有着一种共同的理解,都注意到语言和言语之外的社会与文化的存在方式。②

这种"意会"甚至对于我们自身的理解都会发生作用,即费孝通所谓的"说不清楚的我"。在有关这个问题的讨论中,费孝通一开始便指出在分析此问题上也有方法上准备的不充足,这里所谓的方法即是社会科学比较通行的从旁观者的角度来进行直接观察,这种方法对于社会学家而言本来是再熟悉不过了,而费孝通自己也曾经是践行此种方法的一个典范性人物,但是,垂暮之年的费孝通却执意要抛弃这种方法,强调"要从'主体'(subjective)的、第一人称的角度理解'人',也就是研究'我'这个概念"。③ 实际上,从"我"的角度去理解我们自己,这在社会学方法论的传统里是一个曾经被忽视的维度,我们习惯从我的角度去观察别人,而不大肯反求诸己去理解自己。把理解"我"自己当成是一种方法,这恰是费孝通试图超越传统社会学界限的一种有益尝试。

他坚持认为,"我"是多样的,诸如生物性的、社会性的、文化性的等,这些不同的"我"对一个具体的个人而言可以分为两个部分,一个部分是可以讲清楚的"我",这种"我"往往体现在一个人对于"我"的反思之中,是属于反思之中的"我"。"反思的'我',是自己能说清楚,能看得见的,

---

① 费孝通:《试谈扩展社会学的传统界限》,《北京大学学报》2003 年第 3 期。
② 玛丽·道格拉斯在其文集《内隐的意义》中专门论及维特根斯坦有关知识的社会建构的含义(参见 Mary Douglas, *Implicit Meanings: Selected Essays in Anthropology*, London and New York: Routledge, 1999)。另外从社会理论来探讨这一问题的还有从赖尔和博拉尼到哈耶克的有关默会之知的发展线路,赖尔 1945 年宣读的《知道如何与知道那个》(*Knowing How and Knowing That*)论文对于知识和规则之间关系的理解以及博拉尼在《个人知识》(*Personal Knowledge*)一书中所提及的"默会之知"启示了哈耶克对这一问题的更为深入的探讨。关于这一点可参见邓正来:《哈耶克社会理论》,复旦大学出版社 2009 年版,第 92 页。
③ 费孝通:《试谈扩展社会学的传统界限》,《北京大学学报》2003 年第 3 期。

只是故意隐藏在心里,不公开说出来,不想让别人知道。"①对于这个"我"的理解比较容易,人们如果愿意把这个"我"用语言表达出来就可以了。但是,最难于理解的是我们无法去界定、描述和解释的那个"我"。即便可以通过意会的方式来传达这个不能表达出来的"我",但费孝通的问题是,在这里表达的主体究竟是谁呢?也就是连"我"都说不清楚的话,那么由谁来表达"我"呢?

对于实证主义所提倡的由实际观察来寻找证据的方法,费孝通认为至少在理解不能够说清楚的"我"的这一部分是没有什么功效可言的。针对这一部分内容,费孝通重新引导我们回到一些可能并无法为经验事实所印证的直觉的方法。也许对哲学谈论直觉并不是问题,在这方面,伯格森的理论堪称典范,后来梁漱溟也对伯格森的直觉理论进行了阐述和发挥。②而在心理学中有关顿悟的一系列研究也证明此类非逻辑的直觉的存在。③但是,唯独在社会学中,任何一本有关方法和方法论的教材中都不会列出一种被称为是"直觉"的方法,费孝通试图超越的恰恰就是这个界限,在他晚年的思考里,一直都在强调社会学在方法上必须超越实证主义引导下那套只问事实而不求理解的研究方法。在费孝通看来,这个可以通过直觉来感知的"我"往往是指一种"会意"的我。这种会意的"我",实际上是通过超越语言的限度而表达出来的"我",这种"我"特别体现在各类艺术表达的形式之中,今天艺术人类学和美术史的大量研究都在试图对这样一些表达给出一种全新理解,这在一定意义上和费孝通所说的通过直觉的把握来理解"我"有不谋而合之处。

在这个意义上,从"我"的视角来感受"我"、理解"我",这不仅应该是一种方法,还可能是一个新的社会学研究领域,这个领域可以结合有关自我的心理学研究和认知人类学研究,对于"我"的存在形态的丰富性,以前多是心理学、人类学乃至文化研究方面各自独立发展的相关理论与研究方法,社会学在这方面的研究几乎处在失语状态,即便是有心理学的相关自我研究④,以及人类学有关自我的文化研究⑤,对于"我"的认识仍旧

---

① 费孝通:《试谈扩展社会学的传统界限》,《北京大学学报》2003 年第 3 期。
② 参见高瑞泉:《直觉与工具理性批判:梁漱溟对儒家经典的文化诠释》,李明辉编:《儒家经典诠释方法》,华东师范大学出版社 2008 年版,第 203—219 页。
③ 罗劲:《顿悟的大脑机制》,《心理学报》2004 年第 2 期。
④ 杨国枢、陆洛编:《中国人的自我:心理学的分析》,重庆大学出版社 2009 年版。
⑤ 马塞勒主编:《文化与自我:东西方人的透视》(任鹰等译),浙江人民出版社 1988 年版。

不能穷尽。费孝通在这里提出了一个非常有价值的概念,那就是一个很少有研究去关注的"被忽略掉的我"和"被否定掉的我"的概念。这些不会进入到以强调真实、有用、精确、肯定等实证性要素自居的社会学家的视野中去,而这才是超越社会学传统界限的基础所在,并可能是将来在田野研究以及交叉学科研究中最值得开拓的研究领域。

在这里,晚年的费孝通似乎参悟到一种"我"的存在的否定性倾向,由这种社会表达所构成的那种社会道德意识的出现和提升,则是单单依靠实证主义视角而无法捕捉到的社会事实。这同时也是费孝通所亲身经历过的那个特殊的时代留给他的一个无法抹去的深刻印象。在那个时代里,社会把这种"忘我"和"去私"强调到了极致,不是通过发自内心的修养通达,而是通过由外而内的洗脑过程来实现这种"忘我"和"去私"的目标。霍布斯这位17世纪的哲学家在《利维坦》一书中津津乐道的可能就是这样一种去掉私欲的现代政体的建立,在霍布斯看来,生活在一种自我以及个人欲望都极度满足的自然状态会引起"所有人反对所有人的战争",为了去掉这一己私欲,相互约定建立一个每个人都让渡出一部分自我权利的社会是霍布斯以及后来的国家至上论者所不断追求的目标。①

费孝通所提的问题在另外一个维度上替卢梭回应了霍布斯,也同样具有挑战性。费孝通追问的是,如果"我"的否定性倾向占据了上风,在对于"我"是什么并不能够说清楚的前提下,"我"和"私"究竟指代什么,就容易成为武断的界定了。它甚至可能指代一个人的生命、欲望、自我意识、物质财富等,如果这些都被否定了,人剩下的还有什么呢?在这个"我"被不断否定的逻辑里,社会行动者的主体究竟是什么,也就无法弄清楚了。

费孝通显然触摸到了中国文化里深嵌于其中的否定性逻辑,在这一逻辑里,费孝通更加强调在中国的人文价值之中所隐含的那种深层次的张力,这种张力既可以在一定时代塑造出在道德意义上真正达到忘我的仁人志士,当然也可以将这样一种道德约束转化为外部的力量,并将之推到极致,而导致社会崩溃以及秩序混乱。同时,这种张力又可能使得中国文化自身的包容性和柔韧性得到极致的表达,在这一点上,其优胜于以排他性和僵化性为突出特征的西方基督教文化。文明的冲突也许更多的是出现在有着强烈排他性与僵化性的文明内部或之间,而不是出现在自身

---

① 霍布斯:《利维坦》(黎思复、黎廷弼译),商务印书馆1985年版,第92—127页。

有着强烈包容性和柔韧性的文明与其他缺少此类特质的文明之间,这是由一种富含包容性与柔韧性的文化自身的涵盖力决定的。而这些问题似乎并没有真正进入到主流社会学的思考中去,这可能也正是费孝通晚年专门要求人们对于这种否定的我、讲不清的我以及不讲出来的我等的"社会我"的表现形式加以进一步研究,并以此超越社会学传统界限的初衷所在。

结　语

作为一位扎根于中国现实的社会学家,费孝通晚年对这个学科在中国的发展道路的反思不仅为自己也为这个学科未来的延伸开拓出一片新的天地。在经由一种长期的对中国社会与文化的观察与思考之后,费孝通所作出的判断是要试图超越他自己以及整个中国社会学在特殊的社会与文化背景下所形成的既有性格,即要在实证主义之外对映射到我们生活实践以及文化表达中的中国传统哲学观念的社会学理路进行一种文化观念史的追溯。

这里既有对他曾参与其中的中国社会学实用性格养成的反思与批判,同时也有回到中国传统观念中去寻求一种解释性资源和方法论提升的努力。这显然不是去寻求西方发展之路的例外,而是切合中国社会实际去发展出一种可以对中国场域中的个人、社会与文化这三者进行综合解释的理论构架。这是从超越一般社会事实之上的整体性角度来看待中国文明的一种努力,这种努力在把中国社会学道路延伸到超越于实证主义平面的维度上去,即尽力在垂直的上下关系方面做更有深度的探求,以此实现对这个学科既有传统的超越。

对这种自我超越性的思考,构成了费孝通晚年思考中最为精彩的篇章。显然,如果缺少了这一篇章,也许对于费孝通的评价可能会是另外一种样子,至少我们在理论认识上还可能在原地踏步,而难以这样有深度地反思今天社会学在中国的发展之路。显然,面对费孝通的这些遗赠之言,我们不能不去思考社会学在中国如何自我超越,这一点显然是之前的很多社会学家都不愿意花时间去思考的问题,当然这也是一个依赖单一实证主义视角所不能够处理的问题,需要有一种新的方法论综合的魄力和学术宽容之心。

概括而言,费孝通晚年思考的一个核心就是用其一生的经验去理解作为整体性而存在的"人",以及作为可以与外界进行沟通的"我",如何借助某种社会与文化的机制而发生相互勾连。这种勾连可以使人生活在一种既有过去又有未来,既有天上,也有地上,既有社会,又有文化的连续体中,这不同于西方近代以来的认识论或者早期西方智慧所衍生出来的那种人与外部世界截然对立的关系及其导致的各种文化要素之间的相互对立与冲突。费孝通晚年一直在思考的有关文化界限以及文化自觉的问题,在一定意义上,为近代西方以民族国家为基础的社会发展到极致之后所出现的一些困境提供了一种可以避开的途径,而离开了这一点再去理解费孝通的晚期思考,就显得有些隔靴搔痒,不着边际了。特别是那种继续将费孝通有关发展的讨论,纳入到一种缺少反思性的现代化论者的言语范畴中去,或者仅仅是注意到了他对"实用"这个词的随意使用,却没有注意到他在使用这一词汇时更为深刻的社会与文化语境,如此,就离费孝通真正想说的非常遥远了。

在一定意义上,如果社会学不以现代民族国家的边界来框定自身,那么社会学根本上是对于一种文明的研究,这是社会学超越近代民族国家边界基础的一种新尝试。应该清楚,社会学绝对不是一种只见树木不见森林的学问,它是在清楚具体树木生长规律的前提下而对于整体森林的生长态势有自己的判断。正像罗素在《西方的智慧》一书中一再强调的那条以哲学和科学为基础的西方理性发展的主线,这条主线不断延伸并变得粗壮,使得这一文明凸显而成为现代世界的主导,这确实是其他文明无法比拟的。① 今天,我们在面对由这种文明所带来的不尽如人意的非预料性后果时,中国几千年文明中所积累起来的智慧又该有何作为呢?这种作为的可能性也许在于我们既有的对于"人"的看法上以及由此延伸出来的对于天人之间整体性关系的思考上。在这个曾经被误解成"落后"的文明中,传统中个人、社会与文化这三个要素之间的关系构想,恰恰在今天具有了一种新的价值,它在西方现代性所造就的满目疮痍的荒原上,重新播下培育绿洲的种子。同时,这种个人、社会与文化三者之间在观念上所强调的融合或融通关系的不断转变,也在更深层次上给予了这个文明自我创造性转化的发展动力。在新的时期,我们有必要形成一种全新的有关这种动力机制转变取向的判断。因此,需要有一种切实可行

---

① 罗素:《西方的智慧——西方哲学在它的社会和政治背景中的历史考察》(马家驹、贺霖译),世界知识出版社1992年版,第419页。

的方法论作为基础,否则便不能对这种趋势给出一种比较切近事实而又超越于事实本身的判断。而这种方法论基础的构建,又必须根基于这一文明自身发展的轨迹。

在费孝通晚年,他恰恰从方法论上试图超越中国社会学长期沿袭西方社会学所形成的实用性的、二元对立的以及在人与社会之间加以割裂地去看待社会与文化的那些既有性格。在这种超越之中,他似乎再一次揭开中国文化中可以用来理解中国文明自身发展中的那些概念,这在中国社会科学发展的道路上,可以算是一种真正意义上的承前启后的新探索。这些新探索已经激发一些学者从更大的视野去看待文明与文明之间的互动①,甚至从费孝通早年的学术作品中,我们也能够注意到这种今天成为学术热点的宏观分析架构;特别是在他的学士论文里所直接提出的有关亲迎的"三区论",更是值得学界用心再去分析与挖掘。②

当然,未来社会学的发展道路会更为漫长,需要有更多的人参与到这中间来,并有意识地对费孝通晚年思考中所留存下来的言论、欲言而未尽之意以及由此可以触类旁通的新研究空间,进行更深层次的延伸和拓展。没有了这种学术上的接续和延伸,在学术苑囿中,我们也许可以看到一些散点式分布的独立思考者,却不见有一条可以将这些学者联系在一起并且不断涌动着的学术长河,而这条长河便是学术传统。这一点在我们既有社会的传统中也是极为缺乏的。为了这个目标,值得重读费孝通。而这也许是在费孝通先生诞辰一百年的日子里最好也是最有价值的一种纪念。

---

① 比如王铭铭最近依循费孝通晚年有关藏彝走廊的论述展开实地考察,奋力提出"三圈说",影响颇具。参见王铭铭:《中间圈——"藏彝走廊"与人类学的再构思》,社会科学文献出版社2008年版。

② 费孝通早在1930年代便提出亲迎的"三区论",这一点可以和王铭铭最近提出的"三圈说"做一些比照性分析,并把这个学术传统的脉络进一步梳理清楚。参见赵旭东、齐钊:《费孝通的"三区论"与王铭铭的"三圈说"的比照分析》,《开放时代》2010年第7期。

世界性・四海一家・天下大同*

最近英国的一本名为《理论、文化与社会》(Theory, Culture & Society)的左派杂志发表了两篇社会学家写的文字,核心都在讨论世界性(cosmopolitan)或者说世界主义(cosmpolitanism)的问题。如果查一下《牛津高级英汉双解词典》,对 cosmopolitan 这个词的解释也极为清晰,那就是指"一个容纳了全世界人的社会"(containing people from all over the world),在汉语里,最贴切的还可以用"四海一家"来指称。在今天,当互联网、风险社会等等不再是以概念的形式存在于人们的争论中,而是实实在在地影响着人们的日常生活的时候,世界性、全球化之类的概念就不能不成为人们日常关注与思考的焦点。

在这一期的几篇文章中,各位作者观点虽然略有差异,但是他们实际上都试图超越"全球化"概念中的西方中心观,从而强调从他者来反省自身的世界性概念。显然,在西方的学术话语中,从对全球化到对世界性的讨论前后的脉络是有一致性的。总的来说,这是一种思维方式的转型,即试图从狭隘的国民性、民族性和地方性来理解人类的生存状况(conditio humana)转变到从全球、全世界的范围内来思考这一问题。但是这批作者所持有的这种全球视角,绝不是以前一般所理解的全球化或者西方化,在德国的社会理论家乌尔里希·贝克(Ulrich Beck)看来,这是一种全球关怀的内在化,而这便是今天意义上的"世界化"(cosmopolitanization)。如其所言:

> "全球化"是一种非线性的、辩证的过程,在这一过程中,全球的与地方的不再是作为文化的两极而存在,而是作为并联在一起的、相互关联的原则而存在。这些过程不仅仅包括跨边界的相互联系,而且还要将内在于民族国家社会的社会与政治属性加以转化。这就是我所界定的"世界化":世界化意味着内在的全球化,意味着发自民

---

* 原载《读书》2003 年第 12 期,第 24—30 页。

族社会内部的全球化。

或许,以前对全球化的理解都只是一种误读,今天我们已经更为清醒地意识到,全球化是一种"对世界的关怀的内在化",而非一般人理解的宛如帝国主义扩张那样的世界一体的西方化。对西方文化下的西方人而言,这是一种心态的转变,即从眼睛向外看,转变到发自内心的自我审视。这种审视,其关照的对象是全世界。可以想象的情景是,我们生活在地方性的经验中,但是思考的范围却是全世界。

不可否认,西方社会科学曾经有过的思考范式是与西方的东方学一样的单向度的想象,在这一想象的基础上,所有的文化差异、地方性知识、异文化等等的表述才可能存在。但是今天的世界已经不再是站在西方土地上的单向度的想象,文化的差异不再是西方人眼中遥远的"他者",而曾经被传教士、旅行家和人类学家描述为纯粹的地方性知识的东西,现在也开始变得陌生与异己,孤独的异文化变得更加躁动,并伴随有发自内心的抵抗和觉醒。不言而喻,所有这些都是由世界范围内的频繁接触,人为的文化边界不断被打破而自然导致的后果,也可以说是"晚期资本主义的文化逻辑"。这种逻辑的象征性转变就是,以"对话式的想象"取代单向度的想象。在此意义上,文化的冲突不再是离开个人而存在,而恰恰是发生在个体自身的内部。贝克发明了"内化的他者"这个词汇来标定这种发生在一个人身上的多种文化与理性的冲突。对话以及个体所经验到的多种生活方式的并存以及带有竞争意味的个体的自我反思、批判、理解以及容纳多种相互矛盾的确定性的能力也大为发展,用哲学家尼采说过的话说就是"一个比较的时代"(the age of comparison)。其不仅意味着我们可以在多重传统以及文化遗产中进行自由地挑选,而且更为重要的是,这个时代的到来意味着世界多样性的文化之间开始了真正意义上的相互渗透,在此渗透的过程中,文化之间的合并、比较、冲突以及竞争也无处不在,无时不在。

从 19 世纪到 20 世纪,以科学理性为最高目标的近代西方文明经历了从强盛走向衰落的历史过程,两次世界大战,无数次的民族冲突,西方曾经引以为傲的殖民地的纷纷独立,使得西方近代文明存在的合法性受到了颠覆性的挑战,特别是新世纪之初在美国发生的"九一一"恐怖事件,使得原来西方社会科学基本的理念再次受到震撼而摇摇欲坠。世贸大厦的坍塌,也可以说是西方理性的坍塌!

以民族国家为基础而建立起来的社会学,无法克服因种族中心主义而导致的对西方以外的他者性的误读、忽视甚至排斥。钱穆这位博古通今的中国学者,曾经从中国史的研究中批评西方人的只知"国"而不知"天下"的方法论弊病,这种弊病使西方人曾经一度无意中忽视了中国,如其所言:

> 西方人仅知有国际,不知有天下。最近始有国际联盟之组织。其下有一教育科学文化联合机构,此三者皆具有天下性。但近世只有国民教育,无天下人教育,此乃教育上一大病。有战争科学,无为天下保和平之科学,此又科学上一大病。因此国际联盟下此一机构,亦仍趋于政治化。所谓政治化,乃仍保国别性,而无天下性。美国人乃主退出此机构。其实不仅此——机构难有实效,即整个国际联盟亦然。国际会议亦主少数服从多数,多数无财力无物力,岂能得少数服从。中国人则言得道者多助,失道者少助。平天下有道,而其道则实从最少数之先知先觉者倡之,次多数之后觉者和之,而后绝大多数之不知不觉者乃相与从之。(《现代中国学术论衡》,三联书店2001年版)

"不知有天下"的社会学在一国之内经营的时候,基本上是不存在问题的,一旦跨越国界,这种社会学必然会失去其基本的解释力。今天在面临文化与社会意识多元并可以通过比较而自由选择的时代中,建立在民族国家层次上的社会显得有些过时,甚至可能变成完全是没有所指的能指了。画地为牢的国家边界受到国际性移民和文化混血的强烈冲击,保护与排斥的国家与国家的交往模式已经变得落伍和不合时宜。有这样的后果,原因也极为简单,因为根本就不存在一个可以划定清晰的国家与文化的边界。这样的一种局面逼迫着西方领先的社会学理论家们开始思考一种超越民族国家之上的世界性的社会学(a cosmopolitan sociology)或者世界性的社会科学(cosmopolitan social sciences),这样的一门学问必然触及并要回答如下的问题:如何在文明中包容自然?如何包容西方以外的其他的诸种现代性和文明?在主体性和互为主体性中如何将客体包容进来?如何包容"未来的他者性"?并要如何克服西方社会科学根基性的国家神话以及科学神话?

如果说曾经存在过的社会科学是分化与排斥的社会科学的话,那么今天新的社会科学应该是包容的社会科学。我们不单单是划分群体、划分社区,将其当作我们的研究对象或者说对立面,而是要将这种对象包容进我们自身存在的世界中,构成一体,以对话和交流的形式达成结论。按照这样的逻辑,西方的"公民"(citizenship)概念受到重新思考是不可避免的。所有近代的以民族国家为基础而建构出来的社会科学,其关照的对象就是有着清晰身份认同的公民,国家存在的合法性基础就是每个公民的同意并订立契约,而国家的全部目的都是尽最大可能地保护民族国家主权边界内部的所有公民的权利不受伤害并能够最大限度地增进他们的福利。公民概念的出现及其实践的落实必然是排斥性地对待他者的开始。在民族国家的眼中,非公民就是敌人,是要加以排斥的,至少要区别对待。当这种排斥的观念经由公民教育而深入人心之后,民族主义的出现就是自然而然的结果。对此一过程,特纳的概括是有说服力的:

> 在社会学的传统术语中,公民塑造也必然就是民族塑造。用法律的、政治的以及社会的术语所创造出来的公民制度,同时也是一种在国家的行政结构中以民族为框架对一种成员身份的建构,这是在整个18世纪和19世纪支配着欧洲和北美国内政治的一个历史过程。一种民族公民的制度化框架的生产创造出了一种新的民族认同,进而取代了区域性的以及亚民族的文化。在欧洲城市兴起之时,公民认同曾经是带有地方性和城市特色的,但是随着民族主义的兴起,它们日益变得与需要有内在强大凝聚力的强烈的民族主义文化勾连在一起。民族主义容纳了外来人的反面印象,结果,依照卡尔·施密特(Carl Schmitt)在政治神学中所暗示的线索,现代的政治变成了一种要么是朋友要么是敌人的政治。民族认同与社会的公民就进入到了一个国际冲突与竞争的时代。

在这里,认同是一个社会化的过程,是由近代民族国家建设而必然导致的对国家边界内个人品质的要求。"公民塑造"的另一个同义词就是"公民教育"。现代教育纳入到国家治理系统中的一部分,很重要的目的就是将一个不受国家约束的个体转变成为国家随时可以控制的公民。但是公民塑造的后果并非是使地方感消失,而是使排他性的观念变得日益明显,地方感仅仅变成个人认同的一部分或者个人记忆中的一部分,比如对出生地的记忆等。国家的认同逐渐凌驾于这种地方性的个人化的认同而占据人们的日常生活。比如一位生长于四川的中国人,他虽有强烈的四川人的认同,但是假如他经常做跨越国界的旅行,他的护照上不可能写上他的四川人的认同,而只能够被迫认同是中国人。与此同时,内部的散漫与差异,逐渐被国家的现代性话语所侵蚀以至淹没于这些话语之中。近代以来的移风易俗、文字下乡、知识下乡、科技下乡乃至送法下乡等等的由上而下的社会运动,都可以说是在此脉络中开展。差异被有意遗忘,共同性得到强烈的表述与意识形态化的宣传。

谁也不可否认,今天的世界在发生着巨变,这种巨变需要新的理论对其加以解释。在西方社会科学大谈世界性的时候,不能不使我们联想起中国语汇里曾经频繁出现的"天下"的概念。这个"天下"的概念应该是包容全人类的,显然儒家所谓"普天之下莫非王土,率土之滨莫非王臣"的说法就是在这个意义上来表述的。这"天下"讲求的是"和而不同",但最终又是要达到"天下大同"。儒家对志士仁人的要求就是"齐家、治国、平天下",齐家治国虽各有不同,但对天下的关怀人人一致。到头来,儒家悟出来的一点道理就是:天下大同,四海一家。

这些关于儒家的理解,对于读过一点书的中国人来说,本来是耳熟能详的东西,但是在西方社会理论家的脑子里却是极难解决的一个困境。他们想出了如上那些对待他者的思考方式,不论是化外为内,还是嘲讽地看待自己本文化以构成对自身文化的距离感。但核心的问题并没有能够得到化解,因为以世界性关怀来标榜自己超越文化相对论的西方社会理论家,又把世纪之钟的钟摆强行摆动到了康德式理性主义的"普遍性的善"的那一端上去,文化差异被像吃东西一样吞到了这些理论家的胃里去搅拌,以为这样可以造就出来一个让所有人都能接受的"世界性的德行"来。显然,这又是一种新的乌托邦!

文化的差异不会因为世界联系为一体而自然消失。但是人也没有那么适应不良,水土不服,在世界性的旅行中,文化相对论的观念会被重新依照世界性文化交往的体验而不断地被再书写。在这一点上,中国的儒家很聪明,以出世的态度做入世的事情,脑子里装着天下大同的信念,心里构想着四海一家的图画。面对文化差异,不是想尽办法销蚀它,而是令其自由地存在,自由地生长。如果说儒家今天还有启发性,这是最要紧的一点。

文化本来是人类学家的本行,现在因为文化热,许多行当的人都开始把注意力转移到对文化的关怀上来,通过对文化的重新解释,而寻求对今天人类存在的意义的探求。既然是解释,观点上的差异甚至对立是在所难免的。但归纳起来,最终不外乎文化的变与不变这两种说法。在《人类学是什么》这本小册子中,人类学家王铭铭先生亦对此纷争有所归类,以为对于文化变迁的不同解释可以归入趋向入世的"重建派"和避世的"反思派"之间的差异。我个人以为,在这两派之间,共同性肯定是多于差异性的。不管是重建还是反思,目标也许只有一个,即让人生存于其中的文化彰显出深层次的意义来。

今天,人类学家面对的是整个世界而非局限于地方性的田野地点,人类学的民族志应该怎样撰写?我们曾经认为,只要付出时间和耐心,外加上录音、录像设备这类的技术支持,我们就可以清楚而准确地描记下我们所调查的那里的人的生活。但是随着今天各种不确定性因素的提升,客观描记成为了一种瞬间的存在,谁也不再相信,由此描述而能够自然推论出有一种更为恒久的文化模式的存在。在物理学中有的"测不准原理",在今天的文化表述中一样呈现出来,我们姑且称之为"文化的测不准原理"。换言之,原来我们观念中可以固化的文化要素,今天都变成似是而非的东西。文化的认同因为国际范围内的移民、旅行与商务活动而不断地受到震撼而自信心动摇。一方面,地方性的认同和地方性的知识也仅仅变成是一种怀旧的回忆;另一方面它们又会因为文化的重构而在最初的产生地方性认同和地方性知识的地方之外得到重新体验。今天的四川人恐怕再也不会为离开巴蜀之地而吃不到正宗的川菜而忧心忡忡了。

当然在这种文化不断融合,边界变得日益模糊的时代里,"文化的冲突"仍是随处可见。由文化相对论而衍生出来的地方性的文化,跟民族主义结合而成为地方主义情绪高涨的理论依据。在中东、在耶路撒冷以及在俄罗斯的车臣,分离的趋势远远大于融合。"地方主义"(regionalism)这个据说在1874年才出现的语汇,在经历了不到一百三十年后的今天,已经变成一个很常见的政治术语了。正像上个世纪出版的《社会科学百科》(*Encyclopaedia of the Social Sciences*)第十三卷关于"地方主义"这一词条所做的定义一样,今天世界范围内出现的"地方主义",伴随着世界去中心化的趋势,世界差不多成为一个各路诸侯割据的"世界封建主义"。

当然,说今天的世界有些像我们古代的春秋战国时代也未尝不可。总之我们面临的是一个各种文化可以通过文化的载体而在全世界范围内传播和交流的世界。把文化的特质固定化或者一味地强调世界已经变成为不可分割的一个整体的观点都只能说是短视的做法。对于世界性也不是现在才出现的新问题,对许多社会的实地田野研究就告诉我们,每一个地方的人民在创造出他们自己文化的同时也创造出他们关于宇宙的观念,换言之,对世界的关怀,古代的人和今天的人是一样的。古代人对宇宙观的表述与今天人对世界性的渴求,在观念历史的谱系上是保持着前后的连续性的。最为需要指出的是,世界性不是一个社会的事实,而是一个心理的事实,它存在于我们的头脑中,并由我们的头脑来赋予其以意义。当然,世界性的概念从来就不是唯一的终极真理,如果真像某些社会理论家所声称的那样,世界性是今天世界的伦理的话,对于文化差异、对于地方主义,用这一概念肯定是无法解释周全的。对于这一矛盾,中国的哲学变得很有效力。和而不同,这一在中国古代人的思想里是生活哲学的常识,而在今天的西方学术界里竟然还是一个需要费大量笔墨也争吵不清的学术问题。

后　记

　　辛卯秋日,看到编辑诸葛先生送来的书稿清样。在校对的过程中,萌生了许多的感触,故又费了一些笔墨,记录下这份心情。

　　本书的文字,可以说是我作为一名社会科学研究者在过去的二十几年里陆陆续续写下的文字。这中间要感谢的人很多,首先是要感谢我的家人亲朋,他们都在静默之中支持我的极为平凡的研究生活。还要感谢一路引导我成长的各位老师先生,之所以有这些文字的积累,与他们的指导是分不开的,在书中,到处可以看到他们的研究和文字对我的深度影响。

　　最值得要感谢的就是中国农业大学人文与发展学院的李小云院长。六年前是小云吸引我到他的团队里工作,在那里我确实获得了很多的在研究和工作上的支持。在我看来,小云教授不仅是一位发展研究领域中的国际知名专家,完全可以说是他将发展研究的参与式方法引入到了中国的研究机构中来,他是这方面当之无愧的先驱者。而且,更为重要的是,他还是一位对于纯粹学术研究的欣赏者。由于他的超乎寻常的学术欣赏力,使得许多研究者在他那里工作都有着一股冲天的干劲。这本书中的许多文字,应该都是在进入到这个团队之后留下来的。我私下里以为,今天的中国,也许并不缺乏受过科班训练的研究者,但绝对缺乏对于真正学术兴趣的欣赏者,甚至可以说,正是因为像小云教授这样的学术欣赏者的严重缺失,才使得学术研究者的队伍过于庞大,可能一时间,因为研究者人数的增多,会有无限的论文被生产出来,但是这中间,真正缺少的是在一种友善的学术欣赏者的激励下所产生的能够引导中国学术走向的各种精锐的思想。

　　另外,还要感谢同在人文与发展学院的叶敬忠教授,他的学术品位和办事风格,让我们之间达成了许多思想上的共鸣。还要感谢一下我的研究生齐钊同学,他不辞辛苦地帮我处理了许多跑出版社的琐碎工作。最后,要感谢农大社会学系的诸位同仁,几年来他们的支持,让我从这个系里学习到了很多。

还有,过去几份基金的支持,也是我能够借此安心去做那些冷门研究的基础,它们的名字在这里不能不提,以示感恩之情。它们分别是:教育部新世纪人才计划(NCET-09-0742)、中央高校基本科研业务费专项资金资助(2009JC08)、国家社会科学基金(10BSH001),当然,还有其他的一些基金会,在此就不再一一罗列了。

赵旭东
2011 年 9 月 2 日上午写于群舍